シュタイナーの人間形成論

道徳教育の転換を求めて

吉田武男 著

学文社

はしがき

　閉塞感が全般的に漂う我が国および諸外国の教育界にあって，思想家シュタイナー（Rudolf Steiner, 1861-1925）の人智学（Anthroposophie）的な人間形成論を基盤にした自由ヴァルドルフ学校（Freie Waldorfschulen）は，1919年にドイツのシュトゥットガルトに設立されて以来，飛躍的な発展を遂げている。この12年間一貫の私立学校は，教科書や点数評価のないユニークな人間形成（Menschenbildung）の方法を実践しつつも，大学進学率の高さに顕著に示されているように，学力についてもすぐれた成果を維持し続けていることから，ドイツ国内のみならず，世界各地において高く評価され，その学校数は増加の一途を辿っている。

　このような自由ヴァルドルフ学校の発展に対しては，国際的に見ても，ホリスティック教育の分野やユネスコにおいて，一定の高い評価が得られている。翻って，我が国に目を向けても，すでに1970年代後半には，長尾十三二がドイツの新教育運動における注目すべき実践の一つとして高く評価している。

　もちろん，このような肯定的な捉え方とは対照的に，ドイツ国内のみならず，各国において，自由ヴァルドルフ学校やシュタイナーの考え方に対する批判も実際にいくつも存在している。その批判は，宗教的な人智学に対しても，またそれを基礎にした人間形成論それ自体に対しても向けられている。その意味で，この学校の実践には，ある種の重大な問題点になり得るものが，確実に包含されている。

　しかし，たとえその問題点が事実として一方で存在していても，そこには教育学研究の視点からみても，参考にすべきすぐれた点が他方で間違いなく包含されている。とりわけ，自由ヴァルドルフ学校が今日の教育界にあって，広範囲に支持されながら地域や文化の差異を超えて現在まで国際的に発展してきた事実は，実践のなかにすぐれた教育学的な知見をただ包含するだけでなく，知

育だけに偏らない全面的な人間形成にとってのすぐれた実践的成果を現実に生み出してきたことの証左の一つであろう。また，本書において論述するように，創始者シュタイナー自身も，学校教育を特定な世界観の注入や大学進学向けの知育に偏らせるのではなく，むしろ道徳教育に重きを置きながら全人的な人間形成論を探究していたと言えるのである。

　ところが，世界各地に点在するこの学校の実践は，シュタイナーの思想を基盤にしながらも，地域的な相違を含みつつ，時代的社会的にも変化している。そのために，この学校の実践を画一的・個別的に研究対象として探究する試みは，教育学の研究方法として，あまり適切なものではないであろう。むしろこの学校の人間形成的な実践の本質的な特徴を根底から把握するには，シュタイナーの道徳教育を重視した人間形成論それ自体を，その時代的社会的背景などの関連事項とのかかわりのなかで明らかにすることが，より有効でかつ適切な学術的方法の一つであると考えられる。しかし，教育に関するシュタイナーの先行研究においては，シュタイナーの思想や自由ヴァルドルフ学校の実践を無批判に絶対視したような紹介・解説の域に属するものが大多数であり，人間形成の基軸となる道徳教育に着目した詳細な学術的研究は十分に行われていない現状にある。

　そこで，本研究の課題は，道徳教育に着目しながら，シュタイナーの人間形成論の形成と構造について考究し，その特質を解明することに置く。

　その際，従来のシュタイナー研究と道徳教育学研究を踏まえ，筆者は，それらに対して次のような研究上の立場を取ることにした。すなわち，前者に関しては，本研究は，シュタイナーの人間形成論を無条件に肯定的に捉えようとする立場にも，また逆にそれを殊更否定的に捉えようとする立場にもくみすることなく，彼の人間形成論に対する相対的な視点を重要視することにした。それによって，批判的・客観的な視点が失われることなく，シュタイナーの多種多様な著作における言説が精緻に読み解かれ，彼の人間形成論の特質について教育学的に解明するという立場が堅持されることになる。後者に関しては，本

研究は，本質主義的なインカルケーション（Inculcation）の道徳教育ないしは人格教育（Character Education）の立場にも，また進歩主義的な「価値の明確化」（Values Clarification）の理論の立場にも偏らないことにした。それによって，両者の問題点を克服できるような，一つの新たな道徳教育の探究という立場が模索されることになる。

　本書は，博士学位請求論文「シュタイナーの人間形成論に関する研究―特に道徳教育に着目して―」（2006年7月学位取得，筑波大学）を，2008（平成20）年度日本学術振興会科学研究費補助金（研究成果公開促進費）の交付を受けて刊行するものである。

　刊行に際しては，表題を「シュタイナーの人間形成論―道徳教育の転換を求めて―」に改め，本文についても若干の加除修正を行った。主題を改めたのは，書物としての簡略化を求めたためである。また，副題を改めたのは，シュタイナーが教育実践のなかで追求しようとしたものであると考えられる同時に，わが国の道徳教育の現状に対する自分自身の願いと今後の研究姿勢を明示しようとしたためである。

　なお，本書のもとになった筆者の論文等は，ほとんど原形をとどめていないものも含めて，参考文献一覧のなかに一括して記した。

2008年春

著　者

目　次

はしがき　*i*

序章　シュタイナーの人間形成論への思索 ……………………………………… 1
 第1節　研究の意義　2
 第2節　研究の視座　7
  1.　シュタイナー研究に関して　7
  2.　道徳教育学研究に関して　9
 第3節　先行研究の検討　11
 第4節　研究の課題と方法　20
 第5節　用語の問題について　25

第1章　人間形成論の形成過程 ……………………………………………………… 38
 第1節　精神的世界への興味・関心　39
  1.　いなかの生活体験　39
  2.　異様な体験　43
  3.　幾何学への興味・関心　46
 第2節　精神科学への興味・関心　50
  1.　ドイツ哲学への興味・関心　50
  2.　ゲーテ研究への傾倒　57
  3.　ドイツ哲学研究への没頭　67
 第3節　神智学協会への接近　77
  1.　大学生時代における神秘主義者との出会い　77
  2.　ウィーンにおける活動と交流　79
  3.　ワイマールにおける活動と交流　83
  4.　ベルリンにおける活動と交流　88

5. 神智学協会との出会いと葛藤　93
　第4節　神智学から人智学への思想的変移　101
　　　1. 神智学協会の会員としての研究とその活動　101
　　　2. 神智学協会との訣別と人智学協会の創立　105
　　　3. 人智学協会における諸活動　119

第2章　人間形成論の理論的基盤 ……………………………………… 142
　第1節　理論的基盤としての人間観　143
　　　1. 人間の意味と本質　143
　　　2. 理論的基盤としての人間観　160
　第2節　理論的基盤としての社会観　166
　　　1.「社会有機体三分節化運動」の思想　166
　　　2.「社会有機体三分節化運動」の展開　169
　第3節　理論的基盤としての道徳観　172
　　　1. 道徳の意義　172
　　　2. 理論的基盤としての道徳観　182

第3章　人間形成論の基本的特徴 ………………………………………… 198
　第1節　人間形成の課題　199
　　　1.「全人」の育成　199
　　　2.「自由人」の育成　203
　第2節　人間形成の方法としての発達に即した働きかけ　205
　　　1. 幼児期に即した働きかけ　207
　　　2. 児童期に即した働きかけ　209
　　　3. 青年期に即した働きかけ　216
　　　4. 発達期に即した働きかけの意義　219
　第3節　人間形成の方法としての「気質」に即した働きかけ　221

1.　「気質」に即した働きかけの基本原則　221

　　　2.　「気質」に即した働きかけの実際　223

　　　3.　「気質」に即した働きかけの意義　225

第4章　人間形成の基軸としての学校の道徳教育 …………………………… 232

　第1節　人間形成における道徳教育の意義　233

　　　1.　人間形成における道徳教育の重要性　233

　　　2.　学校における道徳教育の実践上の困難性　236

　第2節　道徳教育の方法の基本原理　239

　　　1.　幼児期の道徳教育　240

　　　2.　児童期の道徳教育　244

　　　3.　青年期の道徳教育　247

　　　4.　道徳教育の方法の基本原理　251

　第3節　学校における道徳教育の実践的基盤　254

　　　1.　点数評価の廃止　254

　　　2.　持ち上がりの学級担任制の実施　258

　　　3.　「エポック方式」の導入　261

　第4節　学校における道徳教育の具体的実践とその特質　266

　　　1.　学校における道徳教育の方法　266

　　　2.　学校における道徳教育の特質　274

終章　シュタイナーの人間形成論の特質 …………………………………… 283
　　　　　―まとめにかえて―

　第1節　研究の成果　283

　第2節　研究の総括　291

補論 「エポック授業」における道徳教育の特質……………………………………… 300

 Ⅰ．国語教材で育む道徳教育　300
  1.　国語教材で育む道徳教育の理論的基底　300
  2.　国語教材で育む道徳教育の実際的方法　303
  3.　国語教材で育む道徳教育の特質　304
 Ⅱ．算数教材で育む道徳教育　305
  1.　算数教材で育む道徳教育の理論的基底　305
  2.　算数教材で育む道徳教育の実際的方法　309
  3.　算数教材で育む道徳教育の特質　312
 Ⅲ．地理教材で育む道徳教育　313
  1.　地理教材で育む道徳教育の理論的基底　313
  2.　地理教材で育む道徳教育の実際的方法　316
  3.　地理教材で育む道徳教育の特質　319
 Ⅳ．動物教材で育む道徳教育　320
  1.　動物教材で育む道徳教育の理論的基底　320
  2.　動物教材で育む道徳教育の実際的方法　325
  3.　動物教材で育む道徳教育の特質　330
 Ⅴ．植物教材で育む道徳教育　331
  1.　植物教材で育む道徳教育の理論的基底　331
  2.　植物教材で育む道徳教育の実際的方法　333
  3.　植物教材で育む道徳教育の特質　335

シュタイナー略年譜　341
参考文献一覧　343
あとがき　369
事項索引　376
人名索引　380

凡　例

(1)　註は各章の最後に，参考文献一覧は本書の後部に付されている。
(2)　人物名等の固有名詞は，原則として，初出の場合のみ，（　）に言語の綴りが付されているが，文脈において必要と判断したときには，それが繰り返し付されている。
(3)　「　」は，翻訳あるいは引用された言葉や文であることを示している。翻訳の場合，筆者の訳出した言葉や文は，特に断らない限り，原典に基づいたものである。そのために，筆者の訳出したものは，必ずしも翻訳書の訳文と一致していない。
　　　ただし，「　」は，それ以外に，論文の題目あるいはテーマを記すときもある。
(4)　「　」内で用いられる『　』は，基本的に翻訳された言葉や引用文のなかの"　"や《　》，ないしは「　」などで記された部分を示す。また，それ以外に，『　』は単行本名を示す。なお，単行本名としての『　』のなかに，他の単行本名等が"　"や《　》や『　』などで記されているときには，原文通りに示す。
(5)　「　」内で強調点が付されている引用の箇所は，特に断らない限り，原文で強調されている部分を示す。
(6)　……は，引用文中の途中省略を示す。

序　章
シュタイナーの人間形成論への思索

　本章では，まず，シュタイナーが創始した自由ヴァルドルフ学校 (Freie Waldorfschulen) の諸相やその学校を取りまく状況，さらにはそれに関する論評を取りあげながら，本研究の意義について論述する（第1節）。

　次に，本研究を行ううえでの研究上の視座を明確にする。その際に，二つの研究を意識する。一つは，シュタイナー研究であり，もう一つは道徳教育学研究である。前者の研究に関して言えば，そこには，大別して，シュタイナーの人間形成 (Menschenbildung) 論を無条件に肯定的に捉えるという視座に依拠した研究と，シュタイナーの人間形成論に対して全面的に否定するという視座に依拠した研究とが見られる。本研究はそのどちらの立場にもくみしないことをまず明言する。次に，後者の研究に関して言えば，そこにも，大別して，本質主義の立場に属するインカルケーション (Inculcation) の道徳教育や人格教育 (Character Education) などのいわゆる伝統的な道徳教育を肯定する研究と，進歩主義の立場に属する「価値の明確化」(Values Clarification) の理論のようないわゆる価値教育を肯定する研究とが見られる。ところが，周知のように，そのどちらの道徳教育学研究にも一長一短があり，大きな問題性が存在している。したがって，本研究は，そのどちらの立場にも偏ることなく，またそれと同時に折衷的なものにもくみすることなく，新たなる道徳教育論の地平を探究しようとするものであることを確認する（第2節）。

　さらに，先行研究について検討する。まず，ドイツおよび我が国における先行研究について概観し，道徳教育に着目した人間形成論の研究が不十分な状況にあることを明らかにする。次に，そのような状況にあっても，比較的すぐれた三つの研究が存在することを指摘したうえで，それらの研究のすぐれた特徴

とともにその問題点を詳細に指摘する（第3節）。

　続いて，それまで論述してきたことを踏まえて，まず，本研究の課題は，文献資料の精緻な検討によって彼の人間形成論の特質を究明することである，という点を確認する。次に，その課題に応えるための具体的な研究方法の手順として，本書の章構成について説明する（第4節）。

　最後に，本書における重要な用語の問題について簡潔に解説する（第5節）。

第1節　研究の意義

　本書は，自由ヴァルドルフ学校の創始者シュタイナーの教育思想を，道徳教育に着目しながら人間形成論として研究しようとするものである。

　閉塞感が全般的に漂う我が国および欧米先進諸国の教育界において，いくつかの試行的な学校や私立学校が一部の教育関係者や保護者のなかで注目を浴びている。そのなかでも，創始者シュタイナーの人間形成論を基盤にした自由ヴァルドルフ学校は，現在においてもなお世界的に飛躍的な発展を遂げ続けているものの一つである。

　この学校は，ドイツの新教育（Reformpädagogik）[1]が開花していた1919年にドイツのシュトゥットガルト（Stuttgart）において創立されたが，多くの他の実践が姿を消していったのとは対照的に，第二次世界大戦後に復興し，最近ではドイツ国内のみならず，イギリスやアメリカなどの欧米諸国，さらにはアフリカやオセアニアに至るまで，世界各地におよそ1000校近く点在するまでに発展している。しかも，世界各国において，自由ヴァルドルフ学校の設立の動きは現在でも弱まることなく，学校数は毎年増加の一途をたどっている。発祥の地ドイツにおいては，急激に増加しつつあった20年前に，当時『シュピーゲル』（SPIEGEL）誌のレポーターであったブリュッゲ（Brügge, P.）は，一部の地域に至っては，小学校入学の順番待ちのリストが長くなり，両親が妊娠中からヴァルドルフ幼稚園に申し込むという事態も発生していた，と記している。[2]

このような自由ヴァルドルフ学校の発展は、すべてこの学校の教育運動に帰するものではないであろう。少なからず、この学校の人間形成論や運動を根底から支えているシュタイナーの人智学の運動やその派生的な運動もかなり強い影響を及ぼしている。しかし、それらの運動とは無関係に、公立学校の教育実践に疑問を持つ中産階級以上の人々が中心となって、この学校に高い評価を与えながら自分の子どもを就学させたり、学校の新設に尽力し、結果的にこの学校の発展に貢献している。さらに言えば、そのような人智学運動とかかわりのない人々がいるからこそ、この学校は現在の状況まで発展し、今なお発展し続けているのであろう。

たとえば、ドイツ国内を見ても、メルヘン作家として有名なエンデ(Ende.M)、かつては緑の党の中心的な人物の一人であり、シュレーダー(Schröder, G.F.K.)政権下の連邦内務大臣シリー(Schily, O)は、自由ヴァルドルフ学校で学んだ経験を持っている。特にエンデは、人智学関係の会員になることもなく、会員たちと一定の距離を保ちつつも生涯を通してシュタイナーの著作に親しんでいたという。[3] また、キリスト教民主同盟に所属した元連邦首相コール(Kohl, H.)は息子を、かつての連邦文部大臣ドーナンニー(Dohnanyi, K.von)は娘を自由ヴァルドルフ学校に入学させている。[4]

また、ドイツ国外に目を向けても、幾人かの著名人が自由ヴァルドルフ学校に対して高い評価を与えている。たとえば、ホリスティック教育の世界的な第一人者ミラー(Miller, J. P.)は、主著『ホリスティック・カリキュラム』(*The Holistic Curriculum*)において、シュタイナーの教育論とその実践を詳しく肯定的に取りあげている。[5] さらに、1994年に開催されたユネスコ第44回国際会議において配布された、自由ヴァルドルフ学校の理論と実践を紹介したカタログを見てみると、そこには、たとえば、自分の娘をシュタイナー学校に通わせたアメリカ元宇宙飛行士シュヴァイカート(Schweickart, R.)の「より多くの人々が子どもにシュタイナー教育を受けさせるよう望んでいます」、[6] さらにはスタンフォード大学教授アイスナー(Eisner, E.)の「残念なことに長い間シュタイ

ナー教育は教育界の片隅に追いやられていましたが，もっと注目を浴びてしかるべきです」など，著名な人たちの肯定的な発言が掲載されている。さらにそのカタログの日本語版の発行に際しては，当時のユネスコの事務局長マヨール (Mayor, F.) は，「教育に携わる者の相互理解と連帯とが以前にも増して必要とされる現在，ユネスコとシュタイナー教育運動とが交流することは，まさに時代の要請でもありましょう」という，自由ヴァルドルフ学校に対してきわめて称賛的な発言を行っている。事実，いくつかの国において，ユネスコはプロジェクト校として自由ヴァルドルフ学校を指定し，その実践に肯定的な立場をとっている。

　翻って，我が国に目を向けても，1980年代の前半に，長尾十三二は，シュタイナー関係の雑誌において，「ただ，それにしても，私自身がペスタロッチの教育思想について，幾らかの見解を披瀝してきたことは事実であり，また私がシュタイナーの教育思想や，その実践に強い関心を示し，それに高い評価を与えてきた事実も今さら否定できない」と述べたうえで，「シュタイナーの教育学は，通俗的にいえば精神科学的教育学に属するというべきであろう。しかしながら彼の人智学の立場は，最新の経験科学による人間把握の成果をも包摂しうる精神科学として構想されており，その教育に関する着想には，人類のこれまでの教育的英知が，見事に生かされている」，ときわめて高く評価している。古くは，ヘルバルト派教育学の紹介・普及に大きな役割を果たした谷本富が晩年になって，「斯く言う自分も亦，實は目下早已に第五期に入って，教育哲學の建設に勤めてゐるが，それは同じデルタイ流でも，スタイナーのアントロポソフヒーを斟酌するので，東洋固有の哲學味を加へ樣としてゐる」(強調点原文)，および「凡そ學校に於ける宗教々育の方法としては，スタイナーのワールドルフシューレを参考にしたならば宜しからう」などと述べ，シュタイナー (引用文では，「スタイナー」となっている) の人間形成論やその方法に，肯定的な関心を示していた。また最近でも，高橋勝は，自由ヴァルドルフ学校を「現在の日本で最も注目されている学校の一つ」，と評している。

もちろん，このような肯定的な捉え方とは対照的に，ドイツ国内のみならず，さまざまな国々において，自由ヴァルドルフ学校やシュタイナーの考え方に対する批判も実際にいくつも存在している。宗教的な人智学に対しても，またそれを基礎にした人間形成論それ自体に対しても，批判は向けられている。つまり，この学校の実践には，ある種の重大な問題点が確実に包含されている。しかし，たとえその問題点のいくつかが事実として一方で存在していても，そこには教育学研究の視点からみても，参考にすべきすぐれた点が他方で確固として包摂されている，ということも事実である。その点に関しては，たとえば哲学者シュプランガー(Spranger, E.)の「私があえて実行しているのは，彼(シュタイナー──引用者註)の理論から自分にとって合致するものを選び出し，私が転向および信奉できない他のものについては，しかるべき尊敬をもって見過ごしているということです」[15]という発言がそれを裏づけている。

　とりわけ，自由ヴァルドルフ学校が今日の教育界にあって，広範囲に支持されながら地域や文化の差異を超えて現在まで発展してきた現実は，実践のなかにすぐれた教育学的な知見をただ包摂しているだけでなく，知育だけに偏らない全面的な人間形成にとってのすぐれた成果を生み出してきたということを意味している，と考えられる。この点については，自由ヴァルドルフ学校の名前を我が国で一躍有名にした子安美知子の著作のなかで，娘の入学を決断させたことになったこの学校の独自な主張として，「戦争や窮乏が人間をよくすることはありえない。だが，経済の高度成長や，富もまた人間をよくしえない。道徳的なお題目は，どこからくるものであっても，けっして人間をよくしない」[16]が紹介されているが，この言説も全面的な人間形成の一つの傍証としてあげられるであろう。事実，創始者シュタイナー自身も，「ヴァルドルフ学校は世界観学校(Weltanschauungsschule)ではなく，方法学校(Methodenschule)です」[17]と主張するだけでなく，「道徳的なものが，はじめて本質的な意味で人間を人間にします」[18]や「道徳的衝動を自分のなかで正しく展開できるように子どもを次第に導いていくこと，そのことが最大にして最重要な教育課題です」[19]と述べ

ように，学校教育を特定な世界観の注入や大学進学向けの知育に偏らせるのではなく，学校において道徳教育を重視した人間形成の方法を構想していた。

この点に関連して，ドイツの雑誌のレポーターであったブリュッゲは，この学校の卒業生の印象について，次のように述べている。

「職業選択に際しては，まず好みや能力や自立への欲求が，次に慈善的・社会的観点が決定基準となる。元生徒と注意深くゆっくり時間をかけて話し合うと，特別な教育の特徴が明るみに出てくる。その結果は，うまく形容できないが，肯定的な気持ちにする。すなわち，ヴァルドルフ学校卒業生は，圧倒的に話し好きな個人主義者であり，地位や金銭にはこだわることなく，そして同世代の勤勉な人たちの平均と比べると，気安く仕事や居住場所や見方を変える。何よりも自分のなかで決まっているのは，次のような者にはほとんどならないということである。つまり，出世主義者，日和見主義者，偽善者，強欲者，暴走者，山師，逸脱者である。

そのような元生徒に対して，私の目を引いたのは，人並みはずれた，時折みせる固定妄想にとりつかれたと思われるほどの強靱さの傾向であった。」[20]

もちろん，この発言は，一人のレポーターの主観的なものであるが，レポーターという第三者的な視点からのものであることを考慮するならば，確固とした世界観を基盤にして全面的な人間としての形成を目指すという自由ヴァルドルフ学校の特徴を裏打ちするものであると言えよう。したがって，人間形成論を考察する際に，道徳教育に着目してこの学校の理論と実践を取りあげる意義は少なくないと考えられる。

前述したように，この自由ヴァルドルフ学校はドイツのみならず，現在では世界各地に点在しているが，この学校の実践は，創始者シュタイナーの思想を基盤にしつつも，地域的にも，また時代的社会的にも変化している。その意味で，この学校の実践を画一的・個別的に研究対象として捉えようとする試みは，道

徳教育を重視した人間形成論を考察するうえで，決して適切なものではないであろう。この学校の実践の本質的な特徴を根底から把握するには，創始者シュタイナーの人間形成論を道徳教育に着目しながら探究する試みが，より学術的に有効でかつ適切な方法であると考えられる。しかし，シュタイナーという人間それ自体が，彼の思想や自由ヴァルドルフ学校の実践のすぐれた点だけを捉えて，カリスマのごとく神格化される一方で，他方において彼の思想的基盤にある特異な宗教的世界観を捉えて，神秘主義者や幻想家や詐欺師などといったさまざまな誹謗中傷の対象者にもされており，そのために学術的に合意できるような人物像を描きにくい状況にある。たとえば，『オカルティズム事典』というような著作のなかですらも，シュタイナーを「厳格な科学者にして霊的哲学者」と見做し，「秘教主義すれすれの感覚に根ざしたこの教育学」と評しているのは[21]，人物像の描きにくさを如実に示していると考えられる。そのような影響もあって，後述するように，管見する限りでは，シュタイナーに関する教育学研究は不十分な状況に置かれている。その意味でも，シュタイナーの人間形成論について道徳教育に着目しながら詳細に探究することは，一つの新たなシュタイナー像を提示し得る点で，学術的な教育学研究の分野だけでなく，それを超えた学術研究上の領域においても重要な意義を有している。

第2節　研究の視座

1. シュタイナー研究に関して

　先行研究に関しては次節で検討するように，教育学の分野では，我が国および諸外国においても，かつてはシュタイナーの人間形成論および自由ヴァルドルフ学校の研究はあまり行われなかった。ところが，1970年代から，それらの研究は次第に増加するようになったが，基本的に紹介・解説の域を出るものではなかった。しかも，それらの出版物の大部分は，シュタイナーの思想をはじめ，彼の人間形成論および自由ヴァルドルフ学校について，人智

学の運動やこの学校の関係者によって肯定的な視点から，そこで展開される論理を正当化し，しかも絶対化するものにとどまっており，決して客観性・学問性の高いものになっていない。それゆえに，文明批評家として有名なローザック(Roszak,Th.)によって，「不幸にして，彼の弟子たちは，シュタイナーの著作や講義を宣伝することにかまけて，……」という厳しい評が下されてしまうのである。[22]

また，それとは対照的に，数は限られているが，シュタイナーの思想をはじめ，彼の人間形成論および自由ヴァルドルフ学校について，真っ向から批判する書籍や論文も次第に公表されるようになった。我が国では，科学性や一般化を求める立場から，シュタイナーの宗教的な人智学やそれを基盤にした人間形成論の根拠が主に批判されるのに対し，ドイツでは，キリスト教系の私立学校関係者の立場からは，人智学にみられる人間至上主義的な特徴，および特にカルマ論にみられる神秘主義(Mystik)が主に批判の対象である。それらの批判は，決して的はずれなものではないが，シュタイナーの多種多様な著作における言説を十分に咀嚼するという作業に基づいて精緻に構築されたものではない。それゆえに，多くの批判は，次節で述べるように，シュタイナーの人間形成論における部分的・断片的な言説を抽出したものであって，決して全体的な特徴を学術的に探究したものでないために，客観性・学問性の乏しいものにとどまっている。

その意味で言えば，前者のようなシュタイナーの人間形成論を無条件に肯定的に捉えるという視座も，また後者のようなシュタイナーの人間形成論に対してその一部分を捉えて全面的に否定するという視座も，学術的な研究としては決してふさわしいものではないと考えられる。そのような問題意識に立って，本研究は，どちらかの視座に一方的にくみするのではなく，シュタイナーの人間形成論を探究するうえでの研究上の相対性を確立するために，シュタイナーを一人の人間として捉え，彼が特定の歴史的社会的状況のもとでどのように生きながら彼の人間形成論を形成していったかについて論述したうえで，多種多様な彼自身の著作やその関係著作の言説に忠実に即しながら，人間形成論の特

質をその基盤にある根本的な思想から解明する。

2. 道徳教育学研究に関して

　一般的に，アメリカの教育学を大別すると，本質主義と進歩主義という二つの立場が存在すると言われている。その視点から近年の道徳教育を区分すれば，本質主義の立場に属するものとしては，インカルケーションの道徳教育ないしは人格教育があげられる。そこでは，社会にとって望ましいあるいは必要とされる価値の伝達が最優先され，道徳的価値の内面化が図られる。それは，基本的にデュルケム（Durkheim, É）以来の伝統的な道徳教育の考え方である。それゆえに，この立場の最大の欠点としては，実際の教育場面において道徳的価値のインドクトリネーション（Indoctrination）および徳目主義に陥るという問題性があげられる。

　それに対して，進歩主義の立場に属するものとしては，ラス（Louis, E. R.）やサイモン（Simon, S. B）らの「価値の明確化」の理論，いわゆる価値教育があげられる。この考え方は，ベトナム戦争後のアメリカ社会において伝統的な価値の絶対性が揺らぎ，価値をめぐる混乱と対立が深刻化したときに登場したものである。そこでは，価値は相対的・個人的・状況的なものと捉えられ，子どもに価値内容を教えることよりも，子ども個々人にとっての価値の明確化の過程が尊重される。それゆえに，この立場の最大の欠点としては，倫理相対主義に陥るという問題性が一般に指摘されている。

　もちろん，このような二つの立場の欠点を克服するために，コールバーグ（Kohlberg, L.）やリコーナ（Lickona, T.）という研究者も登場し，自らの理論を展開している。コールバーグは，インドクトリネーションを避けるために，モラル・ディスカッションによって道徳性の発達を促進しようとしたが，彼の理論は，価値内容よりも方法的側面を強調している点で，大枠において進歩主義の立場に属していると考えられる。コールバーグがのちに部分的なインドクトリネーションの必要性を認めるかたちで自らの理論を修正し，ジャスト・コミュ

ニティ（Just Community）や唱導（Advocacy）を主張したという事実は、それを裏づけるものであろう。また、リコーナは、コールバーグの道徳性の発達理論やジャスト・コミュニティをはじめ、「価値の明確化」についても支持しているが、あくまでもインドクトリネーションに陥らないための方法であって、「尊敬」（Respect）を中心とした価値内容の伝達を重視している点で、大枠において本質主義の立場に属していると考えられる。

したがって、アメリカの道徳教育学研究において、本質主義と進歩主義という二つの立場の統合は十分になされていない状況にある。

また、我が国においても、一方では道徳的価値の伝達を通して内面化を図ろうとする従来的な方法、つまり本質主義の系に属する立場と、それを批判的に乗り越えるためのモラル・ディスカッションや「価値の明確化」の方法、つまり進歩主義の系に属する立場とが、統合されることなく教育現場に並存している状況にある。もちろん、そのような状況に対して、統合を目指した考え方も提出されている。たとえば、伊藤啓一の提唱する「統合プログラム」も代表的な一つであるが、その方法は統合というよりも二つの立場をケースバイケースで使い分ける折衷案である。[23] また、押谷由夫にあっても、「教師が前に立ち引っ張っていく」と「子どもとともに教師が寄り添っていく」の二つのタイプが語られつつも、概して後者のタイプがより強調されているが、結論的には子どもの状態に応じた折衷的な使い分けが主張されている。その意味で、押谷由夫の主張も、大枠では折衷案の系に属するものであろう。[24]

もちろん、アメリカや我が国の状況を見れば明らかなように、このような二つの立場を統合するという課題は、簡単に達成できるものではない。なぜなら、この課題は、道徳教育学研究に限られたものではなく、教育方法学研究においても、たとえば「教授」と「学習」の統合、あるいは「系統学習」と「問題解決学習」の統合という名の下に議論され続けて完全に解決され得ていないからである。しかし、そうであるからと言って、この課題が、道徳教育学研究において何の解決策も見出せないまま、現状で放置されていてはならないであろう。

そこで，本研究の道徳教育学研究上の視座は，どちらか一つの立場に偏るのではなく，また折衷的なものでもなく，あくまでもそれらの問題点を克服できるような新たなる道徳教育論の地平を探究しようとするものである。なぜなら，どちらの立場にしても，またその折衷的なものにしても，それらのものは，確かに指導方法に相違点を有するものの，心への規範の内面化といういわば内向きのベクトルに重きを強く置いている点で，実際的な生活や社会の行為に結びつくような道徳性の育成に対して十分に機能し得ないからである。

　それとは対照的に，本書で取りあげるシュタイナーの人間形成論には，内面化に偏った実践性の乏しい道徳教育に終始しないための有益な示唆が包含されていると考えられる。

第3節　先行研究の検討

　ドイツを眺めてみると，第二次世界大戦前まではシュタイナーの人間形成論をはじめ，彼のさまざまな思想や自由ヴァルドルフ学校に関する紹介・解説は決して多くないが，わずかながら存在している。たとえば，徹底的学校改革者同盟（Der Bund der Entschiedener Schulreformer）の中心人物エストライヒ（Oestreich, P.），合科教授（Gesamtunterricht）のドイツの代表的な指導者アルベルト（Albert, W.），さらには第1節で引用した哲学者シュプランガーなどの著名人が彼らの著作のなかでシュタイナーの人間形成論について部分的に言及している[25]。また，ドイツの代表的な教育雑誌にも，シュタイナーや自由ヴァルドルフ学校が取りあげられている[26]。確かにそのようないくつかの研究は見られるものの，新教育運動に関する代表的な研究著作として知られているノール（Nohl, H.）の著作のなかに，シュタイナーや自由ヴァルドルフ学校に関する記述がまったく見られないのは，彼の思想やその実践に関する教育学の研究の少なさと同時に，それらに対する当時の教育界の評価を象徴的に現している[27]。

　ところが，1960年を過ぎると，その様相は大きく変貌した。シュタイナー

の思想を解説する著作が急にドイツにおいて数多く発表されるようになった。[28)]それと同時に，自由ヴァルドルフ学校の実践を紹介する著作も頻繁に出版されるようになった。[29)]それらの多くは，人智学に賛同する人々や自由ヴァルドルフ学校の関係者によって著されたものであったが，先に引用した「不幸にして，彼の弟子たちは，シュタイナーの著作や講義を宣伝することにかまけて，……」というローザックの発言に顕著に示されているように，シュタイナーという人物をカリスマ的な人間像として描くとともに，自由ヴァルドルフ学校の実践を称賛するような立場から記したものになりがちであった。ところが，そのような著作は，一般の人々にもかなり受け入れられ，やがてドイツのみならず，イギリスやアメリカなどの諸外国においても同様に，数多く発表されるようになった。[30)]また，最近では，自由ヴァルドルフ学校についてドイツの新教育運動の「化石」(Fossil) と辛辣に批評するウルリヒ (Ullrich, H.) の著作をはじめとした，プランゲ (Prange, K.) やシュナイダー (Schneider, W.) などのいくつか[31)]の批判の著作，[32)]あるいは自由ヴァルドルフ学校側からのそれらへの反批判の著作，[33)]さらには両論を併記した著作なども登場するようになり，[34)]やがて主要な教育学雑誌にもシュタイナーおよび自由ヴァルドルフ学校に関連する論文がしばしば掲載されるようになった。[35)]つまり，シュタイナーおよび自由ヴァルドルフ学校は，賛否両論に分かれるが，教育界および教育学研究においても黙認できない存在になってきているのである。

　それに対して我が国を眺めてみると，著書・論文というかたちで最初にシュタイナーを紹介した研究者は，隈本有尚であると言われている。[36)]大正期の末には教育学者の吉田熊次が批判を含めたかたちで紹介し，そして昭和初期には，その吉田を通じて知った谷本富や入澤宗壽などという当時の代表的な教育学者によって，シュタイナーの思想は紹介されるようになった。[37)]ところが，同時期に日本教育学会から発行された著作を眺めてみても，多数の世界的な教育学者の思想が紹介されているものの，シュタイナーの名前はまったくと言ってもよいくらい触れられていない。[38)]その意味では，戦前において，シュタイナーは，

序章　シュタイナーの人間形成論への思索　　13

吉田熊次や谷本富や入澤宗壽をはじめ，さらに大志萬準治などの一部の教育学者によって知られるだけの存在であったと考えられるのである。[39]

　戦後に入っても，しばらくはシュタイナーは特に注目されることもなかったが，1970年や80年代になると，天野正治や長尾十三二などの教育学者によって，シュタイナーの思想や自由ヴァルドルフ学校の実践が紹介されるようになった。しかし，何と言っても，シュタイナーの名前を一躍有名にしたのは，前述したように子安美知子の著作である。[40] それを契機にして，シュタイナーの人間形成論や自由ヴァルドルフ学校に関するさまざまな著書・翻訳書が出版され[41]，それより少し遅れて研究論文が教育学者によって発表された。[42] 特に，1990年以降[43]，それらの研究論文や著書に限らず，多種多様な方面にわたるシュタイナーの著作が数多く出版されるようになった。[44]

　したがって，現在まで，諸外国および我が国をあわせて概観するならば，シュタイナーに関連する概説的な論稿や，個別的なテーマによる紹介的な著作を含めると，彼に関する研究は相当数存在していることになる。しかし，自由ヴァルドルフ学校の発祥地ドイツにおいても，また我が国においても，シュタイナーの思想の独自性ゆえに，彼の人間形成論に関する学術的な評価はまだ定まっていないばかりか，ドイツの新教育運動とのかかわりのなかで学術的にそれを評価するという基礎的作業も十分に行われていない状況にある。

　たとえば，第二次世界大戦後のドイツでは，新教育運動に関しては，シャイベ（Scheibe, W.）の著作[45]，あるいはフリットナー（Flitner, W.）らの著作[46]，などが代表的なものとしてあげられる。そこでは，他のドイツの新教育運動に関する著作とは異なり[47]，自由ヴァルドルフ学校とともに，シュタイナーの人間形成論にかかわる内容が比較的詳しく取りあげられている。しかし，そこでの言及は，他の新教育運動の実践と同様に，通観的な論述に留まっており，したがって全般的な解説や紹介の域を超えるまでには至っていないのである。

　また，我が国では，主に1980年代に，長尾十三二の監修によって，新教育運動に関する全30巻の選書が刊行され，そのなかにはリヒトヴァル

ク (Lichtwark, A.), リーツ (Lietz, H.), ヴィネケン (Wyneken, G.), カルゼン (Karsen, F.), さらにはフレネ (Freinet, C.) までもが一つの巻として取りあげれているものの, シュタイナーの巻は存在していない。シュタイナーに関しては, 選書の別巻3巻の第1巻において, 長尾十三二が「新教育運動の提起したもの」の総説の部分で, モンテッソーリ (Montessori, M.) とともにシュタイナーに言及し[48], 平野正久が同書のドイツを扱った部分で,「田園教育舎運動と新学校の多様な試み」の一つとして自由ヴァルドルフ学校の名前をあげている[49]。またその第3巻において, 長尾十三二が「教育学説史からみた新教育運動」の興味論のなかで再びシュタイナーの名前だけをあげ[50], また「新教育運動の教育史的位置」の総説の部分でシュタイナーの活動について簡単に言及しているだけである[51]。したがって, 我が国でも, 自由ヴァルドルフ学校の実践やシュタイナーの人間形成論に関する研究は行われていても, 未だ新教育運動のなかで通観的に扱われているだけであり, その意味で解説や紹介の域を超えていないのである。

　そこで, 第1節で述べたように, シュタイナー自身によって道徳教育は教育の最重要課題と主張され, また現在の自由ヴァルドルフ学校の実践においても道徳教育を重視した人間形成が注目または評価されていることを勘案するならば, 道徳教育に着目した考察は彼の人間形成論の解明にとって有効な方法であろう。しかも, その道徳教育の考え方それ自体を取りあげてみても, 心への内面化に終始し実際の道徳的行為の発現に十分に寄与していない現在の道徳教育の実態に対して, 内面化に執着しない新鮮で有益な発想がそこに包含されている。それにもかかわらず, シュタイナーの人間形成論に関して詳細に検討したドイツおよび我が国の先行研究においても, 多数の研究は, 道徳教育を視野に入れない, あるいは他の個別的な事象とのかかわりのなかで副次的に道徳教育を扱う, さらには全体的な人間形成とつながらないかたちで道徳教育の一部ないしはその基礎的・周辺的領域だけに狭く特化する, などの状況であり, 道徳教育の精緻な考察, およびその考察を中心に据えた人間形成論の研究は, きわめて不十分な状況に置かれている。そのような状況のなかにあっても, 筆者

の管見したかぎりでは，次のような研究が，道徳教育に関して比較的明確に考察した学術的にすぐれたものとしてあげられる。そこで，以下では，それらの研究を年代順に紹介し，あわせてその内容の問題点について検討する。

① **広瀬俊雄著『シュタイナーの人間観と教育方法──幼児期から青年期まで──』(1988 年)**[52]

　この著作は，シュタイナー自身の人間形成論に関するドイツ語の多くの著作を資料として活用しながら，彼の教育方法論の特徴を彼の人間観，特にその発達観とのかかわりにおいて解説した，A5 版サイズの総頁数 300 頁に及ぶものである。広瀬俊雄は，現在まで，多数のシュタイナーの人間形成論やその実践についての著作を公表しているが，なかでも 1988 年以前の研究業績を一つに統合したこの著作は，詳細にシュタイナー自身の原典著作にあたり考察している点で，すぐれた学術的なものの一つであると言えよう。特に，シュタイナーの人間形成論に関連する翻訳書も少なかった 1988 年という時代状況を考えるならば，この著作は，我が国の教育学研究にとってきわめて画期的なものであり，現在に至ってもシュタイナーの教育観および自由ヴァルドルフ学校の実践を研究するうえで黙過できない重要基礎文献である。

　そこでは，シュタイナーの活動やその時代背景，さらには教育方法論の基盤にある人間観が簡潔に解説されたあとで，幼児期と児童期と青年期という発達期に即した教育方法の特徴が，多数のシュタイナーの原典を使用しながら的確にかつ詳細に指摘されている。また，教育方法とのかかわりにおいて，道徳教育に関する記述も認められる。

　しかし，あくまでもこの著作は，書名に示されているように，シュタイナーの教育方法全体の探究を主眼にしているために，道徳教育に関しては，各発達期ごとの部分的な考察にとどまっている。たとえば，「幼児期の教育の方法」を取りあげた第 3 章においても，「道徳性・宗教性の形成」が論述され，そこで「感謝」と「愛」と「義務」という「三つの徳」，特に幼児期に重視される

「感謝」についての詳細な考察が行われているのに対し、「児童期の教育の方法」を取りあげた第4章においては、「四肢の故に人間を完成した存在とみることは、これを学ぶ子どもを内的に道徳的な人間にするのである」という指摘が、「青年期の教育の方法」を取りあげた第5章においては、エゴイズムとのかかわりにおいて、「青年期で注目すべき道徳的本性は義務と普遍的な人間愛である」という指摘が、簡単になされているだけである。また、児童期を取りあげた第4章では、動物教材を扱った授業についての記述が見られるが、そこでは前述した「内的に道徳的な人間」に関する説明が簡単になされ、それに続く植物教材を扱った授業についての記述のところでは、道徳教育に関する言及はほとんど見られない。つまり、シュタイナーの人間形成論に関して言えば、重要視されている道徳教育が、学校の教育活動全体のなかでいかなる根拠のもとにどのようなかたちで授業に実際的に組み入れられるのか、についての詳細な考察は十分に行われていないのである。その意味で、この著作は、あくまでもシュタイナーの人間観を視野に入れた彼の教育方法論に関するすぐれた学術研究であっても、彼の道徳教育に関する学術研究には必然的になり得ないものである。

② 三吉谷哲「シュタイナーにおける児童期の道徳教育論」(2002年)[58]

　この論文は、三吉谷哲の2年前の論文を下敷きして発展させたものであるために、道徳的な人間形成の目標だけを焦点化するのではなく、人間形成の基軸となる道徳教育の方法の基本原理について、シュタイナーの言説を肯定的に受け取りながら解説したものである。そこでは、「道徳的なものに関する快と不快の内的な美的感覚」というシュタイナーの道徳教育における重要な考え方も指摘されながら、彼の構想する児童期の道徳的本性が明らかにされるとともに、その本性に即した道徳教育の方法が「権威者としての教育者の意義」と「子どもと教育者の芸術的な関係の意義」の視点から的確に論じられている。したがって、道徳教育に絞り込んだかたちで、シュタイナーの人間形成論の特徴を明ら

かにしようとしている点で，この論文は本研究にかかわるすぐれた先行研究の一つである。

　しかし，この論文は，あくまでも発達期の一部分である児童期を対象としたものであり，シュタイナーの最も重視する幼児期の道徳教育を十分に考察していない点，および生涯全体の人間形成を視野に入れて論じるシュタイナーの本来的な意図という点から言っても，不十分な段階にとどまっている。しかも論文の最後に，筆者自身が「本稿はあくまでもシュタイナーの道徳教育の理論のごく外枠のみを描き出した不十分なものに過ぎない論考であって，より本格的にその理論の奥深さに肉薄するためには，人智学（Anthroposophie）における人間観や世界観をはじめとして，さらに精緻な考察が必要である」と今後の課題を指摘しているように，学校におけるシュタイナーの道徳教育の具体的な内容と方法について，人間観や世界観を射程に入れたかたちでの精緻な考察は十分に行われるところには至っておらず，当時の時代背景を視野に入れた記述もほとんど行われていないのである。

③　Kranich, E.M.(Hrsg.), *Moralische Erziehung* （1994年）[61]

　この著書は，五人の著者による6編の論文から編集されている。これらの6編の論文すべては，1991年と1992年の秋に開催された道徳教育についての教育研修会（Pädagogische Tagung）での講演に修正を加えたものである。著者と論文のタイトルは，次のようなものである。すなわち，レーバー（Leber, S.）「自由と道徳のための諸条件」(Bedingungen für Freiheit und Moral)，クラーニッヒ（Kranich, E.M.）「道徳的なものの緒力をもった成長しつつある人間の結びつき―道徳教育の人間学の観点―」(Die Verbindung des werdenden Menschen mit den Kräften des Moralischen. Aspekte einer Anthropologie der moralischen Erziehung)，シラー（Schiller, H.）「道徳陶冶のための権威者の意義」(Die Bedeutung der Autorität für die moralische Bildung)，ツィンメルマン（Zimmermann, H.）「言葉を伴った責任のある交際のための教育」(Erziehung zu einem verantwortungsvollen

Umgang mit dem Sprache)，クラーニッヒ「道徳の発達の過程としての自然の理解の方法」(Der Weg zum Verstehen der Natur als Prozeß moralischer Entwicklung)，シュッフハルツ (Schuchhardt, M.)「どのようにして道徳的な諸力が青少年時代に詩を通じて呼び覚まされるか」(Wie werden moralische Kräfte im Jugendalter durch Dichtung geweckt?)，である。

　これらの論文の内容は，講演を活字にした関係で，確かに一般読者にもかなり理解しやすいものになっている。しかも，自由ヴァルドルフ学校の道徳教育に関して，広範囲な内容がシュタイナー自身の著作を参照しながら取り扱われている。そのために，シュタイナーの道徳教育を研究するうえで，内容的に参考となる重要な指摘が随所に存在している。たとえば，子どもの「気質」(Temerament) に応じた指導によって，計算の授業が社会的諸能力(soziale Fähigkeiten)の育成につながっている[62]，植物の把握を通じてエゴイズムが克服される[63]，などの主張が，シュタイナーの言説を引用しながら詳細に提示されている。その意味で，現時点では，本書は，ドイツにおけるシュタイナーの道徳教育の解説書としては最も詳しいものであり，またすぐれたものであると言えよう。

　しかし，各論文のタイトルからも明らかなように，本書の内容は，シュタイナーの道徳教育について系統的に説明されたものではなく，彼の道徳教育に関連してその諸側面について論者の専門的な視点から断片的に論じられたものである。したがって，学校の教育全体におけるシュタイナーの道徳教育の具体的な内容と方法について，人間観や世界観を射程に入れたかたちでの精緻な考察が十分に行われるところには至っておらず，社会的時代的背景を広く視野に入れた記述もほとんど行われていない。特に，道徳の内容に関して言えば，シュタイナーの道徳観にとって重要な概念である三つの認識能力についての言及は見られるが[64]，教員向けの講演ということもあって，道徳観の理論的基盤となっている根本的な彼の倫理的立場，すなわち「倫理的個体主義」(Ethischer Individualismus)にかかわる詳細な検討はまったくと言ってよいぐらい行われ

ていない。しかも，著者全員が自由ヴァルドルフ学校関係者であり，また講演の聴衆者の大部分がこの学校の教師であるために，そこで論じられる道徳教育の内容には，本研究にとって重要な指摘が多く含まれるが，シュタイナーという人物の言説は絶対的に肯定される視座から扱われており，またドイツの新教育運動の時代背景を視野に入れた相対的な考察もほとんど見られない。さらに言えば，この著作は，形式的には各執筆者による論文集のような体裁となっているために，シュタイナーの道徳教育に関する断片的な特徴が個別に明らかにされているに過ぎないのである。したがって，本書は，学術的な研究としては大きな弱点を有しているのである。

　以上述べたように，三つの先行研究には，考察内容についてもそれぞれ問題点が明確に存在している。さらに言えば，三つの先行研究に共通することであるが，シュタイナーの発言をほとんど無批判に受けとめ，それを引用していくなかで論述が進められている。そのゆえに，道徳教育を中心に据えた彼の人間形成論の特徴と，彼に影響を及ぼした人物や時代背景との関連性が，具体的にはドイツのロマン主義の思想をはじめ，神智学（Theosophie）や新教育の思想や運動などとの関連性が，十分に視野に入れられていない。つまり，それらの先行研究は，シュタイナーの人間形成論，およびその中心となる道徳教育の特質に対して，時代社会的規定による分析および同時代人による所見・批評などを通じて，より相対的な立場から解明しようとするものになっていないのである。そのために，自由ヴァルドルフ学校関係者やその賛同者による著作と同様に，相対的な視点を欠如したような立場からの研究は，たとえ重要な道徳教育に言及していても，結果的にシュタイナーの神格化を補充・促進するものになってしまい，学術的なシュタイナーの人間形成論の研究としては十分ではない，と言わざるを得ない。しかも，それらの研究は，道徳教育という視点から見ても，シュタイナーの道徳教育の理論的枠組みとともに，その実践的基盤や具体的な内容や方法の全体について，精緻な検討を行っていない点でも不十分

である。

　以上のような先行研究の状況を背景にして，本研究は，これまでの筆者の研究成果を踏まえ，次節に示すような研究課題の設定と，その課題に応えるための研究方法を探ることにした。

第4節　研究の課題と方法

　シュタイナーの人間形成論については，第1節で引用したシュタイナーの「道徳的なものが，はじめて本質的な意味で人間を人間にします」や「道徳的衝動を自分のなかで正しく展開できるように子どもを次第に導いていくこと，そのことが最大にして最重要な教育課題です」という発言に顕著に現れていたように，人間形成の目的や方法とのかかわりにおいても，道徳教育はきわめて重要視されている。さらに言えば，最初の自由ヴァルドルフ学校を開校する前に行われた教員養成のための講習会において，シュタイナーは，初日の最初の講演を「親愛なる皆さん，私たちが自分たちの課題をただ知的・感性的（intellektuell-gemütlich）なものではなく，最も高い意味において道徳的・精神的（moralisch-geistig）なものとして考えたときに，私たちはそれを正しく果たすことになります」という言説で始めていることからも，「知的・感性的」なもの以上に「道徳的・精神的」なものの育成を重要な人間形成の課題と考えていたのである。しかも，彼の道徳教育論それ自体には，従来の諸外国および我が国のそれにはあまり見られない発想，すなわち心の内面化に偏った実践性の乏しい道徳教育に終始するのではなく，むしろ「道徳的衝動」という個人の内側から想像力によって生み出す発想が強く打ち出されている。そのような特徴を勘案するならば，道徳教育とのかかわりにおいてシュタイナーの人間形成論を探究することが，学術研究としてその理論の特質を解明するうえできわめて適切かつ有益であると考えられる。

　ところが，前節の先行研究の検討によって明らかにしたように，現時点にお

いて，道徳教育に着目したかたちでアプローチする人間形成論の研究は，未だ不十分な状況にとどまっている。それどころか，全般的な解説や紹介の域を超えた多くの研究においては，一般に広く注目されている具体的な教育的働きかけの意味を咀嚼することなく，シュタイナーの人間形成論の基底にある思想の解釈に終始したり，あるいはそれとは対照的に，具体的な教育的働きかけに着目しても，人間形成の中心となる道徳教育が主眼に置かれることなく，芸術教育や発達に即した教育などというような，調和的な人間形成に向けての教育的働きかけの諸特徴，すなわち人間形成のための教育的働きかけの諸断面が個別に明らかにされることにとどまってきた。そのような先行研究の不十分さを作り出してしまう原因としては，彼の人間形成論の基底にある宗教的な人智学やその派生物からの影響が何よりも考えられる。しかし，原因はそれだけではなく，彼の人間形成論に対する研究方法上の不備もあったために，その特質は，これまでの学術的な教育学研究において鮮明に読み解けなかったのではないかと考えられる。その結果として，彼の人間形成論は，ドイツの新教育運動のなかでも十分に注目されてしかるべき重要な知見を，学校のシステムや内容や方法などの面で包含しているにもかかわらず，教育史および教育学の学術的な研究においても明確に位置づけられてこなかったのである。

したがって，本論文の課題は，特に道徳教育に着目しながら，シュタイナーの人間形成論の理論的基底とともにその具体的な方法について，当時の時代的社会的背景を視野に入れつつ，文献資料を詳細かつ精緻に検討することによって，彼の人間形成論の特質を解明することである。

その課題に応えるために，まず最初の作業として，一人の人間としてのシュタイナーが，特定の歴史的社会的状況のもとでどのように生きながら彼の人間形成論を構築したのかについて探究することによって，彼の人間形成論とその基盤にある根本的な思想の特質の一端を明らかにする。この作業を行う最大の理由は，できる限り研究上の学術的で相対的な視座を確立するためである。なぜならば，シュタイナーの人間形成論に関係する内容は，これまでヨーロッパ

を中心に自由ヴァルドルフ学校関係者によってかなり詳細に言及され，それに影響されて我が国においてもその学校の賛同者によって紹介・解説されてきているが，そこではその内容の研究は，彼の言説の無批判な再構成によって正当化ないしは絶対化され過ぎる状況になっているからである。したがって，そのような研究上の問題点を克服するには，彼の人間形成論の形成過程を探究する作業があらかじめ必要となる。その作業が，本書の第1章の「人間形成論の形成過程」を成している。

　第1章では，シュタイナーを，生まれつき特殊な能力を備えたカリスマとして神格化するのではなく，むしろ一人の人間として捉え，時代状況のなかで彼の人間形成論の形成にとって大きな影響を及ぼしたと考えられる幼少年時代から晩年までの体験や活動について取りあげる。具体的には，第1節では，シュタイナーの思想的源泉として見做すことのできる，精神的な世界への興味・関心について論述する。第2節では，シュタイナーの思想的変遷という時代に当たる，いわゆる研究者としての活動と研究業績を中心に，精神科学への興味・関心について論じる。第3節では，彼の神秘的・宗教的な思想の大きな原因となった神智学協会（Theosophische Gesellschaft）への接近について考察する。第4節では，彼はどのような過程を経て神智学から人智学に変移していったかについて明らかにする。

　なお，論述の際に手がかりとする中心的な文献は，シュタイナー自身で著述した自叙伝をはじめとした著作物，および伝記をはじめとしたシュタイナーに関する著作物である。自叙伝について言うと，それはシュタイナーの生涯全体を網羅したかたちにはなっていない。それは，シュタイナーの晩年に記されたものであり，彼自身の死によって，記述内容は，1913年で終わっている。したがって，それ以降については，その時代に著された彼の著作物が大きな手がかりとなる。ただし，その著作物は多数に及んでいるが，多くは速記者によって書かれた講演集であるために，概念の精緻な吟味には適さない箇所が少なからず含まれていると考えられる。また，伝記について言えば，最も広くドイツ

で読まれ，我が国でもいち早く翻訳されたヘムレーベン（Hemleben, J.）のもの[66]を中心に，それに次いで広く読まれているカルルグレン（Carlgren, F.）やエミヒョーフェン（Emmichoven, F.M.Z.van）のもの[67]，さらには現時点では最も詳細なリンデンベルク（Lindenberg, Ch.）のもの[68]などを，批判的視点を踏まえつつ参照する。なお，イギリスで発行された著作であるが，シェパード（Shepherd, A.P.）のもの[69]，さらには我が国で発行されたいくつかの伝記的なもの[70]も，合わせて資料として参考にする。

　次に，第1章の「人間形成論の形成過程」を踏まえ，第2章以下では，多数のシュタイナーの著作を手がかりにしながら彼の言説を精緻に考察する。この作業を行う最大の理由は，シュタイナーの人間形成論を正当化ないしは絶対化され過ぎる多数の著作とは対照的に，少数といえども，彼の言説の一部，あるいは人間形成論の基盤になっている思想の一部だけを取り出し批判することによって，彼の人間形成論およびその実践の卓越的な部分を正当に評価しないような主張と，明確に区別するためである。

　より詳細に言えば，第2章において，シュタイナーの人間形成論の理論的基盤である人智学的世界観のなかでも，とりわけ重要な彼の神話的宇宙観から導き出された人間観と社会観と道徳観について論述する。まず，第1節では，シュタイナーの人智学に基づく人間観を取りあげる。具体的には，彼における独自な人間の意味と本質について論じる。また，第2節では，彼の社会観を取りあげる。具体的には，彼の提唱する独自の社会運動の思想と展開について論じる。さらに，第3節では，彼の道徳観を取りあげる。具体的には，まず，道徳の意義を明らかにしたうえで，彼の独特な道徳観について考察する。

　さらに第3章では，学校教育の実践の基底となるシュタイナーの人間形成論の基本的特徴を明らかにする。まず，第1節においては，シュタイナーの構想する教育の目的について論じる。次に第2節では，教育の方法の基本として，発達に即した働きかけを取りあげ，その特徴と意義について検討する。そこでは，幼児期と児童期と青年期という各発達期に即した働きかけについて，「内

容の次元」と「教授法の次元」と「関係の次元」という三つの次元を指標としながら考察する。さらに第3節では,「気質」に即した働きかけを取りあげる。そこでは,それぞれの「気質」の子どもに対する働きかけの基本原則と実際について検討し,「気質」の観点を生かす意義について考察する。

次に第4章では,人間形成の基軸としての学校の道徳教育が,いかなる課題意識と方法によって自由ヴァルドルフ学校において展開されるのかについて検討し,その特質を明らかにする。第1節においては,学校における道徳教育の意義について,具体的にはその重要性と困難性について論じる。第2節においては,道徳教育の方法の基本について論述する。まず,シュタイナーにあっては,発達に即した教育という考え方は道徳教育の場合にも適応されること確認する。次に,その際の指導法として,精緻なプログラムの内容や技法よりも,関係としての教える側のあり方や存在がとりわけ重要視されている,ということを明らかにする。第3節においては,道徳教育の方法を実践に移行するうえでの学校の前提条件について論じる。そこでは,点数評価の廃止,持ち上がりの学級担任制の実施,「エポック方式」(Epochenweise)の導入について検討する。その際,それぞれのねらいについて確認するとともに,それぞれが学校における道徳教育の実践的基盤になっていることを明らかにする。続いて,第4節では,さまざまな「エポック授業」(Epochenunterricht)において道徳教育の具体的実践がいかなる意図のもとにどのような方法で行われるのか,について考察し,その特質を明らかにする。その際に,国語,算数,地理,動物,植物の教材を取り扱う下級学年の授業の実例を横断的に取りあげ,道徳教育の視点から論じることにする。

さらに,終章では,以上の論述を踏まえて,シュタイナーの人間形成論の特質について,特に道徳教育に着目しながら,当時の時代的社会的背景および彼自身の思想的基盤とのかかわりにおいて考察し,これまでの先行研究では描かれてこなかったと言えるシュタイナー像とともに,またそこではこれまで指摘されてこなかったと言える,外見的には奇妙でまわりくどく見えるような学校

の実践のなかに内在化された彼の道徳教育の意図や方法を解明する。

　なお，補論は，第4章第4節の「1．学校における道徳教育の方法」の内容記述を補充するものである。そこでは，第1学年から第8学年までの下級学年の「エポック授業」を取りあげ，そこにおける道徳教育について考察する。具体的には，国語教材をはじめ，算数教材，地理教材，動物学教材，植物学教材を取り扱う際に，どのような道徳教育が「エポック授業」において構想されていたのかについてより詳細に明らかにする。

第5節　用語の問題について

①　「自由ヴァルドルフ学校」について

　シュタイナーの人間形成論を基盤にして実践を行い，「自由ヴァルドルフ学校連盟」(Bund der Freien Waldorfschulen)に加盟している一連の私立学校については，国や地域によって異なった名称が使用されている。我が国の場合，「Steiner-Schule」という訳語としての「シュタイナー学校」が一般的に使用されている。しかし，発祥の地ドイツでは，そのような使用はむしろ少なく，一般的には複数形で表示した総称としての「Freie Waldorfschulen」という名称が多く使われている。したがって，本書では，「Freie Waldorfschulen」という訳語としての「自由ヴァルドルフ学校」を使用することにした。

②　「Anthroposophie」について

「Anthroposophie」は，ギリシャ語の「Anthropos」(人)と「Sophia」(智恵)との組合せからできた造語である。日本語では，一般に「人智学」と訳される。人智学についてはさまざまな定義が国内外でこれまでなされてきたが，本書では，『哲学事典』(平凡社，1971年)の記述に従い，人智学とは，あらゆる人間のうちにある不思議な認識能力がよびさまされ訓練されると一種の透視力となり，精神的世界が直観的に観照されると説き，教義としては，人間の全行動の

もとであるカルマによってもたらされる輪廻を主張するものである，と了解しておく。

③ 「Leib」と「Seele」と「Geist」について

「Leib」と「Seele」と「Geist」については，これまで我が国では，それぞれ異なった訳語が充当されてきた。たとえば，高橋巌は，基本的に「Leib」と「Seele」と「Geist」を，「体」と「魂」と「霊」という訳語を当てた。それによって，シュタイナーの神秘主義的な色彩が強くなり，彼の特殊性が強調されることになった。それに対し，新田義之は，できるだけ一般的な人々に理解しやすくするために，基本的に「Leib」と「Seele」と「Geist」を，「肉体」と「心性」や「精神」という訳語を充当しながらも，文脈に応じて最もふさわしいものを咀嚼して適宜に訳語を使い分けている。特に，「Seele」は「心」や「魂」に，「Geist」は「霊」や「霊性」に変更されている。したがって，一般的に言うと，「Leib」は「体」や「身体」や「肉体」，「Seele」は「魂」や「心」や「心性」，「Geist」は「霊」や「精神」や「霊性」と訳されることが多いようである。

本書では，基本的に新田義之の翻訳の立場を支持したうえで，独特なシュタイナーの人間形成論を一般的な教育学研究の道筋において考察しようとするために，できるだけ名称による特殊性の強調というかたちを避け，平易な訳語を充当することにした。すなわち，基本的に「Leib」と「Seele」と「Geist」に対しては，それぞれ「体」と「心性」と「精神」という訳語を充当し，不適切な場合には文脈に応じて補充することにした。

なお，英訳版では，基本的に「Leib」と「Seele」と「Geist」は，「body」と「soul」と「spirit」と訳されることが多い。[71]

④ 「Sitte」と「Moral」について

シュタイナーの著作を眺める限り，「Sitte」と「Moral」とは，ほとんど同じような意味で使用されている。そのために，両語句については，「道徳」と

いう共通の訳語も考えられる。しかし，本論文では，両者を区別する意味で，基本的に「Sitte」には「倫理」，「Moral」には「道徳」という語を当てることにする。なぜなら，「Moral」が使用される際には，その語句の文脈上の特徴が，「Sitte」と比較して個人的なレベルでの主体的態度をより重視していると見られるからである。

註

1) 「Reformpädagogik」については，従来から「改革教育学」ないしは「改革教育」という訳語が多く使用されているが，「Reform」がドイツのみならず世界的規模で生起した同質の教育史的事象であるということ，および「Pädagogik」が広義には理論と実践を含む総体としての「教育」の意味を持っているということを考慮して，本論では「新教育」という訳語を使用する。この点については，平野正久「教育運動の理論」（ノール，H. 著，平野正久・大久保智・山本雅弘著訳『ドイツの新教育運動』明治図書，1987年，21-36頁）を参照。
2) Brügge, P., *Die Anthroposophen: Waldorfschulen・Biodynamischer Landbau・Ganzheitsmedizin, Kosmische Heilslehre,* Hamburg, 1984, S. 17.
3) エンデ, M. 編，丘沢静也訳『M. エンデが読んだ本』岩波書店，1996年，3-16頁。
4) Brügge, P., a,a, O., S. 18.
5) Miller, J.P., *The Holistic Curriculum,* Toronto, 1988, pp.95-99.
6) Freunde der Erziehungskunst Rudolf Steiners e. V. (Hrsg.), *Waldorf-Pädagogik,* Stuttgart, 1994, S. 69.
7) ebd., S.39.
8) ルドルフ・シュタイナー教育芸術友の会編，『世界に広がるシュタイナー教育』実行委員会訳『世界に広がるシュタイナー教育』『世界に広がるシュタイナー教育』実行委員会，1996年，7頁。
9) 長尾十三二「ペスタロッチとシュタイナー―素描的試論―」『人智学研究』第3号，人智学出版社，1982年，46頁。
10) たとえば，長尾十三二は，1976年に発行された著作のなかで，ワイマール共和国時代の注目すべき改革運動として，エストライヒ（Oestreich, P.）とカルゼン（Karsen, F）とシュタイナー（Steiner, R.）とペーターゼン（Petersen, P.）の実践をあげ，それぞれの特徴について解説している。そこでは，長尾十三二は，「この学校の最大の特色は，自律的人間（自由人）を育成するために，教育行政による最低限度の支配以外，いかなる国家的制約をもうけいれない『自由』をつねに指向しているということである」，と指摘している（梅

根悟監修『世界教育史体系25』講談社，1976年，223-226頁）。
11) 長尾十三二，前掲論文，50頁。
12) 谷本富『宗教々育の理論と實際』明治図書，1929年，139頁。
13) 同書，34頁。
14) 高橋勝『学校のパラダイム転換』川島書店，1997年，221頁。
15) Spranger, E., *Gesammelte Schriften Ⅶ : Briefe 1901–1963*, Tübingen, 1978, S.354.
16) 子安美知子『ミュンヘンの小学生―娘が学んだシュタイナー学校―』中公新書，1975年，26頁。
17) Steiner, R., *Die geistig-seelischen Grundkräfte der Erziehungskunst*, Dornach, 1978, S. 151.
18) Steiner,R., *Der Goetheanumgedanke inmitten der Kurturkrisis der Gegenwart*, Dornach, 1961, S. 290.
19) Steiner,R., *Die geistig-seelischen Grundkräfte der Erziehungskunst*, S.64.
20) Brügge, P., a. a. O., S. 99.
21) ナタフ, A. 著，高橋誠・桑子利男・鈴木啓司・林好雄訳『オカルティズム事典』三交社，1998年，288-289頁。
22) ローザック, Th. 著，志村正雄訳『意識の進化と神秘主義―科学文明を超えて―』紀伊國屋書店，1978年，171頁。
23) 伊藤啓一『統合的道徳教育の創造』明治図書，1991年，を参照。
24) 押谷由夫『新しい道徳教育の理念と方法』東洋館出版社，1999年，を参照。
25) Oestreich,P., *Die elastische Einheitsschule : Lebens-und Productionsschule*, Berlin, 1923. Albert,W., *Grundlegung des Gesamtunterrichts*, Leipzig, 1928.
26) たとえば，次のようなものがあげられる。
    1. Zeuch.W., Die achtjährige Grundschule, die unerläßliche Bedingung der wahren Einheitschule, in, *Die Deutsche Schule*, Leipzig und Berlin, 1920.
    2. Staedke.I., Schiller und die Waldorfpädagogik, in, *Die Deutsche Schule*, Leipzig, 1929.
27) Nohl, H., *Die pädagogische Bewegung in Deutschland und ihre Theorie*, Frankfurt, 1961.
28) たとえば，次のようなものがあげられる。
    1. Emmichoven, F. M Z. van, *Rudolf Steiner*, Stuttgart, 1961.
    2. Hemleben, J., *Rudolf Steiner*, Hamburg, 1963.
    3. Hiebel, F., *Rudolf Steiner im Geistesgang des Abendlandes*, München, 1965.
    4. Carlgren, F., *Rudolf Steiner und die Anthroposophie*, Dornach, 1975.
    5. Meyer, R., *Rudolf Steiner. Anthroposophie : Herausforderung im 20.*

　　　　 Jahrhundert, Stuttgart, 1978.
    6. Kugler, W., *Rudolf Steiner und die Anthroposophie*, Köln, 1978.
    7. Wehr, G., *Rudolf Steiner*, München, 1987.
    8. Hahn, H., *Rudolf Steiner : wie ich ihn sah und erlebte*, Stuttgart, 1990.
    9. Lindenberg, Ch., Rudolf Steiner (1862-1925), in, Scheuerl,H. (Hrsg.), *Klassiker der Pädagogik II*, München, 1979.
    10. Lindenberg, R., *Rudolf Steiner : Eine Biographie Bd. I 1961-1914*, Stuttgart, 1997.
    11. Lindenberg, R., *Rudolf Steiner : Eine Biographie Bd. II 1915-1925*, Stuttgart, 1997.
    12. Lindenberg, R., *Rudolf Steiner*, Hamburg, 2000.
    また, 自由ヴァルドルフ学校の実践を紹介した雑誌『教育芸術』(*Erziehungskunst*) は, 教師や保護者向けに毎月発行されている。
29) たとえば, 次のようなものがあげられる。
    1. Rauthe,W., Erfahrungen mit dem Epochen Unterricht der Waldorfschule, in, *Zeitschrift für Pädagogik*, Jg. 7, H. 4, 1961.
    2. Lindenberg, Ch., *Waldorfschulen :Angstfrei lernen, selbstbewußt handeln*, Hamburg, 1975.
    3. Rist, G. and Schneider P., *Die Hiberniaschule*, Hamburg, 1977.
    4. Carlgren, F., *Erziehung zur Freiheit*, Stuttgart, 1977.
    5. Lindenberg, Ch., *Die Lebensbedingungen des Erziehens : Von Waldorfschulen lernen*, Hamburg, 1981.
    6. Freunde der Erziehungskunst Rudolf Steiners e.V. (Hrsg.), *Waldorf-Pädagogik*, Stuttgart, 1994.
    7. Fintelmann, K. J., *Hibernia : Modell einer anderen Schule*, Stuttgart, 1990.
30) たとえば, 次のようなものがあげられる。
    1. Stewart, W. A. C., Rudolf Steiner and Anthroposophy, in, *The educational inovavators Vol. II*, London, 1968.
    2. Edmunds, F., *Rudolf Steiner Education*, London, 1979.
    3. Childs, G., *Steiner Education in theory and practice*, Edinburgh, 1991.
31) Ullrich, H., *Waldorfpädagogik und okkulte Weltanschauung : Eine bildungsphilosophische und geistesgeschichtliche Auseinandersetzung mit der Anthropologie Rudolf Steiners*, München, 1986, S. 17ff.
32) 代表的なものとしては, Prange, K., *Erzihung zur Anthroposophie : Darstellung und Kritik der Waldorfpädagogik*, Bad Heilbrunn/Obb, 2000 があげられる。この著作は, 1985年に出版されたものであるが, 多くの人々に読まれ, 2000年には第3版が発行されるまでに至っている。他に, Schneider, *W., Das*

Menschenbild der Waldorfpädagogik, Freiburg, 1991, もあげられる。この著作は、シュタイナーの認識論の欠点を指摘することによって、それを基盤にして成立している彼の人間形成論および自由ヴァルドルフ学校の実践を批判したものである。この点については、實松宣夫が詳細に論じている（「ルドルフ・シュタイナーの認識論における思考の特性―W・シュナイダー批判を中心に―」『研究論叢』第46巻第3部、山口大学教育学部、1996年、55-72頁）。

なお、我が国では、バーデヴィーン、J. 他著、笠利和彦訳『シュタイナー教育―その実体と背景―』グロリア出版、1990年、において、次のような4編の批判論文が翻訳紹介されている。
  1. Badewien, J., *Waldorfpädagogik-eine christliche Erziehung? : Zur Rolle der Anthroposophie an den Waldorfschulen*, Konstanz, 1987.
  2. Prange, H., Absolute Pädagogik : Zur Kritik des Erziehungskonzepts von Rudolf Steiner, in, *Zeitschrift für Entwicklungspädagogik*, Bd. 1, 1987.
  3. Ullrich, H.,Die Illusion von Ganzheit und Ordnung : Überlegungen zur Menschenkunde der Waldorfpädagogik, in, *Zeitschrift für Entwicklungspädagogik*, Bd.1, 1987.
  4. Treml, A.K., Träume eines Geistersehers oder Geisteswissenschaft? : Die Erkenntnistheorie Rudolf Steiners, in, *Zeitschrift für Entwicklungspädagogik*, Bd. 1, 1987.

33) Leber, S., *Weltanschauung, Ideologie und Schulwesen : Ist die Waldorfschule eine Weltanschauungsschule ?*, Stuttgart, 1989.

34) たとえば、次のようなものがあげられる。
Hansmann, O. (Hrsg.), *Pro und Contra Waldorfpädagogik : Akademische Pädagogik in der Auseinandersetzung mit der Rudolf-Steiner-Pädagogik*, Würzburg, 1987.
また、さまざまな批判や反論は、次のような著作にも記されている。
Flensburuger Hefte-Verlagsgesellschaft Wolfganng Weirauch & Partner GbR（Hrsg）, *Waldorfschule und Anthroposophie*, Flensburg, 1989.
なお、これらの点に関連しては、衛藤吉則は、「シュタイナー教育学をめぐる『科学性』問題の克服に向けて―人智学的認識論の克服に向けて―」『人間教育の探究』第10号、日本ペスタロッチー・フレーベル学会、1998年、101-105頁において、的確に整理している。

35) たとえば、次のようなものがあげられる。
  1. Rauthe,W., Erfahrungen mit dem Epochen Unterricht der Waldorfschule, in, *Zeitschrift für Pädagogik*, Jg.7, H.4, 1961.
  2. Schneider, P., Bildungsforschung in der Waldorfpädagogik, in, *Bildung und Erziehung*, Jg. 33, H.1, 1980.

3. Ullrich, H., Anthroposophie-zwischen Mythos und Wissenschaft. Eine Untersuchung zur Temeramentenlehre Rudolf Steiners, in, *Pädagogische Rundschau*, Jg. 38, H. 4, 1984.
   4. Scheuerl,H., Waldorfpädagogik in der Diskussion. Ein Überblick über neuere Veröffentlichungen, in, *Zeitschrift für Pädagogik*, Jg. 39, H. 2, 1993.
36) 隈本有尚「宗教的,道徳的情操の教養上見神派の心理學の応用」『丁酉倫理會倫理講演集』第124輯,1912年。
37) 吉田熊次は,ドイツにおける哲学的新傾向の代表者として,シュタイナーとメッサー (Messer, A.) とシュテルン (Stern, W.) の3名をあげ,それぞれの理論の特徴を提示するとともに,それらの問題点を指摘している。そこでは,吉田は,シュタイナーを,「極端なる神秘的獨斷的精神觀の代表者」と断じている (吉田熊次「精神に関する哲學的見解の新傾向」,『哲学雑誌』,哲學會,第38巻,第437號,1923年,1-25頁)。また,入澤宗壽は,1930年5月の教育学談話会講演のなかで,「……ドイツのルドルフ・スタイナー派の學校で吉田先生より豫めお話を聞きましたので,彼の傳記思想を讀まずに行きました」と述べるように,吉田から情報を得て,欧米学校視察のに実際に学校に訪問している (入澤宗壽「欧米學校視察談」『教育思潮研究』第5巻,第1・2輯,1931年,470頁)。また,谷本富も結果的に吉田から情報を得ていたという。このような点については,衛藤吉則がすでに詳しく探究している。以下の資料を参照。
   1. 衛藤吉則「谷本富とシュタイナー教育学」(日本教育学会第57回大会発表資料,於:香川大学),1998年8月28日。
   2. 衛藤吉則「隈本有尚とシュタイナー思想との関係について」(日本仏教教育学会第8回大会発表用レジュメ,於:鶴見大学),1999年12月4日。
38) 佐藤兼編『現代教育教授思想大観』日本教育学会,1932年。
39) たとえば,次のようなものがあげられる。
   1. 谷本富,前掲書。
   2. 入澤宗壽『最近教育の思潮と実際』明治図書,1931年。
   3. 入澤宗壽『現代教育思潮大観』同文書院,1931年。
   4. 入澤宗壽・大志萬準治『哲学的人間学による教育の理論と実践』東京モナス社,1934年。
40) 我が国において,シュタイナーの教育論を一躍有名にしたのは,1975年に発行された子安美知子の著作であるが,その頃には,彼の教育論に関するいくつかの注目すべき著作が発行されている。たとえば,同年に,より正確に言えば5ヶ月前に,心の手当を必要とする人びとのための治癒教育研究実践施設協会著,新田義之・新田貴代訳『人智学を基盤とする治癒教育の実践—心の手当を必要とする人びとと共に生き,学び,働く—』国土社,1975年,が

発行されていた。そこでは，シュタイナーの「治癒教育」(Heilpädagogik)，つまり特別支援教育の理論と実践が紹介されていた。

41) たとえば，次のようなものがあげられる。
    1. リンデンベルク,Ch. 著，新田義之・新田貴代訳『自由ヴァルドルフ学校』明治図書，1977年。
    2. 『ルドルフ・シュタイナー研究』創刊号，人智学研究会，1978年。
    3. 『ルドルフ・シュタイナー研究』第2号，人智学研究会，1978年。
    4. 『ルドルフ・シュタイナー研究』第3号，人智学研究会，1979年。
    5. 『ルドルフ・シュタイナー研究』第4号，人智学研究会，1979年。
    6. 高橋巖著『生きる意志と幼児教育』イザラ書房，1979年
    7. シュタイナー，R. 著，高橋巖訳『神智学―超感覚的世界の認識と人間の本質への導き―』イザラ書房，1977年。
    8. シュタイナー，R. 著，高橋巖訳『いかにして超感覚的世界の認識を獲得するか』イザラ書房，1979年。
    9. シュタイナー，R. 著，新田義之監訳・大西そよ子訳『精神科学の立場から見た子供の教育』人智学出版社，1980年。
    10. シュタイナー，R. 著，新田義之訳『教育の基礎としての一般人間学』人智学出版社，1980年。
    11. シュタイナー，R. 著，新田義之訳『教育の根底を支える精神的心意的な諸力―オックスフォード講演―』人智学出版社，1981年。
    12. 広瀬俊雄著『シュタイナーの人間観と教育方法―幼児期から青年期まで―』ミネルヴァ書房，1988年。

42) たとえば，次のようなものがあげられる。
    1. 天野正治「自由な学校―西ドイツ私学の理念と実践―」松島鈞・市村尚久他編『現代教育問題史―西洋の試みとの対話を求めて―』明玄書房，1979年。
    2. 拙稿「自由ヴァルドルフ学校に関する一考察―教師の資質に焦点をあてて―」『関西教育学会紀要』第5巻，関西教育学会，1981年。
    3. 拙稿「自由ヴァルドルフ学校における教育方法に関する研究―下級学年のエポック授業を中心として―」『関西教育学会紀要』第6巻,関西教育学会，1982年。
    4. 広瀬俊雄「自由ヴァルドルフ学校の教育方法の理論―文字学習の理論を中心―」『教育学研究』第49巻，第2号，日本教育学会，1982年。
    5. 長尾十三二「ペスタロッチとシュタイナー―素描的試論―」『人智学研究』第3号，人智学出版社，1982年。
    6. 拙稿「シュタイナーの教育方法論における情意への働きかけの理念と実際的方法」『教育学研究集録』第7集,筑波大学大学院博士課程教育学研究科，

1983 年.
7. 拙稿「シュタイナーにおける幼児期の教育方法論の特質」『教育方法学研究』第 10 巻, 日本教育方法学会, 1984 年.
8. 土屋文明「ヴァルドルフ幼稚園の指導原理―『模倣』の意義」『研究紀要』第 33 号, 1984 年.
9. 拙稿「R. シュタイナーにおける児童期の教育方法論の特質―発達観との関係を中心として―」『教育学系論集』第 10 巻, 1 号, 筑波大学教育学系, 1985 年.
10. 拙稿「自由ヴァルドルフ学校の『自由キリスト教的宗教教授』の特質」『教育方法学研究』第 7 集, 教育方法研究会, 1986 年.
11. 拙稿「シュタイナーの教育方法論の特質―発達観との関係を中心として―」『教育学研究』第 54 巻, 第 2 号, 日本教育学会, 1987 年.
12. 拙稿「シュタイナーにおける児童期の道徳教育の特質」『道徳教育研究』第 149 号, 日本道徳基礎教育学会, 1987 年.
13. 拙稿「シュタイナーの教育思想の形成 (1)」『教育方法学研究』第 8 集, 教育方法研究会, 1988 年.

43) たとえば, 次のようなものがあげられる.
1. 實松宣夫「道徳教育の基礎理論 Ⅳ―ルドルフ・シュタイナーの人間理解と人間形成―」『教育学研究紀要』第 36 巻, 第 1 部, 中国四国教育学会, 1990 年.
2. 拙稿「自由ヴァルドルフ学校における『エポック方式』の特質」『研究論集』No.52, 関西外国語大学, 1990 年.
3. 拙稿「シュタイナーの教育方法論における『気質』の意義」『研究論集』No.54, 関西外国語大学, 1991 年.
4. 衛藤吉則「新たなる知の枠組みとしての『神話の知』」『教育学研究紀要』第 38 巻, 第 1 部, 中国四国教育学会, 1992 年.
5. 實松宣夫「超感覚世界の認識とそれを可能にする道徳性について―ルドルフ・シュタイナー『いかにして超感覚的世界の認識を獲得するか』より―」『研究論叢』第 42 巻, 第 3 部, 山口大学教育学部, 1992 年.
6. 岡崎貴弘「R. シュタイナーの教育芸術論―児童期の教育を中心として―」『教育学研究紀要』第 39 巻, 第 1 部, 中国四国教育学会, 1993 年.
7. 拙稿「シュタイナーの教育思想の形成 (2)」『教育方法学研究』第 11 集, 教育方法研究会, 1993 年.
8. 拙稿「自由ヴァルドルフ学校における学級担任制の特質―シュタイナーの教育観を手がかりにして―」『日本教育経営学会紀要』第 36 号, 日本教育経営学会, 1994 年.
9. 拙稿「シュタイナーの幼児教育の特質―子どもに対する大人の接し方に着

目して―」『高知大学教育学部研究報告』第 1 部, 第 50 号, 高知大学教育学部, 1995 年.
10. 関亦頼子「R. シュタイナーの人智学思想とは何か―世紀転換期に生まれた教育思想―」『教育学研究紀要』第 45 巻, 第 1 部, 中国四国教育学会, 1996 年.
11. 拙稿「シュタイナーの教育思想の形成 (3)」『高知大学教育学部研究報告』第 1 部, 第 53 号, 高知大学教育学部, 1997 年.
12. 衛藤吉則「シュタイナー教育学をめぐる『科学性』問題の克服に向けて―人智学的認識論の克服に向けて―」『人間教育の探究』第 10 号, 日本ペスタロッチー・フレーベル学会, 1998 年.
13. 衛藤吉則「ルドルフ・シュタイナーの人智学的認識論に関する一考察」『教育哲学研究』第 77 号, 教育哲学会, 1998 年.
14. 渡辺英之「シュタイナー教育学における現象学の可能性」『京都精華大学紀要』第 14 号, 京都精華大学, 1998 年.
15. 拙稿「シュタイナー教育における道徳教育の方法の基本原理―シュタイナーの教育観を手がかりとして―」『道徳教育論集』第 2 号, 日本道徳基礎教育学会, 1999 年.
16. 拙稿「シュタイナー教育とホリスティック教育」『ホリスティック教育研究』第 3 号, 日本ホリスティック教育協会, 2000 年.
17. 衛藤吉則「シュタイナーとドイツ改革教育運動」小笠原道雄監修『近代教育思想の展開』福村出版, 2000 年.
18. 三吉谷哲「ヴァルドルフ教育における人間観のキリスト教的性格―幼児期の宗教性を中心に―」『キリスト教教育論集』第 8 号, 日本キリスト教教育学会, 2000 年.
19. 拙稿「シュタイナー教育の視点から見た説話法―我が国の小学校における道徳学習の指導法の再検討―」『筑波大学道徳教育研究』第 2 号, 筑波大学道徳教育研究会, 2001 年.
20. 拙稿「シュタイナー学校における道徳教育―算数教材で育む道徳性―」『筑波大学道徳教育研究』第 3 号, 筑波大学道徳教育研究会, 2002 年.
21. 拙稿「シュタイナーの教育論における『臨床の知』―教師と子どもとの関係性に着目して―」『教育学研究』第 69 巻, 第 3 号, 日本教育学会, 2002 年.
22. 拙稿「シュタイナー学校における道徳教育―地理教材で育む道徳性―」『筑波大学道徳教育研究』第 4 号, 筑波大学道徳教育研究会, 2003 年.
23. 拙稿「シュタイナー学校における道徳教育―動物学教材で育む人間性と道徳性―」『筑波大学道徳教育研究』第 5 号, 筑波大学道徳教育研究会, 2004 年.
24. 拙稿「シュタイナー学校における道徳教育―植物学教材で育む道徳性―」『筑波大学道徳教育研究』第 6 号, 筑波大学道徳教育研究会, 2005 年.

25. 拙稿「わが国におけるシュタイナー教育の現状」『道徳教育研究』第213号，日本道徳基礎教育学会，2005年．
26. 広瀬綾子「自由ヴァルドルフ学校の演劇教育―ドイツの公立・私立学校の演劇教育の現状を踏まえて―」『教育学研究』第72巻，第3号，日本教育学会，2005年．
27. 拙稿「シュタイナーの道徳力」『筑波大学道徳教育研究』第7号，筑波大学道徳教育研究会，2006年．
28. 拙稿「シュタイナーの道徳教育論の形成過程―神智学から人智学への思想的変移に着目して―」『筑波大学道徳教育研究』第8号，筑波大学道徳教育研究会，2007年．
29. 山口理沙「シュタイナー教育論における教育関係考察 ― 教師と子どもの関係性―」『関東教育学会紀要』第34号，関東教育学会，2007年．

44) たとえば，次のようなものがあげられる．
1. 高橋巖『シュタイナー哲学入門』角川書店，1991年．
2. 永野英身『R.シュタイナーと現代―I.イリッチの脱学校論を越えて―』近代文芸社，1994年．
3. 西川隆範『あなたは7年ごとに生まれ変わる』河出書房新社，1995年．
4. シュタイナー，R. 著，西川隆範訳『シュタイナー心理学講義』平河出版社，1995年．
5. クリステラー，E. M. 著，石井秀治・吉澤明子訳『人智学にもとづく芸術治療の実際』耕文社，1996年．
6. シュタイナー，R.・オーバーフーバー，K.・クーグラー，W.・ペント，W. 著，高橋巖訳『ルドルフ・シュタイナー遺された黒板絵』筑摩書房，1996年．
7. ホルツアッペル，W. 著，石井秀治・三浦佳津子・吉澤明子訳『体と意識をつなぐ四つの臓器』耕文社，1998年．
8. シュタイナー，R. 著，西川隆範訳『シュタイナー経済学講座』筑摩書房，1998年．
9. 河西善治『『坊ちゃん』とシュタイナー―隈本有尚とその時代―』ぱる出版，2000年．
10. メース，L. F. C. 著，佐藤公俊訳『シュタイナー医学原論』平凡社，2000年．

45) Scheibe, W., *Die Reformpädagogische Bewegung 1900-1932*, Weinheim・Basel, 1994, S. 300ff.
そこでは，自由ヴァルドルフ学校については，20世紀における実験学校として，生活共同体学校（Lebensgemeinschaftsschulen）とイエナ・プラン学校（Jena-Plan-Schule）と徹底的学校改革者同盟と並んで，その学校の特徴が紹介されている．その特徴としては，「エポック授業」（Epochenunterricht）や芸術教育などが取りあげられている．

46) Flitner, W., u. Kudritzki,G., *Die Deutsche Reformpädagogik*, Düsseldorf・München, 1962, S. 108ff.
そこでは，自由ヴァルドルフ学校については，学校のなかで改革努力をしている実践として，生活共同体学校と並んで，その学校の特徴が紹介されている。その特徴としては，学校のカリキュラムとともに，学校の基礎となっている創始者シュタイナーの教育観やその他の思想が示されている。
47) たとえば，Oelkers, J., *Reformpädagogik : Eine kritische Dogmengeschichte*, Weinheim・München, 1992, S. 120 では，「学校改革の構想」のなかの学校モデルとして，シュタイナーの名前が，モンテッソーリとともに紹介されているだけである。また，Wilhelm, Th., *Pädagogik der Gegenwart*, Stuttgart, 1977, S. 100ff. において，自由ヴァルドルフ学校はわずか2頁にわたって簡単に紹介されているのみである。さらに，Herrman, U. (Hrsg.), 》*Neue Erziehung*《, 》*Neue Menschen*《 : *Ansätze zur Erziehungs- und Bildungsreform in Deutschland zwischen Kaiserreich und Diktatur*, Weinheim・Basel, 1987, S.190f. において，自由ヴァルドルフ学校は，Wilhehelm, Th., Der Reformpädagogische Impuls：Bildungspolitik, Schulreform, Bildungsreformen am Biginn der Zwanziger Jahre という論文のなかで取りあげられているが，記述内容は，前掲書とまったく同じものである。
48) 長尾十三二編『新教育運動の生起と展開』明治図書，1988年，23-24頁。
49) 同書，61頁。
50) 長尾十三二編『新教育運動の歴史的考察』明治図書，1988年，23頁。
51) 同書，150頁。
52) 広瀬俊雄『シュタイナーの人間観と教育方法―幼児期から青年期まで―』ミネルヴァ書房，1988年。
53) 同書，104-106頁，133-137頁。
54) 同書，241頁。
55) 同書，280頁。
56) 同書，241-242頁。
57) 同書，242-246頁。
58) 三吉谷哲「シュタイナーにおける児童期の道徳教育論」『教育科学研究年報』第28号，関西学院大学文学部教育学科，2002年，5-10頁。
59) 三吉谷哲「シュタイナーにおける道徳的人間像」『教育科学研究年報』第26号，関西学院大学文学部教育学科，2000年。
60) 三吉谷哲「シュタイナーにおける児童期の道徳教育論」，9頁。
61) Kranich, E.M. (Hrsg.), *Moralische Erziehung*, Stuttgart, 1994.
62) ebd., S.63f.
63) ebd., S.107ff.

64) ebd., S.22f.
65) Steiner, R. *Allgemeine Menschenkunde als Grundlage der Pädagogik*, Dornach, 1979, S. 17.
66) Hemleben, J., a. a. O.
67) Carlgren, F., *Rudolf Steiner und die Anthroposophie*.
    Emmichoven, F. M. Z. van, a. a. O..
68) Lindenberg, R., *Rudolf Steiner : Eine Biographie Bd. I 1861-1914*.
    Lindenberg, R., *Rudolf Steiner : Eine Biographie Bd. II 1915-1925*.
69) Shepherd, A. P., *A Scientist of the Invisible : An Introduction to the Life and Work of Rudolf Steiner*, London, 1954.
70) たとえば，次のようなものがあげられる。
    1. 新田貴代「ルドルフ・シュタイナー略伝」新田義之編『ルドルフ・シュタイナー研究』創刊号，人智学研究発行所，1978年。
    2. 新田義之「R・シュタイナー－ヴァルドルフ教育の創始者－」天野正治編『現代に生きる教育思想5』ぎょうせい，1982年。
    3. 西平直『シュタイナー入門』講談社，1999年。
    4. 小杉英了『シュタイナー入門』筑摩書房，2000年。
71) Steiner, R., Harwood, D., and Fox, H. (transl.), *Study of Man*, London, 1966, p. 19. (Steiner, R., *Allgemeine Menschenkunde als grundlage der Pädagogik*, の英訳版)

第1章
人間形成論の形成過程

　本章では，シュタイナーの幼少年時代から晩年までの体験や活動を取りあげながら，時代状況のなかで彼の人間形成論が，どのような過程を経て形成されたのかについて明らかにする。

　まず，シュタイナーが精神的な世界に興味・関心を持つようになった経緯について論述する。そこでは，まず，彼の誕生から幼少年時代の暮らしが概観され，内向的な彼にとって好奇心をかき立てることにつながった出来事を指摘する。次に，彼が「感覚的世界」とは別の世界に関心をもち始めた発端としての彼の体験について論述する（第1節）。

　次に，シュタイナーが精神科学に興味・関心を持つようになった経緯について論述する。まず，実科学校時代におけるシュタイナーの体験を検討し，さらに大学時代におけるシュタイナーの体験を取りあげる。次に，彼は大学卒業後に学術的な哲学の著作を公にしているが，そこにすでに彼の道徳上の立場を示していたことを明らかにする（第2節）。

　続いて，キリスト教徒と自認していたシュタイナーが東洋的な神智学協会に接近していった経緯について，大学時代にさかのぼって跡づけながら，彼の体験や活動について検討する。その作業によって，彼が神智学協会に深くかかわるようになり，その結果，従来の西洋思想界と異なる独特な思想を形成するようになった，ということを明らかにする（第3節）。

　最後に，シュタイナーにおける神智学から人智学への思想的変移について論述する。具体的には，まず神智学協会の会員時代の活動について言及する。その作業によって，その時代に，彼が人智学の基本的な思想とともに，人間形成論に関する基本的な考え方を構築していた，ということを明確にする。次に，

彼の神智学協会との訣別の推移について論述し，その実際的な要因だけでなく，その思想的な要因についても明らかにする。さらに，人智学協会の創立およびそこから派生した芸術活動や「社会有機体三分節化運動」(Bewegung für Dreigliederung des sozialen Organismus) の推進について考察する。その作業を通じて，彼の関心が精神的な世界の事柄にとどまるのではなく，芸術や政治や道徳などの現実社会の営みにも向けられるようになり，結果的にシュタイナーの人間形成論の具現化としての自由ヴァルドルフ学校の創設につながった，ということを指摘する（第4節）。

第1節　精神的世界への興味・関心

1. いなかの生活体験

　シュタイナーの両親は，低地オーストリアの森林地方の出身であった。父親のヨハン・シュタイナー (Johann Steiner) は，その地方の僻村ゲラース (Geras) に生まれ，その村の「プレモントレ会 (Prämonstratenser)」[1]の修道院に仕えた後，ホーヨース (Hoyos) 伯爵家の山林監視人として働いていた。また，母親のフランチェスカ・シュタイナー (Franziska Steiner)，旧姓フランチェスカ・ブリィエ (Franziska Blie) は，その伯爵の居城のある町ホルン (Horn) に生まれ，そこに住んでいた。彼らはその町で知り合い，1860年の5月には互いに結婚を望むようになった。ところが，ホーヨース伯爵家では，独身の山林監視人のみが望まれていたために，その結婚は周囲の人々に反対された。そこで，ヨハン・シュタイナーはフランチェスカ・ブリィエと駆け落ちのかたちでその町を離れて，新しい土地で結婚生活を始めることになった。その時にはすでに，フランチェスカ・ブリィエは，のちにルドルフ・シュタイナー（以下，シュタイナーと呼ぶ）と名づけられる子どもを宿していた。したがって，ヨハン・シュタイナーは，何としてもすぐに生計を立てる手だてを見つけなければならなかったのである。[2]

ヨハン・シュタイナーは，新しい駅がつくられるたびに通信技師が配属されることに目をつけ，モールス信号を習い，その資格を数カ月で取得した。そのことが実って，ヨハン・シュタイナーは，シュタイアーマルク (Steiermark) 州の南部の小さな駅に通信技師として任用された。それは，1860年の夏の出来事であった。間もなくして，彼は，シュタイアーマルク州の南部の小村クラリイェベック (Kraljevec)（当時はハンガリー，現在はクロアチアに属する）にまで鉄道が敷設されたときに，そこの通信技師兼駅長として転任して，そして間もなくシュタイナーが生まれたのである。それは，1861年2月27日のことであった。

　ヨハン・シュタイナーは，クラリイェベックでおよそ1年半にわたって勤務したあと，ウィーン近郊のメードリング (Mödling) 駅に，それから半年後，すなわちシュタイナーが2歳のときに，ポットシャッハ (Pottschach) 駅に転勤となった。そこで，ヨハン・シュタイナーは，6年間，すなわちシュタイナーが8歳になるまで滞在することとなった。[3)]

　このような経緯をたどってきたシュタイナー一家は，もちろん経済的に裕福な生活を送るわけにはいかなかった。しかも，この一家は，シュタイナーの下に二人の子どもが生まれたこともあって，駅舎を住居として日々暮らしていくことで精一杯であった。したがって，シュタイナーは，幼少年時代においては，決して経済的に恵まれた家庭環境のなかで育てられたわけではなかった。

　しかし，ポットシャッハの生活は，彼の人間的成長にとって大きな害を及ぼすものではなかった。それどころか，大自然に囲まれたなかでの質素な生活は，内向性の強い性格であったシュタイナーにとって，容易に内面に引きこもることができ，しかもさまざまな事柄に対して想像力を働かせることができた点で，きわめて好都合な境遇であったようである。その意味で，ポットシャッハの暮らしが，シュタイナーの幼少年時代の貴重な体験となり，彼の思想形成の出発点として重大な影響を及ぼすことになった。[4)]

　いなかのポットシャッハでの暮らし，そのなかでも特に，その自然環境は，個性の伸長という意味でシュタイナーに大きな影響を及ぼしたようである。

シュタイナーは，その自然環境について，自叙伝のなかで次のように回想している。

「すばらしい景観が私の幼年時代を取り巻いていた。低地オーストリアとシュタイアーマルク州 (Steiermark) との境界をなす，『シュネーベルク』(Schneeberg)，ヴェクセル (Wechsel)，ラクスアルペ (Raxalpe)，ゼメリンク (Semmering) といった山々への展望が開けていた。シュネーベルク山頂付近のむき出しの岩石は，太陽の光を受けて照り映え，そしてその光が山頂から小さな駅の方に射してくると，それがすばらしい夏の朝の挨拶であった。『ヴェクセル』(Wechsel) の灰色の山々の背は，これらとは対照的に，厳粛な感じをつくり出していた。こうした景観のいたるところで親しげに微笑みかけている緑は，山々をよりいっそう高くそびえ立たせているようであった。はるか遠くには荘厳な山々がすぐ近くには優美な自然が広がっていた。[5]」

この自然豊かな環境は，幼少年時代のシュタイナーに自然の雄大さを印象づけるとともに，内面に引きこもって想像力をめぐらすという彼の内向的な性格を強化することにつながったと考えられる。ポットシャッハでは，この彼の性格によって，自然環境のみならず，身のまわりで起こる日常生活の出来事も彼の関心の的となった。この傾向は，シュタイナーが初等学校のいざこざに巻き込まれて学校に通わなくなると，ますます強くなっていった。

まず，シュタイナーは，駅舎を住居として日々暮らしていたこともあって，機関車に関心を引かれ，それにかかわる日常の現象に対して内面で想像力をめぐらせていた。彼は，自叙伝のなかで次のように述べている。

「しかしこの小さな駅では，みんなの興味は鉄道の運行に集まっていた。ところが当時のこの地方では，列車はかなり長い間隔でしか行き来してい

なかった。しかし列車が到着すると，生活に刺激を求めて暇な村人たちが集まって来た。学校の教師，司祭，大農場の会計係，ときには村長も姿を現した。

　私がこのような環境のなかで幼年時代を過したことは，自分の人生にとって重要な意味を持っていると思われる。なぜなら，私の興味は存在としての機械に強く引きつけられていたからである。私がわかっていたのは，この興味が優雅でしかも雄大な自然に寄せる心の底からの関心を，子どもの心のなかで何度も何度も雲らせんばかりであったということ，この機械の支配下にある鉄道の列車もまた，つねに彼方の自然のなかに姿を消してゆくことであった。」[6]

　いなかの小村では，村人たちにとって列車は興味をそそるいわば刺激物であった。少年時代のシュタイナーも同様であった。とりわけ，少年時代の当時の彼にあっては，明確な言葉で語るまでには至っていないが，これまで慣れ親しんできた，人の手が触れられていない中央ヨーロッパの自然と，19世紀の産業発展の中心をなす蒸気機関や内熱機関の機関車という科学との，いわば二つの対照的な事物の関係が大きな「謎」(Rätsel)になっていたようであった。この「謎」を意識することによって，日常の出来事に対する彼の好奇心がかき立てられるとともに，まさに大自然の雄大さに目を奪われていたそれまでの少年の心が科学を通じて根本的に揺さぶられていたのである。

　さらに，シュタイナーの自叙伝によれば，その小村では，他にもシュタイナーの好奇心をかき立てる出来事が二つ起ったようである。[7]

　一つは，駅の近くの紡績工場の出来事であった。シュタイナーは，その工場のなかには入れず，しばしば外から，原料が工場のなかへ運び込まれ，そして製品がそこから出荷されていく風景を眺めていた。その日常のめずらしくもない出来事が，工場内部を見られなかった少年時代の彼にとっては，大きな「謎」であった。内向的であった彼は，その出来事から，心のなかで工場の内部の様

子について思いをめぐらせ，さまざまなことを想像していたようである。

　いま一つは，火災を起こした貨車であった。ある時に，火災を起こした貨車が駅に入ってきた。その原因は，引火しやすい荷物が載せられていたことによるものであった。しかし，少年時代のシュタイナーにとっては，このような自然発火による火災の原因は理解され得なかった。この出来事もまた，彼の好奇心をかき立て，また同時に心のなかにこの世界の「謎」として残ったようである。

　このようなポットシャッハの出来事それ自体は，もちろん一般的にはそれほど驚くべきことではない。とりわけ，他の友だちと無邪気に遊ぶ外向的な普通の子どもならば，そのような出来事などは遊びのなかで忘れてしまったであろう。しかし，内向的なシュタイナーにとっては，それは好奇心をかき立てることにつながっていたようである。また同時にそれは，決して彼の好奇心を満たすような解答を提示するものではなかったようである。その意味では，このような出来事に対してのシュタイナーの関心の示し方は，当時の彼の内向的性格の証左であると同時に，その後の彼の人生において，彼の言葉でいえば現象の「謎」，つまりさまざまな現象の法則・原理を探ろうとするより旺盛な知的欲求の内的要因の一つになった，と考えられるのである。

2. 異様な体験

　前述したようないなかの生活体験のほかに，ポットシャッハでは，シュタイナーが7歳のときに，彼の知的欲求を生涯にわたって特定の方向に，つまり感覚では直接的にとらえきれない世界の実在性に強く関心を向けさせるきっかけが，彼の身に起こっている。

　ある日，シュタイナーが駅の待合室に座っていると，今までに会ったこともない一人の女性が入って来た。その女性の容貌は，家族のだれかに似ているようであった。そのときの様子は，次のようなものであった。

　　「その女性はドアから入って来て，部屋の中央にまで来ると，身振りをま

じえて次のように話しかけた。『私のために，今もこれからもずっと，君のできる限りのことをしようとしてね』と。そして，しばらくのあいだ，一度見たら生涯忘れられないような姿で女性は立っていた。それから女性は，ストーブの方へ歩いて行き，そのなかへ消えてしまった。」[8]

　その後，シュタイナーが家に帰ると，いつもは朗らかな父親がいつになく悲しそうにしていた。しばらくしてからシュタイナーはその理由を知った。それは，親戚の女性が自殺したというのである。その女性の亡くなった時刻は，不思議なことにシュタイナーが待合室で女性の姿を見た頃であった。
　この一連の奇妙な出来事については，シュタイナーは家では絶対に話さないようにしていた。なぜなら，家庭のなかでは，父親が敬虔なカトリック信者であると同時に，当時の一つの最新技術に携わっていた電信技師でもあるために，迷信的な事柄についての発言はとても許容される家庭の雰囲気ではなかったからである。
　このような体験は，シュタイナーの崇拝者たちにとっては，この頃には特殊な透視力を彼が身についていた証左と見做されるであろう。たとえば，ヘムレーベン著『ルドルフ・シュタイナー』という伝記を見ても，「この体験は，子どもに強い衝撃を与えた」[9]と述べられたあとで，「だが，それは，確かに異常ではあったが，このときから，自明なかたちで彼の人生において伴うことになった自然の透視力 (Hellsehen) の始まりであった」[10]という解説がなされている。しかし，シュタイナーを神格化することなく一人の人間として捉えるならば，この異様な体験についても，ヘムレーベンとは異なった別の解釈が以下のように可能ではないだろうか。
　確かに，この種の体験は，普通の人間にはあまり起こり得ないであろう。しかし，このような体験が，一種の夢のようなものと見做されるならば，透視力を持ったシュタイナーだけに起こりえた特殊なものではなくなるのではないだろうか。なぜなら，決して人数は多くはないけれども，この種の体験を有する

という著名人も少なからず存在しているからである。一例をあげれば、シュタイナーと同時代に生き、人間の内面を追究したユング（Jung,C.G.）もその一人である。彼は、自叙伝において、4歳の頃に夢のなかで異様な体験をした、と告白している。[11] したがって、シュタイナーのこの種の体験それ自体は、ユングの場合と同様に、特殊な能力の取得の根拠として、取り立てて強調すべきものではないであろう。しかも、シュタイナーの体験が、現実のことなのか、あるいは夢のなかでのことなのか、という問題を明らかにする作業は、容易なことではないうえに、何よりもシュタイナーの思想の解明にとって生産的な学術的研究のやり方とは言えないであろう。それどころか、その体験こそが生まれながら持っていた特殊な透視能力の根拠の一つである、というような言説が強調されるなら、シュタイナーの思想はますます絶対化されるとともに、一部の信奉者・支持者のなかでの教義に留まり、学術的研究の世界から乖離したものとして認知されるだけであろう。むしろ学術的研究として重要視されなければならないのは、ユングの場合も同様であるが、その異様な体験から、シュタイナーがその後の人生においてどのような態度をとり、いかなる思想を生み出すことにつながったのか、という点ではないだろうか。そのような点から言えば、異様な体験は、シュタイナーのその後の人生において、現在の人間存在の世界を超えた、宗教的および神秘的な世界への興味・関心の発端になった、と解釈することが可能であろう。

　事実、シュタイナーは、宗教的な世界に少年時代から大きな拒絶反応を起こすこともなく、浸っていたようである。具体的に言うと、シュタイナーが8歳のとき、父親の転勤によって、彼の一家は当時のオーストリアの国境に近いハンガリー（現在はオーストリア）の小さな村ノイディルフル（Neudörfl）に引っ越したわけであるが、彼は、敬虔なキリスト教徒の父親の影響もあって、家の近くにあった教会に熱心に通い、友だちとともにミサや告別式や埋葬のときの伴僧や聖歌隊も体験している。つまり、シュタイナーは、教会とのかかわり、換言すれば宗教的な雰囲気のなかで少年時代を過ごしていたのである。そのよう

な宗教とかわる生活状況は，彼が自叙伝で「私の少年時代の生活において，深遠な意味をもっていたのは，教会とその周囲に位置する墓地の近くにいたということである」[12]と述べるように，彼の生活にとって大きな影響を与えていたようである。

さらに，そこの神父は，礼拝の儀式によってシュタイナーを厳粛な宗教的体験に浸らすだけでなく，シュタイナーが通う小学校の宗教授業を担当するために学校を訪れたときに，しばしば授業以外の時間に別室で，早熟な少人数の子どもたちとともにシュタイナーに対して，聖職者の視点から宇宙の不思議な法則（地球の公転や地軸の自転，日食や月食など）について詳細に語った。このような神父の存在やその発言は，彼に好感を寄せていたシュタイナーにとって，宗教的なものに慣れ親しませるとともに，はるかな宇宙の不思議さにも関心を寄せさせることにつながったと考えられる。[13]

しかし，シュタイナーにとっては，前述したような異様な体験は，確かに宗教への興味・関心と結びつきやすいものではあっても，教義の信仰よりも言葉や概念では表し得ない感情に強くかかわっているために，単なる宗教ではなく，神秘的体験に中心的な意義を認めるような宗教的哲学的立場に彼を向かわせるものであったと考えられる。

3. 幾何学への興味・関心

シュタイナーは，ノイディルフルの初等学校に転入して間もなく，そこの代用教員のところで一冊の幾何学の本を見つけた。シュタイナーは，その幾何学の本を自宅に借りて帰り，数週間にわたりその本に熱中した。そのときの様子について，彼は自叙伝で次のように述べている。

> 「何週間ものあいだ，私の心は，三角形や四角形や多角形の合同と相似でいっぱいであった。また私は，どこで平行線が交わるのかという問題に頭を悩ましていた。そしてピタゴラスの定理は私を魅了した。」[14]

このように幾何学に親しんでいるうちに、シュタイナーは次のような考えを抱くようになったという。

「外的な感覚を通しての印象を得ることなしに、我々は純粋で内的に直観された形態を心的につくり出しながら生きていくことができるという事実は、私に最高の満足をもたらした。私は、答えられない疑問によって引き起こされた気分に対する慰めをそこに見出した。純粋に精神のなかで物を把握できることは、私に内的な喜びをもたらした。思うに、私は幾何学に接してはじめて幸福というものを知ったのであった。」[15]

シュタイナーが、ここで「答えられない疑問」と言っているのは、それ以前の体験のなかで彼の好奇心をかき立て、そして彼の心のなかに解けない「謎」として残った出来事のことである。その代表的なものとしては、前述したような機関車と大自然との関係、紡績工場における原料から製品への変化、貨車の自然火災、さらには待合室における異様な体験もあげられるであろう。このような出来事に対する当時のシュタイナーにとっての重要な疑問が、幾何学との出会いによって慰められ、独断的ではあっても、何らかの彼なりの解決にたどり着きつつあったようである。この点に関して、彼は自叙伝のなかで次のように述べている。

「幾何学とのかかわり合いのなかに、私は、次第に私の内部において発展していった直観（Anschauung）の最初の芽生えを認めずにはいられなかった。この直観は、すでに多少とも幼年時代に無意識的に私のなかで生きており、およそ20歳ころに一つの確固とした完全に意識された姿をとったのである。
　私は次のように考えていた。感覚によって知ることのできる物体や出来事は、空間のなかに存在する。しかし、このような空間が人間の外部に存

在するのと同じように，人間の内部にも，精神的な存在や出来事の舞台となる一種の心性空間（Seelenraum）が存在する。頭のなかでは私は，人間が事物に関してつくり出したものを，イメージとしてではなく，心性という舞台での精神的世界（Geistige Welt）の顕現として眺めることができた。私にとって幾何学は，どう見ても人間自身によって生み出された認識であったが，人間とはまったくかかわりのない意義をもつ認識であった。私は子どもであったので，もちろん明言し得なかったが，私たちは精神的世界についての認識を幾何学と同様に，自己の内部に持っているに違いないと感じていた。

　なぜならば，私にとっては，精神的世界の現実性は，感覚的世界（Sinnliche Welt）の現実性と同じように確実なことであったからである。しかし，私は，この想定に対する一種の正当化を必要としていた。精神的世界の体験は，感覚的世界の体験と同様に決して錯覚ではない，ということを私は確信したかったのである。私が考えるには，幾何学の際に，心性が心性それ自身の力によって体験することを，私たちは知ることが許されているのである。こうした気持ちから私は，感覚的世界について語るのと同様に，私が体験した精神的世界について語る正当化を見出した。そうであるから，私は，二つの観念を持っていた。それは漠然とはしていたが，しかしすでに8歳になる以前から，私の心性生活（Seelenleben）に大きな役割を演じていた。つまり，私は事物や実体を次のように区別したのである。すなわち，『見えるもの（die man sieht）』と『見えないもの（die man nicht sieht）』とに。」[16]

　このように，現実を超えたもう一つの世界の存在を以前から感じていたシュタイナーは，幾何学との出会いによって，「心性空間」のような「感覚的世界」とは別の「精神的世界」の存在についての確証を彼なりに得たのである。それ以来，彼は，「感覚的世界」の現実性を超えた別の世界が存在するという確信

を生涯にわたって持ち続けることになる。この確信は，彼の生涯全体から見れば，まさに彼の思想形成にとっての出発点となっただけでなく，「見えるもの」と「見えないもの」，「感覚的世界」と「精神的世界」，あるいは「自然」と「科学」，というような別の世界を統一的ないしは一元論的に理解しそれに基づいて行為することを，彼の一生涯の課題へと結びつける大きな契機となったと言えよう。

また，それとともに，シュタイナーは，幾何学を通じて，「感覚」と切り離された「思考」の働きを意識し始めている。のちに彼は，「感覚」に左右されない自由な「思考」を追い求めることになるが，その出発点の一つにこの幾何学の体験があった，と見做すことも可能である。

ただし，このような見方は，ヘムレーベンだけでなく，リンデンベルク[17)]やシェパードなどの[18)]，シュタイナーに関する多くの著作のなかで示されているが，その根拠となる資料は彼の晩年に回想した『自叙伝』の記述であるということを考慮するならば，この記述内容をそのまま事実として受容することは少し慎重でなければならないであろう。なぜなら，空間という哲学上の難題が，少年シュタイナーにそこまで十分に自覚されていた，という状況は考えにくいからである。また，空間の存在の問題に対して，それ自身で成立し得る客観的関係か，あるいは心性の主観的性質にかかわる主観的関係か否かについて考究していたカント（Kant, I.）の関心と少年シュタイナーのそれとがあまりにも類似しているからである。つまり，のちにカントの思想を学んだシュタイナーが，自分の少年時代の体験を振り返って，整合性をもたせるために少しバイアスをかけているのではないか，とも考えられるからである。したがって，上述した見方は，少し留保しながら受け取るべきものではないだろうか。その意味から言えば，シュタイナーは，この頃には前述したような内容を明確に意識していたというよりも，それを不明確ながらも感じ取っていた，という程度に解しておくべきであろう。

第2節　精神科学への興味・関心

1. ドイツ哲学への興味・関心

　1872年，父親のヨハン・シュタイナーは，息子をギムナジウム（Gymnasium）に進学させるか，あるいは実科学校（Realschule）に進学させるか，選択に頭を悩ませていた。最終的に，父親は，息子を自分と同じ鉄道会社に技師として就職させることを念頭に置いて，実科学校への進学を決断した。裕福な家庭環境に置かれていなかったシュタイナーは，その父親の意向に従って，ウィーン・ノイシュタット（Wiener-Neustadt）の実科学校に入学することとなった。

　ところが，シュタイナー自身にあっては，自分のことでありながら，そのような進路の選択はその当時においては大きな問題ではなかったようである。内向的な彼は，「感覚的世界」と「精神的世界」という二つの世界や生（Leben）に対して抱いていた「謎」の解明に熱い関心を密かに持ち続けていた。したがって，彼は，入学しておよそ2年間，学校の成績もやっとのことで他の生徒についていける程度であった。確かに，その原因としては，いなか育ちの内向的なシュタイナーの場合，彼が「町での生活を，私は心（Seele）のなかで田舎での生活と同じように過ごすことができなかった」と述べるように，町の騒がしさによる煩わしさもあげられる。しかし，彼の最優先の関心事は，自分自身の抱く「謎」の解明であって，いわば外の世界に属する学校の勉学でなかった。[19]

　そのうちに，シュタイナーも新しい生活に慣れると，それまでの内面における「謎」への関心をもち続けながらも，次第に自分のペースで読書を楽しむようになっていった。特に，実科学校時代における数名の教師との出会いは，シュタイナーに数学や幾何学への興味・関心をさらに持たせるとともに，それを通して，学校生活に馴染めなかった彼を勉学に駆り立てることとなった。[20]その結果，彼は，入学して数年後には優秀な成績を修めるまでに至り，さらに，15歳のときに，自分と同学年ないしは年下の生徒に対しての補習授業（Nachhilfeunterricht）の指導を任せられるまでになった。しかし，彼にあっては，

興味・関心は，単に実科学校における学科の内容に留まるのではなく，以前から自分の内面で抱いていた「精神的世界」の「謎」にも向かい続けていたようである。その点について，彼は自叙伝で次のように当時のことを振り返っている。

　「校長や，数学と物理学の教師や，幾何作図の教師によって私が理解したものの背後には，自然現象の謎の問題が，少年なりの把握の仕方で私の内面において立ち現れていた。私は，次のように感じていた。すなわち，自明な直観のなかで私の前に存在していた精神世界(Geisteswelt)に対しての立場を獲得するためには，私は自然(Natur)と取り組まなければならないということであった」[21]。

　このような自叙伝の記述内容に従えば，シュタイナーは，「感覚的世界」の背後にある「精神的世界」の「謎」の解明に挑むには，まず「感覚的世界」としての自然への探究を徹底しなければならないと実感していたことになる。その点から言えば，「精神的世界」に強く関心を抱く彼が，数学や物理学などの自然科学を学ぶことへの合理性を，自分のなかで見出していたのであろう。

　また，実科学校時代には，シュタイナーは，ヘルバルト(Herbart, J. F.)を信奉する一人の正規の教師との内向的な対抗意識から，その教師の依拠していたヘルバルト主義の哲学の著作を読んでいる。もちろん，この点については，彼の年齢から言っても，その理解の程度はそれほどではないと推察されるために，ヘムレーベンやリンデンベルクやシェパードなどによる伝記でもほとんど言及されていないが，実科学校という中等教育段階から，教える体験とともに，ヘルバルト主義の哲学を通してヘルバルトの思想に触れていたことは，後の人生において教育実践や教育思想に関心を示すことにつながったと同時に，その当時のシュタイナーの「精神的世界」への関心を哲学という分野に向けさせることにつながった，と解釈できるであろう。

　その哲学に関して言えば，シュタイナーの生きた地域の19世紀後半という

当時の学界においては，啓蒙主義に対抗したドイツの観念論哲学やドイツのロマン主義哲学が経験諸科学からの嘲笑を買っていたところから脱却するために，厳密な学としての性格が強く求められることとなり，カントの批判主義が主流になっていた。いわゆる新カント主義（Neukantianismus）が一世を風靡していたのである。そのために，書店ではカントの著作がかなり置かれていたようである。シュタイナーは，ある日，町を歩いていると，本屋のショーウインドーのなかに置かれていたカントの『純粋理性批判』(Kritik der reinen Vernunft) を目にしている。当時，学術書は，レクラム世界叢書（Reclamsche Universal-Bibliothek）によってポケット版形式で発行され始めた時期であった。シュタイナーの見つけた『純粋理性批判』も，そのようなレクラム世界叢書として安価に出版されたものであった。シュタイナーは，早速，それを自分の小遣で購入し，読み始めることになった。

　シュタイナー関係の解説書では，『純粋理性批判』を読むようになった動機については，「人間の精神は認識を深めることによって，超感覚的なもの (Das Übersinnliche) への道を見つけることができる，という確信が子どものなかに生きていた」[22]というような趣旨の説明が，しばしばなされている。このような説明は，シュタイナーの自叙伝の記述に忠実に従ったものであるが，そこまでの確信が当時の彼にあったと断定するのは，少し彼を絶対化し過ぎていると考えられる[23]。

　なぜなら，同じ自叙伝のなかでも，「私は自分の思考を正しく行えるための強固な拠り所を，とりわけ『純粋理性批判』によって得たいと望んでいた」[24]という記述のほうが，当時のシュタイナーの状況をより正確に伝えていると考えられるからである。つまり，当時の彼は，人間の認識を探究するうえでの手がかりをカントの著作のなかに見つけようとしていたと考えられる。それゆえに，彼は，自叙伝のなかで「多くのところは20回以上も読んだ」[25]と語り，「当時の私はカントに対してまったく無批判であった」[26]，と認めているのであろう。

　ところが，やがてシュタイナーは，認識の限界を想定するカントに依拠して

いても，そこから自分の持っている問題が解決し得ないと判断し，カントに見切りをつけている。生来の独学者であったシュタイナーは，彼なりにカントの思想を理解し，さらに他のドイツ哲学者の思想に触れていったのであろう。

　1879年の夏，すなわち実科学校から大学入学までのあいだ，シュタイナーは，ドイツ哲学界においてカント哲学を乗り越えようとしたフィヒテ（Fichte, J. G.）に注目し，その著作を読み始めている。

　シュタイナーは，この頃の問題意識について自叙伝のなかで次のように述べている。

　　「自然科学的な概念と取り組んだ努力は，ついに私に，真の認識のための唯一可能な出発点を人間の『自我』（Ich）の活動のなかに見ようとする気にさせていた。自我が活動し，自我がこの活動を自ら直観するとき，人間は意識のなかでまったく直接的に，ある精神的なものを感得するのである。そして人間は，このように直観したものを明確な概念によって表現しなけらばならない，と私は考えていた。その方法を見出すために，私はフィヒテの『知識学』（Wissennschaftslehre）に依拠していた。」[27]

　シュタイナーは，このような問題意識に基づいて，フィヒテの著作のうち，まず『知識学』を熟読し，さらに他の彼の著作を興味深く読んでいる。そのうえで，シュタイナーは，カントやフィヒテの著作だけでなく，シェリング（Schelling, F. W. J. von）やヘーゲル（Hegel, G. F. W.），さらに付け加えるならばヘルバルトの著作も，理解程度については疑問の残るところであるが，すでに大学入学前に手に取っていたのである。

　このような経緯があったからこそ，シュタイナーは，ウィーン工科大学に入学後も，数学や化学や物理学などの自然科学諸学科とともに，哲学への関心を持ち続けられたのである。当時のシュタイナーにあっては，「私は，数学と自然科学を学ぶことになったが，もし私がそれらの成果をより確実な哲学的基盤

の上に位置づけることができなかったならば，そういったものに対してはいかなる親近感をも見出さないであろうと確信していた」[28]という発言が裏づけているように，自然科学と哲学という，両方の学問を学ぶ意義が彼なりに合理化されていたのである。

そこで，大学時代のシュタイナーは，自分の在籍するウィーン工科大学では主に自然科学を勉強する傍ら，その近くのウィーン大学にしばしば出かけて，主に二人の哲学者の講義を聴講していた。一人はヘルバルト主義に立脚するツィンメルマン（Zimmermann, R. von）であり，もう一人は，フッサール（Husserl, E.）の現象学に大きな影響を及ぼしたブレンターノ（Brentano, F.）であった。

シュタイナーの自叙伝によると，彼は，ツィンメルマンについては，ヘルバルト主義者らしい「思考過程の厳密さ」[29]に感銘を受けるとともに，「まるでヘルバルト哲学の美的原理に則って長い訓練のなかで形成されたかのような」[30]ツィンメルマンの態度や動作にも興味を示していたという。

また，シュタイナーは，ブレンターノについても，自叙伝で「彼の哲学する態度を，彼の言葉よりも『哲学の手』から理解することができた」[31]と述べるように，講義内容だけでなく，それにかかわる講義中のしぐさに人間的魅力を感じながら，講義に熱心に耳を傾けた。特に，ブレンターノは，人間固有の心的作用の特徴について解説する際に，蒸気機関を動かす蒸気には意志がないということを例にして説明していただけに，自然科学と哲学の両方の学問に興味・関心を持っていたシュタイナーにとって親しみやすかったのではないかと考えられる。実際，ブレンターノは魅力的な講義を行っていたようであり，学内外から多くの聴衆が集まっていたようである。哲学嫌いで有名であったフロイト（Freud, S.）の聴いた唯一の哲学講義が，このブレンターノであったことからも，その講義の魅力が窺えるところであろう[32]。シュタイナーは，ブレンターノの講義の聴講をきっかけにして彼の著作を読み始め，その後には彼の刊行したほとんどの著作に共感的に目を通しているが，シュタイナーの意図は，カント哲学やドイツの観念論哲学に対して批判的な立場にいたブレンターノの思想を学ぶ

ことであったと考えられる。

　この二人の人物は，その時点でシュタイナーの思想を根本的に変えてしまうような衝撃を与えてはいないものの，哲学の勉学をよりいっそう促す契機となり，思想形成上少なからずさまざまなところで影響を及ぼすこととなった。たとえば，その後に自分の世界観や思想を「人智学」(Anthroposophie) という名でシュタイナーが表現することになるが，その呼称は，実はこのツィンメルマンの1882年の著書『人智学』(*Anthroposophie*) から借用したものであった。また，シュタイナーは，その後の精神的な事柄についての探究の際に，つねに自然科学的で経験的な方法にこだわり続け，経験の概念を思考内容にまで拡張することになるが，このことは，哲学の真の方法を，自然科学と同様に経験的方法によるものと主張していたブレンターノの1874年の『経験的立場からの心理学』(*Psychologie vom empirischen Standpunkt*) からの影響と言えるであろう[33]。また，道徳的認識において道徳的な行為やその内的な優位性，つまり心的作用の志向的関係を重視していたブレンターノの考え方も，少なからずシュタイナーの思想形成に影響を及ぼしたと考えられる。

　このように，当時のシュタイナーが，自分の一定の立場を堅持しながら哲学的な事柄に並々ならぬ関心を持っていたことは，わざわざ他大学に赴き，特定の哲学者の講義を聴きに行くという学徒的な態度に顕著に現れている。ところが，大学時代のシュタイナーが，哲学の学徒として実際にどのような思想的な立場を堅持しつつあったのかについては，明瞭な彼の言明はまだ学生ということもあって十分に著作というかたちで公表されていない。そのために，彼の当時の思想的な立場を明確化することは困難であるが，次に引用する友人との議論のなかに，その頃の思想的な立場が垣間見られる。

　シュタイナーは，自叙伝のなかで，そのときの出来事について次のように回想している。

　「あるとき，議論がかなり活発な勢いで展開されていた。私の友人は，毎日，

ウィーンでの講義に出席した後,ウィーン・ノイシュタットの自宅まで帰った。しばしば私は,ウィーンの並木路を通って南駅まで彼といっしょに連れ立って行った。ある日,私たちが駅に足を踏み入れたときには,私たちの唯物論の議論は最高潮に達していた。しかも,列車は今にも出発するところであった。そこで私は,まだ言い足りないことを次のような言葉で整理した。『それでは君は次のように主張していることになる。私は考える,と君が言う場合には,それはただ,君の大脳神経組織のなかでの出来事の必然的な結果であり,こうした出来事だけが現実のことになる。そして君がこれこれの物を見る,あるいは私は歩く,などと言う場合にも,同じことである。しかし,今一度,よく考えてくれたまえ。私の脳が考える,私の脳がこれこれの物を見る,私の脳が歩く,というようなことを,君はまったく言わない。もし君が理論的に君の主張している見解に本当に到達しているのならば,それじゃ,君は言い方を修正しなければならない。それにもかかわらず,君が私(ich)と口にしている場合には,君は本当は嘘を言っていることになる。しかし君は,君の理論の影響に対抗して君の健全な本能にまったく従わざるを得ない。君は,君の理論が堅持していることとは別の状況を体験していることになる。君の意識は,君の理論の嘘を罰しているんだ』。友人は頭を横に振った。彼は反論したくてももう時間がなかった。私は一人で帰る道すがら,このような荒っぽい形式での唯物論に対する反論は,特に厳密な哲学にはふさわしくなかった,と反省していた。そのときに真に私に重要であったのは,哲学的に申し分のない証明を列車の出発5分前に提出することではなく,人間の『自我(Ich)』の本性に関する私の確実な内的体験を表現することであった。[34)]」

このような記述から,大学時代のシュタイナーについて少なくとも推察できる点は,次のようなことであろう。すなわち,シュタイナーは,人間の認識における「自我」の活動を重視する立場から,ドイツにおいて一定の勢力になっ

ていた唯物論に対してはかなり批判的であった。このような唯物論を批判する思想的な立場は，彼が少年時代からさまざまな体験を通して「精神的世界」の存在を確信していたこと，そして「自我」を主張するフィヒテや心的作用の志向的関係を重視するブレンターノに興味を示していたことから言っても，当然の帰結であろう。

　その意味では，大学時代のシュタイナーは，当時流布していた新カント主義の認識論をはじめ，科学の発展と関連の深い唯物論を論駁する思想や方法，換言すれば当時の風潮を克服する思想や方法を彼なりに求めていたのである。

2.　ゲーテ研究への傾倒

　シュタイナーは，大学時代にはウィーン工科大学において自然科学を学ぶ状況にあったにもかかわらず，少年時代からの「精神的世界」の「謎」への好奇心の影響もあって，唯物論的な自然科学にあきたらず，他大学まで赴いて哲学を学んでいたわけである。ところが，ウィーン工科大学において，シュタイナーは，「彼の最初の講義から，もう私は彼に魅せられた」と述べる，一人の学者の講義だけは熱心に聴いていた。その学者は，ゲーテ (Goethe, J. W. von) の研究に打ち込みながら，ドイツ文学の講義を担当するシュレーアー (Schröer, K. J.) であった。

　シュタイナーは，シュレーアーの講義を通して，彼の研究室や自宅を訪問するぐらいまでに，彼と個人的に親しくなった。シュタイナーは，そこでシュレーアーからゲーテの思想や作品について，講義のなかだけでは聴けないような詳しい内容を学んでいる。このような体験を経て，シュタイナーはゲーテのさまざまな著作に興味を持つようになったわけであるが，新カント主義の時代状況にあってカント批判の立場を確立したい彼にとって，ロマン主義の系譜に属するゲーテの思想は，興味・関心の的になって当然のことであったと考えられる。特に少年時代に神秘的な異様な体験をし，後述するが，大学時代から神秘主義者と交流していたシュタイナーが，秘教的秘密結社フリーメーソ

ン (Freimaurerei) の会員であったゲーテに親近感を覚えるのも必然的であった，と言えるのではないか。[36]

　当初，シュタイナーは，ゲーテの自然科学に関する著作には見向きもせず，シュレーアーの影響もあって，文学作品に親しんでいたということである。シュタイナーが，どのようなゲーテの文学作品を読んでいたのかについては自叙伝でも詳細に語っていないが，彼の読書好きな性格から言っても，この頃にはすでに「教育州」(Pädagogische Provinz) を含んだ『ヴィルヘルム・マイスター遍歴時代』(*Wilhelm Meisters Wanderjahre*) や『詩と真実』(*Dichtung und Wahrheit*) などの多くの文学作品に親しんでいたのではないか，と容易に推察される。

　ところが，いわば大学の本業というべき自然科学の領域において，シュタイナーは，光学の問題に関して一般的な物理学者の見解には納得できずに頭を悩ましているときに，ゲーテの色彩論を知り，その関係著作を読むことになったという。それを契機に，シュタイナーは，ゲーテの自然科学に興味・関心を持つようになり，それを読み続けることとなったという。[37] もちろん，このようなきっかけとなる偶然の事柄がシュタイナーの周辺で起こらなかったとしても，思想史的な視点からみれば，カントが自然科学の分野においてニュートン (Newton, I.) の力学的，機械的見方を全面的に取り入れていたのであるから，カント批判を確立したいシュタイナーが，ニュートンを批判するゲーテの自然科学に興味・関心を持つようになることは，必然的な成り行きであったと言えるであろう。

　シュタイナーは，ゲーテの自然科学論文を読み進める過程で，「精神的世界への洞察と自然科学研究がもたらされる洞察とのあいだには，連絡通路があるのではないか」と考え始めた。そしてシュタイナーはゲーテの言うところの「感覚的にして超感覚的な形態 (sinnlich-übersinnliche Form)」を「感覚的」に把握できるものと「精神的」に直観できるものとのあいだに位置する形態であると捉えたりしながら，ゲーテの自然科学論文の内容に対して，自分なりの確[39]

信に基づいて独自の解釈を加えていくこととなった。つまり，この頃のシュタイナーは，ひとりの大学生として，自分の知的関心に従ってゲーテの自然科学論文を中心に学ぼうとしていたのである。

ところが突然，シュタイナーの21歳のときに，ドイツにあって，ゲーテやシラー（Schiller, Ch. F. von）などの古典主義文学を収集したキュルシュナー（Kürschner, J.）編『ドイツ国民文学全集』（*Deutsche Nationalliteratur*）におけるゲーテの自然科学論文の編集者および註釈者に，シュタイナーがシュレーアーの推薦によって任命された。このような抜擢は，ほとんどのシュタイナーの伝記で指摘されているように，もちろんシュタイナーの実力に因るものであるが，当時のドイツにおいてはゲーテの文学は高く評価されていたためにその研究者も数多くいたのに対し，ゲーテの自然科学論はいわゆる自然科学の進歩の時代にあってあまり高く評価されていなかったためにその研究者もほとんどいなかった，という時代状況的な幸運も複合的に影響していたと考えられる。

いずれにせよ，大きな全集の編集者および註釈者に任命されるという機会を得ることによって，その後の大学時代はもちろんのこと，大学卒業後においても，シュタイナーは，ゲーテの自然科学論文を中心に彼の思想を学んでいけることになったのである。その意味では，シュレーアーとの出会いは，シュタイナーの思想形成にとって絶大な影響を及ぼすことになったと言えよう。[40]

シュタイナーが傾倒することになったゲーテは，多種多様な問題を機械論的方法とその定式化のための手段としての数学的手法とによって解決しようとする18世紀の風潮，すなわち単純な自然科学的思考方法の時代風潮に対して立ち向かっていた。それゆえに，ゲーテは，「ニュートン力学的世界像のもつ分析性，要素主義，機械論に対して全体性，統合性，形態（Gestalt）などを自然科学の中枢概念として置くこと」を試みていたという。[41] その成果が，自然科学論においては，独自の色彩論や形態学（Morphologie）などであった。

従来の自然科学に飽き足りなさを感じていたシュタイナーは，自然科学論の研究の過程で，「ゲーテの自然観（Naturanschauung）は，心性よりも高い精神

的な性質のものである」[42]と感じつつも公に語ることもなく，その研究成果を『ドイツ国民文学全集』におけるゲーテの自然科学論文の編集と解説というかたちで表明することになった。

　1884年に『ドイツ国民文学全集』の第114巻（ゲーテ全集第33部）が発行され，そこでは，ゲーテの自然科学論文が第1巻として編集され，シュレーアーがゲーテの文芸作品のみならず彼の自然科学論文の奥深さを語りながら，その編集の基本的な方向性を示している[43]。それに続けて，シュタイナーは，「序」(Einleitung)を書いたうえで，「変態論の成立」(Die Entstehung der Metamorphosenlehre)，「動物の形成に関するゲーテ思想の成立」(Die Entstehung von Goethes Gedanken über die Bildung der Tiere)，「有機的形成に関するゲーテの著作の本質と意義」(Über das Wesen und die Bedeutung von Goethes Schriften über organische Bildung)，「ゲーテの形態学的直観に関する考察の結語」(Absculuß über Goethes morphologische Anschauungen)について解説している。1887年には，全集の第115巻（ゲーテ全集第34部）が，自然科学論文の第2巻として発行された。そこでは，シュタイナーは，まず「前置き」と題して「ゲーテの認識方法」(Goethes Erkenntnisart)について説明し，続いて「ゲーテの自然科学論文の配列について」(Über die Anordnung der naturwissenschaftlichen Schriften Goethes)，「芸術から学問へ」(Von der Kunst zur Wissenschaft)，「ゲーテの認識論」(Goethes Erkenntnistheorie)，「ゲーテ的思考方法に照らされた知識と行動」(Wissen und Handeln im Lichte der Goetheschen Denkweise)，「ゲーテ的思考方法と他の見解との関係」(Verhältnis der Goetheschen Denkweise zu anderen Ansichten)，「ゲーテと数学」(Goethe und Mathematik)，「ゲーテの地質学の根本原理」(Das geologische Grundprinzip Goethes)，「ゲーテの気象学的観念」(Die meteorologischen Vorstellungen Goethes)について解説している。1890年には，全集の第116巻（ゲーテ全集第35部）が，自然科学論文の第3巻として発行された。そこでは，シュタイナーは，「ゲーテと自然科学的幻想説」(Goethe und der naturwissenschaftliche Illusionismus)と「思想家と探究者としてのゲーテ」

(Goethe als Denker und Forscher) について論じている。1897年には，全集の第117巻第1分冊（ゲーテ全集第36部第1分冊）が，自然科学論文の第4巻第1分冊として発行され，そこでは，シュタイナーは「序」と題して「原子論に抗したゲーテ」(Goethe gegen den Atomismus) について解説している。そして，同じ年に第117巻第2分冊（ゲーテ全集第36部第2分冊）も第4巻第2分冊として発行され，そこでも，シュタイナーは「序」と題して「『散文の箴言』におけるゲーテの世界観」(Goethes Weltanschauung in seinen《Sprüchen in Prosa》) について解説している。

シュタイナーは，このような仕事のなかで，ゲーテの自然科学論文に関する自分自身の解釈をかなり強く出している。そこには，経験諸科学の認識方法の問題点をはじめ，認識方法における「学問」と「芸術」の分離の問題点などについて，ゲーテに対するシュタイナーの独自な解釈が展開されている。その意味では，シュタイナーによるゲーテの解釈の基本的な内容は，第114巻から第117巻までの解説文にほとんど集約されている，と言ってもよいぐらいである。

たとえば，その解説文の最初において，シュタイナーは，「ゲーテが最初に一つの事実を発見したかどうかということは，根本的にはどちらでもよいように思える」[44]といきなり断言したあとで，むしろ真に重要なこととして，「ゲーテが一つの事実を彼の自然観に組み入れていくような方法」[45]を特に高く評価し，それを力説しているのである。つまり，そこには，ゲーテに対してのシュタイナーの生涯にわたる基本的な姿勢が如実に示されている。

また，その解説文おいては，シュタイナーは，そのような方法に関して，「ゲーテ以前の自然科学は，生命現象の本質を知ることなく，無機物の際に行うことと同様に，有機体を部分の合成や外面的な特徴に従って研究していた」[46]と見做し，次のようにも述べている。

「……部分は，全体の本質から説明されなければならない。……ゲーテは，まさにこの全体の本質を明らかにすることによって，従来の誤った解釈に

気づいていたのである。」[47]

　このように，シュタイナーは，ゲーテの自然科学論のなかでも，無機物の場合とは違ったかたちで，つまり全体を重視するというようなかたちで，有機体を自分の自然観に組み入れていくゲーテの方法，つまり「観照」(Betrachtung)に注目していたのである。そのゲーテの方法は，シュタイナーにおいて，自然科学的な経験諸科学とカント的な認識論を超えるものとして，認識論の視点から高く評価されるようになっていったのである。

　シュタイナーは，ゲーテの自然科学論の研究を進めるなかで，有機体を認識するための概念として，「ただそれ自体から流れ出るもののみを内実とする」というようなゲーテの「イントゥイティーファー概念」(intuitiver Begriff)に着目し，「有機体はイントゥイティーファー概念において把握され得る」と見做した。[48] さらにシュタイナーは，人間にはそのような把握の仕方が備わっているということを，ゲーテの自然科学論のなかに見出しながら，ゲーテによる有機体の把握の仕方について，次のように述べている。[49]

　「非有機的なものを認識するには，自然界に作用を及ぼしている諸力の関連を見直すために，概念が順々に並べられる。それに対して，有機的なものに必要なのは，ある概念を他の概念から発生させて，そして自然のなかで形成された存在として現れたものの像(Bild)を，漸進的に生き生きとした概念の変化のなかに生じさせることである。この点を，ゲーテは，次のようなことを通して追求した。すなわち，彼は，植物の葉に関しては，硬直した生命のない概念ではなく，さまざまな形態のなかに現れ得るような概念である理念像(Ideenbild)を精神(Geist)のなかにしっかりと保持する，ということを通して追求したのである。人間は，精神のなかでこのような体験を次々と生じさせることによって，全体としての植物を構成している。つまり，自然が，現実的なやり方で植物を形成するのと同じ過程を，人間

は，心性（Seele）のなかで理念的な方法で追創造するのである。」[50]

このように，シュタイナーは，有機的なものに対する概念，すなわち理念像に着目しながら，ゲーテの用いる方法，つまりいわゆる「観照」を，植物の形成と同じ過程を人間の「心性」のなかで追創造するものである，と読み解いていたのである。その際の理念像は，少年時代から「感覚的世界」と「精神的世界」という二つの世界の存在を確信していたシュタイナーにとって，まさに自分の考えを裏書きしていたと言える。その意味では，ゲーテにおける有機体を把握する方法は，その後におけるシュタイナーの認識論の研究にとって，自分の確信を正当化するための突破口になったと同時に，その後の重要な理論的基盤にもなったのである。

ところが，シュタイナーが，ゲーテの自然科学論，とりわけゲーテによる有機体の把握の方法を認識論の視点から探究していくなかで，「ゲーテの認識方法には認識論が欠如している」[51]と見做すようになった。そこには，一つの見方[52]がシュタイナーの念頭に置かれていたようである。その点に関して，シュタイナーは，1886年に美学者フィッシャー（Fischer, F. T.）に宛てた手紙に次のように書いている。

「ゲーテとシラーの学問的叙述は，私にとって，はじめと終わりを探し求めなければならない中間である。はじめとは，すなわち，私たちがこの世界の見方を荘重に考察しなければならない際の原理的基礎の叙述である。終わりとは，すなわち，この観察方法が私たちの世界観や人生観にもたらす帰結の説明である。」[53]

つまり，シュタイナーは，ゲーテとシラーの業績に対して，学問の根本にかかわる認識論の部分と学問によってもたらされる世界観や人生観にとっての結果や成果の部分について，不十分さを痛感していたのである。これらの

点については，シュタイナーは，次に言及するゲーテについての著書『ゲーテ的世界観の認識論要綱』(*Grundlinien einer Erkenntnistheorie der Goetheschen Weltanschauung*) によって表明し，のちの哲学書で自分の考え方を明確化するのである。

シュタイナーは，ゲーテの自然科学論を『ドイツ国民文学全集』としての編集・解説の完成するまえに，ゲーテに関する小著『ゲーテ的世界観の認識論要綱』を1886年に発行している。その著作のサブタイトルは，「シラーを特に顧慮して，同時にキュルシュナー編『ドイツ国民文学全集』における『ゲーテ自然科学論集』の付録として」(*Mit Besonderer Rücksicht auf Schiller. Zugleich einer Zugabe zu Goethes Naturwissenschaftlichen Schriften in Kürschner Deutscher National-Literatur*) と，書き添えられていた。

その著書において，シュタイナーは，ゲーテおよびシラーの記述から始め，「経験」(Erfahrung) と「思考」(Denken) については，「思考」を「経験のなかのより高次な経験」と想定することによって[54]，「思考」の重要性を主張するとともに，「経験」の概念を拡張したうえで，「認識論」(Erkenntnistheorie) について考察している。そのあとで，彼は，「無機科学には体系 (System) があり，有機科学には (個々の形態と典型との) 対照 (Vergleichung) がある」[55]と見做し，「無機的自然」(Unorganische Natur) と「有機的自然」(Organische Natur) というそれぞれの自然に対する認識方法の相違に関して説明している。さらに彼は，「無機科学の対象は自然法則であり，有機科学のそれは典型 (Typus) であるように，それ (精神科学—引用者註) の対象は理念 (Idee) であって，精神的なもの (das Geistige) である」[56]と述べるように，無機科学と有機科学だけでなく，「精神科学」(Geisteswissenschaft) にまで言及している。

確かに，この著書の名称にも明確に的確に現れているように，ゲーテの認識論を考察するという体裁がとられているけれども，その内実は，ゲーテの思想にシュタイナーの独自な解釈が強く加えられることによって，かなりの部分においてシュタイナー自身の認識論の様相を呈している。その点についても，美

学者のフィッシャーに宛てた手紙のなかの一文が裏づけている。すなわち、シュタイナーは、「はっきり申し上げれば、何はともあれ私は認識論に対してであって、決してゲーテ研究に対して寄与しようとしたのではありません」と、明白に自分の姿勢を表明していたのである。[57]

そのようなゲーテ研究者としての代表的なシュタイナーの業績は、既述した、1884年のキュルシュナー編『ドイツ国民文学全集』の第114巻（ゲーテ全集第33部）から1897年の第117巻第1分冊（ゲーテ全集第36部第1分冊）と第117巻第2分冊（ゲーテ全集第36部第2分冊）までの編集・解説である。この期間に、シュタイナーは、ゲーテ研究を集中的に行ったわけであるが、業績としては『ドイツ国民文学全集』の編集・解説だけでなく、他にも足跡を残している。

具体的に言えば、シュタイナーは、ゲーテの自然科学論の解説を、1884年に発行されたキュルシュナー編のポケット版の百科辞典において、さらには1888年に発行された同じくキュルシュナー編の大百科辞典（第7版）の第1巻、1889年の第2巻・第3巻・第4巻、1890年の第5巻・第6巻において行っている。また、1889年には、ワイマール版の新しいゲーテ全集（いわゆるゾフィー版）の自然科学論の編集・校訂・解説という仕事がシュタイナーに依頼されている。それをきっかけにシュタイナーはワイマール（Weimar）に移住して、創設されたばかりの「ゲーテ・シラー文書館」（Goethe und Schiller Archiv）で働きながら、ゲーテの自然科学論研究に没頭することができた。その研究成果は、1891年から1896年のあいだに、ワイマール版の新しいゲーテ全集として公にされている。さらに、それらの一連の編集・校訂・解説を補完・総括する意味で、シュタイナーは、1886年に『ゲーテ的世界観の認識論要綱』を、1897年に『ゲーテの世界観』（Goethes Weltanschauung）を単著として出版している。[58]

このようなゲーテの自然科学論の研究業績において、シュタイナーは、生命のある有機体の解明を中心に、その把握の仕方から再び認識論まで探究するようになった。その結果、彼の関心は、自然科学の領域のみならず、精神科学の領域まで及ぶことになった。後者の領域においては、シュタイナーは、「自由」

(Freiheit) とのかかわりで，道徳的な内容についても，わずかではあるが，考察を加えている。

ゲーテ研究の総括的な位置にある『ゲーテの世界観』においても，シュタイナーは，知覚 (Wahrnehmungen) と理念 (Ideen) との対立にかかわってスピノザ (Spinoza, B. de) の考え方を取りあげ，人間の「倫理的な感覚や行為」(Das sittliche Empfinden und Handeln) について言及しているが，この時期においては，『ゲーテ的世界観の認識論要綱』のなかで最も詳しく述べている。[59]

シュタイナーは，人間の「自由」の重要性を説く前に，まず「規則」(Gebot) を引き合いに出して，人間の行為や義務に関して次のように述べている。

「学問において人間の到達する真理が，思考以外の居場所を持つ実際的な必然性に規定されているならば，人間が行為の基盤に置く理想もまたそのようになる。そのときに人間は，実際的な点において人間にとって根拠づけの欠けた法則に従って行為していることになる。すると人間は，外側からその行為を定める規範を思い描くようになる。これが，人間が守らなけらばならない規則の特徴である。実践的真実としてのドグマが，倫理的規則 (Sittengebot) となる。

……行為への衝動は，私たちの外側にあるのではなく，内側にある。そうした義務的規則 (Pflichtgebot) に対しては，私たちは服従している (untergeben) と感じ，それが命令しているがゆえに，私たちはある特定な仕方によって行為しなければならなかった。そこでは，まず義務が現れ，次にそれに従わなければならない意志 (Wollen) が現れる。私たちの見方によれば，それは堕落である。意志は至上的である。意志は，人間の人格 (Persönlichkeit) における思考内容としてあるものだけをやり遂げようとする。人間は，外側からの力によっては法則を受け取らない。人間は，自分自身の立法者である。」[60]

このような「倫理的規則」や「義務的規則」などの「規則」，あるいは「思考以外の居場所を持つ実際的な必然性」や「根拠づけの欠けた法則」に行為が縛られた状況，さらに言えばカントの主張するような「定言命令」(Kategorischer Imperativ)の状況は，シュタイナーにとって否定されるべきものであった。彼にあっては，人間の道徳的行為は，「外側」から規定されるべきものではなかった。あくまでも，その行為への衝動は，「内側」から生じるものでなければならなかった。つまり「行為の出発点は，人間自身の内側に求められる」[61]ことが重要であった。彼によれば，人間がそのようにならなければ，規則に従い，そして強制の下で行為するだけの「単なる自然存在」(Bloßes Naturwesen)[62]に成り下がってしまうだけであるという。

そこで，シュタイナーは，人間を「単なる自然存在」から脱するための立脚点を，人間の内側の「真の自由」(Wahre Freiheit)に着目し，目指すべき理想的な人間像として「自由人」(Freier Mensch)を見出した。彼にあっては，「自由人とは，自らの洞察に従い，自らが自分自身に与える規則に従って行為する」[63]倫理的存在であった。

このような「真の自由」や「自由人」に重きを置いた倫理的な考え方について，当時のシュタイナーは，「私たちの哲学は，それゆえに最も優れた意味で自由哲学(Freiheitsphilosophie)である」[64]，と自ら宣言していた。この「自由哲学」の思想は，次に述べるドイツ哲学研究への専心の過程で，特に1894年発行の『自由の哲学』(*Die Philosophie der Freiheit*)として完成されることになるが，ゲーテの自然科学論文についての研究の一環であった『ゲーテ的世界観の認識論要綱』のなかでも，すでに「行為の出発点」をあくまでも個々人の内面の主体的な「自由」に求めようとする彼の考え方が，明確に現れていたと言えるのである。

3. ドイツ哲学研究への没頭

シュタイナーは，ワイマールの「ゲーテ・シラー文書館」に勤務しているときには，生計も安定したために，文献研究に専念できるようになり，ゲーテ

研究以外の仕事の依頼も引き受けて、それをこなしている。たとえば、『コッタ世界文学叢書』(Cotta'sche Bibliothek der Weltliteratur) にショーペンハウエル (Schopenhauer, A.) の全集とパウル (Paul, J.) の選集の作業などである。[65]

シュタイナーは、そのような文献学的な作業を「ゲーテ・シラー文書館」で誠実に続け、文献学の研究者として、特にゲーテの自然科学論の研究者として、次第に社会的に広く認められつつあった。やがてシュタイナーは、ゲーテの思想を足掛かりとした自分の知的な関心、すなわち認識論の研究をよりいっそう一人で探究しなければならないと決心したのである。

そこで、シュタイナーは、その認識論の研究を深化させ、その成果を1891年にロストック大学に哲学博士の学位論文として提出した。その学位論文のテーマは、「フィヒテの知識学を特に顧慮した認識論の根本問題―哲学的意識の自己了解序説―」(Die Grundfrage der Erkenntnistheorie mit besonderer Rücksicht auf Fichtes Wissennschaftslehre : Prolegomena zur Verständigungdes philosophischen Bewußtseins mit sich selbst) であった。この論文のテーマである「哲学的意識の自己了解」という表現は、「ゲーテによって据えられた認識の基盤をどのようにして拡充するべきか」[66]という、ワイマールにおけるシュタイナーの問題意識を顕著に示していると言ってよいであろう。シュタイナーは、「ゲーテやシラーの学問的見解は、私（シュタイナー―引用者註）にとって、一つの中間点である」[67]と述べるように、ゲーテの思想を踏まえながらもそれを超えるような新たな思想的地平を開こうとしていたのである。そこで、シュタイナーは、カントの二元論の統一の原理を追究したフィヒテを主題に選んでいる。その点から言えば、この学位論文は、ゲーテ研究者のシュタイナーにとっての再出発を意味していたのであろう。事実、シュタイナーは、「ゲーテ・シラー文書館」においてゲーテ研究を中心に行い、その研究の総括としてワイマールを離れた翌年 (1897年) に『ゲーテの世界観』を出版しているが、それを分岐点にその後、ゲーテの認識論を研究の視野に入れながらも、ゲーテのそれと少し距離を置くようなかたちで認識論の研究を深めている。つまり、シュタイナー

は，傾倒し尊敬していたゲーテの思想のなかに，哲学ないしは認識論の不十分さを感じはじめ，ゲーテに依拠しつつもそれを補完する意味で，カント以外の認識論を探究しようとしたと考えられる。彼の学位論文は，まさにその代表的な一里塚になるものであった。

学位論文を提出した翌年の1892年，シュタイナーは，その論文を加筆修正し，『真理と学問―《自由の哲学》の序曲―』(*Wahrheit und Wissenschaft : Vorspiel einer《Philosophie der Freiheit》*) を出版している。この著作の意図は，緒言の冒頭に，次のように明確に述べられている。

「現在の哲学は不健全なカント信仰に苦しんでいる。本書は，それの克服のために寄与しようとするものである。[68]」

そのうえで，シュタイナーは，当時の認識論研究の課題意識について，その著作のなかで次のように述べている。

「認識論は，他のすべての諸学問が吟味されないまま前提としているもの，すなわち認識それ自体の学問的探究でなければならない。それだから認識論には，はじめから哲学的な基礎学の性格が賦与されている。なぜならば，認識論によってはじめて私たちは，他の諸学問によって得られた洞察がどのような価値や意味を持つのかについて，経験することができるからである。この点において，認識論は，すべての学問的な取り組みの基礎を形成する。しかし，明らかなことであるが，認識論そのものは，人間の認識能力の本性にとって可能な限り無前提であるときには，認識論はその課題を全うすることができるのである。そのことは，まったく一般的に承認されている。[69]」

このように，シュタイナーは，学問における認識論研究の重要性を説くととも

もに，認識論における無前提の重要性についても着目している。

　特に，後者の前提について言えば，それは，何よりも当時の学界において高く評価されていたカントの認識論の問題性を意識しての発言である。つまり，シュタイナーによれば，哲学的な基礎学に当たる認識論においてはできる限り前提のないことが望ましいのであるが，カントの認識論は，大きな二つの前提（Voraussetzung）の上に構築されているというのである。すなわち，一つは，「認識に到達するためには，私たちは経験（Erfahrung）以外のもう一つの道を持たなければならない」という前提であり，第二に，「すべての経験的知識はただ条件つきの有効性を持つに過ぎない」という前提である。このような前提を抱えながら認識の限界を主張するカントの認識論に対して，シュタイナーは学問的に批判し，フィヒテの強調する「自我」の活動に真の認識に到達するための出発点を見出そうとしていたのである。このようなシュタイナーの学問的姿勢は，第1節で述べたように，すでに大学入学前から示していたものであるが，学位論文とそれを加筆修正した『真理と学問―《自由の哲学》の序曲―』において，いわば学究的に結実したと言えるであろう。したがって，その著作の構成も，カントの認識論を批判的に吟味したうえで，カント以降の哲学者の理論を論じながら，フィヒテの知識学を中心に「自我」について詳細に検討するかたちとなっている。

　『真理と学問―《自由の哲学》の序曲―』の出版から2年後の1894年に，シュタイナーは，そのサブタイトルで提示していた『自由の哲学』というシュタイナーの代表的な主著を出版することになった。そのサブタイトルは，「現代的世界観の基本的特徴―自然科学的方法による心性的観察の結果―」（Grundzüge einer modernen Weltanschauung : Seelische Beobachtungsresultate nach naturwissenschaftlicher Methode）となっていた。このサブタイトルからも推察できるように，シュタイナーの意図は，科学的方法を尊重しながら，現代的な哲学の問題を考察するものであった。もちろん，その内容の一端は，前述したように，『ゲーテ的世界観の認識論要綱』において，またその中心部分は

前述した『真理と学問―《自由の哲学》の序曲―』において示されたものであった。しかもそのサブタイトルで示された方法は，哲学の真の方法を，自然科学と同様に経験的方法によるものと考えたブレンターノの影響を受けたものであると考えられるが，とても普通一般に理解されるところの実証的な科学的方法とは言い難いものである。しかし，シュタイナーは，『自由の哲学』という著作において，「感覚から自由な思考」(sinnlichkeitsfreies Denken)や「純粋思考」(reines Denken)を拠り所にして，カントの主張していた認識の限界の問題を経て，自ら主体的に決定する個人の道徳的な問題を論じることによって，研究者シュタイナーにとっての学究的な総括を行うことになったのである。

　『自由の哲学』を眺めてみると，その内容は三部構成になっているが，最後の第3部は簡潔に結論をまとめたものになっており，その点で言えば，大枠においては，内容的には二部構成になっていることになる。[72] 前半の第1部では，「自由の学問」(Wissennschaft der Freiheit)という名称が付けられ，認識論が中心に取りあげられている。また，後半の第2部では，「自由の現実」(Die Wirklichkeit der Freiheit)いう名称が付けられ，倫理や道徳の問題が中心に考察されている。

　さらに詳しく第1部を見ていくと，第1章は「人間の意識的行為」(Das bewußte menschliche Handeln)，第2章は「学問への根本衝動」(Der Grundtrieb zur Wissenschaft)，第3章は「世界認識に仕える思考」(Das Denken im Dienste der Weltauffassung)，第4章は「知覚内容としての世界」(Die Welt als Wahrnehmung)，第5章「世界の認識」(Das Erkennen der Welt)，第6章は「人間の個体性」(Die menschliche Individualität)，第7章「認識に限界はあるのか」(Gibt es Grenzen des Erkennens?)という名称になっている。第1章の冒頭において，「人間は思考や行為において精神的に自由な存在なのか，それともまったくの自然法則の持つ厳密な必然性の強制下にあるのか[73]」という問題提起がなされているが，第1部全体を通して，「自由」な行為に関する詳しい論究は行われず，いわばその前提となる人間の「認識」の有り様が取りあげられている。しかも，その過程において，「経験」

という概念は，『ゲーテ的世界観の認識論要綱』のなかで拡張されたように，「思考」そのものまでも含むものとされるとともに，知覚できない，通常の感覚で捉えられない理念すらも，「経験」の対象とされることになった。そのような視点から，ヨーロッパにおける二元論的思考の克服が，著名な哲学者の論を例示しながら論じられている。そこには，少年時代から抱いていた「感覚的世界」と「精神的世界」の「謎」をはじめ，カントの「認識の限界」やペシミズムの風潮などの問題的状況を克服できない根源的原因は認識論上の二元論にある，というシュタイナーの確信が横たわっていたのである。

それに対して，第2部では，第8章が「生の諸要因」(Die Faktoren des Lebens)，第9章が「自由の理念」(Die Idee der Freiheit)，第10章が「自由哲学と一元論」(Freiheitsphilosophie und Monismus)，第11章が「世界の目的と生の目的―人間の使命―」(Weltzweck und Lebenszweck : Bestimmung des Menschen)，第12章が「道徳的ファンタジー―ダーウィン主義と倫理―」(Die moralische Phantasie : Darwinismus und Sittlichkeit)，第13章が「生の価値―ペシミズムとオプチミズム―」(Der Wert des Lebens : Pessimismus und Optimismus)，第14章が「個体性と類」(Individualität und Gattung) という名称になっている。そこでは，第1部で提起された二元論の克服という認識論の課題に応えて，現実の生における自由の可能性が論じられ，「自由な精神」(Der freie Geist)になる必要条件として，個々人の道徳の問題が論究されている。

このように，精神科学に興味・関心を持っていたシュタイナーは，『自由の哲学』において，『ゲーテ的世界観の認識論要綱』のなかで登場していた「自由」をはじめ，倫理や道徳の問題を，認識論上の一元論にとって重要なものとして探求していった。その探求過程のなかで，彼は『自由の哲学』の第2部において自らの立場を，一つの言葉で明言した。それが，「倫理的個体主義」という立場である。

現実の生における「自由」の可能性を探っていたシュタイナーにとっては，カントの「定言命令」とそこから生じる服従の義務は大きな批判の対象となる

ものであった。そこで，シュタイナーは，『自由の哲学』の第2部において，「自由」の理念に関して次のように説明した。

　「ある行為が自由なものとして感じられるのは，その根拠が私の個体的存在の理念部分に現れている限りにおいてである。行為のその他の部分は，それが自然の拘束力から，あるいは一つの倫理的規範（eine sittliche Norm）の強制から行われようが，いずれも不自由として感じられる。
　　人間が自由であるのは，人間が自分の生のどの瞬間においても，自分自身に従っていくことができる限りにおいてである。一つの倫理的行為（sittliche Tat）とは，それがこの意味において自由なものであるときのみ，私の行為となるのである」[74]

　シュタイナーは，現実の生において「自由」を重視するために，たとえ「倫理的規範」であっても，何らかの拘束や強制になり得るものを排除しようと考えた。したがって，彼にあっては，「自由」は，「倫理的規範」に従うときではなく，あくまでも自分自身に従うときにのみ生じるものである。別な言い方をすれば，「倫理的行為」は，あくまでも「自由」でなければ，本当の意味で自分の行為と言えないのである。
　このような「自由」を重視するシュタイナーにあっては，カントの認識論だけではなく，彼の倫理学も，当然のことながら真っ向から批判の対象となる。シュタイナーは，『自由の哲学』の第9章の「自由の理念」において，カントの『実践理性批判』（Kritik der praktischen Vernunft）に述べられている文章を引き合いに出しながら，カントと自分との考え方の相違を示し，カントの考え方を次のように実質的に批判している。

　「カントが義務（Pflicht）について，『義務よ，汝の崇高にして偉大なる名よ，汝は媚びへつらいを招くようにして人の気に入られるようなものは何

も含むことなく、ひたすら服従を要求する』。汝はまた、『一つの法則を打ち立てるが、……この法則の前では一切の傾向が、たとえ密かにそれに反抗する場合でも、沈黙する』と言うならば、それに対して自由な精神の意識に基づく人間は、次のように応ずるであろう。『自由よ、汝の親しみ深い人間的な名よ。汝は私の人間性に最も価値のあるすべての倫理的（sittlich）欲求を含み、私を決して何人の従者にもしない。汝は、一つの法則を打ち立てるだけでなく、私の倫理的愛（sittliche Liebe）それ自体を法則として認めるようなものを待ち望んでいる。なぜなら、それ（倫理的愛—引用者註）は、単に強制されるいかなる法則に対しても、自分を不自由（unfrei）と感じているからである』。これは、単に法に従った（倫理—引用者註）と自由な倫理との対比を表している。⁷⁵⁾」

このように、シュタイナーは、「自由」を最大限に重視しようとするために、カントの倫理学にしばしば登場する「義務」や倫理的な法則を批判し、それに代わって「倫理的愛」、つまり大枠において言えば、「愛」を尊重しようとした。なぜなら、「愛」は、強制されるような法則を拒み、つねに「不自由」にならないよう「自由」でありたいと願うからである。それゆえに、彼は、「愛」とのかかわりにおいて人間の行為について次のように持論を展開した。

「対象への自分の愛に従うときのみ、私は行為する自己自身になる。この段階の倫理においては、私が行為するのは、自分の上に立つ支配者を認めるからではなく、外的な権威でもなければ、いわゆる内的な声でもない。私は自分の行為の外的な権威を認めない。なぜなら、私は自分自身のなかに行為の根拠を、つまり行為への愛（Liebe zur Handlung）を見出したからである。私は自分の行為が善か悪かを悟性的に吟味しようとは思わない。私はそれを愛しているからそれを実行するのである。もし私の愛に浸されたイントゥイツィオーン（Intution）が、イントゥイツィオーン的に体験さ

れる世界関連のなかに正しく存在しているならば，それ（私の行為―引用者註）は『善く（gut）』なるであろう。それがそうでない場合には，『悪く（böse）』なるであろう。私はまた，他の人ならば私のような場合にどのように行為するのか，というようなことを尋ねようとは思わない。この特別な個体という私が私を動かそうとしていることをわかってしまうから，私は行為するのである。私を直接的に導いているのは，一般的な慣例や習慣でもなく，また一般人間的な格率（allgemein-menschlich Maxime）や倫理的規範でもなく，行為への私の愛である。私は，私に衝動を促す自然の強制も，また倫理的命令（sittliche Gebote）の強制も感じない。むしろ，私は，私のなかにあるものを実行しようと意志するのである。」[76]

シュタイナーの考えでは，「行為への愛」が個々人のなかで尊重され，「愛」に支えられた行為が自分自身から発する「自由」なものとなる。つまり，彼の言う「自由」な行為は，「愛」と結びついたものであり，決して本能や欲望から発せられたものではないのである。したがって，彼は，個々の人間に対して，「それを愛しているからそれを実行する」というような内面から発する「倫理」を求めるのであって，「一般人間的な格率」や「倫理的規範」や「倫理的命令」といった，いわば外部からの強制に従うような「倫理」を拒否するのである。そこには，カントの倫理学を乗り越えようとするシュタイナーの明確な姿勢が見られるのである。

さらに，シュタイナーは，そのような個々の人間を国家や社会というようなものとのかかわりにおいても捉えている。すなわち，彼は，『自由の哲学』において，「人間的個体（menschliche Individuum）があらゆる倫理（Sittlichkeit）の源泉であり，地上の生の中心点（Mittelpunkt des Erdenlebens）なのである」[77]と述べたうえで，「国家や社会は，個人の生の必然的結果として生じたという理由のみで，ただ存在するだけである」[78]とまで主張する。つまり，彼が重要視する，「愛」や「倫理」を伴った個々人の「自由」な行為は，国家や社会といっ

たようなもの以上の存在であり，あくまでも「倫理」の源泉である「人間的個体」が「地上の生の中心点」なのである。このような考え方から，シュタイナーは，自らの立場を「倫理的個体主義」と呼び，その上で，「行為の自由は，倫理的個体主義の立場からのみ可能となる」[79]と主張したのである。

　シュタイナーは，このような「倫理的個体主義」を『自由の哲学』の第9章において表明し，続くその後の章では，その立場から「倫理」や人生の問題について論究している。特に，第12章では，サブタイトル「ダーウィン主義と倫理」に顕著に表れているように，社会の進歩と「倫理」が「倫理的個体主義」の立場から関連するものとして論じられている。そこには，カントの倫理学とダーウィン (Darwin, Ch. R.) の進化論に対する批判と，それを克服しようとする彼の立場が垣間見られる。最後に，第3部「究極の問い」と題して，章の番号も付さずに「一元論の帰結」という文章が掲載され，シュタイナーにとっての一元論の克服が提示されている。

　シュタイナーの全体的な生涯から見れば，ワイマールにおいてこの学術的著作の出版を最後に，彼は，十分な研究者としての業績をあげながらも学際的な世界から離れ，いわゆる世俗的な社会に出て行くことになるのである。この原因は，ゲーテ研究やドイツ哲学研究の内在的なところに求められるものではないであろう。むしろ，そのような学術的研究それ自体とは別の彼の活動，つまりウィーンやワイマールなどにおけるかなり私的な彼の活動や交流のなかにその原因が求められると考えられる。

　そこで，次節では，ウィーンやワイマールにおける学術的研究とは別の私的な彼の活動や交流，およびそれ以降のベルリンにおけるそれについて見てみよう。

第3節　神智学協会への接近

1. 大学生時代における神秘主義者との出会い

　シュタイナーは，既述したように，ウィーンの大学時代にシュレーアーというゲーテ研究者との出会いによって，卒業後までも続くことになるゲーテ研究に傾倒しているが，そのころに大学の勉学とはまったく関係のないある男性との出会いを経験している。その出会いは，彼のその後の人生において決定的な影響を及ぼした点で，見落とすことのできないものとなっている。

　シュタイナーは，大学に通学する際，自宅からウィーンまで列車を利用していた。その折りに，シュタイナーは，ある一人の素朴な男性と知り合いになっている。しかし，シュタイナーは，この男性と出会った時期やその人物の名前についても，自叙伝のなかで記述していないのである。この男性の名前については，のちに著した『神秘劇』(Mysteriendramen) のなかでバルデ (Balde, F.) という匿名で登場させているだけであり，正確にその名前を明らかにしていないのである。[80]

　しかし，現在では，シュタイナーの弟子たちの探究によって，その男性の身元は明らかになっている。[81] その人物は，コグツキィ (Koguzki, F.) という名前の薬草家であった。コグツキィは，いなかで薬草を採取し，ウィーンの薬局に売りに行く生活をしていたが，その途中の列車のなかで大学生のシュタイナーに出会ったのである。

　シュタイナーは，コグツキィの名前こそあげていないが，彼について自叙伝のなかで次のように述べている。

　　「彼は，薬草の束を背負っていたが，心のなかには，薬草の採取を通して自然の精神性 (Geistigkeit) から獲得した成果を携えていた。……最初のうちは，彼の語ることが私には理解できなかった。しかし初めて知り合って以来，私は彼に対して深い共感を覚えていた。そして私は，文明や科学や

現代のものの見方に侵されることなく，私に太古の直覚的（instinktiv）な認識を伝えてくれる古い時代の心性といっしょにいるのだ，という感じを次第に持つようになった。

『学ぶ』（Lernen）ということをふつうの意味にとるならば，だれもがこの人物から何も『学ぶ』ことはできないと言える。しかし，精神的世界への直観を自分自身に備えている人であったならば，その人は，その世界にしっかりと根を下ろした他者を通して，その世界の深い洞察を行うことができたのである。[82]」

「精神的世界」への直観を自認していたシュタイナーは，コグツキィをこのような特別な人物と見做し，しばしば彼の自宅を訪問している。そこでは，シュタイナーは，一般の人々に対しては十分に話せなかったような自然の「精神性」（霊性）や「精神的世界」（霊界）に関連する事柄について，コグツキィとはかなり深く語り合っていたようである。そのことは，残されたコグツキィの日記にも記されている。[83]つまり，コグツキィは，シュタイナーにとって，当時の大学における正統な学問領域に属さないようなことを語れる数少ない人物であった。

シュタイナーは，このコグツキィから「精神的世界」（霊界）に関連する知識や神秘主義（Mystik）[84]の思想についても教わっている。その意味で，シュタイナーは，この人物からかなり大きな影響を受けたと考えられるが，彼との交流については自叙伝において詳しく述べていない。また，それに関連して，シュタイナーは，コグツキィに紹介された人物については，コグツキィ以上に語っていない。この人物は，コグツキィのいわば師匠にあたる人物であろう。シュタイナーは，コグツキィによって，この人物のところに連れていかれている。

しかし，シュタイナーの自叙伝を見ても，この人物についての記述はまったく見られないのである。ところが，シュタイナーが，1907年にフランスの友人シューレ（Schuré, E.）に向けて送った文書のなかに，この人物のことがわず

かながら言及されていた。

> 「私は，マイスターの代理人とかかわりあいを持つようになった。……私はすぐにマイスターと出会ったのではなく，最初は彼からの使者と出会ったのである。その使者は，あらゆる植物の薬効の秘密や，宇宙と人間的な本性との秘密にも十分に通じていた。」[85]

　ここで指摘されている代理人ないしは使者という人物は，もちろん薬草家のコグツキィのことである。コグツキィについては，自叙伝のなかでも人物像は語られているが，このマイスターについては，シュタイナーは，自叙伝のなかでも言及していない。そのために，人物名も不明であるが，このマイスターは，フリーメーソンのような秘密結社のかなり高い位階の人物であったと考えられる[86]。この人物から，シュタイナーは，学ぶべき内容についての助言を受けながら，神秘主義の思想についてかなり詳しく教授されていたようである。その意味では，ウィーンにおけるこの私的な出会いは，シュタイナーにとって神秘主義の思想に違和感を覚えなくなる一つの大きな要因になったのである。[87]

2.　ウィーンにおける活動と交流

　内向的な性格であったシュタイナーも，ウィーンでの大学生活を過ごすあいだに，次第にさまざまな人々ともかかわりながら問題関心を広めていったようである。そこで交流した人々のなかには，シュタイナーの思想形成にとって大きな影響を及ぼした人物が大学の外にも数多くいたが，そのなかでも前述した二人の神秘主義者をはじめとした，神秘主義に通じていた人物との交流は，とりわけ注目されるべきものである。なぜなら，シュタイナーの生涯全体から見ても，神秘主義に学問的に触れるきっかけとなったのは，このウィーン時代の体験以外にはないと考えられるからである。

　神秘主義は，ヨーロッパ精神史の底流においてもう一つの正統をかたちづ

くってきたものであるが，科学の勃興する19世紀のドイツやオーストリアにあって，ロマン主義と連動しながら，一定の勢力を保っていた。特に，19世紀末のオーストリアのウィーンは，ヨーロッパにおける学問や芸術の中心地の一つであり，文化的にも重要な地域であったために，ウィーンの町中のコーヒー・ハウスには，思想的な交流の場として，詩人や芸術家や学者などの多種多様なサークルが存在していた関係で，そこには，心霊主義 (Spiritualismus) や菜食主義などの神秘主義につながるサークルの思想や運動も活況を呈しており，そこに神智学も入り交じっていた。

　シュタイナーは，そうした神秘主義のものを含めたいくつものサークルに，積極的に参加していたようである。ときには，彼は激しい議論を交わしながら，さまざまな文化人をはじめ，神秘主義に通じた人々とも交流を図っていたようである[88]。そのような人々との交流のなかから，突然，シュタイナーは，歴史家フリードユング (Friedjung, H.) によって創刊された『ドイツ週報』(Deutschen Wochenschrift) という雑誌を，短期間ながら編集している。彼自身も，その雑誌に，毎週1編程度，社会的な事件や問題に対する論説を書いている。ある時には，社会問題としての教育問題に対しても，彼は論評を加えていた。たとえば，彼は，当時のオーストリアで推進されていた教育改革をきびしく批判している。自叙伝によると，そのようなシュタイナーの見解に対し，大学時代の恩師シュレーアーは，「あなたは再びオーストリアにカトリック教会指導の教育政策を持ち込みたいのですか」という疑問を呈していたという[89]。その詳細なやり取りについては，明確な記述は見られないが，当時のシュタイナーは，少なくても現実の社会問題や教育問題にも関心を向けていたようである。

　特に，教育問題については，シュタイナーに関する多くの伝記や解説書で指摘されるように[90]，住み込みの家庭教師としての人的な交わりは，大きな意味を持つことにもつながったと考えられる。

　自叙伝によると，シュタイナーは，経済的な理由から，15歳のころから「補習授業」を受け持つというかたちで，子どもを指導する経験をすでに持ってい

たという[91]。しかし，シュタイナーが自叙伝で「運命は，私に教育の分野について一つの特別の課題を与えた」[92]と回想する体験は，ウィーンにおける家庭教師のことである。

　1884年，シュタイナーは，恩師シュレーアーから，ウィーンのユダヤ人実業家であるシュペヒト(Specht)家の住み込みの家庭教師を紹介され，主に経済的理由からそれを受諾している。シュタイナーは，その年の7月から，ウィーンを離れる1890年9月までその家庭教師を続けている。その家庭には，4人の子どもがいたが，そのなかには，脳水腫のために読み・書き・計算の初歩もできないような，知能の発育不全を起こしていた10歳の少年が含まれていた。両親は，この少年についてはほとんどあきらめぎみであったが，最大限の努力を惜しまなかった。両親がシュタイナーを住み込みの家庭教師として雇用したことも，その一つの努力の表れであった。シュタイナーも，その期待に応えるために，この少年の教育に特別の力を注いでいる。ときには，シュタイナーは，勉強だけではなくて，「私の『遊戯時代』はやっと20代になってやって来た」[93]と当時を回想しているように，子どもとかなりいっしょに遊ぶ時間を生活のなかで有していたようである。

　また，この少年には，フロイト(Freud, S.)の共同研究者でもあり，またユングが師として仰いだことでも有名な精神病医ブロイアー(Breuer, J.)が自宅を訪れて，その治療に携わることになっていた[94]。したがって，シュタイナーは，ブロイアーの協力を得ながら，この少年の教育にかかわることになった。シュタイナーがかかわって2年後には，この子どもは民衆学校(Volksschule)の授業についていけるようになり，顕著な効果が表れたようである。この子どもは，後に大学を卒業し，医者になったという。

　この家庭教師の体験に関して，シュタイナーは，のちに次のように回顧している。

「運命が私をこのような境遇に導いたことに対して、私は運命に感謝しなければならない。なぜなら、この境遇にいたからこそ、私は生き生きとした方法で人間の本質についての認識を得ることができたからである。他の道を通しては、私はこの認識をこんなにも生き生きと得ることはできなかったであろう。[95]」

このように、シュタイナーは、家庭教師の体験を自ら高く評価している。この体験を通して、彼は、特に「人間における精神的・心的なものと肉体的なものとの関連に開眼した[96]」と述べたうえで、「私は、生理学と心理学の本当の研究を体験した[97]」と、当時のことを回顧している。教育に関してこのような身体的なものと心的なものとのかかわり、学問的に言えば生理学と心理学とのかかわりに着眼する人間の全体的な捉え方は、人間形成論の基盤となる心身合一の人間観を形成するうえでの拠り所となったと考えられる。もちろん、この彼の姿勢は、一人の障害を持つ子どもへの長期にわたる働きかけから生まれたものであるが、その際に、青年シュタイナーが精神病医ブロイアーからフロイトの思想をはじめとする最新の精神分析の知見を学んでいたことは想像に難くないところである。

このような家庭教師の体験は、一方で、シュタイナー自身が認めているように、彼にとって後に教育問題にかかわるうえで大きな意味を持つものであったが、他方では、ウィーン在住のあいだに、生来の内向的な性格を変えるきっかけにもなっていったと考えられる。しかも、恩師シュレーアーからの紹介もあって、シュタイナーは、コーヒー・ハウスなどのいわゆるサロンにおける文化人や多種多様な人々との交流を通して次第に外向的な性格も身につけはじめると同時に、哲学や科学や文学だけでなく、社会問題や教育問題にも視野を広げていたようである。

その後、シュタイナーは、「ゲーテ・シラー文書館」の職を得るためにウィーンを離れワイマールに在住することになるが、ウィーンにおいてさまざまな社

会階層の人々や文化人との交流を重ねていたこともあって，幼少年時代には内向的な性格であったにもかかわらず，ワイマールにおいて表面的には意外と順調に当時の文化人たちと交流を深めていったのである。

3. ワイマールにおける活動と交流

ワイマール時代について，シュタイナーは，後に次のように回想している。

「これまで根本において，私は，外的生活とともに生きることがいかに少なかったかを，実感せざるを得なかった。私は活発な交際から身を引いたとき，私の従来から慣れ親しんできた世界は，私が内面で直観していた精神的世界だけであることを，当時繰り返し思い知らされたのである。後者の世界（精神的世界—引用者註）とは，私は容易に自分を結びつけることができた。」[98]

このように述べたあとで，さらに彼は当時のことについて次のように述べている。

「私は自分自身の心性（Seele）とともに，外的世界に隣接する一つの世界に生きていた。そして外的世界と何らかのかかわりを持とうとするときは，いつも一つの境界を越える必要があった。私は非常に活発な交際のなかにいたが，いずれの場合にも，自分の世界から扉を開くようにして，その交際のなかに入って行かなければならなかった。そのために，外的世界に踏み込むたびに，私は，訪問者であるかのような心境を味わうのだった。」[99]

このようなシュタイナーのまわりくどい表現の自己描写に素直に従えば，ワイマールにおける彼は，外的世界とは別に，閉じこもることのできる自分の内的世界を持っており，彼自身もその世界のなかにいるときのほうが，外的世界

とかかわるよりも安心できたようである。つまり，シュタイナーは，一面ではまだ内向的な性質を強く有していたことになる。その性質を有していたからこそ，彼は自分の内的世界に閉じこもることによって，ゲーテの自然科学論に一人で独自の認識論的な解釈を加えることができたし，またカントやフィヒテなどの認識論をはじめ，ショーペンハウエルやパウルの作品についても独学中心で研究しやすかったのであろう。[100]

そのような点から言えば，シュタイナーは，ウィーンのいわゆるサロンにおいてそれなりに外向的な一面も生活スタイルの一部として示すようになっていたが，ワイマールにおいては，その地域性や彼の少年時代からの内向的な性格もあって，不特定多数のところに積極的に出ていくというようなことはあまりなかったようである。むしろ，彼は，次第に文化人を中心とする特定な人物との人間的交流を行うようになっていた。

自叙伝によれば，シュタイナーは，ワイマールにおいて，哲学者や政治家をはじめ，演劇家や画家や詩人などといった分野の人々と交流を重ねていた。[101]そうした人々との交流は，多種多様な分野に彼の人生に少なからず影響を与えている。そのなかでも特に，シュタイナーの思想形成のうえで大きな影響を与えた人物としてあげられるのは，哲学者のハルトマン（Hartmann, K. R. E. von）[102]と動物学者・思想家のヘッケル（Häckel, E.H）[103]と思想家のニーチェ（Nietzsche, F.W.）であろう。シュタイナーは，このような当時の著名な人々の思想を単に彼らの著作を通して理解しようとするだけでなく，直接に彼らと会話を交わしたり，手紙を書いたりするような交流を行っていた。

ハルトマンの場合，シュタイナーはすでにウィーン滞在の折から手紙を出し続けており，ワイマールに移住するまえにそこに下見に行った折りに，ハルトマンを訪問している。そののち，シュタイナーは，『自由の哲学』を刊行したときに，それを即座にハルトマンに献呈している。その著作は，ハルトマンにとっても理解しにくく迷惑であったようであるが，ハルトマンはその内容について批評・批判するとともに，それをシュタイナーに送り返している。

第1章 人間形成論の形成過程　85

　また，ヘッケルの場合，シュタイナーは何年間もの文通のあと，1894年にイエナで催されたヘッケルの60歳の祝賀会のときに，ヘッケルと会話を交わしている。二元論の克服を目指していたシュタイナーは，生物界を一元論的視点から説明しとうとするヘッケルの立場に強い関心を持っていたのである。

　ニーチェの場合，シュタイナーは，ニーチェの著作を1889年頃から読むようになっていた。シュタイナーは，まず「ニーチェ文書館」(Nietzsche-Archiv)の設立を構想していたニーチェの妹に，「ゲーテ・シラー文書館」の実態と組織を調査するために訪れた折りに出会っている。その後，1894年には，シュタイナーはニーチェの妹の案内でニーチェの部屋を訪問している。そして翌年の1895年には，シュタイナーは，著書『フリードリッヒ・ニーチェ，反時代的闘士』(*Friedrich Nietzsche, ein Kämpfer gegen seine Zeit*)を出版し，ニーチェによる精神的実在への探究の不十分さを認識しつつも，その文化批判的な闘争の姿勢を温かく称賛した。その頃には，ニーチェはすでに精神的錯乱状態に陥っており，残念ながら実際には，シュタイナーは，時代的な思想についてニーチェと語り合える状況には至らなかった。しかし，ニーチェに関する称賛的な著作の出版という出来事から，当時において文化批判的な立場にいたシュタイナーの姿勢が垣間見られるのである。

　ただし，シュタイナーの自叙伝によると，以前から，文化批判的著述家ラングベーン(Langbehn, J.)の『教育者としてのレンブラント』(*Rembrandt als Erzieher*)に対して，シュタイナーは次のように述べるように，ラングベーンとは大きな距離を置いていたという。

　　「私は，『教育者としてのレンブラント』を，まったく表面的に才気に富んだ考え方を扱っているだけで，一行として人間の心性の深みにはつながっていない一冊の本として感じていた。私が気分悪く思っていたのは，私の同時代人たちがこのような本をまさに深い人格の流出物として扱っているということであった。そのようにしているあいだに，精神の海でその

ような思考の水遊びによって心性からのすべての深遠な人間性が追い出されてしまう、と私は思わざるを得なかったのである。」[104]

　つまり、シュタイナーは、形式主義的な芸術や専門主義や主知主義を批判し、心情の教育の重要性を説いて世の中を風靡していた『教育者としてのレンブラント』という著作に賛同を示していないのであるから、当時の風潮としての文化批判には全面的に賛同していたというわけではなかったようである。そのために、シュタイナーは、あくまでもこれらの人物に陶酔しきることなく、特定の著名人との交流を深めていたようである。この交流に対するシュタイナーの意図については、現時点で正確に推し量ることは不可能であるが、結果的に見れば、ワイマールにおける著名人との交流が彼の思想的な立場を明確化するとともに、彼の言葉で言えば、外的世界における人々とのかかわりが、次第に彼の内向的な性格を変えていったようである。[105]そのことに関連して、シュタイナーは自叙伝のなかで次のように回想している。

　「ワイマール時代の終わる頃、私は、36歳になっていた。その10年ほど前から、私の心性（Seele）には深刻な変化が萌し始めていた。……物質的世界の事物や現象を、正確かつ厳密に観察する私の能力が形成されてきたのである。このことは、学問の分野でも当てはまった。それ以前には、精神（Geist）に適した方法によって捉えられる幅広い学問的連関が、いとも容易に私の心性の財産となったけれども、対象を正確に知覚し、そして特にその知覚したものを記憶するためには、激しい緊張が必要であった。今や、事態は一変した。以前には欠けていた、感覚によって知覚できるものに対する注意力が、私のなかに目覚めたのである。事細かなことが私にとって重要になってきた。感覚界のみが開示できるような何かがあるに違いない、と私は感じていた。思想やその他の内的に出現する心的内容を媒介としないで、それ（感覚的世界—引用者註）が伝える内容だけによって（感覚

的世界—引用者註）を知ることこそ，私は理想と考えた。
　私は，人生の転機を他の人よりもたいへん遅い年代に経験した，ということに気づいた。」[106]

　ここでも，このシュタイナーのまわりくどい表現の回想に従うならば，以前には彼は，「感覚的世界」，すなわち目に見える現実界とのかかわりをあまり得意としていなかったことになる。ところが，36歳頃になって彼は，人々よりかなり遅れて，「感覚的世界」とうまくかかわれるようになったという。この点に関して，シュタイナーは遠回しな言い方で語っているわけであるが，簡潔に言えば，彼は36歳頃になってはじめて，外的世界と何の気兼ねもなくかかわっていける自信を心のなかで抱くようになったのであろう。つまり，ワイマールを離れることになるこの時期のシュタイナーは，ウィーン時代から継続する著名人との交流という外的活動の影響もあって，現実社会における外的活動への積極的な関与を決心することになったのである。
　さらに付言するならば，シュタイナーの自叙伝をはじめ，彼のすぐれた能力を強調したいがためにヘムレーベンやシェパードなどによる伝記のなかでもほとんど語られていないが，ワイマール時代におけるハルトマンやニーチェとの交流によって彼らの思想や問題意識にシュタイナーは触発され，彼らの学問的知見それ自体からもかなり吸収し学んでいたはずである。シュタイナーは，決して彼らと対等に交流し合っていたわけではないであろう。たとえば，ハルトマンにおける無意識についての考察，ニーチェにおける科学・知識主義に対する「生」の重視や国家主義に対する個人主義など，彼らのさまざまな学問的知見がシュタイナーの思想形成に少なからず影響を及ぼすとともに，シュタイナー自身も彼らにかなり共感を覚えていたことは想像に難くないところである。さらに彼らによるシュタイナーへの影響は，その後のシュタイナーの人生において東洋的なインド思想に興味・関心を持つ大きな推進要因の一つになったと考えられるがゆえに，決して見落とされてはならないであろう。なぜなら，19

世紀の後半のドイツ哲学界においては，ヘーゲル学派の影響もあって，ショーペンハウエルやシェリングのようなインド思想への肯定的な受容者はそれ以前に比べて少なくなっていたが，その時代にあってハルトマンとニーチェはインド思想を肯定的に受容していた数少ない存在であったと言えるからである。そのような意味では，シュタイナーにとってワイマール時代は，彼の人生から見れば学問的業績をあげた時期であったと同時に，ショーペンハウエルの研究をはじめ，そのショーペンハウエルの系譜を引くハルトマン，さらにはニーチェとの人的・思想的交流によって東洋的なインド思想に内的に触発され学んでいた時期でもあったと言えよう。

4. ベルリンにおける活動と交流

　自叙伝のなかで，シュタイナーは，次のようにベルリン移住の時期を振り返っている。

　　「私はすでに以前から，雑誌のなかで精神的衝撃をその時代の人々に与えるということを考えていた。私は，『黙り込む』のではなく，できる限り多くのことを発言しようと決心した。」[107]

この回想から推察すると，当時のシュタイナーは，学者としての道を選択せず，在野の人として世に出て，自分の考え方を表明したいと考え，その方法として雑誌という刊行物に着目していたようである。

　そうした折りに，シュタイナーは，一冊の雑誌に目を向けた。それは，ゲーテが没した1832年以来，誌名や編集者を度々変えながら，大都市ベルリンで出版されていた，『文芸雑誌』(*Magazin für Literatur*) であった。自叙伝では，シュタイナーは，「……私は，自分に委ねられた『文芸雑誌』の編集権を取得する機会をつかんだ」[108]，とまわりくどい言い方をしているが，ヘムレーベンが，伝記において，「それ(『文芸雑誌』—引用者註)はシュタイナーによって買い取られ

109)
た」と述べているように，現実にはシュタイナーが雑誌の編集権を買い取ったと考えられる。なぜなら，彼は過去に『ドイツ週報』の編集で失敗しており，とてもそうした方面に才能を持っているとは思われない彼に，伝統のある雑誌の編集権の話が舞い込んできたというのは，あまりにも不自然なことと言わざる得ないからである。むしろ，彼が積極的に編集権を買い取り，自分の思想・意見を世に公表しようと意図していたと考えられるのではないか。シュタイナーは，『文芸雑誌』の編集を行うことを通して，自分の考えを主張するかたちで世に出ていこうとして，1897年にベルリン移住を決行するのである。シュタイナーの生涯からみれば，この決断は，彼を学術的な学会から訣別させるものであった。

　ベルリンにおいて，シュタイナーは，実際に『文芸雑誌』の編集を予定通り行っている。ところが，シュタイナーは，その買い取りの条件の一つとして，自分の思いだけを押し通そうとする性格の男性を共同編集者にしなければならなかった。そのために，シュタイナーは，編集や販売，およびそこでの人間関係においてさまざまな困難を引き受けることになった。したがって，その男性の身になって行動しても，また反対にその男性を無視するかたちで行動しても，どちらにしても編集や販売そして人間関係という，仕事にかかわるさまざまなことにおいて，彼は支障を感じざるを得なかった。そのような人間との出会いは，普通一般に誰にでも心的な苦痛を与えるものであるが，シュタイナー自身もその例外ではなかった。しかし，シュタイナーは，その出会いを，のちに心の転機を経験するに至って，自分にとって「自明な必然性」(selbstverständliche Notwendigkeit)と感じ始め，単なる「事実」としてではなく，「運命（カルマ）となった事実」(schicksal-(karma-)gewobene Tatsachen)として自分自身のなかで解釈するようになり，内的にはその問題を解決した。ただし，外的には，つまり編集や販売という外的な状況に対してはその影響は大きく，『文芸雑誌』の読者の拡大はなし得なかった。その雑誌は，新しい文学を渇望するボヘミアン的なグループ「自由文学協会」(Freie Literarische Gesellschaft)の機関誌とい
110)

う性格を持つことによって，一定の講読者を確保していくことで，何とか販売の維持を続けていくしかないようなものであった。そうした状況下において，販売の拡大という方面にはあまり才能を有しないシュタイナーではあったが，彼は，その協会員の前だけでなく，その協会員の主要メンバーと関係の深い「演劇協会」(Dramatische Gesellschaft) の集まりをはじめ，さまざまな不特定多数の人々の前で講演を行い，販売の拡大を達成しようと努力し続けている。[111] しかし，そうした努力にもかかわらず，雑誌の販売は下降線を辿るだけであった。そして，シュタイナーは，のちにその雑誌の編集を断念せざる得ない状況に陥っている。

　その意味で言えば，読者の拡大を図るという点では，シュタイナーのベルリン移住の大きな一つの目的の『文芸雑誌』の編集・発行は，さまざまな理由が当初からあったにせよ，結果的に失敗に終っている。しかし，シュタイナーが世に出るという観点から見れば，その編集活動は全く無意味ではなかった。なぜなら，シュタイナーは，編集者の立場を利用して，多数の自分の論文を掲載し，自分の思想を公表できたからである。また，その雑誌の販売の拡大のために，シュタイナーは「自由文学協会」や「演劇協会」などの集会をはじめ，多種多様な場において雑誌の宣伝とともに，自分の思想を語るような講演活動を積極的に続けられたからである。その結果，雑誌の販売は下降線をたどったのに対し，シュタイナーの名前は，ワイマール時代以上に一般大衆には知られるようになっていった。したがって，雑誌の編集活動は，彼にとっては，名前が世間に知られるという点では確実に一定の意味を有していたと言えよう。

　しかし，そのような編集活動は，彼の人生から見れば，決してそのような意味だけにとどまることなく，大都市ベルリンにおける当時のさまざまな詩人や作家などの文化人との出会いをさらに具体的に用意することにつながった。そのなかでも特に，ヤコブスキー (Jacobowski, L.) やマッケイ (Mackay, J. H.) との交流は，シュタイナーの思想形成に大きな影響を及ぼしたと考えられる。

　ヤコブスキーについては，リンデンベルクによる伝記では言及が見られるも

のの、カルルグレンやシェパードによる伝記ではその記述はまったく見られないが、彼は前世紀末ベルリンに生き、1900年に32歳の若さでこの世を去った著名な詩人・作家である。ユダヤ人としての彼の人生は、貧困、身体の障害、近親者たちの死、自身の早世への不安をはじめ、苛酷な運命との闘いであった。そのヤコブスキーにとって生涯の最後に訪れた、ささやかな救いと喜びの一つとなったのは、シュタイナーとの出会いであると言われている。

　ヤコブスキーは、詩人・作家でありながら、リベラルな国会議員の指導の下に、「反ユダヤ主義防衛連盟」(Der Verein zur Antisemitismus) を主宰するとともに、1897年に、前衛的な自然主義を標榜した月刊雑誌『社会』を買い取り、編集人となった。ヤコブスキーは、その翌年に、ある女流作家のところでシュタイナーと顔見知りになり、やがてはシュタイナーとの親友関係を築くまでになった。たとえば、二人は別々の前衛的な雑誌の編集人であり、その意味でライバル関係にありながら、お互いに相手の雑誌に寄稿している。また、ヤコブスキーが、1900年の5月に文芸クラブ「来たるべき人々」(Die Kommenden) を創立すると、シュタイナーもその一員となり、そこで何度も講演を行っている。さらには、ヤコブスキーが、その年の12月に脳膜炎で急逝すると、シュタイナーは埋葬の際に友人代表として弔辞を読んでいる。その後、シュタイナーは、ヤコブスキーの遺稿を整理して出版し、その文芸クラブの運営もしばらくは引き継いでいる。短期間ではあったが、こうした二人の親しい関係はお互の人生において有意義であった。とりわけ、自らの進むべき道を模索中の当時のシュタイナーにとって、学者たちとは異なる前衛的・行動的でリベラルな詩人・作家の活動やその姿勢は、かなり強い影響をその後の人生において与えたと考えられる。その点については、自叙伝のなかで、シュタイナーは、次のようにヤコブスキーを回想していることからも伺えるのである。

　「ルートヴィッヒ・ヤコブスキーのすべては、愛される価値を有しており、それは、彼の内的な悲劇、そしてそこ（悲劇―引用者註）から『輝かしき日々』

に向かっての彼の努力，活動的な人生への帰依である。私は，友情関係の思い出をいつも生き生きと心のなかで保ち続け，私たちが共に生活した短い期間を，今なお，友だちへの内的な帰依とともに懐かしく思い出している。」[117)]

　もう一人，ベルリンにおいてシュタイナーに大きな影響を及ぼした人物は，マッケイであった。マッケイは，ヘーゲル左派に属するドイツの哲学者であり，また個人主義的無政府主義者でもあるシュティルナー（Stirner, M.）に共鳴し，彼の伝記の出版を手掛けていた作家である。マッケイ自身も，「共産主義的無政府主義」（Kommunistischer Anarchismus）に反対し，「個人主義的無政府主義」（Individualistischer Anarchismus）を提唱し，社会運動を展開していた。
　シュタイナーは，マッケイとはワイマール時代においてすでに，知人を通して顔見知りになっていた。当時，シュティルナーの学説に興味をもっていたシュタイナーは，それが原因で，ベルリン在住のマッケイと交友を深めることとなり，個人的にも友情の絆を結んでいる。[118)]
　シュタイナーは，「ヘンリー・マッケイは，現代のヨーロッパ的な精神世界の進展の内側での文化要因の一人である」[119)]，と彼を見做したうえで，とりわけ彼の長篇小説『無政府主義者たち』（Die Anarchisten）について，「世界苦のなかから回復への道をその人間が見出し，人間本性のすぐれた諸力に帰依するならば，それらの力が発展をもたらして，暴力をまったく必要としないで，人間の自由な共存において社会的に機能する」[120)]というように叙述内容を解釈し，高い評価をその作品に与えている。つまり，シュタイナーは，『自由の哲学』における「倫理的個体主義」と，マッケイの「個人主義的無政府主義」の間に，実際以上に大きな一致を一時的認め，マッケイの思想を，「精神的手段（geistige Mitteln）によってのみ実現しようとする社会理念である」[121)]と，自分のなかで捉えていたのである。
　シュタイナーとマッケイは，二人の人生において相互によい影響を及ぼし

合ったけれども，その良好な関係は長続きしなかった。シュタイナーが自叙伝で認めているように，彼が人智学を世間に提唱するようになったとき，マッケイはシュタイナーから離れていき，その親友関係は完全に崩壊している。したがって，シュタイナーとマッケイとの交流は，実際にはわずか数年の期間に過ぎなかったのである。

　このようなヤコブスキーやマッケイとの交流は，シュタイナーにとって短期間のものに終わってしまったが，その後の彼の生き方に対して，特にこの二人の文化人は大きな影響を与えたと考えられる。つまり，この二人の文化人の活動と姿勢から，シュタイナーは，自分の大切にする精神的（内的）なものを堅持するためには，状況によっては外的権力をも拒否しなければならないことを実感したのではないだろうか。さらには，その拒否の姿勢を現実の社会において達成するには，単なる学問の研究だけでなく，社会における活動や運動にもかかわらざるを得ないということを，シュタイナーは実感として学び取ったのであろう。特に，マッケイからは，シュタイナーは，個人の精神的な自由の自立を重視する「個人主義的無政府主義」とともに，反共産主義思想を学ぶことになった。その意味では，シュタイナーにとってベルリン時代の文化人との出会いは，人智学の成立後に彼が社会思想を確立しその運動を展開するうえで，一つの大きな基盤となったと考えられる。

5. 神智学協会との出会いと葛藤

　ベルリン在住の時代には，ワイマール在住の時代とは異なり，シュタイナーは，雑誌の編集人という立場もあって，学者層だけでなく，前述したヤコブスキーやマッケイをはじめ，多くのいわゆる文化人層とも交流を深めていた。特に，その文化人は，従前の外的権力を嫌う個性的な，どちらかと言うと，社会的にも文化的にも改革派に属する人々であった。その結果，そうした人々とのつながりから，シュタイナーは，社会主義者リープクネヒト（Liebknecht, W.）が創設した「労働者教養学校」（Arbeiterbildungsschule）の教師を，1899年から

1904年まで続けている。また，1900年6月には，シュタイナーは，ベルリンの大競技場において，7000人もの植字工や印刷工を前に，「グーテンベルク記念祭」(Gutenberg-Jubiläum)の祝辞を述べている。このようなシュタイナーの特定な社会層の人々との交流や活動は，その層のなかでは彼の名前が売れるのとは対照的に，他の一般的な層やそれに反対する層からは反発を受けることになった。それゆえ，全体としては雑誌の販売拡大には，そうした交流や活動はまったく貢献しなかっただけでなく，むしろ以前からの熱心な雑誌の定期愛読者を多く失うことになり，ロシアでは販売禁止の処分を受けるまでに至っている。とりわけ，雑誌に関してシュタイナーの信用を失墜しはじめた大きな原因の一つは，前述した「個人主義的無政府主義」者のマッケイとの交流であったと言われている。しかし，何よりもベルリンにおいて，シュタイナーがドイツの多くの学者や文化人からの信用を決定的に失う結果になったその後の活動は，キリスト教会から異端視されていた東洋的な神智学への接近である。それによって，シュタイナーの神秘性を帯びた思想は，とてもロマン主義の範疇には属し得ないものとなったのである。

　思想的に見れば，神智学に接近するだけの素地は，すでに当時のシュタイナーに備わっていたと考えられる。

　既述したように，ウィーン時代からすでに神秘主義の思想と接触していたシュタイナーは，インド思想を肯定的に受け入れていたショーペンハウエルやハルトマンとニーチェの思想に対して，ワイマール時代から一定の理解を示していた。特に，ニーチェについて言うと，自叙伝において，シュタイナーが「ニーチェの『永劫回帰』(ewige Wiederkunft)と『超人』(Übermensch)の理念が長い間にわたって私の念頭を去らなかった」と述べるように，「永劫回帰」と「超人」に強い関心を示していた。そのなかでも，「永劫回帰」という理念は，神や理想主義の徹底的な否定から生まれた「生」(Leben)の絶対的肯定を説くものであるが，確実に東洋的なインド思想の輪廻とつながるものである。したがって，特にニーチェを媒介として，シュタイナーは，東洋的な要素の強い神智学を受

容しやすい思想的状況にあったと考えられる。

　そのような状況にあったシュタイナーは，ベルリンを中心にドイツ国内外において，ワイマール時代以上に世に知られるところとなっており，さまざまなところで講演を行っていた。そのような講演においては，多くの聴衆は，シュタイナーの話術の巧みさもあって，熱心に耳を傾けたようであるが，シュタイナーが少年時代から興味・関心をもっていた「精神的世界」の核心部分について語ると，概して冷淡な反応を示していたようである。それとは対照的に，神智学を学んでいる人たち，つまり神智学協会の聴衆は，その部分について強い興味・関心を示した。シュタイナーも，その聴衆の反応に気づき，「それ（神智学協会の聴衆—引用者註）は，当時，精神の認識（Geist-Erkenntnis）に理解を示してくれる唯一の存在であった」，と見做すようになったのである。[126]

　こうしたこともあって，次第にシュタイナー自身も神智学協会に深入りするようになったが，すでにウィーン在住の時代にサークルのなかで神智学協会の関係者との交流があったということも，その布石になっていた考えられる。[127]

　大きな史的事実としては，シュタイナーの著述に従えば，彼にとっての神智学協会への接近の大きな契機は，1900年の9月，つまり『文芸雑誌』が譲渡される頃であり，ベルリンの一人の神智学者の邸宅において，ニーチェに関する講演を行ったことである。[128] その講演の1週間後，シュタイナーは再び講演を懇願され，「ゲーテの秘密の啓示」（Goethes geheime Offenbarung）と題する講演を行った。そのあと，シュタイナーは，何度も神智学協会の聴衆の前で講演活動を行っている。特に，1900年から翌年冬までに神智学協会の会員の前で行った連続27回の講演の内容は，神秘主義者として知られるエックハルト（Eckhart, M.）やベーメ（Boehme, J.）などの思想を取りあげたものであり，その後，『近代の精神生活の黎明期における神秘主義と現代世界観との関連』（*Die Mystik im Aufgange des neuzeitlichen Geisteslebens und ihr Verhältnis zur modernen Weltanschauung*）という著作として出版されている。また，ニーチェが没したおよそ3ヶ月後，ヤコブスキーも急逝したために，シュタイナーは，文芸クラ

ブ「来たるべき人々」という組織からも次第に離れていくことになった[129]。つまり，この頃のシュタイナーは，『文芸雑誌』にかかわる人間関係を失うとともに，「来たるべき人々」という組織の人々とも疎遠になっていったのである。そのようないわば孤立しかけていた状況下において，神智学協会だけが，シュタイナーにとって，自分の思想を語れる場になりつつあった。

　ここで言うところの神智学協会は，1875年のアメリカのニューヨークにおいて，オルコット（Olcott, H. S.）とブラヴァツキー（Blavatsky, H. P.）を中心として設立されたものである。ところが，精神的指導者としてのブラヴァツキーの悪評のために[130]，この協会の主張する神智学は，次に述べるように，唯物論に対抗する思想運動として，19世紀の思想のなかでも十分に注目されるべき体系や主張を備えているにもかかわらず，一般には広く普及しなかった。

　神智学とは，学問として一義的に規定しにくいものであるが，語源的には「神」（theos）についての「叡智」（sophia）としての知識を意味し，「神」に関する「学問」（logos）としての知識である「神学」（theology）と区別され，一般的な理解としては，「もともとは，学問的知識によらず，神秘的直観によって自然の奥底に徹し，神の啓示にふれようとする宗教的な立場で，自然主義的汎神論」と言われるように[131]，全自然のなかで作用している諸力は普通の理知に対しては隠されており，ある特殊な洞察によってのみ開かれ，その洞察によって諸力の根源，全自然の根源，すなわち神の本質へ洞察し得るとする哲学的宗教的思想の一類型であると言える。したがって，端的に言えば，神智学においては，理知よりも神につながる，つまり神と合一する一種の特殊な能力が求められることになる。そのために，いわゆる学問的な観点から見れば，その汎神論的思想の主張は，単に注目されるものではなかったと言うだけでなく，市民革命・産業革命を経て社会の近代化が進み，実証主義的な自然科学が発展する19世紀後半にあって，前近代的な世界観に引き戻しかねないという点で，むしろ一般的には軽蔑されるものであった。しかし，たとえそのような欠点があったとしても，特に神智学の思想に包含されている進化論と関連する部分は，ダーウィン

の進化論との対比で，本来ならば反唯物論としてもっと注目されてしかるべきものであった。なぜなら，1859 年の『種の起源』(On the Origin of Species) 出版後，次第にダーウィン主義に世論が傾くなかにあって，神智学では，ローザクが指摘するように，ダーウィンには見られないような進化における超物資的要素が思想的に重要視されていたからである。[132]

ローザクの指摘に即してさらに詳しく言えば，ブラヴァツキーを中心とする神智学からの批判は，多くのキリスト教の信者とは異なり，ダーウィンの著作をいったん受け入れたうえで，その著作において物質的なもののみが取りあげられ，人間の精神的な要素が完全に無視されていたことに対抗するものであった。つまり，人間の進化は，ダーウィンの主張するような単なる物質的なものだけではなく，精神的なものを含めたものと見做されていたのである。[133]特に，ブラヴァツキーは，人間の「意識」(consciousness) 状態と宇宙のレベルとの関係に着目していた。[134]

簡潔にその内容について言えば，ブラヴァツキーは，人類と地球を，「第 1 ラウンド」(First Round) から「第 7 ラウンド」(Seventh Round) までの七つの発展期を経る存在であると主張し，人間の本質を七重の構造として捉えた。[135]彼女によると，現在の地球の発展期は，「第 4 ラウンド」(Fourth Round) の後半に入ったところであり，そこに存在する人間の能力や「意識」の状態もそれに対応しているという。[136]

このような彼女に代表される神智学の思想には，彼女個人の悪評に加えて，アトランティス大陸やレムリア大陸の存在を認めるという神話的なものも色濃く含まれていたために，当時としては注目すべき進化論の内容が包含されていたにもかかわらず，ローザクが指摘するように，神智学は学問の本流にはなり得ず，「長らく日の目を見ないできた」[137]のである。

ところが，精神的な世界に注目し，かつヘッケルを通じて進化論を学びながら，「ダーウィン主義は，きわめて高い理念であっても，科学的にはあり得ないと考えていた」[138]シュタイナーにあっては，人間の精神の進化を主張する神智

学は，思想的にも魅力的に感じられたために，すべてに同意しないものの，気になる存在であった。しかも，神智学のような神秘主義に対して，ゲーテ研究者でもあったシュタイナーは，晩年にそのゲーテがその種の思想に傾斜したということを知っていたであろうし，ウィーンにおけるそれに通じていた人物との交流の体験も有していたのであるから，そうしたシュタイナーの姿勢は当然の成り行きであったとも言えるのである。

しかし他方で，ドイツ哲学を学術的に研究してきたシュタイナーにとっては，理性や悟性よりも神秘的な特殊能力を重視する神智学の思想は以前から警戒すべきものであった。しかも，キリスト教徒と自認するシュタイナーは，改宗にもつながりかねない，多神教的なインド思想をそのまま受け入れることができなかった。そのために，シュタイナーにあっては，神智学を受容し，神智学協会にこれまで以上にかかわっていくか否かについて，大きな内的葛藤がベルリン時代のはじめに生じている。シュタイナーは，それを自叙伝で「試練の時代」(Prüfungszeit)と呼んでいると考えられる。

その点について，シュタイナーは次のように回想している。

>「当時，私の心性のなかでは，キリスト教の捉え方において生じていた事柄は，私にとっての厳粛な試練であった。ワイマールでの研究活動の訣別から，私の著書『神秘的事実としてのキリスト教と古代密儀』(*Das Christentum als mystische Tatsache und die Mysterien des Altertums*)の完成に至る時代は，この試練に満ちていた。そのような試練は，精神的発達が克服しなければならない，運命（カルマ）によって与えられた抵抗なのである。」[139]

シュタイナーの回想に従えば，その試練の始まりは，ワイマールを去るときであるから，1897年になる。また，その終わりは，『神秘的事実としてのキリスト教と古代密儀』の完成のときであるから，1902年になる。シュタイナーは，

この期間に内的に戦っていたというわけであるが、その詳細については不明な部分が多いのである。なぜなら、自叙伝のなかで、内的な試練に関して、わざわざそれだけのために一章が設けられているが、その章は自叙伝のなかでも際だって短いものになっており、詳細な内容的記述は見られないからである。したがって、その試練の内容については、今となっては推察するしかないが、筆者は、以下において、シュタイナーの自叙伝の記述だけでなく、彼の人生におけるそれまでの思想形成と体験をかかわらせながら解釈したいと考える。

　試練の内容については、「機械論的・唯物論的な思考方法が生じさせる悪魔的な力」との戦いのなかで、「キリスト教の発展を霊的な直観でたどることによって乗り切った」、と広瀬俊雄が自叙伝の記述に基づいて解釈するように、唯物論との戦い、つまり唯物論とキリスト教との葛藤という指摘もある面では的を射たものであろう。しかし、それだけではなく、その試練には、東洋的なインド思想との整合性という問題、シュタイナーにとっての改宗の問題が含まれていたと考えられる。[140]

　本章で既述したように、シュタイナーは、父親が敬虔なカトリック教の信者であったために、幼少年時代から厳粛な教会の雰囲気には慣れ親しんできており、キリスト教に対する批判的な意見を表明したこともなかった。その意味では、シュタイナーは、キリスト教それ自体にまったく疑問を持っていなかった。しかし、シュタイナーが、文化批判的著述家ラングベーンの『教育者としてのレンブラント』を批判しつつも、ニーチェの戦い、つまり彼の文化的・倫理的後退を指摘する文化批判の叫びに同情を示していることから推察すれば、当時のキリスト教会の現状やそれによる教義の解釈に対して少なからず疑問をもっていたと考えられる。そのような彼の心的な状況下において、西洋的な神秘主義の思想を含みながらも東洋的、特にインド的な色彩の強い神智学が彼の前に現れていたことになる。そこで、彼は、神智学の思想を知るにつれ、「倫理的個体主義」をはじめ、キリスト教の文化圏でそれまでに導き出された考え方を、東洋的な神智学の思想とのかかわりにおいて、どのように把握すればよ

いのかについて，内的に混乱していたのではないか。それゆえに，彼は，自叙伝において，「最も内的で最も真剣な認識の祭典の渦中で，ゴルゴダの秘蹟（Mysteriums von Golgatha）に精神的に直面したことが，私の心性の成長にとって重要な意味を持った」[141]と短く述べ，イエスの死と復活という「ゴルゴダの秘蹟」を彼なりに考察することによって，彼の言う「試練の時代」，すなわち改宗の危機を乗り切ったと言いたかったのであろう。つまり，彼は，「ゴルゴダの秘蹟」を太陽神キリストの地球への一度限りの降臨として解釈することによって，西洋に伝わる古代の密儀や哲学だけでなく，輪廻思想をはじめ，神智学に現れている東洋の仏教およびヒンズー教などの他の宗教すべてを，「ゴルゴダの秘蹟」を準備する前史的なものとして位置づけ，キリスト教の思想の下に合理化したのである。その説明は，「『神秘的認識』（mystische Erkenntnis）と命名されたものを通して，本書で提示しようとしているのは，キリスト教の源が，キリスト教以前の時代の密儀においてどのようにその必要な条件を作り出したのかという点である」[142]，と序文（第2版）で明言する『神秘的事実としてのキリスト教と古代密儀』のなかでなされている。

　この『神秘的事実としてのキリスト教と古代密儀』という著作は，前述した連続27回講演のあとに，正確に言うと，1901年10月から1902年3月までのあいだに，神智学協会の会員の前で行った連続25回講演をまとめたものである。シュタイナーは，その連続講演の終了を待たずに，1902年1月17日付けの推薦状を添えて，神智学協会に入会願いを提出している。しかも，1902年1月1日から11日にかけてロンドンで開催された神智学会議に出席している。そのような経緯からみれば，シュタイナーは，1901年10月からの連続講演の全体構想を描いた時点で，改宗とも言われかねない入会の決心を固め，神智学会議への出席によって決断を下したのではないかと考えられる。しかし，シュタイナーの神智学協会への入会が結果的に改宗につながらなかったのは，彼はあくまでも西洋的な彼の信じるキリスト教のもとで他の東洋的なものを説明しようとしていたからであろう。その姿勢をシュタイナーは入会当初から崩さな

かったことや，またそれに加えて，それまでヨーロッパにおいて科学や学問に真摯に取り組んできたシュタイナーの経験が，のちに神智学協会からの離脱につながる重要な一つの思想的起因にもなったのである。

第4節　神智学から人智学への思想的変移

1．神智学協会の会員としての研究とその活動

　すでにゲーテ研究やドイツ哲学研究において研究的業績を残し，哲学の学位も取得していたシュタイナーは，自分なりにある程度の研究者としての自信も有していたこともあって，従来の神智学の内容を自分なりに修正を加えながら語っていた。たとえば，シュタイナーは，ブラヴァツキーの言う「第1ラウンド」から「第7ラウンド」の発展期を，「土星期」(Saturnperiode)，「太陽期」(Sonneperiode)，「月期」(Mondperiode)，「地球期」(Erdeperiode)，「木星期」(Jupiterperiode)，「金星期」(Venusperiode)，「ヴァルカン期」(Vulkanperiode)という名称に置き換えて，人類の進化を定められた壮大な宇宙の進化のアナロジーとして説明するようになった。[143]その意味では，シュタイナーの宇宙観は，「HPB（ブラヴァツキー——引用者註）の秘儀との類似が目立つ」[144]という指摘もあるように，まったく独自なものではなく，あくまでもブラヴァツキーの主張に基づく東洋的な神智学を下敷きにした進化論の神話に類するものであったと言えよう。

　ところが，シュタイナーは，従来の神智学の内容を踏まえて，前述したように，当初から独自の解釈による神智学を打ち出していたのである。それゆえ，イギリスで開催された神智学の会議にシュタイナーが参加したときに，神智学の指導的立場にいた一人がシュタイナーに向かって，『近代の精神生活の黎明期における神秘主義と現代世界観との関連』には，「真の神智学（wahre Theosophie）がある」[145]という高い評価をしてくれていたようである。またそうした反面，たとえば神智学協会を「自分の精神の認識に道を開くための踏み台

に使った」[146]というような非難や中傷も他方であった。このような神智学協会関係者によるまったく異なった評価の有り様から推察すれば，シュタイナーは，ある特定な部分で独自性をにじませたような神智学を，この時期にすでに描きつつあったと考えられる[147]。実際に，シュタイナーがのちに人智学という名前で自分の世界観を示すことになるが，そこでの世界観の基本的な部分は，この時期の神智学として表明していたものと大きく変わっていないのである。それゆえに，カルルグレンによる伝記でも，神智学協会に入会する1902年頃が，人智学という名称はまだ使用されていないものの，人智学の基盤の構築時期と見做されている[148]。この見方は，のちに著した彼の自叙伝の記述に基づいたものである[149]。

　しかし，この時期のシュタイナーがそのような段階にまで至っていた，という人智学の賛同者たちの指摘は少し留保する必要があるのではないか。なぜなら，当時のシュタイナーは，神智学協会の一員として親しく交わっており，まさに協会の人間関係のなかで生きていたからである。たとえば，シュタイナーは，もともとは神智学信奉者の隠棲の地であり，異教崇拝者や菜食主義者や無政府主義者などが集っていた，スイスとイタリアの国境にあるマジョーレ (Maggiore) 湖畔のアスコナ (Ascona) のコロニーを神智学会員と訪れたりしている[150]。基本的に，シュタイナーは，しばらくは神智学の宇宙観や人間観に没入して，そこから知見を学び取っていたと考えられる。その点については，のちの夫人となるジーフェルス (Sievers, M. von) に宛てた1902年8月20日付けの私信がそれを裏づけている。そこには，シュタイナーは次のように記していた。

　　「『秘儀』(*Secret Doctrine*) は正確に送られて来て，私の机の上にあります。私の関連研究の際に持続的にそれを調べなければならないので，それは今ちょうど私にとって大いに役立っています。」[151]

　つまり，この頃のシュタイナーは，ブラヴァツキーの神智学の宇宙観や人間

観が示されている主要著作を読み，それに依拠しながら自分の体験と信念に基づいて神智学を修正するかたちで読み解いていたと考えられる。

　こうした神智学の宇宙観から学んだシュタイナーの世界観は，1910年の『神秘学概論』(*Die Geheimwissenschaft im Umriß*) に結実することになるが，そのアウトラインは，すでに1904年から1908年まで雑誌『ルツィファー・グノーシス』(*Luzifer-Gnosis*) に論文として掲載され，後に単行本として発行された『アカーシャ年代記より』(*Aus der Akasha-Chronik*) のなかにまとめられている。[152]そこには，「アトランティス期」(atlantische Zeit) や「レムリア期」(lemurische Zeit) の両先史時代の記述に始まり，太陽と月の分離という地球進化の発端までさかのぼり，地球という星の由来や未来像が，人類の進化との関連において説明されている。つまり，人類の進化は，地球の進化と対応するというのである。そのような説明のなかには，たとえば，古くは「人間は男性か女性かではなくて，同時に男性でも女性でもあった[153]」と述べるように，男女両性であった人間が外的な自然の進化によって性の分離を果たしたというような，とても事実として一般的には承認しがたい内容が含まれている。その意味で，この著作は，科学的な明証性から言えば疑問視されてもしかたがないし，また実際に裏づけの遺跡や出典などの根拠となる情報源 (Quelle) を示し得ていない点できびしく批判されているが[154]，プラトン (Platōn) の『ティマイオス』(*Timaeus*) にも見られるような，シュタイナーにおける一つの神話的な創造の物語として理解しておいてよいのではないかと考えられる。このような物語において，宇宙的な内容を多く含んでいるところは，従来の神智学の思想を内容的にそのまま継承していると言えよう。

　ところが，1904年になると，すでに『神智学―超感覚的な世界の認識と人間の使命への導き―』(*Theosophie : Einführung in übersinnliche Welterkenntnis und Menschenbestimmung*)（以下，『神智学』と略す）という著作が公にされ，そのなかで人間のあり方にとって重要な「認識の小道」という部分が最後に記された。また，それを詳細に語ったものは，「いかにしてより高次な世界の認識

を獲得するか」(Wie erlangt man Erkenntnisse der höheren Welten?) という論考で，1904年から1909年にかけて雑誌『ルツィファー・グノーシス』に掲載された（のちにこの論考は，同名の著書として出版された）。このような内容は，進化の過程で眠ってしまった人間の感覚を訓練によって目覚めさせ，「感覚的世界」を超えた世界を認識させようとするものである。つまり，このような著作は，人間にとっての感覚や認識に注目している点で，従来の神的な内容を多く含む神智学と少し異なるものであった。その意味で，そこには，人間のあり方により重点を置こうとするシュタイナーの考え方は，いくつかの神智学関係の著作にすでに内包されていたと言えよう。

　シュタイナーは，既述した神智学関係の著作を数多く公にするかたわら，1899年から1904年まで，ドイツ社会民主党の創設者リープクネヒト (Liebknecht, W.) によって設立された労働者教養学校の教師を勤め，革新的な労働者たちと交わる体験をしている。そこでは，彼は，歴史や演説練習の授業を担当し，青年ないしは成人に向けて指導を行っている。そのような教育活動に携わっている期間に，彼は神智学協会での講演やその団体への入会を果たしている。したがって，神智学協会の会員を中心とする講演においても，またはそれ以外の聴衆者を前にした講演においても，時折シュタイナーは，教育問題に関して神智学の人間観を基盤にして講演のなかで語っていた。そのなかでも，教育問題に特化した初めての講演は，1906年にケルン (Köln) で行われた「精神科学の観点から見た子どもの教育」(Die Erziehung des Kindes vom Gesichtspunkte der Geisteswissenschaft) という表題のものであった。

　この教育講演が聴衆者にとても好評であった。そのために，シュタイナーはその後ドイツ各地で同じような教育講演を行っている。翌年には，シュタイナーは，この講演の内容を整理して，雑誌『ルツィファー・グノーシス』に論文として掲載したあと，講演の表題と同じタイトル名の小冊子『精神科学の観点から見た子どもの教育』として出版している。この小冊子は100頁にも満たないコンパクトな著書であるが，その内容は，講演のそれよりもかなり精緻に表現

されており，しかも難解な彼の人間形成論の本質部分を包含したものとなっている。特に，彼は，この小冊子では人間観の基盤のうえに幼児期と児童期の人間形成論を展開している。

　ただし，この小冊子においては，具体的な事例も言及されているが，あくまでも彼の人間観に基づいた人間形成論の中心的な考え方が示されているだけであった。たとえば，「子どもが自分の環境のなかで道徳的なもの（Moralisches）を見るならば，脳や血液循環のなかで健全な道徳的感覚のための肉体的器官が形成される」と述べるように，人間形成に深くかかわる道徳教育については，すでにその内容は含まれていたが，体系的なカリキュラムや教師の実際的な指導方法などは，まったく提示されていないのである。その意味からすれば，この当時においては，シュタイナーは，将来的に学校の実践に携わろうとは考えていなかったのであろう。それゆえ，彼は，この小冊子の発行以後，10年間以上，その著述内容を発展させたような教育講演を行っていないだけでなく，そのような著書も特に出版していないのである。そのような彼の活動から推察すれば，彼にあっては，教育問題の探究はまだ副次的なものに過ぎなかったと言えよう。当時のシュタイナーにとっての主要な課題は，あくまでも神智学の宇宙観や人間観の解明であった。特に，宇宙観や人間観を探究すれば必然的にかかわらざる得ない宗教観が，つまりドイツというキリスト教文化圏においてはキリスト教ないしは聖書をどのように把握するのかということが，もっぱら当時の彼の関心事となっていたのである。そのことは，神智学協会への入会をめぐる「試練の時代」を経てきたシュタイナーにとっては，当然の成り行きであったと言えよう。

2. 神智学協会との訣別と人智学協会の創立

　シュタイナーのキリスト教解釈に対しては，「シュタイナーのキリスト教は異端と言ってもいいほど非正統的なものであり，彼の聖書解釈はキリスト教史においても異様なものと言える」と批評されるように，キリスト教や聖書に対

する彼の解釈は、一般的にきわめて異質なものであると言われている。人智学の関係者からも、その点は、「現行のキリスト教を正統とするならば、たしかにシュタイナーのキリスト教はきわめて異色である」、と留保つきで認めざるを得ないものである。

シュタイナーは、既述したように、神智学協会に入会する頃には、「ゴルゴダの秘蹟」についての独自の解釈によって、つまり、「ゴルゴダの秘蹟」を太陽神キリストの地球への一度限りの降臨として解釈することによって、神智学に現れている東洋の仏教およびヒンズー教などの思想すべてを、「ゴルゴダの秘蹟」を準備する前史的なものとして位置づけ、キリスト教の思想の下に合理化したのである。その意味で、そこでの説明は、1902年の『神秘的事実としてのキリスト教と古代密儀』で述べられたように、きわめて彼独特の解釈であるために、その時点で十分に異端ないしは非正統的なものと批判されざるを得なかった。しかしそれ以上に、シュタイナーの唱えるキリスト教に対して、「彼の聖書解釈はキリスト教史においても異様なもの」とまで評されるのは、そののちに公表された彼のキリスト教研究の結果によるものであった。

シュタイナーは、1902年の神智学協会の入会後、その会員たちよりキリスト教についての講演を強く求められていた。キリスト教文化圏で生活しているその会員たちにとっても、東洋的な神智学の思想とキリスト教との整合性が求められたのである。そのような要望もあって、シュタイナーはキリスト教の研究に打ち込みながら、その成果を会員のための講演で公表し、その一部については著作としてまとめている。特に、彼は、小冊子『精神科学の観点から見た子どもの教育』を出版したあとの1908年頃に集中的にキリスト教の研究に取り組んでいたようである。

しかし、シュタイナーのキリスト教に対する集中的な研究は、もちろん神智学協会の会員の要望に添うものであると同時に、また前述したように、宗教的な事柄に関する彼個人の探究の延長上に来るものであるが、他の要因、特に当時の時代風潮にも少なからず触発されていたと考えられる。

ただし，教育に関する当時の時代状況について言えば，リーツによる下級の学校が1898年に，中級の学校が1901年に，上級の学校が学年別の寄宿学校として設立され，またリヒトヴァルクの指導のもとに芸術教育会議が1901年，1903年，1905年と3回にわたって開催されるなど，ドイツの新教育運動の実践が最初の高揚を示していたのである。その状況から推察すれば，1907年に出版された『精神科学の観点から見た子どもの教育』も，その影響を少なからず受けたものであったかもしれないが，その後しばらくはシュタイナーは教育に関する著作を公にしていないことから言えば，教育的な時代状況は彼にとっては主要な関心事ではなかったようである。つまり，当時のシュタイナーは，人間観に関するものとして，教育問題や学校問題よりもむしろ宗教問題，すなわちキリスト教の問題にかかわる時代状況に大きな関心を持っていたのである。

キリスト教に関して言うと，ダーウィンの進化論の影響やニーチェからの批判もあって，キリスト教の存在意味が問われるようになっていた。たとえば，唯物論的風潮が勢いを増してきた19世紀には，福音書の信憑性を疑う研究も多く出現するようになり，ついに精神病理学が進歩してきた20世紀には，イエスを精神病者として取り扱う著作が医学者によって出版され，その種の風潮も精神病理学者のなかで強まりつつあった。そのような時代状況にあって，1906年に『イエス伝研究史』(Geschichte der Leben-Jesu-Forschung)を出版していた神学者かつ牧師のシュヴァイツァー(Schweitzer, A.)は，医学の道に進み，1913年に学位論文を若干修正して『イエス，その精神医学的考察―正しい理解のために―』(Die psychiatrische Beurteilung Jesu. Darstellung und Kritik)を出版し，イエスを精神病者として批評する風潮に対決していた。シュヴァイツァーのこの学位論文は，イエスの言動が決して精神病の徴候を示すものでないことを，精神医学の立場から論証しようとするものであった。また，作家ヘッセ(Hesse, H.)がキリスト教に疑問を感じ，前述したアスコナのコロニーに入ってヒンズー教の修業体験を行うのは，1907年のことであり[159]，この年には，当時のローマ教皇ピウス10世(Pius X)が「近代主義」をキリスト教を脅かす思想

としてきびしく批判していた。¹⁶⁰⁾まさに，当時はそうしたキリスト教が近代化の波のなかで新たに問われるような時代でもあった。そのような時代背景のもとで，シュタイナーは，アフリカに旅立つ前のシュヴァイツァーの研究業績にも少なからず触発され，キリスト教の研究に打ち込むようになったと推察される。なぜなら，1906年1月に，シュタイナーはシュヴァイツァーと初めて出会い，当時の文化状況などについて議論を交わしていたからである。その議論において，真の文化を追究しようとする二人の共通点も，また倫理的な思考や認識にこだわるシュタイナーと生命への畏敬の倫理にこだわるシュヴァイツァーとの相違点もお互いに確認されたようであるが，両者にとって相互に触発された有意義な話し合いであったことは，シュヴァイツァーの書簡からもうかがえる。¹⁶¹⁾その後，一方のシュヴァイツァーは，『イエス伝研究史』を出版したあと，周知のように医学の道に進み，のちにアフリカで活躍することになるが，他方のシュタイナーは，キリスト教の研究を進めてイエスの意味を見出し，やがて人智学を構築していくことになるのである。

　1908年5月，シュタイナーは，キリスト教についてハンブルクで12回の連続講演を行っている。その講演は，のちに『ヨハネ福音書講義』(Das Johannes-Evangelium) として出版されるものであり，彼のキリスト教解釈の大きな特徴を示している。そこでは，彼は，聖書や伝統的な宗教教義と結びつきを失った現代人に，福音書についての講演を通して新たなキリスト教の道を拓こうとしたのである。

　シュタイナーは，キリスト教において四つの福音書の記述内容を重要視し，それぞれについて講義録を残している。もちろん，福音書を重要視すること自体は，異端視される理由にはなっていない。福音書の解釈に関して，まず異端視される理由の一つは，キリスト教を理解するうえで，『ヨハネによる福音書』の記述内容にとりわけ重きを置いているところである。

　一般的には，四つの福音書のうち，『マタイによる福音書』，『マルコによる福音書』，『ルカによる福音書』はイエスに関する共通の見解を伝えており，『共

観福音書』と呼ばれている。それに対して、『ヨハネによる福音書』は、以前に成立していた三つの『共観福音書』のいずれにも直接依存することなく、一部独自の伝承を用いている。しかも、この福音書は、次のような文言で始まっている点で、他のものと大きく異なるものである。

「初めに言があった。言は神と共にあった。言は神であった。この言は初めに神と共にあった。万物は言によって成った。成ったもので、言によらず成ったものは何一つなかった。言の内に命があった。命は人間を照らす光であった。光は暗闇の中で輝いている。暗闇は光を理解しなかった。」[162)]

　もちろん、シュタイナーは、そのような差異を十分に知ったうえで、差異によって他の三つの『共観福音書』に比べて一般的に評価の高くない、しかも神秘主義的要素の強いものとして一般に評価されている『ヨハネによる福音書』の重要性を主張するのである。この福音書を特に重要視するのは、キリスト教徒を自認しながら神智学を通していっそう神秘主義を深めたシュタイナーにとって当然の成り行きとも言える。
　シュタイナーは、『ヨハネによる福音書』に関して、彼の『ヨハネ福音書講義』の最初の部分で、次のように述べている。

「最初の三つの福音書に関しては、パレスチナの諸事件についてある程度の一致が見られますが、ヨハネ福音書だけは、最初の三つの福音書が記していることときわだった相違を示しています。ですから歴史的な記述としては、最初の三つの福音書の方が信用でき、ヨハネ福音書はほとんど歴史的な信憑性がない、というような見方が近代になって形成されました。したがって、一般的に次のように言われてきました。すなわち、このヨハネ福音書は、そもそも最初の三つのものと同じ意図において生まれていないのです。これらの福音書は、伝えられたことをただひたすら語ろうとして

いますが，ヨハネ福音書の執筆者だけは，まったく異なる意図を持っていたと。そしてさまざまの理由をつけて，ヨハネ福音書はかなりのちになって書き記されたのであろう，と考えるようになりました。」[163]

このように，シュタイナーは，神学者による通説的な解釈に異議をまず唱えたうえで，『ヨハネ福音書講義』において，「ゴルゴダの秘蹟」をはじめ，「ラザロの復活」や「カナの饗宴」など，『ヨハネによる福音書』の記述内容を取りあげながら独自の解釈を展開している[164]。その際に，『アカーシャ年代記より』や『神秘学概論』などで語った内容が，所狭しとさまざまな箇所で挿入されている[165]。そこには，神智学の知見によってこそ，『ヨハネによる福音書』をはじめとするすべての福音書の真の解釈が可能である，ということを主張しようとするシュタイナーの意図が明確に現れている。

さらに，シュタイナーは，ハンブルク (Hamburg) の連続講演後も，各地で『ヨハネによる福音書』の解釈に限らず，キリスト教に関する講演を続けている。たとえば，1909年9月には，シュタイナーは，バーゼル (Basel) において『ルカによる福音書』の連続講演，1年後の1910年9月には，ベルン (Bern) において『マタイによる福音書』の連続講演を行っている。

また，それに加えてシュタイナーは，このような福音書の解釈だけでなく，神智学協会を脱会することになる1913年には，ついに自ら『第五福音書』(Das fünfte Evangelium) を語り始めたのである。このような『第五福音書』の提唱は，『アカーシャ年代記より』という壮大な宇宙論の内容に基づくものであり，神智学協会の会員にとっては，それほど了解不可能ではなかったであろうが，一般的な非会員の視点からすれば，彼の聖書解釈は正統なキリスト教史において異様なものでしかなかったであろう。たとえば，「ナザレのイエスの死は，地球領域内においてすべてに作用する宇宙的な愛の誕生だった」[166]，あるいは「20歳の終わり頃においては，イエスはまだ自分がツァラトゥストラ（ゾロアスター教の創始者ザラスシュトラ―引用者註）の生まれ変わりであることを知りません

でした」[167]などである。

　そのような点から言えば，シュタイナーによるキリスト教の研究は，確かに一般的には批判されても当然であろう。ところが，シュタイナーの思想形成過程から見れば，幼少年時代からキリスト教に親しみ，のちにグノシス主義（Gnostizismus）[168]や薔薇十字団（Rosenkreuzer）[169]などの異端とされる思想の影響を受けながらもつねにキリスト教徒を自認していた彼の姿勢，とりわけキリスト教のなかでも神のひとり子であるイエスが復活するという「ゴルゴダの秘蹟」を人類や地球の発展史のエポックとして最重要視する彼の姿勢は，東洋的な宗教的思想への完全な没入を拒否することにつながっていたのである。

　ただし，シュタイナーと親交のあった医師シュヴァイツァーが，のちに成立する人智学に対して，「シュタイナーは，倫理的なものや世界や人生を肯定することによってサーンキヤ説の新しい解釈を与えているに過ぎない」[170]と述べているように，シュタイナーが，キリスト教の研究によって，この時点以降，東洋的な思想と完全に絶縁したわけではないであろう。シュタイナーの思想は，シュヴァイツァーの言うように，インド六派哲学の一つであるサーンキヤ説を下敷きにいくらかの修正をしただけであるか否かについては軽々に判断を下し得るものではないが，西洋の思想や宗教に依拠しつつも，神智学を通して東洋的な思想や宗教と密接な関係性を確実に有している，と見做されるべきものであろう。

　実際には，このようなシュタイナーの思想や姿勢は，一面では，神智学の思想をドイツ国内を中心にキリスト教文化圏に普及させた点で神智学協会にとって望ましい行為であった。しかし，それは，他面では，キリスト教に関してもシュタイナー独自の解釈をかなり強く押し出し，キリスト教だけを他の宗教に比べて高く評価した点で，東洋的な思想を堅持しつつも多くの宗教を尊重しようとする神智学協会にとって好ましからざる行為でもあった。

　シュタイナーが神智学協会に入会して数年間は，前者の側面が協会内部で評価され，しかもシュタイナーがドイツ支部長であったこともあり，ドイツ支部

の活動は自治性の範囲内として容認されていた。ところが，ブラヴァツキーや オルコットの死後，イギリス人のベサント（Besant. A.）が神智学の世界的な指 導者として会長に就任した1909年頃からは，次第に後者の面が協会内部にお いて強く意識されるようになった。

そのような神智学協会内部の動きをあまり気にすることもなく，シュタイ ナー自身は，協会内部の1906年以降の実情に対して，「1906年以降から神智 学協会において恐ろしい堕落の兆候が現れてきていた」[172]と感じはじめ，ドイツ 支部の会員に心霊主義への注意を繰り返し喚起していたようである。なぜなら， ドイツ哲学研究から導き出された「感覚から自由な思考」や「純粋思考」，と りわけ覚醒した「思考」の活動を重視するシュタイナーにとっては，その活動 を停滞させるような心霊術は，悪しき神秘主義として絶対に否定されるべきも のであったからである。そこには，「人間存在の根源を，理念的な考察でもっ て何か外的なものとして単に観察するのではなく，それと内面的に一体化して 生きよう」としている「神秘主義者の内的体験の仕方（Art）」に魅力を感じつ つも，「神秘主義者は自己の内面生活を強化し，その仕方で客観的な精神（霊— 引用者註）の真の姿を消し去ってしまうのに対して，私の表現で言えば，人間 は自分を無にして，外的な精神世界（霊界—引用者註）を自己のなかで客観的な 現象へと至らせる，というところに相違がある」[174]と見做していたシュタイナー の確信が，強く現れていると考えられる。そのために，シュタイナーは，1906 年頃からは，単に自分なりに理解した神智学を公表するだけでなく，神智学協 会に対しても，心霊主義に偏っているとして，一線を引くようになっていたの であろう。そのような状況から言えば，協会のドイツ支部長であったシュタイ ナーと，世界の神智学協会会長であったベサントとのあいだには，1913年の 決裂に至る数年前から亀裂がすでに存在していたことになる。

リンデンベルクは，その亀裂の進行状況について伝記のなかで，「神智学協 会からの分離」（Die Trennung von der Theosophischen Gesellschaft）という章を 設け，詳細に解説している。リンデンベルクによると，その亀裂を決定的にし

第1章 人間形成論の形成過程　113

たのは，当時の神智学協会会長の座にあったベサントの行為であり，その行為は1909年にインドで始まったという[175]。

　リンデンベルクの言説に従うと，ベサントは，1909年に，リードビーター（Leadbeater, Ch. W.）とともに一人のインドの少年クリシュナムルティ（Krishnamuriti, J.）に特殊な能力を見出した[176]。同年には，ベサントは，1909年にブダペスト（Budapest）において，キリスト教徒を自認するシュタイナーに対して，亀裂を深めるような講演「キリスト，彼は誰なのか」（The Christ, who is he?）を行っている[177]。そのときには，すでにベサントは，クリシュナムルティを念頭に置いていたと考えられる。シュタイナーも，その頃にはすでにベサントの疑わしさを見抜いていたという[178]。

　1910年，ベサントとリードビーターは，クリシュナムルティには「世界指導者」（Weltlehrer）としてのキリストが宿っていると主張し，その翌年の1911年にはクリシュナムルティを指導者とする「東方の星教団」（Order of the Star in the East）という名の組織を神智学協会内部の組織としてインドのアジャール（Adyar）に設立した。直ちに，ベサントは，ロンドンの神智学協会においてその教団設立の趣旨説明を行い，そのあと世界各地でクリシュナムルティとその教団のキャンペーンを展開した。1911年6月には，ベサントは，「東方の星教団」のドイツ支部の代表に，シュタイナーではなく，神智学者であったヒューベ－シュライデン（Hübbe-Schleiden, W.）を任命したという[179]。リンデンベルクによると，シュタイナー自身は「東方の星教団」と戦おうという気持ちを持っていなかったようであるが，その後，事あるたびに，ベサントの指示のもとに活動する「東方の星教団」のドイツ支部の代表と，シュタイナーを中心とする神智学のドイツ支部とが対立していったようである。特に，「東方の星教団」のメンバーをドイツ支部の会員として承認するというようなベサント側からの要求に対しては，前述したようなキリスト教の解釈を行うシュタイナーをはじめ，その支持者たちは拒否し続けるしかなかった。その点に関しては，シュタイナーの次の回想がそれを裏づけている。

「一人のヒンズー教の少年は、キリストが新しくこの世に誕生したところの人物である、と主張されたのが、このキャンペーンが頂点に達したときであった。このばかげた話を広げるために、『東方の星』と称する特別な団体が神智学協会の内部に結成された。彼らがそれを望んだように、および神智学協会の会長アニー・ベサントがもくろんだように、この『東方の星』のメンバーをドイツ支部に加入させることは、私やその仲間たちにとって不可能であった。」[180]

このような思想的・実際的対立は、両者の亀裂を決定的なものとし、きわめて深刻な状態に陥らせることになった。リンデンベルクによると、人智学協会（Anthroposophische Gesellschaft）は、完全な形態ではないにしろ、1912年の12月末には創設されており、翌年の1913年の出来事は、「単なる帰結」（bloß Konsequenz）に過ぎないという[181]。実際にベサントは、1913年にドイツ支部の除名を決定し、それによって、両方の組織は完全に分離することになったのである。そこで、シュタイナーは、神智学協会のドイツ支部という名称に代わって、新しい独自なものを決めなければならなくなり、自分なりに解釈してきた「神智学」を、以前からの講演で使用していた「人智学」という名称に置換することによって、人智学協会という独自の名称の使用とその独立を即断したようである。正式には、1913年2月、シュタイナーは、神智学協会の会員による誹謗中傷に屈することなく、ベルリンにおいて人智学協会の設立を宣言し、人智学という用語を公式に表明することになった。それによって、彼は、名実ともに人智学の指導者となり、その際、神智学協会のドイツ支部に属する多数の会員は、人智学協会に入会している。

このようなリンデンベルクの言説をそのまま受け取るならば、ベサントの行為が、シュタイナーの思いとは異なり、神智学から人智学への変移を急激に推し進めたということになる。この点に関しては、シェパードも、「1910年に決定的な亀裂が進行した」[182]、および「突然、1913年1月に、ベサント夫人は、ド

第1章 人間形成論の形成過程   115

イツ支部のリーダーとしてシュタイナーはもはや認められないということをほのめかした公式の書状を送ってきた」と述べ，リンデンベルクの論述と同様の経緯を簡潔に指摘している。

　すなわち，リンデンベルクとシェパードの両者とも，分裂の主要因を一方的なベサントの行為と見做し，その行為が急激に事態の悪化を進行させてしまったと解釈している。この解釈は，次のようなシュタイナーの自叙伝の記述からも裏づけられていると考えられる。

　　「私たちは，神智学協会から閉め出されてしまった。このようにして，私たちは，人智学協会（Anthroposophische Gesellschaft）を独立したものとして設立する必要に迫られたのである。[184]」

　つまり，シュタイナーの自叙伝の記述に従えば，除名や脱会の事態は，シュタイナー自身にとっても，予想をはるかに上回る早急なことであったのであろう。実際のところ，当時，シュタイナーは，十分な独立の準備をしていなかったことから言っても，早急な組織の独立を意図していなかったようである。彼は，当分のあいだ，これまでの神智学協会では見られないような活動を自ら進んで行うに際しても，「神智学協会の内部に，ただ『人智学協会』という特別な部門が公式に作られさえしておればよかった[185]」と述べるように，その内部で一つの部門を創設すればよいと考えていたようである。

　このようなシュタイナーの自叙伝の記述に照らしても，リンデンベルクとシェパードの両者が指摘するように，分裂の事態はベサントの行為によって一気に進行したと考えられる。確かに，ベサントの行為はその現実的な事態の進行を早めることになったが，思想的な相違から見れば，遅かれ早かれ，分裂の事態は起こるべくして起こったとも言えるのである。

　その点に関連して，シェパードは，「明確に気づいておくべきこととして，シュタイナーが神智学協会から分裂を余儀なくされたのは，唯一無二のキリストの

啓示と行いがその理由であり，また科学や合理的思考の能力と人類の精神的進化の現段階との関連性もその理由であった」と述べ，避けられない思想的な相違点を指摘している。さらにシェパードは，「シュタイナーは仏陀を地球進化の中心点であるキリストの偉大な告知者として描いている」のに対し，「ベサント夫人は仏陀をキリスト以上にほめあげている」と主張する。つまり，シェパードは，分裂の根本的な原因を，宗教的立場とそこから生じる世界観との相違に見出していたのである。

　しかし，このようなシェパードの見方は，あくまでもシュタイナー側に立ったものである。翻って，ベサント側に立って弁明するならば，少し穿った解釈かもしれないが，小杉英了が指摘するように，ベサントがクリシュナムルティをキリストの再来だと言ったのは，あくまでもヨーロッパ人に向けてであって，インド人や他のアジア人に対しては，弥勒あるいは菩薩の化身だと述べていたようであるから，イギリス人の彼女が，名もなきインドの少年をあえて「世界指導者」とすることによって特にイギリス人社会に向けて，白人の無意識的な優越感に対してのショック療法を試みた，というような解釈もあり得るであろう。実際に，ベサントは，女性差別や人種差別，さらには植民地主義といったヨーロッパの社会的矛盾に対する根本的な解決を求めて神智学協会に身を投じ，インド国民会議の初代議長を務めるような人望を有していた人物である。そのような人物像を念頭に置くならば，リンデンベルクやシェパードによって批判されるベサントが，世界の宗教を尊重して総合的に理解しようとしていた神智学協会の方針に反して，実際のところ仏陀をキリスト以上に高く評価していたか否かについては，筆者は少し留保すべきであると考えている。特に，シェパードは，シュタイナーの立場に則ってキリストの啓示や行いをとりわけ高く評価しようとするあまり，神智学協会の方針に則り，キリスト教だけでなく，多くの世界の宗教を尊重して総合的に理解しようとしていたベサントの姿勢を，少し歪曲して捉えていたとも考えられる。

　どちら側の見方がより正当であるかについては，現時点ではこれ以上の精緻

な推察はできないが，いずれにせよシュタイナー側に立つシェパードは，神智学から人智学への思想的変移を宗教的立場に見出すことによって，人智学協会が単に神智学協会内の内紛の結果として生じた，神智学協会のいわば延長上に位置する一分派と見做されないように，神智学と人智学の明確な相違を強調したかったのであろう。確かに，シェパードの指摘するように，その宗教的立場の相違は，つまりキリスト教を中心に据えるところは，神智学と人智学を決定的に区分できる点である。その点は，前述したシュタイナーのキリスト教の研究からも窺える。しかし，人智学で展開される思想内容は，既述したように，基本的な部分についてはすでに10年近く前からキリスト教を中心に据えたかたちで，独自性を帯びた神智学として構想さていたものである。もちろん，ここで言うところのキリスト教とは，大学時代からの何らかの神秘主義者たちとの影響もあって，いわゆる正統派と呼ばれるものではなく，グノシス主義や薔薇十字団などの異端とされる思想を包含したものであるが，シュタイナーが1907年5月に講演し，のちに出版された『薔薇十字会の神智学』(*Die Theosophie des Rosenkreuzers*) という著作は，独自性を帯びた神智学の特徴を顕著に示すものである。したがって，組織の実際的な変移から言えば，この1913年は，神智学協会ドイツ支部とは別組織としての人智学協会が設立されたという意味で，確かに節目に当たっているが，思想内容的に言えば，人智学の成立の年とされるその年は，大きな転換点であるとは言い切れないであろう。その点については，シェパードも，「名称と組織以外には，人智学協会に新しいところは何もなかった」と指摘し，同じような見解を示している。[190] しかし，その年は，シュタイナーの活動から眺めれば，一つの分岐点になった，とは言えるであろう。

　なぜなら，1913年の時点における神智学から人智学への名称変更は，もともと神の知恵という意味を含む「智恵」(Sophia) に，「神」(Theos) ではなく，特に複合的な宗教色を持つ神智学に即して厳密に言えば，「神々」ではなく，「人」(Anthropos) という語を複合したものとして考案された点で，その名称の使用

前に比べて神の知恵という意味を含みながらも，現実社会における人間のあり方や主体性がより意識または強調されるようになった，と言えるからである。その点に関しては，西川隆範が『シュタイナー用語辞典』において人智学を「人間の知恵」というよりも「人間であることの意識」という意味で理解すべきであると解説している。また，次のシェパードの指摘もそれを裏づけている。

「『人智学』が暗に示しているのは，この（神性な―引用者註）知恵が人間の真の存在，および森羅万象（universe）との関係という認識のなかに見つけられるということである。また言外にあるのは，以前には神性な（divine）知恵は神性な世界それ自体を通じて人間に告げられていたのであるが，今では人間自身が，神性な恩恵を受けながら，自分自身の真の理解を通じて，地上で生まれた思考を神性な知恵のより高いレベルに変えなければならないということである。」

したがって，名称変更を契機に，シュタイナーは，「精神的世界」の知恵を現実世界における人間の実際的なあるべき姿に結びつけた真の神秘主義的な思想を，つまりこれまで以上に現実社会の人間のあり方や主体性に重きを置いた彼独自の神秘主義的な思想を，シュヴァイツァーの言葉に従えば「倫理的なものや世界や人生を肯定すること」を，現実の社会に打ち出すようになったと言えよう。その際に，シュタイナーは，「精神的世界」と現実世界との橋渡しをするものとして，換言すれば，後述する重要な人間の認識的能力として関係の深い，「神智学協会には，芸術的な関心の育成といったようなものはほとんどなかった」と見做していた「芸術」（Kunst）に着目しながら，地上における人間のよりよい生き方あり方，すなわち「倫理」や「道徳」に関する内容をより強く意識することになった。それ以降，次第に人智学協会は，神智学協会内部では十分にできなかった「芸術」に関する活動を皮切りに，つねに「芸術」を考慮しながらこれまでの哲学的・宗教的な領域を視野に入れて人間の意味やよ

りよいあり方，すなわち「道徳」に関する内容を追究する組織に転換していったと考えられる。なぜなら，次章で論述するように，シュタイナーにあっては，本来的に「知識」(Wissen) と「芸術」と「宗教」ないしは「倫理」は根底においてつながっているものである，と見做されていたからである。それゆえ，実際の新しい協会の活動は，人間の意味やよりよいあり方を求めて，これまでの哲学的・宗教的な領域だけでなく，「芸術」の領域をはじめ，「倫理」や「道徳」およびそれと関連する現実の政治や経済などの領域にも拡張する総合的な「精神共同体」運動として発展したのである。そして，その活動は，次第に一般の人々を巻き込みながら，結果的に「倫理的個体主義」に立脚したかたちで「道徳」の「行為の出発点」を個々人の「自由」な内面の主体性に求める道徳教育の考え方を主眼としたような人間形成のための学校をのちに創始することにもつながったのである。

その意味では，神智学から人智学への名称変更の意義は，「新しいところは何もなかった」，さらには，「知恵が人間の真の存在，および森羅万象との関係という認識のなかに見つけられる」，および「自分自身の真の理解を通じて，地上で生まれた思考を神性な知恵のより高いレベルに変えなければならない」というシェパードの見解が示すように，組織の活動において人間のあり方や主体性をより意識または強調するようになったこと，すなわち「芸術」とつながったかたちで「道徳」の探究に向かわせるようになったことと解されてよいであろう。しかし，その名称変更の意義は，他方でシェパードが強調するような，宗教的立場の差異に基づいた神智学と人智学との思想的な断絶性の論拠になっている，と解されるべきではないであろう。[195)]

3. 人智学協会における諸活動

シュタイナーは，かつて，雑誌『ルツィファー・グノーシス』に1904年から1909年まで掲載した論考「いかにしてより高い世界の認識を獲得するか」（1909年に，単著『いかにしてより高い世界の認識を獲得するか』として発行）にお

いて，次のように述べている。

　「静観的で，自己の内部に沈潜している自然（Natur）と結びついた芸術的感覚（künstlerische Empfinden）は，精神的能力を発達させるための最上の前提である。この感覚は，事物の表面を貫いて，その内密にまで達する。」[196]

　つまり，シュタイナーは，神智学協会に入会して数年のあいだに，精神的能力を健全に発達させるための最上の前提として，「芸術的感覚」という感覚の重要性に着目していたのである。その後も，彼は「芸術」（Kunst）を重視し，それに関する講演を何度も行っている。たとえば，1909年10月には，ベルリンにおいて，シュタイナーは「芸術の本質」（Das Wesen der Künste）と題する講演を行い，注目を浴びていた。そこでは，人間の認識的能力としての「イマジナツィオーン」（Imagination）や「インスピラツィオーン」（Inspiration）や「イントゥイツィオーン」（Intuition）や「ファンタジー」（Phantasie）などが多種多様な「芸術」とのかかわりのなかで解説され，「芸術の本質」が比喩的に示されていた。[197] つまり，シュタイナーにあっては，「芸術」は，「まさに根源的な夢想的精神生活から成長してきた」[198] ものであって，かつて認識論として追究していた「イマジナツィオーン」や「インスピラツィオーン」や「イントゥイツィオーン」などの重要な人間の認識的能力と密接な関係を持っているために，重視されなければならなかったのである。そのような芸術に関する講演に対しては，のちにバウハウス（Bauhaus）の新芸術運動の中心的な人物となるカンデンスキー（Kandinsky, W.）が出席するほど，一定の注目度も社会的にあったようである。[199]

　ところが，神智学協会の会員のあいだでは，「精神的な生活の実在」（Wirklichkeit des geistigen Lebens）[200] に興味・関心を示す傾向が強く，「それ（芸術―引用者註）は，健全な精神的実在の外にある」[201] と考えられていたために，協会としては，「芸術」的な興味を奨励するようなことはほとんどなかった。それゆえ，シュタイナーは，

第1章　人間形成論の形成過程　　121

神智学協会の多くの会員に不満を覚えていた。ところが，その会員でありながらも，「芸術」に理解を示す人が協会の内部にいた。その人物が，のちにシュタイナー夫人となるジーフェルスであった。

　シュタイナーは，1902年に神智学協会に入会した頃から，ジーフェルスと協力して，協会の枠内で「芸術」の活動を開始していた。シュタイナーとジーフェルスは，「協会の内部でも，芸術的なものを生き生きさせることが大切である」[202]，と共に考えていたという。

　ジーフェルスは，ペテルスブルク（Petersbrug）やパリ（Paris）で舞台俳優の修業をしていた関係で，発声や舞踊についてはすぐれた能力を有していた。その彼女がシュタイナーと協力することによって，朗読芸術（Rezitationskunst）や朗唱芸術（Deklamationskunst）を作り上げた。このような言葉にかかわる「芸術」にシュタイナーがまず取りかかったのは，彼が『ヨハネによる福音書』の冒頭部分にこだわり言葉に深遠な意味を見出そうとしていたことからも推察できるように，単なる知的なものの伝達手段としてしか言葉を捉えない時代文化に対して，言葉の深遠な意味の一つとして「芸術」とのつながりを主張したかったのではないかと考えられる。これらの朗読芸術や朗唱芸術という「芸術」は，やがて演劇やオイリュトミー（Eurythmie）の活動へと発展することになった。

　まず，前者の演劇について言うと，その演劇の内容は当然のことながら神智学から影響を受けており，宗教的・精神的な色彩の強い神秘劇と呼ばれるものであった。

　シュタイナーの最初の作品は，「伝授の門」（Die Pforte der Einweihung）というもので，1910年に上演されている。その翌年の1911年には「心性の試練」（Die Prüfung der Seele），1912年には「関の守護者」（Die Hüter der Schwelle），1913年には「心性の覚醒」（Der Seelen Erwachen）という作品が上演されている。それらの内容は，前世の自己との邂逅や神との交わりなどを表現した，きわめて宗教的・精神的な色彩の強い芸術作品であった。もちろん，シュタイナーにあっては，この内容は，自分自身が把握した「精神的世界」の真実を劇化したもの

に他ならなかった。

　また，後者のオイリュトミーについて言うと，この「芸術」に関しては，シュタイナーは，「それ（言語器官―引用者註）は，腕と手において，およびそれに伴う人間の他の四肢において，真の自己を表現しようとするものの写し（Abbild）である」と見做し，オイリュトミーの特質を「見える言葉」(sichtbare Sprache) や「見える歌」(sichtbarer Gesang) などと語っている。また，彼は，オイリュトミーでは，「耳に聞こえる言葉を通してであれ，目に見える言葉を通してであれ，人間が開示しようとする心性の豊かさが表現されるべきである」と述べている。これらのシュタイナーの発言から推察しても，ここで一義的に規定するのは，かなり困難な作業であると考えられる。

　そこで，シュタイナー以外の論者について見てみよう。たとえば，オイリュトミーについて，我が国の教育学者のなかで最も早く著書で解説したと思われる吉田熊次は，「オイリトゥトミーとは『快律動』と飜譯すべきもので一種の體操とも見るべき運動である」と見做し，彼からシュタイナーを知ったとされる谷本富は，次のように自分の見方を述べている。

　　「それ（オイリュトミー―引用者註）は，一種の體操であるが，その名前の示す通り，全身々體の諸の部分が悉く克く調和することを目的とするので，自分は曾て調姿術と譯したことがある。勿論それには色々の遣り方もあらう。端西人ジャック・ダルクローズの式など最も著名な様である。今玆には詳述の暇がないが，自分は端なく天理教のお手振りを聯想することを禁じられない。それには確に宗教味の津々たるものがある。」

　また，ヘムレーベンは，シュタイナーの伝記のなかでオイリュトミーについて次のように述べている。

　　「オイリュトミーは，体操としても，舞踊としても，パントマイムとして

も理解することができない。それ（オイリュトミー――引用者註）は，一つの運動芸術（Bewegungskunst）であると同時に，意識芸術（Bewußtseinskunst）である，というような語で呼んでもよいであろう。」[209]

　これらの二人の外延的な説明を見ても明らかなように，オイリュトミーを言葉で一義的に規定するのは容易なことではないが，オイリュトミーは，舞踊形式の宗教的・総合的な身体芸術であり，シュタイナーによる一連の「芸術」の活動において特に重要な存在であった。事実，シュタイナーは，1916年頃まで「芸術」の活動を中心に活躍することになるが，後述するような「芸術」以外の活動に重点を移した時期においても，オイリュトミーについては，その上演だけでなく，それに関する講演や講習会を何度も開催し続けている。シュタイナーは，1925年3月30日に亡くなるわけであるが，その亡くなる最後の年ですらも，23回の講演を含む2回にわたるオイリュトミー講習会を開催し，そこでオイリュトミーという新しい「芸術」の方向性について説明を行っている。
　このような演劇やオイリュトミーは，その内容から言っても，また講演等の説明によっても，その目的を簡単に達成できるようなものではない。その必要条件として，演じる側と観覧する側とが調和した場，つまり上演するにふさわしい劇場施設がどうしても必要不可欠になってくる。シュタイナーも，上演を続けるうちにその施設の必要性を強く自覚するようになり，建設の決断を下すことになった。そこで，シュタイナー自身が，自ら設計して，ミュンヘン（München）で建築に取りかかろうとしたが，ミュンヘンの役所や教会や芸術サークルは，この建築に激しく反対した。
　このような劇場施設の建設への反対の事実から推察すれば，造られようとしていたものが，一般住民の立場からすると，単なる劇場には見えなかったのではないか，と考えられる。もちろん，カルルグレンは，シュタイナーの伝記において，「ゲーテアヌム（Goetheanum）は，多くの人々が思っているような『神殿（Tempel）』ではなかったし，現在でもそうである」[210]と述べるように，建築

物を宗教的な「神殿」とは認めようとしていないが，教会や芸術サークルから反対された事実は，単なる劇場施設ではなく，その要素も含みつつも，かつ人間の意味や生き方あり方を問いかけるような「神殿」の要素も同時に含む施設であったのではないだろうか。奇しくも，このカルルグレンも，その発言に続けて，「人智学は，学問的（wissenschaftlich），芸術的（künstlich），および宗教的（religiös）諸価値を包括している」と述べているように，人智学が宗教的価値を含んでいるのであるから，教会や芸術サークルや住民などが「神殿」の要素を見出し，異質な宗教施設として反対したのは，むしろ当然のことであったと考えられる。

　そのような経緯と原因によって，この劇場は，当時のドイツ表現主義運動の中心地であったミュンヘンで建設できなかった。そこで，シュタイナーは，ミュンヘンでの建設を断念し，スイスの友人から提供されたバーゼル（Basel）近郊のドルナッハ（Dornach）の丘陵地に，ミュンヘンで構想していた施設よりも大規模なものを建設しようと決断した。その建設開始は，シュタイナーが神智学協会から離れた1913年，すなわち第一次世界大戦の前年のことであった。したがって，この建築物は，当初の目的であった神秘劇の上演のための劇場であるだけでなく，1913年から必要となった人智学協会本部の役割を担うこととなった。実際の建築に際しては，シュタイナーは資金難に陥り，寄付を求めて各地で講演活動を行っている。それによって，建築はシュタイナーの予定よりも遅れてしまったが，完成にこぎつけた。何よりもこの建築にとって幸運であったのは，ミュンヘンというドイツではなく，バーゼル近郊という永世中立国スイスの地を選択したことであった。

　この建築物は，ゲーテの名前を取って，「ゲーテアヌム」と名づけられた。ゲーテアヌムの建築様式は，人智学の人間観・世界観を加味した異色なものであった。ゲーテアヌムについて，ジーフェルスは，次のように述べている。

　　「彼（シュタイナー——引用者註）が，設計したどのドア，どの階段，どの

入口の階段列 (Stufenreihe) も，何か親しく招くような，あるいは歓迎するようなものを持っている。これは，認識力と活発な自我 (Ich) の展開に基づき，しかも新しい意識獲得へと追い立てるような精神共同体 (Geistgemeinschaft) へと人間を促すものである。」[213]

　ジーフェルスのこの叙述からも明らかなように，シュタイナーが設計したこの建築物は，彼の宗教的な人間観・世界観が反映した芸術作品であり，さらに言えば，彼によって生み出された，「知識」と「芸術」と「宗教」の一体化のシンボルになっていた。その意味でも，この建築物は，単なる劇場施設ではなく，「精神共同体」へと人間を促すための施設という性格を強く帯びたものであったと言えよう。
　シュタイナーがこのような活動を推進しているあいだに，彼を取り巻くヨーロッパの社会状況は大きく変貌していった。つまり，第一次世界大戦の勃発がそれである。その大戦とそれにかかわる事柄は，シュタイナーの目を，精神的なものと芸術との融合から社会の現実的な諸問題により強く引きつけることになった。
　シュタイナーは，外界と積極的にかかわろうとしたベルリン時代から，雑誌の編集・発行を通して，文化・政治・社会などについての自分の考えを常時公表してきた。しかし，第一次世界大戦の勃発後，シュタイナーは，切迫した社会の現実的な諸問題，とりわけ国家や政治に関する事柄について考察を進め，よりいっそう積極的に自分の考えを主張するようになった。その際のシュタイナーの基本的な考え方は，社会を一つの有機体として捉え，立法行為としての政治的領域と，生産消費活動としての経済的領域と，教育や芸術や宗教などの精神的領域との相互の自律性を堅持すること，すなわち彼の言葉に従えば，有機体としての社会を意識的に政治的領域と経済的領域と精神的領域に「三分節化」させることが戦争のない健全な社会の建設につながる，というものであった。

シュタイナーは，その考え方を著作というかたちで主張するだけでなく，ドイツやオーストリアの政治家にも積極的に接触している。こうした彼の試みは，第一次世界大戦中には，たとえばドイツ軍の参謀総長であったモルトケ (Moltke, H. von) と，1914年8月にコブレンツ (Koblenz) において対談しているが，ほとんど成果をあげることがなかった。つまり，彼の考え方は，当時の国の指導者を納得させるまでには至らなかった。

ところが，第一次世界大戦が終結すると，「社会有機体三分節化」を目指した運動は，一部の人々のあいだでは賛同を得られるようになったが，その状況も長続きはしなかった。その意味では，「社会有機体三分節化運動」(Bewegung für Dreigliederung des sozialen Organismus) それ自体は失敗に終わったが，その運動の一翼を担う精神的領域においては，1919年に大きな成果として，政界や経済界が求めるような人間ではなく，人間のあり方や主体性という「道徳」的な事柄を「芸術」とつながりのなかでより意識または強調するかたちで，よりよい社会の建設に貢献できるような人間の育成を目指す自由ヴァルドルフ学校が設立されることになった。[214] とりわけ，自由ヴァルドルフ学校は，設立当初から，創始者シュタイナーの人智学や「社会有機体三分節化運動」の思想，さらにそこから導かれる「道徳」や「芸術」などの捉え方とは切り離して，実践に対して高い評価を受けていた。たとえば，1920年に有名な教育雑誌において，「社会有機体三分節化運動」に対しては，「事柄は，とても理想的である」，「それは一つのすばらしい理念 (Idee) であるが，残念ながら単なる一つの理念だ！」「それは，ユートピア的であり，実際には実行できない」などと否定的な言説も紹介されているが，この学校は「真の統一学校」(wahre Einheitschule) として紹介されている。[215] 実際に，ドイツでは，最初の自由ヴァルドルフ学校がシュトゥットガルトにおいて1919年に創立されたのちも高く評価され，その姉妹校はシュタイナーの存命中にも数校設立されることとなった。[216] さらに，シュタイナーが1925年に亡くなったのちも，自由ヴァルドルフ学校と名のった姉妹校は，ナチスによって閉鎖されるまでは，わずかながらも

増加していった。このような学校の創立と発展という状況において，道徳教育を主眼に置いたシュタイナーの人間形成論は，学校教育の実践を射程に入れたものとして構築されることになったのである。

なお，現在では，序章でも指摘したように，自由ヴァルドルフ学校は，姿を消していった他のドイツの新教育運動とは異なり，第二次世界大戦後に復興され，そこでは，「知識」をなおざりにすることなく，「芸術」とともに，「道徳」を重視した全人的な学校教育の実践がドイツのみならず，世界各地で展開されている。[217] このような学校の復興および発展を支えている要因としては，さまざまな時代的社会的な背景や人智学の賛同者の存在もさることながら，何と言っても，創始者シュタイナーの独特な人間形成論の存在が大きいと考えられる。

そこで，次章では，シュタイナーの人間形成論の理論的基盤について検討することにしよう。

註

1) プレモントレ会とは，1120年，フランスのプレモントレに聖ノルベルテゥスが創立したカトリック系教会のことである。
2) Lindenberg, R., *Rudolf Steiner : Eine Biographie Bd. I 1861－1914*, S. 22ff.
3) Steiner, R., *Mein Lebensgang*, Dornach, 1983, S. 7ff.
4) また，以前の生誕地クラリイェベックやメードリングの暮らしについては，シュタイナーの年齢から推察すれば，彼の記憶にはほとんど残っていないと考えられるために，詳細な検討は本書では必要ないであろう。
5) ebd., S. 9.
6) ebd.
7) ebd., S. 13f.
8) Steiner, R., *Brief I*, Dornach, 1955, S. 10f.
9) Hemleben, J., a.a.O., S.24.
10) ebd.
11) ユング C.G. 著，河合隼雄他訳『ユング自伝―思い出・夢・思想―』みすず書房，1972年，28-32頁。
12) Steiner, R., *Mein Lebensgang*, S. 21.
13) この神父は，近くに存在していた「フリーメーソン支部」(Freimaurerloge)に対して，批判的な発言を説教の場面でしていたようである。それによって，

シュタイナーは，この頃からすでに，1723年に成立したといわれている秘教的秘密結社の名前を知っていたことになる。しかし，彼は自叙伝のなかで，「私はこの支部と何らの関係も持ち得なかった」と証言している (ebd., S. 20.)。

14) ebd., S.17.
15) ebd.
16) ebd., S.17f.
17) Hemleben, J., a.a.O., S.14ff.
18) Lindenberg, R., *Rudolf Steiner : Eine Biographie Bd. I 1861-1914*, S. 34ff. Shepherd, A. P., op. cit., pp. 300–32.
19) Steiner, R., *Mein Lebensgang*, S. 26.
20) 自叙伝によると，シュタイナーは特に3名の教師に大きな受けたという。その一人は，実科学校の校長であった。あるときに，校長の論文が，この学校の年報に掲載された。シュタイナーはその論文を目にした際，彼の知識欲は内面で再燃することになった。その論文の内容は，惑星や分子や原子などの物体間の引力と反発力について論じたものであった。まさにその論文は，かつて神父から教えてもらった宇宙の法則に関連するものであった。二人目の教師は，3学年から代数や幾何と物理をシュタイナーに指導した人物である。この教師の授業は，整合性と明晰さを備えていた。その授業において，シュタイナーは，確率計算の意味とともに，データを処理する厳密さを学ぶことができた。三人目の教師は，下級学年では幾何作図を，上級学年では画法幾何学をシュタイナーに指導した人物である。シュタイナーは，その教師によって楽しく幾何学を学んでいたようである (ebd., S. 27ff.)。
21) ebd.
22) Emmichoven, F. M. Z. von, a.a.O., 1961, S.21f.
23) Steiner, R., *Mein Lebensgang*, S.31.
24) ebd.
25) ebd., S.30.
26) ebd.
27) ebd., S.39.
28) ebd., S.45.
29) ebd., S.42.
30) ebd.
31) ebd., S.44.
32) 實川幹朗『思想史のなかの臨床心理学―心を囲い込む近代―』講談社，2004年，30-31頁。
33) ブレンターノには，他に『倫理的認識の源泉』(*Vom Ursprung sittlicher Erkenntnis*) や『倫理学の基礎と構造』(*Grundlegung und Aufbau der Ethik*)

34）Steiner, R., *Mein Lebensgang*, S.63.
35）ebd., S. 41.
36）たとえば，シュタイナー自身も，1904年12月に行われたフリーメーソンに関する講演において，ゲーテがフリーメーソンの会員であったことを明言している（シュタイナー, R. 著，高橋巖・笠井久子・竹腰郁子訳『神殿伝説と黄金伝説』1997年，94-95頁）。
37）Steiner, R., *Mein Lebensgang*, S. 71f.
38）ebd., S. 72.
39）ebd., S. 74.
40）シュレーアーとの出会いは，シュタイナーの生涯という視点から見れば，そのようなシュタイナーのゲーテ研究への影響だけでなく，彼に教育への関心を向けさせる機会を提供することにつながっている。一つは，家庭教師の体験という機会をシュレーアーから与えられたことである。この点については次節で詳細に論述するが，もう一つ見落とされてはならないことがある。それは，多くの伝記や解説書では言及されていないが，大学時代にシュタイナーがシュレーアーと教育について議論し合っていたという体験である。
シュタイナーが出会った頃のシュレーアーは，ゲーテの文学作品を中心にドイツ文学の研究に打ち込みながら，ドイツ語やドイツ文学を教える大学教授であった。それ以前の経歴においては，シュレーアーは，女子高等中学校であるリツェーム（Lyzeum）での教師をはじめ，新教派の学校での校長の経験を有しており，しかも著書を執筆する教育家でもあった。その点に関しては，シュタイナーは，わずかであるが，自叙伝において触れている。

「教育思想の領域においても，私はシュレーアーによって実りのある示唆を得た。彼は，ウィーンで長年にわたって新教派の学校の校長として働き，その経験を愛すべき小著『授業問題』（*Unterrichtsfragen*）で表明していた。私は，そのなかに書かれていたことについて，彼と討議し合うことができた。彼は，教育や授業に関しては単なる知識の教え込みに反対して，全体的で十分に満ち足りた人間本性の発達に賛同していた。」（ebd., S. 77.）

このような発言からも推察できるように，シュタイナーは，全体的な人間性の発達に重きを置くシュレーアーの教育観を大学時代に知り，大きな影響を受けていたことになる。つまり，シュタイナーは，シュレーアーとの出会いによって，人生を決定づけるゲーテ研究に没頭していくことになるが，それに加えて，全体的な人間性の発達を重視する教育の考え方に関しても触れていたことになる。この経験は，のちにシュタイナーが家庭教師というかたちで教育に携わることになったときに，大きな理論的な拠り所となったと考えられる。なぜなら，家庭教師の体験以前にシュタイナーが教育書を熟読し

たという自叙伝における彼自身の証言はまったく見られないからである。その意味で，多くの解説書において，このシュレーアーの教育論からのシュタイナーへの影響は，ほとんど言及されていないうえに，しかもシュタイナー自身もそれ以上詳しく語っていないためにどうしても見逃されがちであるが，青年時代にはじめて他者の教育観を知ったという意味で，その後の教育論の形成のうえで大きな意味を持つものであったと推察される。

41) 広重徹・伊藤俊太郎・村上陽一郎『思想史のなかの科学』木鐸社, 1975年, 148頁。
42) Steiner, R., *Mein Lebensgang*, S.76.
43) Steiner, R. (Hrsg.), *Goethes Werke*, Tl.33 (Kürschner, J., *Deutsche National - Litteraur*, Bd. 114), Berlin und Stuttgart, o. J., S. I ff..
44) ebd., S. XIX.
45) ebd.
46) ebd., S. XIII..
47) ebd.
48) ebd., S. LIX..
49) ebd.
50) Steiner, R., *Mein Lebensgang*, S.85.
51) ebd., S.88.
52) シュタイナーの認識論に関しては，衛藤吉則「ルドルフ・シュタイナーの人智学的認識論に関する一考察」『教育哲学研究』第77号, 教育哲学会, 1998年, 65-77頁，が詳しい。
53) Steiner, R., *Briefe I 1881-1890*, Dornach, 1985, S. 141.
54) Steiner, R., *Grundlinien einer Erkenntnistheorie der Goetheschen Weltanschauung : Mit Besonderer Rücksicht auf Schiller. Zugleich eine Zugabe zu Goethes Naturwissenschaftlichen Schriften in Kürschners Deutscher National-Literatur*, Dornach, 1960, S. 43.
55) ebd., S. 114.
56) ebd., S. 128.
57) Steiner, R., *Briefe I 1881-1890*, S. 141.
58) Steiner, R., *Einleitungen zu Goethes Naturwissennschaftlichen Schriften : Zugleich eine Grundlegung der Geisteswissennschaft (Anthroposophie)*, Dornach, 1987, S.345.
59) Steiner, R., *Goethes Weltanschauung*, Dornach, 1963, S.39.
60) Steiner, R., *Grundlinien einer Erkenntnistheorie der Goetheschen Weltanschauung : Mit Besonderer Rücksicht auf Schiller. Zugleich eine Zugabe zu Goethes Naturwissenschaftlichen Schriften in Kürschners Deutsche National-Literatur*, S. 124f.

61) ebd., S.127.
62) ebd., S.126.
63) ebd.
64) ebd.
65) ショーペンハウエルの全集は1894年に，パウルの選集は1897年にコッタ書店から刊行されている。ショーペンハウエルの思想は，後のシュタイナーの人間観に大きな影響を与えている。たとえば，ショーペンハウエルの名前は，シュタイナーの主著『自由の哲学』のみならず，『教育の基礎としての一般人間学』でも引用されている。また，パウルの思想は，シュタイナーの教育観に大きな影響を及ぼしている。たとえば，パウルの名前は，シュタイナーにとっての教育に関する最初の著作である『精神科学の観点から見た子どもの教育』(*Die Erziehung des Kindes vom Gesichtspunkte der Geisteswissenschaft*) のなかで引用されている。
66) Steiner, R., *Mein Lebensgang*, S. 115.
67) Steiner, R., *Brife I 1881-1890*, S. 141.
68) Steiner, R., *Wahrheit und Wissennschaft : Vorspiel einer 《Philosophie der Freiheit》*, Dornach, 1980, S.9.
69) ebd., S.25.
70) ebd., S.31.
71) ebd.
72) 『自由の哲学』の記述内容については，我が国では，實松宣夫「『自由の哲学』」『研究論叢』第41巻 第3部，山口大学教育学部，1992年，1－21頁，が詳しい。ただし，この論文は，テーマに顕著に示されているように，『自由の哲学』の内容全体を解説したものである。具体的に言うと，『自由の哲学』の記述内容の特徴が，各章ごとに順に概説する形式で詳細に紹介されている。
73) Steiner, R., *Die Philosophie der Freiheit*, Dornach, 1977（Tb.），S.13.
74) ebd., S.130.
75) ebd., S.135.
76) ebd., S.128.
77) ebd., S.136.
78) ebd.
79) ebd., S.131.
80) 劇のなかでは，バルデは，「自然精神」(Naturgeist) の体現者として，最初の劇の第1幕から登場している（Vgl. Steiner, R., *MysteriendramenⅠ*, Dornach, 1982, S.40ff.）。
81) Bock, E., *Rudolf Steiner : Studien zu seinem Lebensgang und Lebenswerk*, Stuttgart, 1967, S. 15ff.

82) Steiner, R., *Mein Lebensgang*, S. 46.
83) 日記によれば，1881年8月21日に，シュタイナーはコグツキィの家を訪問している。また続いて，26日にも，シュタイナーはコグツキィの家を訪れ，食事のもてなしを受けている（Bock, E., a.a.O., S. 31.)。
84) 神秘主義とは，日常的な感覚世界を脱して，自己の内面的な深みに深く没頭することによって，超自然的・超感覚的な実在や神を神秘的体験のなかで把握し，それとの一体化ないしは合一化を強調する宗教的ないしは哲学的立場である。神秘主義は，東洋の思想や宗教にも顕著に認められ，バラモン教における梵我一如，仏教における涅槃，特に密教おける即身成仏などは神秘的体験である。ヨーロッパでは，神秘主義の伝統は，主としてキリスト教と新プラトン主義から始まるとされており，中世におけるスコラ哲学者を経て，13世紀にはエックハルト（Eckhart, M.) を中心としたドイツ神秘主義の運動が起きている。そのエックハルトの影響は，ルター（Luther, M.) の宗教改革やベーメ（Böhme, J.) の思想などにも及んでいるという。また，ユダヤ教では，中世のカバラ（Kabbalah) と呼ばれる伝承教義（秘密解義）にも，神秘主義が認められる。
85) Steiner, R. u. Steiner, M. S. von, *Briefwechsel und Dokummente 1901-1925*, Dornach, 1967, S. 7f.
86) コグツキィともう一人のマイスターとの出会いについては，ヘムレーベンが伝記のなかで指摘している（Hemleben, J., a.a.O., S. 25f.)。
87) この点について，高橋巖は，「薔薇十字会，またはフリーメーソンのかなり高位の位階の人だったであろう」と推察している（高橋巖『若きシュタイナーとその時代』平河出版社，1986年，32頁）。
88) シュタイナーは，好奇心の旺盛であったというだけでは説明がつかないぐらい，さまざまなサークルに参加していた。たとえば，シュタイナーはゲーテを研究している身でありながら，ゲーテ嫌いで，ドストエフスキーを信奉していたウィーンの女流詩人グラチェ（Grazie, M. E. delle) のサークルに参加していた。また，他のサークルのなかには，神智学の会員の集まりも含まれており，その時においてシュタイナーは，すでに神智学運動については知っていたことになる（vgl. Steiner, R., *Mein Lebensgang*, S. 89ff.)。
89) ebd., S. 110.
90) たとえば，Emmichoven, F.M.Z.von, a.a.O., S. 35ff., Lindenberg, Ch., *Rudolf Steiner*, Hamburg, 2000, S. 27ff. などである。
91) Steiner, R., *Mein Lebensgang*, S. 34.
92) ebd., S. 78.
93) ebd., S. 80.
94) Lindenberg, R., *Rudolf Steiner : Eine Biographie Bd. I 1861-1914*, S. 117ff.

95) Steiner, R., *Mein Lebensgang*, S. 80.
96) ebd., S. 79.
97) ebd.
98) ebd., S. 175.
99) ebd., S. 175f.
100) シュタイナーの編集・解説による『ショーペンハウエル全集』全12巻は1894年に，『ジャン・パウル選集』全8巻は1997年にコッタ（Cotta）書店から出版されている。
101) Steiner, R., *Mein Lebensgang*, S. 113ff. u. S. 161ff.
102) ハルトマンは，1889年に『無意識の哲学』（*Die Philosophie des Unbewussten*）を出版し，大きな反響を巻き起こしたが，その後この書で打ち立てた理論に基づき，多面的な問題を論じている。ハルトマンは，シェリングの影響の下に，ショーペンハウエルの「生きる意志」とヘーゲルの世界秩序としての「理性」とを包括する「無意識者」を立て，これが否定と生成の自己止揚のうちに世界過程を実現するとしていた（『哲学事典』，1119頁を参照）。
103) ヘッケルは，いち早くダーウィンの進化論を受容しその普及と発展に努力したドイツの動物学者である。しかし，彼の理論にはラマルク（Lamarck, Ch.）的進化論，ゲーテ的な自然哲学的生物学が混在して独自のものとなり，哲学的には機械論的唯物論と観念論が混合されたものになっているという（『哲学事典』，1266頁を参照）。
104) Steiner, R., *Mein Lebensgang*, S. 142.
105) ウィルソン（Wilson, C.）は，この時代のシュタイナーの人物像について，「内気で謙虚で社会に適応することが下手ではあるが，大きな野心をもつ若者という人物像であり，同時代の人々に是非とも耳を傾けてもらいたいと心に思いながらもどうしたらいいか分らずにいる若者」，と評している（ウィルソン, C. 著，中村保男・中村正明訳『ルドルフ・シュタイナー ― その人物とヴィジョン ―』河出書房新社，1986年，89頁）。
106) Steiner, R., *Mein Lebensgang*, S. 236.
107) ebd., S. 253.
108) ebd.
109) Hemleben, J., a.a.O., S. 69.
110) Steiner, R., *Mein Lebensgang*, S. 256.
111) シュタイナーは，この協会の役員にも選出されており，この協会の活動それ自体にも，かなり力を入れていたようである。
112) z.B., Lindenberg, R., *Rudolf Steiner : Eine Biographie Bd. I 1861-1914*, S. 283f.
113) ヤコブスキーは，今日ではあまり顧みられることのない，忘れ去られた詩人・作家の一人であるが，彼の業績は，『ユダヤ人ヴェルテル』（*Werther, der*

Jude)や『ロッキー,ある神の物語』(*Loki, Roman eines Gottes*)などの小説をはじめ,100編を越す書評や小評論,詩華集の編纂など,多彩にして多産であった。そのなかでも,彼の編になる『新選現代叙情小曲集』(*Neue Lieder der besten neueren Dichter für's Volk*)は,上田敏が訳詩集『海潮音』に,アーレント(Arent,W.)の「わすれなぐさ」やブッセ(Busse, C.)の「山のあなた」を収めるに際して用いた原典と言われている。この点をはじめ,ヤコブスキーの生涯や活動については,瀬戸武彦「世紀転換期の詩人ルートヴィヒ・ヤコブスキー─その生涯と活動─」『高知大学学術研究報告』第39巻・人文科学,高知大学,1990年が詳しい。

114) 同上論文,412-413頁を参照。
115) たとえば,シュタイナーは,1900年の『社会』において,「現代の心理研究」(Moderne Seelenforschung)という論文を寄稿し,当時の心理学研究の方法を批判的に論評している(Steiner, R., Moderne Seelenforschung, in, Steiner, R., *Methodische Grundlagen der Anthroposophie*, Dornach, 1961, SS. 462-469.)。
116) 「来たるべき人々」については,今日その資料がドイツにおいて散逸してしまい,詳細は必ずしも十分に判明していないという(瀬戸武彦「L. ヤコブスキーとR. シュタイナー─文芸クラブ『来たるべき人々』との関連で─」『人文科学研究』第2号,高知大学人文学部人文学科,1994年,76頁)。
117) Steiner, R., *Mein Lebensgang*, S. 286.
118) シュタイナーは,1899年10月31日に,ベルリンにおいてオイニケ(Eunike, A.)という女性と結婚式をあげている。その際の立会人は,マッケイであった。
119) Steiner, R., *Gesammelte Aufsätze zur Literatur 1884-1902*, Dornach, 1971, S. 262.
120) Steiner, R., *Mein Lebensgang*, S. 276.
121) ebd.
122) そこでは,シュタイナーは,歴史や解剖学の講義をはじめ,話し方の指導も行っていたようである。また,彼の授業は,話術の巧みさもあって,多くの学習者に好意的に受け入れられていたようである。
123) ebd., S. 281.
124) ebd., S. 276.
125) ebd., S. 194.
126) ebd., S. 294.
127) ウィーンでは,神智学協会は1887年にエックシュタイン(Eckstein, F.)によって設立されている。自叙伝において,シュタイナーは,オーストリアの女流作家であったマイレーダー(Mayreder, R.)のサークルで,エックシュタインと出会っていることを記していた(ebd., S. 121.)。また,シュタイナーは,そのマイレーダーを紹介してくれた人物として,神智学に熱心であったラング

(Lang, M.) の名前もあげていた (ebd., S.119.)。
128) ebd., S.293.
129) シュタイナーは，ヤコブスキーの急死後，文芸クラブ「来たるべき人々」との関係を直ちに絶ったわけではなく，少なくとも1903年4月までは，「ツァラトゥストラからニーチェまで。オリエント最古の時代から現代までの世界観に基づく人間の発展史，人智学」(Von Zarathustra bis Nietzsche. Entwicklungsgeschichte der Menschheit an Hand der Weltanschaungen von den ältesten orientalischen Zeiten bis zur Gegenwart, oder Anthroposophie) のテーマで，27回もの講演を行っていたし，また運営にもしばらくは携わっていた。その時に，はじめてシュタイナーは，「人智学」という言葉を使ったと言われている (Hemleben, J., a.a.O., S.78.)。
130) ブラヴァツキーは，神智学の中心文献である『秘儀』(*The Secret Doctrine*) を1888年に出版している。その際に，彼女は，チベットの秘密の宗派において，当時の学者が知らないような，隠された古い史料を読むことができ，そこから訳したと主張した。ところが，学問的な精密さと価値のある史料を重視する時代において，彼女のこうした主張は，引用の史料名を隠匿している点で，神智学に対して決定的に評判をおとしめることになった大きな原因の一つである。

実際に，彼女は，西洋中世のオカルト主義者や錬金術師と呼ばれる人々の理論を借用しながらも，それをインド的なものに見せるために，サンスクリット語の表記を使用している。しかし，元来彼女はサンスクリット語を知らなかったために，さまざまな言語の誤用が後に発見されている。それに気づいた彼女の後継者ベサントは，その記述を改善しているのである（グラーゼナップ，H. von 著，大河内了義訳『東洋の意味―ドイツ思想界のインド観―』法蔵館，1983年，247-266頁）。
131)『哲学事典』，750頁。
132) ローザク，Th. 著，志村正雄訳，前掲書，157頁。
133) 同書，同頁。
134) Blavatsky, H.P., *The Key to Theosophy*, Adyar, 1961, p.71.
135) Blavatsky, H.P., *The Secret Doctrine*, Vol. 1, London, 1983, pp. 176-182.
136) ibid., pp.183-213.
137) ローザク，Th. 著，志村正雄訳，前掲書，156頁。
138) Steiner, R., *Mein Lebensgang*, S.50.
139) ebd., S.270.
140) 広瀬俊雄『シュタイナーの人間観と教育方法―幼児期から青年期まで―』ミネルヴァ書房，1988年，12-13頁。
141) Steiner, R., *Mein Lebensgang*, S.272.

142) Steiner, R., *Das Christentum als mystische Tatsache und die Mysterien des Altertums*, Dornach, 1982, S.8.
143) Steiner, R., *Aus der Akasha-Chronik*, Dornach, 1979, S.109f.
144) ローザク，Th. 著，志村正雄訳，前掲書，168頁。
145) Steiner, R., *Mein Lebensgang*, S.294.
146) ebd., S.309.
147) 一般的な神智学では，たとえば人間の構成体の名称に関して言うと，普通一般に言われる肉体以外に，メンタル体，アストラル体，コーザル体などという名称が使用されているが，第2章で論述するように，シュタイナーにあっては，別の名称が使用されている（パウエル，A.E. 編著，仲里誠桔訳『神智学大要 1 エーテル体』たま出版，1981年，44頁）。
148) Carlgren, F., *Rudolf Steiner und die Anthroposophie*, S.23.
149) シュタイナーは1902年から「ジョルダーノ・ブルーノ同盟」（Giordano-Bruno-Bund）において講演を行うようになったが，その講演のことを指して彼は，「それ（誤解があった―引用者註）にもかかわらず，その後私はジョルダーノ・ブルーノ同盟で私の根本的な人智学講演を行うことができ，それは私の人智学的活動の出発点である」と自叙伝で述べている（Steiner, R., *Mein Lebensgang*, S.289.）。この発言を根拠に，多くのシュタイナーの伝記では，人智学の始まりは，この頃であると見做されているのであろう。
150) ちなみに，このアスコナでは，ヘッセがインドのヒンズー教を体験していた。また，この地には，他にブーバー（Buber, M.）やユングなども訪問している（上山安敏著『神話と科学』岩波書店，1984年，229-271頁，および上山安敏『世紀末ドイツの若者』講談社，1994年，240-242頁を参照）。
151) Steiner, R. u. Steiner, M. S. von, *Briefwechsel und Dokumente 1901-1925*, S.22.
152) 「Akasha」は，サンスクリット語の「宇宙エーテル」を意味しており，全宇宙に充満しているといわれる微細な実体である。神智学では，この実体のなかに刻印された記憶が読み解かれることによって，本質的な歴史認識が獲得されるということになっている。
153) Steiner, R., *Aus der Akasha-Chronik*, S.57.
154) Prange, K., a.a.O., S.72f.
155) Steiner, R., *Die Erziehung des Kindes vom Gesichtspunkte der Geisteswissenschaft*, Berlin, 1921, S.26.
156) ロザーク，Th. 著，志村正雄訳，前掲書，180頁。
157) 西川隆範『ゴルゴダの秘儀―シュタイナーのキリスト論―』アルテ，2004年，13頁。
　　現在，西川隆範は，スイスを本部とする人智学協会の会員であり，日本アン

トロポゾフィー協会の理事でもある。
158) 笠井恵二『シュヴァイツァー―その生涯と思想―』新教出版社, 1989年, 119-131頁。
159) 上山安敏『神話と科学』, 252頁。
160) 同書, 254頁。
161) シュヴァイツァーは, 1960年にワルター (Walter,B.) に宛てた書簡において, 次のように述べている。

　「シュタイナー関係の著作を送って下さってありがとうございました。大ていはギュンスバッハの文庫に持っていますが, しかしそこから届けさせるより, あなたから送ってもらう方がいっそう簡単でした。わたしにとっていちばん値打があったのは自叙伝でした。これをよめば初めて本当に彼を知ることができます。死によって彼の手からペンがおちたことは, とても残念です。

　そこでストラスブールにおける出会いの話をしますと, わたしたちが知り会ったのはアニー・ベザントのおかげです。当時の会話をよくおぼえていますが, その結果わたしは心の中では引きつづきシュタイナーに惹かれて, いつも彼の意義を意識してきました。似て非なる文化の代りに真の文化を登場させたいことでわたしたちは共通でした。この連帯感はストラスブールで生まれました。彼は倫理的思考と精神科学の諸認識とから文化を期待し, わたしはその際わたしの性質に従って文化をば, 倫理の真の本質への沈潜から純粋に成立せしめることにこだわったのでした。そこでわたしは生命への畏敬の倫理に至り, この倫理から文化の成立のための刺激を期待しました。ルドルフ・シュタイナーがわたしの古い考え方へのこだわりを遺憾としたことをわたしは知っていますが, しかしわたしたち二人は, 人間をふたたび真の文化へみちびくべき同じ義務を体験したのです。わたしは彼の偉大な人格と彼の深い人間性が世界で果たしたことをよろこんでいます。人はめいめい自分の道をいかねばなりません (ベール, H.W.編, 野村実監修, 會津伸・松村國隆訳『生命への畏敬―アルベルト・シュワイツァー書簡集1905-1965』新教出版社, 1993年, 258-259頁)。

162) 新共同訳『聖書』日本聖書協会, 1991年, (新) 163頁。
163) Steiner, R., *Das Johannes-Evangelium*, Dornach, 1995, S.13f.
164) ebd., S.83ff.
165) z.B., ebd., S.104ff.
166) Steiner, R., *Aus der Akasha-Forschung Das Fünfte Evangelium*, Dornach, 1992, S.33.
167) ebd., S.73.
168) グノシス主義は, 紀元前1世紀から2世紀にかけての頃, ローマをはじめギ

リシャ文化の及んだ中近東一帯に流行した宗教思想である。そこでは，人間と世界，世界と神の二元的断絶が認められたうえで，絶対的根源として神からより下級の神を分出させてこれを世界の創造者とし，一方人間の救済を神の自己救済として宇宙論的体系がつくられている。つまり，グノシスは世界にとらわれた内的人間を解き放って神の国に戻す救済なのである。そこでキリストは地上に下ってグノシスをもたらすものとされた。このような考え方は，宗教を形而上学的認識の低い段階で非合理的な方法で行われる民衆の形而上学と考え，キリストの神性を認めるが，イエスの人格を忘れる傾向があるとされ，異端の烙印がおされることとなった（『哲学事典』，372頁を参照）。

169) 薔薇十字団については，伝説が支配しているところもあるが，一般的には，ローゼンクロイツ（Rosenkreuz, Ch.）によって設立された密教的秘密結社であるとされている。

170) Schweitzer, A., Russell, C.E.B.trans., *Indian Thought and Its Development*, London, 1951, p.74.

171) ドイツの神智学協会は，すでに1884年に設立されていた。

172) Steiner, R., *Mein Lebensgang*, S.309.

173) ebd., S.127.

174) ebd., S.130.

175) Lindenberg, R., *Rudolf Steiner : Eine Biographie Bd. I 1861-1914*, S.484.

176) クリシュナムルティは，神智学協会の指導者に見出され，修業を開始したのち，ヨーロッパ各地を訪問する。そのあと，彼はインドで教団の指導者となるが，「真理は組織化し得ない」として教団を解散している。現在，彼の呼びかけで設立された，いわゆるクリシュナムルティ学校は，インドをはじめ，イギリスとアメリカに点在している。彼は，すべての既存の教義や組織などを否定するために，学校においても教育の目的や過程の定式化を回避した。それゆえ，そこでは，一般に言うところの具体的な教育目標や教育課程はかかげられていないという。クリシュナムルティの思想およびクリシュナムルティ学校の詳細については，武井敦史『クリシュナムルティ・スクールの民族誌的研究』多賀出版，2003年，を参照。

177) Lindenberg, R., *Rudolf Steiner : Eine Biographie Bd. I 1861-1914*, S.486.

178) ebd.

179) ebd., S.488.

180) Steiner, R., *Mein Lebensgang*, S.309f.

181) Lindenberg, R., *Rudolf Steiner : Eine Biographie Bd. I 1861-1914*, S.502f.

182) Shepherd, A.P., op.cit., p.71.

183) ibid., p.72.

184) Steiner, R., *Mein Lebensgang*, S.310.

185) ebd., S.309.
186) Shepherd, A.P., op.cit., pp.71-72.
187) ibid., p.71.
188) ibid.
189) 小杉英了，前掲書，140-142頁
190) Shepherd, A.P., op.cit., p73.
191) 西川隆範『シュタイナー用語辞典』風濤社，2002年，162頁。
192) Shepherd, A.P., op.cit., p73.
193) 吉田熊次は，人智学と神智学との大きな相違点として，人智学は「自然界と精神界とを別天地とは見ない」ところに見出していた（吉田熊次，前掲論文，539頁）。
194) Steiner, R., *Mein Lebensgang*, S.327.
195) この点に関しては，第2章第3節においてより詳細に論述する。
196) Steiner,R., *Wie erlangt man Erkenntnisse der höheren Welten?*, Dornach, 1978 (Tb.), S.34. Notiz.
197) Steiner, R., *Kunst und Kunsterkenntnis*, Dornach, 1975 (2.Aufl.), S.29ff.
198) Steiner, R., *Mein Lebensgang*, S.329.
199) カンデンスキーは，シュタイナーの講演を聴くだけでなく，何度も個人的にシュタイナーを訪問している。
200) ebd., S.327.
201) ebd.
202) ebd.
203) Steiner, R., *Eurythmie als sichtbare Sprache*, Dornach, 1968, S.32.
204) ebd., S.28.
205) ebd.
206) ebd., S.34.
207) 吉田熊次，前掲論文，541頁。
208) 谷本富，前掲書，51頁。
209) Hemleben, J., a.a.O., S.112.
210) Carlgren, F., *Rudolf Steiner und die Anthroposophie*, S.31.
211) ebd.
212) 上松祐二『世界観としての建築―ルドルフ・シュタイナー論―』相模書房，1974年，を参照。
213) ジーフェルスが，『ゲーテアヌムの建築思想』(*Der Baugedanke des Goetheanum*) の序文のなかで述べている (Steiner, R., *Der Baugedanke des Goetheanum*, Stuttgart, 1958, S.12)。
214) 精神的領域では，教育に関しては自由ヴァルドルフ学校があげられるが，宗

教に関してはキリスト者共同体，芸術に関してはオイリュトミーがあげられよう。最近では，経済的領域における共同体銀行（Gemeinschaftsbanken）も注目されるようになっている。

215) Zeuch,W., Die achtjährige Grundschule, die unerläßliche Bedingung der wahren Einheitschule, in, *Die Deutsche Schule*, 1920, S.538ff.

216) しかし，シュトゥットガルトにおける最初の自由ヴァルドルフ学校の創立は，周りのすべての教育関係者から賛同を得ていたわけでは決してない。たとえば，自由ヴァルドルフ学校よりも1年前に私立のメルツ学校（Merz-Schule）が近くに設立されているが，その学校の創立者メルツ（Merz, A.L.）は，シュタイナーからの協力依頼を拒否している。この点については，拙著『ドイツ新教育運動における教育方法論の基礎的研究―自由ヴァルドルフ学校とメルツ学校の比較検討を通して―』（平成7～8年度文部省科学研究費補助金基盤研究（C）(2) 研究成果報告書），1997c，において紹介している。

217) 我が国でも，2005年4月に，いわゆる「構造改革特区」の認定によって，これまでのNPO法人やフリースクールの学校としてではなく，正式な私立学校として，自由ヴァルドルフ学校が「シュタイナー学園」という校名で，神奈川県の藤野町に設立されている。また，千葉県長生郡長南町では，「学校法人あしたの国ルドルフシュタイナー学園」が正式な私立学校として設立されようとしている。その他，正式な私立学校ではないが，NPO法人の認可を受けた学校も各地に誕生している。たとえば，同じ藤野町にある「藤野シュタイナー高等学園」，北海道の伊達市の「シュタイナースクールいずみの学校」，東京都の立川市の「東京賢治の学校自由ヴァルドルフシューレ」，神奈川県の横浜市の「横浜シュタイナー学園」，京都府の京田辺市の「京田辺シュタイナー学校」などである。

また，オーストラリアでは，2002年6月の時点で，48の自由ヴァルドルフ学校が創設され，約7000人以上の生徒が学んでいるという。そのなかには，既存の公立学校内に自由ヴァルドルフ学校を併設するという異色な制度もメルボルン（Melbourne）を中心に広がっているという（永田佳之「広まるシュタイナー学校群」『内外教育』第5561号，2005年4月26日，6-8頁）。最近では，メキシコ，コロンビア，ペルー，アルゼンチンなどの中南米諸国，および中国，ネパール，インド，タイなどの東南アジア諸国への広がりが目立っている（Freund der Erziehungskunst Rudolf Steiners e.V. (Hrsg.), *Rundbrief*, Frühling 2007）。

なお，ドイツにある自由ヴァルドルフ学校連盟（Bund der Freien Waldorfschulen）の公式ホームページによると，2007年3月現在，世界の自由ヴァルドルフ学校数は，958校であり，そのうち，ドイツには208校，ドイツを含めたヨーロッパには，665校が存在しているという（http://waldorfschule.info/index.39.0.1.html）(2008.5.31)。

また，同じ公式ホームページによると，世界における学校と各国連盟の総数は，966に至っているという（http://waldorfschule.info/index.71.0.1.html）（2008.5.31）。

第2章
人間形成論の理論的基盤

　本章においては、シュタイナーの人間形成論の理論的基盤である人智学的世界観のなかでも、とりわけ重要な彼の神話的宇宙観から導き出された世界観について論述する。

　まず、シュタイナーの人智学に基づく人間観を取りあげる。具体的には、まず彼における独自な人間の意味と本質について論じる。そこでは、彼の神話的な語りのなかから、地球期という現在の進化過程における人間形成の課題やその時代に克服すべきものについて明らかにする。次に、そのような理論的基盤としての人間観を形成する、すべての人間の共通性としての発達と、それぞれの人間の差異性としての「気質」(Temerament)という二つの観点について考察する（第1節）。

　次に、シュタイナーの社会観を取りあげる。具体的には、彼の提唱する独自の社会運動の思想と展開について論じる。この社会運動はすぐに挫折することになったが、その思想からいわば副産物として生まれたと言える自由ヴァルドルフ学校の実践やそれを支えるシュタイナーの人間形成論は、教育上すぐれた知見と成果を生み出したことを確認する。たとえば、当時としては先駆的な試みとなる12年間の統一学校や男女共学のシステム、政治や経済の世界からの独立性を保つために既成の教科書を使用しないことなどである（第2節）。

　最後に、シュタイナーの道徳観を取りあげる。具体的には、まず、「認識」と「芸術」と「宗教」との関連において、「道徳」の意義を明らかにし、次に、彼の独特な道徳観について考察する。まず、前者に関しては、真の「倫理」を社会に実現すること、すなわち個々人の創造物としての真の「道徳」を現実に生み出し行為すること、に主眼を置こうとするシュタイナーの考え方を明確にする。

次に，後者に関しては，彼の主張する真の「道徳」とは何かを明らかにし，それに必要な人間の諸力について論じる。その際に，シュタイナーの哲学的主著『自由の哲学』を中心的な資料として用いる。特に，彼の道徳観のなかで重要な意味を持っている三つの能力について，「倫理的個体主義」とのかかわりにおいて論述する（第3節）。

第1節　理論的基盤としての人間観

1　人間の意味と本質

　第1章で述べたように，シュタイナーの神話的な宇宙観に従えば，現在の進化段階は四番目の地球期に当たっている。そのように現在を位置づけたうえで，シュタイナーは，その地球期をさらに小さく区分している。

　シュタイナーの主著『神秘学概論』によると，地球期の最初は，月が分離した「レムリア期」(lemurische Zeit)であり，次に「アトランティス期」(atlantische Zeit)が続き，そして「アトランティス期」が終焉することによって，「後アトランティス期」(nachatlantische Zeit)が登場するという。「後アトランティス期」もさらに区分され，その最初は「古代インド期」(alte indische Zeit)であり，さらに「古代ペルシャ期」(urpersische Zeit)，「エジプト・カルデア期」(ägyptisch-chaldäische Zeit)，「ギリシャ・ラテン期」(griechisch-lateinische Zeit)が続いている。それに続く，15世紀からはじまる第5番目の時期，すなわち「後アトランティス期の第5文化期」(fünfte nachatlantische Kulturepoche)が，今日の時代であるという。[1] それぞれの時期において人間が存在しているが，進化過程に応じて，人間の能力がそれぞれ違っているという。たとえば，「エジプト・カルデア期」では，現代人よりも論理的省察や理知的な理解力が欠けており，それゆえに別の能力が人間に備わっていたという。[2] このように，シュタイナーは，それぞれの時代における人間の能力の相違を語ることによって，必然的にその人間の課題も異なるという論理を展開したうえで，今日の時代の課題を導

き出してくるのである。

　前章において指摘したように，このような宇宙観，換言すれば神話的な世界観は，従来の神智学を下敷きに導き出されたものであり，1910年にはシュタイナーのなかではすでに確立していた。この世界観は，1913年の神智学から人智学への名称変更ともかかわりなく，その後も基本的にはほとんど不変の物語であり，その意味では人智学にとってのいわば正統なキリスト教の『創世記』にあたるものであると言えよう。したがって，1919年9月，最初の自由ヴァルドルフ学校開校に先立って開催された教員養成のための講習会においても，シュタイナーは，「後アトランティス期の第5文化期における教育の課題」(Die Aufgabe der Erziehung in der fünften nachatlantischen Kulturepoche) という表現を使い，自分の教育観が地球や人類の進化過程に基づいたものであることを明言し，いわば人間観を語るうえでの所与の先験的前提としての独自の宇宙観をまず提示するところから始めるのである。

　その意味で，シュタイナーの人間形成論の基盤には，地球の進化過程についての彼独自の宇宙観がつねに存在することになる。そのために，彼にあっては，人間の意味は，地球の進化とのかかわりにおいて語られることになる。実際に，シュタイナーは，上述した1919年の最初の講義において次のように述べている。

　　「人間は，誕生の際に受け取る素材および力を人間の人生の時期に新しく作りかえ，それらを別のかたちにして地球の進化過程に譲り渡すのです。」[3]

　人間の使命は，誕生時に受け取った何らかの素材と力を，一生を通じて変化させ，地球の進化に寄与することなのである。本書の序章においてすでに引用した言説であるが，彼によれば，特に15世紀からはじまるとされる「後アトランティス期の第5文化期」においては，その講義の冒頭で，「親愛なる皆さん，私たちが自分たちの課題をただ知的・感性的なものではなく，最も高い意味において道徳的・精神的なものとして考えたときに，私たちはそれを正しく果た

すことになります」と述べるように,「知的・感性的」なものよりも「道徳的・精神的」なものを作りかえることが大きな時代的な課題と見做されている。つまり,シュタイナーにあっては,現在を含めた15世紀以降の時代において人間に求められる最も重要な課題は,「道徳的・精神的」なものの育成に置かれている。したがって,この進化に関する神話的な物語を通して,シュタイナーは,実証的な科学や知識を過信し始める時代において,あえて「道徳的・精神的」なものの育成を人間形成上の課題と見做し,いくつかの重要な徳性の習得を主張するようになったのである。

そのようなシュタイナーの姿勢は,明らかに当時の文化的な批判の立場を表していると言えよう。それとともに,彼の人間形成論にあって,この神話的な物語が先験的前提とされているために,人間観に関する実証的な吟味検討は結果的に放棄されることになる。それゆえ,シュタイナーの人間に関する言説のなかには,一般の人々にとって奇妙に思われてしまうような宇宙論の内容が提示されることになり,しばしばシュタイナーは,「宇宙論的万能モデル(kosmologisches Universalmodell)に依存している[4]」,と評されたりするのである。

たとえば,シュタイナーは,地球の進化に関して次のような奇妙なことを述べている。すなわち,一生を終わったあとの死体も,地球の進化に貢献すると言うのである。その点について,シュタイナーは,人々にイメージしやすいように比喩的な表現を使って,次のように説明している。

「イーストは,ほんの少量しかパンに加えられなくてもパンを焼くにはある一定の重要性を持っています。[5]」

シュタイナーにあっては,人間の死体も地球の大きさから見れば小さな存在であるが,パンの製造にとってイーストが絶対に必要なように,地球の進化にとって人間の死体も必要な存在となっている。つまり,現世における人間の行為だけでなく,生死を含めた人間の存在それ自体が地球の進化に深くかかわっ

ているのである。すなわち，人間は地球の進化という大きなコスモロジーのなかで，換言すれば，現実世界が「精神的世界」とのつながりのなかで，物語られることになる。

　もちろん，このようなシュタイナーの言説は誰もがにわかに信じがたいものであるが，彼はそのような神話的な物語を主張するわけである。このような地球と人間との進化過程のつながりについての一種の創造神話的な仮説を大前提にしたうえで，さらにシュタイナーは，生死を包み込んだかたちでその時代の人間の意味を説くのである。その内容は，言うまでもなく，基本的で重要な部分については神智学の内容を下敷きにしたものであった。たとえば，前述した神話的な宇宙の進化論の考え方をはじめ，次に述べる人間のエゴイズムに関しても，ブラヴァツキーが，同じような趣旨をすでに明言しているのである。そのことを念頭に置いたうえで，今しばらく，シュタイナーの言説を見てみることにしよう。

　シュタイナーは，「今日の文化は全体として，精神的な領域に至るまで，人間のエゴイズム（Egoismus）の上に構築されている」と述べるように，今日の時代文化を支配している考え方としてエゴイズムをあげている。精神的な領域である宗教においても，彼は，「説教者は人間をエゴイズムによって捉えようとしている」と見做し，「今日ではほとんどすべての説教のあり方において整えられているのは，人間のエゴイズムが超感覚的なものに対して目を向けるように，人間を把握していることです」と述べている。たとえば，彼によれば，「人間は，死の門をくぐり抜ける際に実体として消し去られることなく，己の自我（Ich）を保ち続けたいという衝動をエゴイズムによって持つことになる」という。それに対し，今日のほとんどの宗教的信仰は，この種のエゴイズムに働きかけようとするために，シュタイナーは，今日の宗教においては，「死がとりわけ注目され，誕生が忘れられています」と警告し，「私たちは，地上生活（Erdendasain）の期間における人間の成長のもう一つの末端になる誕生について，もっと認識を持たなければいけません」と主張する。つまり，彼は，東洋

的な輪廻思想を拠り所にしながら，死だけでなく誕生も一連の流れのもとに重要な事柄と見做しているのである。彼は，その人間の誕生について次のように述べている。

> 「私たちは，次の事実を私たちの意識に取り入れる必要があります。すなわち，人間は，死と新しい誕生のあいだの長い期間を発達し続けており，この発達の過程で，ついに精神的世界にとっていわば死ぬべき時点に達する，つまり精神的世界で生き続けるにはこれまでとは別の存在様式（Daseinsform）に移行しなければならない時点に達するという事実であります。この別の存在様式を，人間は，物質的なものとエーテル体（Ätherleib）とで自分自身を包むことによって手に入れます。物質なものとエーテル体とをまとうことによって人間が手に入れるものは，人間が精神的世界のなかでそのまま発達し続けていたならば，決して得ることができないようなものなのです。したがって，私たちは，誕生した子どもを肉体的な目で眺めるのは別によいとしても，子どもは一つの継続でもある，ということを意識したいと思います。」[13]

このように，シュタイナーにあっては，「精神的世界」の死が地上の誕生なのである。地上における存在の保障のためには，人間は別の存在様式に移行しなければならなくなる。その別の存在様式は，物質的なものや「エーテル体」で包まれることである。つまり，地上における人間は，「精神」(Geist)と「心性」(Seele)との結合したものが，何らかのからだで包まれることによって生じた存在に他ならない。その意味では，地上において誕生した人間は，あくまでも「精神的世界」からの継続として現れた存在なのである。

その後については，前述したように，地上においてその存在は，「精神的世界」と同様に発達し続け，やがて誕生したときに受け取った素材や力は，地上における人間が姿を消すときに，以前とは異なった素材や力に変化する。その

変化は，死体とともに地球の進歩に貢献することになる。そして，「精神的世界」に戻った「精神」と「心性」との結合したものは，さらにそこで発達を遂げ，その「精神的世界」に存続し得ない状況になったとき，再び地上にからだをまとって生まれるのである。

このような一連の生死を含み込んだ世界観から見れば，人間は前世と現世と来世との密接な関連を持った存在，つまり，つねに「精神的世界」とのつながりのなかで把握されるべき存在なのであり，さらに言えば，誕生と死のサイクルを繰り返す存在なのである。シュタイナーによれば，この繰り返しが現在まで絶えず行われ，その結果，地球は進化し，現在の地球は，「後アトランティス期の第5文化期」に至っているという。

以上見てきたようなシュタイナーの人間の捉え方は，名称の相違はあるものの，基本的に神智学の影響を受けたものであり，またきわめて神話的な色彩を強く持ったものである。しかし，そのような捉え方は，たとえ神話的で宗教的な特徴を有していても，一つの哲学的仮説となり，人間の使命ないしは人間の存在の意味，換言すれば人間形成の究極的な目的を，世界観とのかかわりのなかで明確なかたちで提示することにもなっている。特に「後アトランティス期の第5文化期」と命名された15世紀以降では，人間形成の大きな課題として，人間の「道徳的・精神的」なものが作りかえられること，とりわけ人間のエゴイズムの克服が掲げられ，それによってニヒリズムも拒否されることになる。この物語を拠り所として，シュタイナーは，当時の人間形成上の課題を人間の「道徳的・精神的」なものの形成である，と主張し得たわけである。

したがって，シュタイナーの人間観のもとでは，人間は，一方ではつねに自分の力ではどうにもならない壮大なコスモロジーの影響を受けながらも，他方ではそのコスモロジーの進化に絶対に必要な何らかの貢献や役割を果たすべき存在として語られたうえで，「後アトランティス期の第5文化期」と命名された現代の人間形成の課題は，いわゆる科学的な吟味もなく，彼の言説のなかでは所与のものとして明確に提示されている。そのために，彼の人間観では，つ

ねに人間の存在の意味が，混沌とした価値観の状況下においても喪失されないばかりか，そのうえ個々の人間内部に限られることもなく，つねにその個人以外の外的世界，あるいはその個人を超えた壮大なコスモロジーとのかかわりのなかで確認されている。このような人間の捉え方の特徴は，内向きには，つまり神話的な哲学的仮説を信じる人智学の仲間のなかでは，確固とした彼の人間形成論の基盤形成に寄与することになるが，外向きには，つまり一般の人々のあいだでは彼の人間形成論に対する信頼性のなさの大きな要因にもつながってしまう。それゆえ，これまで諸外国をはじめ我が国でも，創立時から1970年代の中頃まで，数少ない教育学者や教育関係者のみが自由ヴァルドルフ学校の実践やその創始者の教育観を表面的・啓蒙的に紹介だけであり，しかも彼らすらも，それらをその基盤となっている神話的な人間観とのかかわりにおいて読み解くところまでには至らなかったのであろう。[14]

そのようなシュタイナーの人間観の大要は，彼が1902年に神智学協会に入会してから短期間のうちに『神智学』という著作で公にされた。第1章で既述したように，カルルグレンが伝記で指摘しているが，この著作よってシュタイナーの人智学の基盤がこの頃に構築されたと見做されているのである。なぜなら，そこには，彼の人間観の大要が，整理されたかたちで示されているからである。

ただし，シュタイナーの言説には，すでに指摘したように，若干の独自な内容や名称の相違があるものの，人間観に関しては，従来から提唱されてきた神話的な神智学の思想が基本的に引き写されたものであった。[15] しかし，彼の著書『神智学』の「認識の小道」や『いかにしてより高次な世界の認識を獲得するか』に特に顕著に見られるように，従来の神智学にはあまり見られなかった考え方も含まれていた。すなわち，ミクロコスモスとしての人間は，マクロコスモスとしての宇宙からの影響においてただ受け身的に感じ取る存在ではなく，自ら主体的に認識を高めるべき存在である，と強調されていた。つまり，彼の神智学の思想には，当初から，従来の神智学のそれに比べて，人間の主体的なあり

方がより強く包含されていたと言える。したがって，思想的には，のちに人智学と名称変更される彼の神智学は，人間の主体的なあり方により重きを置いた神智学の一分派であると解釈できるであろう。

事実，彼の著書『神智学』を見てみると，この著作の序論は，いきなりフィヒテの1813年秋のベルリン大学における講義の第一講の言葉から始まり，そこには，カントの主張する人間の認識の限界を超え，人間の経験の範囲を「感覚から自由な思考」によって拡張しようとするシュタイナーの哲学研究の立場が打ち出されている。

シュタイナーは，まずフィヒテの「この教説はまったく新しい内的な感覚器官（ein ganz neues inneres Sinnenwerkzeug）を前提とする。これによって，普通の人間にとっては全然存在しない一つの新しい世界（eine neue Welt）が与えられるのである」[16]という発言を引用し，「一つの新しい世界」を拓くための「新しい内的な感覚器官」の必要性を主張する[17]。さらにその論拠を正当化するために，シュタイナーは，同じくフィヒテが後述する例をそのまま引用するかたちで，説明しようと努めている。その引用は，次のようなフィヒテの発言である[18]。

「盲目に生まれついた人々の世界を考えてみよ。その人々にとっては，触覚によって実在する事物とその関係のみが知られている。この人々のところへ歩み寄って，光と視覚によってだけ存在する色やその他の関係について語るとする。そのときには，一つには，君たちは，彼らに対して何も語っていないことになる。彼らがそれを言うとすれば，それはうまくいった方である。なぜなら，このような仕方では，君たちは間もなく誤りに気づくであろうし，また君たちが彼らの目を開く（die Augen zu öffnen）ことができない場合には，無益な語りかけをやめるであろうから。」[19]

シュタイナーは，自分の語ろうとする事柄を，フィヒテがここで暗示しているようなことになぞらえている。つまり，シュタイナーは，自分の考えを語れ

ば，盲目に生まれついた人々のなかで目の見える人が陥るのと同様な状況になる，と想定しているのである。しかし，そのようなことを想定しつつも，シュタイナーは，目の見えない人々に対して「無益な語りかけをやめる」という態度を非難し，正しい意志をもって望むなら，どのような人でも「目を開く」ことができる，と主張するのである。この主張から，彼は，「外的諸感覚」(Äussere Sinne)のみしか認めない人々に対しても，人間の真の本性を認識させる「内的感覚器官」，すなわち「より高次な感覚」(Höhere Sinn)を自分のように持つように奨励するとともに，自分のその感覚によって把握した内容だけを，つまり「事実」(Tatsache)だけをこの著書で語っていると強調したのである[20]。そこには，『自由の哲学』に見られた「感覚から自由な思考」を下敷きにしながら，「より高次な感覚」を重視するという姿勢への転換が垣間見られるのである。

この著書の内容を全体的に見てみると，構成は大きくは次のような四つからなっている。すなわち，「人間の本質」(Das Wesen des Menschen)，「精神の再生と運命」(Wiederverkörperung des Geistes und Schicksal)，「三つの世界」(Die drei Welten)，「認識の小道」(Der Pfad der Erkenntnis)である。

まず，「人間の本質」のところでは，シュタイナーの人間観の基本となる，「人間は体(Leib)と心性(Seele)と精神(Geist)から成り立つ」[21]という考え方が示されている。そのうえで，「体」と「心性」と「精神」は，それぞれ三つに区分され，そして人間全体としては，次のような九つの区分がまず提示されている。すなわち，「物質的肉体」(Physischer Körper)，「エーテル体ないしは生命体」(Ätherleib oder Lebensleib)，「心性体」(Seelenleib)，「感覚心性」(Empfindungsseele)，「悟性心性」(Verstandesseele)，「意識心性」(Bewußtseinsseele)，「精神我」(Geistselbst)，「生命精神」(Lebensgeist)，「精神人」(Geistesmensch)である[22]。なお，ここでは，「心性」(Seele)に属するものとして，「心性的なもの」(Seelisches)としての「知覚的感覚」(Sinnesempfindung)と「感情」(Gefühl)と「意志」(Wille)があげられ，「思考」(Denken)は，「精神」に属しながら「心性」に影響を及ぼすものとして記述されている[23]。

また，シュタイナーによれば，実際の人間においては,「心性体」と「感覚心性」,および「意識心性」と「精神我」は区別できにくいために，実際の人間は,「物質的肉体」,「エーテル体ないしは生命体」,「感覚的心性」(Empfindender Seelenleib),「悟性心性」,「精神に充ちた意識心性」(Geisterfüllte Bewußtseinsseele),「生命精神」,「精神人」の七つに区分できるという。そのうえで，彼は，現在の進化過程の人間を，最も単純化すれば,「悟性心性」以降のものを「自我」(Ich)と括り,「物質体」(Physischer Leib),「生命体」,「アストラル体」(Astralleib),「自我」の四つに区分することも可能であるとしながらも，最終的には,「物質体」,「生命体」,「アストラル体」,「心性の核としての自我」(Ich als Seelenkern),「変化したアストラル体としての精神我」(Geistselbst als verwandelter Astralleib),「変化した生命体としての生命精神」(Lebengeist als verwandelter Lebensleib),「変化した物質体としての精神人」(Geistesmensch als verwandelter physischer Leib)の七つの区分でまとめている。[24] このような区分の信憑性については横に置いておくとしても，この区分によって，シュタイナーの人間形成論では,「心性」と「精神」を区別したかたちで，つねに「精神的世界」の存在を思想的背景にしながら，心身合一の立場が人間を捉える際に貫かれることになるのである。

次に,「精神の再生と運命」のところでは「誕生から死までの限定された範囲では，人間は，身体的なもの，心性的なもの，精神的なものという三つの世界に属している」[25]とされている。したがって，人間は三重の仕方で三つの世界に依存しながら生きているが,「体」は「遺伝の法則」(Gesetz der Vererbung)に,「心性」は自ら作りだした運命,すなわち古い表現を用いるならば「カルマ」(Karma)に,「再生の，生まれ変わりの法則」(Gesetz der Wiederverkörperung, der wiederholten Erdenleben)に従っているという。[26] また，人間の一部を成している「精神」は，不滅である (unvergänglich) と見做されている。[27] このような「生まれ変わり」や「精神」の不滅などの発想は，明らかに神智学に内在するインドの思想から影響を受けたものであるが，この発想によって，シュタイナーの

人間形成論では，哲学的人間観と言うよりも，現世を突き抜けた前世や来世を視野に入れたような宗教的人間観が根づくことになったのである。

さらに，「三つの世界」のところでは，死後とのかかわりにおいて三つの世界の諸相が詳細に語られたうえで，最後に「認識の小道」のところで，本書の内容を読者自身で獲得するための認識方法が示された。そこでは，まず，シュタイナーは，プラトンが入門者に数学を課していたことを引き合いに出しながら，「人間は思考存在であって，思考から出発するときのみ，自分の認識の小道を見つけることができる[28]」と述べ，「思考」の重要性を語っている。その点については，次の彼の記述も，それを裏打ちするものである。

「より高い認識能力（Erkenntnisfähigkeit）を十分に発達させようとする人は，真剣な思考作業（Gedankenarbeit）を自分に課すということがいかに大切であるか，どれほど強調しても，し過ぎることはない。『見者』（Seher）になろうとする多くの人々が，まさに真剣で禁欲的な思考作業を軽視しているために，この点の強調がますます必要になっている。『思考』は私に対して何も助けてくれないから，『感覚』（Empfindung）や『感情』（Gefühl）ないしはその類似なものが重要である，と言われるでしょう。それに対して言わなければならないことは，前もって思考生活（Gedankenleben）に精通していない人は誰も，より高い（つまり真の）意味での『見者』にはなれないのである[29]。」

さらに，次の彼の記述も，それと同様の意味を有するものであろう。

「『見者』にとっては，心性生活の健康が絶対に欠くことのできないものである。真の思考以上にこの健康を守ってくれるものは存在しない。そうであるから，より高い発達のための訓練（Übung）が思考の上に構築されるのでないならば，この健康は重大な被害を受けることになる[30]。」

このように，哲学研究の体験を経てきたシュタイナーは，超常現象や降霊現象や心霊主義などに無批判にのめり込みがちな感性的なものよりも明断な個々人の「思考」を重視しているわけであるが，ただそれだけにこだわっているわけではない。彼は，それと同様に，心的態度（Gesinnung）や行為（Handeln）というような道徳的な事柄により強くかかわるものの大切さも強調している。その点に関して言えば，神智学のルーツとされる学派の大きな目的の一つは，「偉大な道徳的真理（great moral truths）をその弟子や『真理を愛する人』（lovers of the truth）に教えること」であり，それゆえ神智学協会で用いられるモットーは「真理より高い宗教はない」であるから，シュタイナーが『神智学』という著作のなかで道徳的な事柄を取りあげるのは，確かに当然の帰結であった。しかし，シュタイナーにあっては，道徳的な事柄は，単なるスローガンのレベルに留まるものではなく，「人間の本質」や人間のあり方にかかわる重要なものであった。

　たとえば，「人間の本質」というところで，すでにシュタイナーは，人間の構成体について説明するために，「善」（Gute）とかかわって「義務」（Pflicht）という道徳的な事柄に関して次のように述べている。

> 「倫理的善（Sittlich-Gute）は，傾向性や欲望に支配されるのではなく，むしろそれらを支配している限り，それらから独立していることになる。気に入ることや気に入らないこと，欲求や嫌悪は，人間の心性に帰属し，気に入ることや気に入らないことを超えたところに，義務（Pflicht）が立っている。したがって，人間にとって義務は，そのために生を犠牲にするほどまでに高いところに立っていることになる。そして人間は，自分の性向，さらには気に入ることや気に入らないことを高尚にし，それらが強制（Zwang）および屈服（Unterwerfung）なしに自分自身によって（durch sich selbst），認識した義務に従うようになればなるほど，より高いところに立つことになるのである。倫理的善は，真（Wahrheit）と同様に自己の永遠

の価値を自分自身のなかに持っており，それを感覚心性から受け取るのではない。」[32]

　シュタイナーは，「倫理的善」と「真」と同様に，「義務」も人間の「心性」を超えたところに位置するものとして高く評価している。確かに，「義務」を重視しているところは，シュタイナーが批判したはずのカントと同じことになるが，「定言命令」の思想のような，義務のために義務を行うことの必要性を力説するカントに対し，シュタイナーは，あくまでも強制や服従を伴わない，「自分自身によって」というような主体性を大切にしていた。つまり，シュタイナーは，カントとはまったく異なる意味で，「義務」という道徳的な事柄を重視していたのである。

　そうであるからと言って，『神智学』のなかで，先に引用したような言説の内容は，他に多く存在しているわけではない。筆者の管見した限りでは，他にその種の道徳的な事柄はほとんどないと言ってよいぐらいである。しかし，『神智学』の最後に記されている「認識の小道」の部分をさらに詳細に論じた『いかにしてより高次な世界の認識を獲得するか』のなかには，精神の探求者に対しての訓練や姿勢が語られるかたちで，道徳的な事柄が論じられている。[33]

　そこには，こうした道徳的な心構えや行為に関しての記述は，説明全体のなかで各所で見られるが，シュタイナーは，そのなかでも，「神秘鍛錬への諸条件」(Die Bedingungen zur Geheimschulung) と命名して，日常的な心構えとして次の七点をあげている。[34]

　第１の条件は，身体的および精神的な「健全さ」(Gesundheit) に留意することである。なぜなら，シュタイナーにあっては，健全であろうとする人間からしか健全な「認識」(Erkenntnis) が出てこないと考えられているからである。

　第２の条件は，自分を生全体の「一部分」(ein Glied) として感じることである。この条件には多くのことが含まれるが，シュタイナーは，教育者を例に取りあげて，次のように述べている。

「もし私が教育者であり，その生徒が私の要求に応じない場合，自分の『感情』をまずその生徒に対してではなく，自分自身に向けるべきである。私は自分の生徒と一つであるかのように感じるべきであり，そして『生徒の不十分な点は，私自身の行為の結果である』と，問うべきである。自分の感情を彼（生徒─引用者註）に向けるかわりに，今後生徒を私の要求によりよく応じさせるようにするためには，私自身がどのような態度をとるべきかについて，熟考することになるであろう。」[35]

このように，シュタイナーは，教師と生徒との関係を例にあげながら，教育者ならば「生徒の不十分な点は，私自身の行為の結果である」と自責の念をもつぐらいでなければならないと考えている。つまり，シュタイナーは，自分のかかわるところで生起する出来事に対して，「一部分」としてのかかわりであっても，教育者に対しては，生徒の責任に帰するのではなく，部分的な責任を担っている，すなわち「共同責任がある」(mitverantwortlich)という心構えを求めている。この教育者と同じ心構えが要求されているのである。

第3の条件は，自分の「思考」と「感情」が世界に対して「行為」(Handlung)と同じ意味を持っているという点を自覚することである。なぜなら，シュタイナーによると，誰かを恨む「感情」は，殴る「行為」と同じ被害をその人に与えてしまうからである。また他方では，自分自身を完成させようとする努力は，その個人のためだけでなく，世界のためにもつながっている，という認識が培われるからである。

第4の条件は，人間の本質が外観ではなく，内部に存在するという観点を獲得することである。それによって，自分を外界の所産としてではなく，「心性的・精神的な存在」(Seelisch-Geistiges Wesen)として自覚することが可能となるという。

第5の条件は，間違って決断したと認めない限りは，一度決意した事柄に対して不屈であることである。高次の世界からみれば，「行為への愛」が重要で

あって，成功したか否かは何の価値も有しないのである。

第6の条件は，人間に向かってくるすべてに対して，「感謝の念」(Dankbarkeit) を発達させることである。それによって，自分の存在がどれだけ多くの物や人から支えられているか，という自覚が生まれ，慈悲心 (Alliebe) が培養されるのである。

第7の条件は，以上述べた諸条件を統一して，生を営むことである。

以上見てきたように，シュタイナーは，「神秘鍛錬への諸条件」として，道徳的な心構えや行為を精神の探求者に対して要求している。そこには，「より高次の世界[36]」を認識するには真剣な「思考」の訓練が必要とされるが，それだけでは不十分であり，合わせて道徳的な心構えや行為が求められている。つまり，シュタイナーの人間観では，人間の存在がしばしば神秘的・宗教的な思想を背景にしながら語られているが，つまるところ，現世に生きる人間の道徳的な心構えや行為，すなわち人間の道徳的なあり方が重要なものとして見做されているのである。

このような『神智学』や『いかにしてより高次な世界の認識を獲得するか』において語られた内容は，のちの人智学で示される人間観の基軸となるものであるが，そのなかでも，とりわけ「人間の本質」のところでシュタイナーが提示した内容は，彼の人間形成論を展開するうえで，つねに基盤に据え，かつ所与の先験的前提となる人間観であった。実際に，シュタイナーは，人間形成論について説明する場合には，三区分を明確に堅持しながら，まず「心性」を中心に他の二つのものとかかわらせながら詳しく取りあげ，さらにこの三区分を詳細に分けて説明する場合には，特殊な用語を駆使しながら，九区分や七区分を経て結果的にそれらを流動化したかたちで新たな意味の四区分を提示することとなった。

まず，前者の「体」と「心性」と「精神」の三区分の場合について述べることにしよう。

シュタイナーは，「体」以外に「心性」と「精神」を想定したうえで，人間

固有の「精神」を重視しながらも，現在の進化過程では十分に姿を示し得ないものとし，その反映でもある「心性」の働きについて詳しく説明している。ただし，「心性」の働きについて，彼が人間形成のいとなみとのかかわりにおいて整然と明確に説明するようになったのは，『神智学』や『いかにしてより高次な世界の認識を獲得するか』を出版してから20年以上経た，自由ヴァルドルフ学校を創始するようになった頃からである。

1919年，シュタイナーは，自由ヴァルドルフ学校設立直前に行われた教師養成のための講習会において，人間の「心性」の活動を「思考」と「感情」と「意志」に大まかに区別したうえで，次のように述べている。[37]

「感情は，中間的な心性作用 (Seelenbetätigung) として，認識 (Erkennen) と意志 (Wollen) との中央に位置し，その存在 (Wesenheit) をどちらの方向にも放射しています。感情とは，まだ十分に成長していない認識であると同時に，まだ十分に成長していない意志でもあります。つまり，感情とは，抑制された認識であると同時に，抑制された意志でもあります。」[38]

また，シュタイナーは，少し言い方を換えて，次のようにも述べている。

「意志とは，感情が実行に移されたものであり，感情とは，抑制された意志であります。意志がまだ本当に表現されることなく心性のなかにとどまっているとき，これが感情なのです。鈍くなった意志が感情なのです。」[39]

つまり，シュタイナーは，「意志」を「感情が実行に移されたもの」と，感情を「抑制された意志」と見做したうえで，「認識ないしは思考と意志との真ん中に，人間の感情作用がある」[40]と主張する。そのうえで，彼は，感情作用を，「認識ないしは思考」[41]と関連の深い「反感」(Antipathie) と，「意志」と関連の深い「共感」(Sympathie) とに区分し，その「反感」の強化によって「記憶」(Gedächtnis)

さらには「概念」(Begriff) が生じ，また「共感」の強化によって「ファンタジー」(Phantasie)，さらには「イマジナツィオーン」(Imagination) が生じる，と考えていた。[42]

さらに，シュタイナーは，これらの三つの「心性作用」について，人間の体との関連を強調している。彼によれば，「意志」は，「運動組織」(Bewegungssystem) や「新陳代謝組織」(Stoffwechselsystem) と，「感情」は「リズム組織」(Rhythmisches System) と，すなわち「呼吸組織」(Atmungssystem) や「血液組織」(Blutsystem) と，「思考」は「神経組織」(Nervensystem) と直接的に関連しているという[43]。したがって，彼の考え方は，神経組織との関連を重視しがちな心理学とは前提から違うものである。それゆえ，シュタイナーは，彼から見れば人間の本質を見誤っている心理学に対して，「心理学者たちは，ただ概念をもてあそんでいるだけです」[44] や「心理学 (Psychologie) は，心性 (Seele) 抜きの心性の学 (Seelenkunde)」[45] などと，厳しく批判するわけであるが，彼の言及する心理学は当時広まっていたヴント (Wundt, W.M.) の実験心理学であったと考えられる。

ただし，このような関連は，シュタイナー自身が認めていることであるが，決して図式的に割り切れるものではない。なぜなら，「思考」と「感情」と「意志」という三つの区別それ自体が，あくまでも「大まかな輪郭において」[46] 言えることであって，実際の人間においては複雑に浸透しあっているからである。

次に，後者の場合，つまり三区分をさらに分けて詳細に説明する場合について述べることにしよう。

シュタイナーは，理論的には前述したように，「体」と「心性」と「精神」という三区分をさらにそれぞれ三つに区分，すなわち九つに区分したうえで，それらも実際には浸透し合っているという理由から七つに区分し，最も単純化すれば，大枠において「物質体」，「生命体」，「アストラル体」，「自我」の四つに区分できると考えていた。それゆえ，1907 年にシュタイナーがはじめて人間形成論を公にしたと言える『精神科学の観点から見た子どもの教育』では，若干の表現は異なるものの，彼は，人間の構成体を「物質体」，「エーテル体な

いしは生命体」,「アストラル体ないしは感覚体」(Astral-oder Empfindungsleib),「自我体」(Ichleib)の四つであると説明したと考えられる。その後,シュタイナーにあっては,名称が若干変更されるものの,基本的に四つの構成体という考え方は,生涯にわたってまったく変わっていないのである。シュタイナーの著作では,「物質体」,「エーテル体」,「アストラル体」,「自我」という名称が普通一般的になって,そのまま固定化して現在に至っている。つまり,簡潔に言えば,シュタイナーの人間観では,人間は「物質体」,「エーテル体」,「アストラル体」,「自我」という四つの構成体からできあがっていることになり,本書でもこの名称に従っている。

　ここで,人間を成り立たせている四つの構成体について簡単に説明しておくと,そのうちの一つの「物質体」は,鉱物界を構成しながら,物質的存在の法則に従うものであり,一般的に言われる目にみえる身体を指している。「エーテル体」は,「生命体」とも呼ばれ,植物界を構成するのに必要なものであり,重力の法則に抵抗して下から上に伸びる力をもつと同時に,繁殖や遺伝などの生命現象を司るものである。「アストラル体」は,動物界を構成するのに必要なものであり,欲望や感情を現出するものである。「自我」は,人間界だけに存在して人間界を構成するのに必要なものであり,自分で自分を統御するものである。ただし,四つのものを一つに括れるような「自我」だけは,「地球期」という現在の人類の進化過程においては他の構成体と異なり,まだ未発達の状態にとどまっている,というのである。[47]

2. 理論的基盤としての人間観

　シュタイナーにあっては,人間の存在は,取りも直さず,個人におけるカルマ的な永遠不滅のものを進化させると同時に,地球や宇宙の進化過程に寄与することにつながっている。それによって,人間の存在の意味は,喪失されないばかりか,つねにその個人以外,あるいはその個人を超えた全体的なものとのかかわりのなかで確認される。そのうえで,「後アトランティス期の第5文化期」

と呼ばれる今日の時代においては，人間の大きな課題や使命としては，「道徳的・精神的」なものの作りかえ，とりわけエゴイズムの克服が掲げられている。このような進化の物語を通して，彼は，その時代の人間形成の中心的な課題を，エゴイズムの克服のための「道徳的・精神的」なものの作りかえ，すなわち道徳教育である，と主張したいわけである。その課題の達成のための方策を，彼は『神智学』のなかで論じた人間の意味と本質から導き出すのである。その際，彼は，すべての人間が持つとされる四つの構成体，つまり「物質体」と「エーテル体」と「アストラル体」と「自我」の影響によって生起する共通性と個々の人間の差異性に着目する。すなわち，前者が構成体の誕生によって生起される発達 (Entwicklung) 期という人間の共通的な現象であり，後者が構成体のバランスによって生起される「気質」(Temperament) という人間の差異的な特性である。

　まず，前者の発達期について述べることにしよう。

　シュタイナーは，ゲーテの形態学からの影響を受けて，「有機体はその生成と発達においてのみ理解することができる」[48]という見解に到達した。その見解に基づいて，彼は，有機体である人間を理解するには，その発達に着目すべきであると考え，「子どもの発達を認識することから，実際的なカリキュラムや教育方法が生まれてくる」[49]と主張するのである。その際に，彼は，基本的に神智学から援用した「物質体」，「エーテル体」，「アストラル体」，「自我」という四つの構成体の誕生を根拠にしながら，人間の発達について語ることになる。[50]

　シュタイナーは，「個体発生は系統発生を繰り返す」という，彼と親交のあったヘッケルのテーゼを適用し，地球期という4番目の進化段階に当たっている現在の人間は発達の過程において今までの発達期を経なければならないと考えた。つまり，シュタイナーの神話的な進化論に従えば，現在の人間は，発達の過程において，昆虫が幼虫から蛹を経て成虫になるような明瞭なかたちではないにせよ，外見的には身体の一部のかすかな変化としてしか現れないような4回の変態を行うことになる。そのような変態は，シュタイナーの主張する，前

述した四つの構成体の外界への誕生に対応しているというのである。[51]

　シュタイナーによれば，四つの構成体すべてが，いわゆる人間の誕生の際には，完全なかたちで外界に誕生するのではなく，包被におおわれているという。その神話的な前提に基づき，構成体によって，その誕生の時期が決まっており，その際に，からだの変化として外面的徴候が現れるのである。すなわち，「物質体」の誕生は，我々が言うところの誕生に相当し，母親の胎内から肺呼吸ができるようになるときである。「エーテル体」の誕生は，乳歯が抜けかわるときである。「アストラル体」の誕生は，生殖器が成熟するときである。そして，「自我」の誕生は，目に見える外面的な変化としては現れず，からだの内部で足から頭の方に向かう何らかの力が働くというかたちで現れるときである。このようなからだの変化，つまりシュタイナーの言うところの変態の現象に着目して，彼は人間の発達期を区切っているのである。

　したがって，シュタイナーにあっては，幼児期はいわゆる新生児の誕生から歯牙交代の時期まで，児童期は歯牙交代から性的成熟の時期まで，青年期は性的成熟からからだの内部で下から上への何らかの力が働くようになる時期までとなる。その区分を，年齢として表現すれば，幼児期は０歳からおよそ７歳まで，児童期はおよそ７歳からおよそ14歳まで，青年期はおよそ14歳からおよそ21歳までとなる。その意味で，シュタイナーは幼児期を第１・７年期，児童期を第２・７年期，青年期を第３・７年期と，呼んだりするのである。[52]

　また，シュタイナーは，前述したように発達期を定めたうえで，それぞれの「心性」の活動に対して，重点的に育成すべき期間を各発達期と対応させている。つまり，彼は，幼児期には強固な「意志」を，児童期には豊かな「感情」を，青年期には自由な「思考」を重点的に育成しなければならないと捉え，いわば発達における臨界期的な特性を主張することになる。そのような考え方に基づいて，シュタイナーは，発達期に即応した人間形成のための具体的な働きかけを提唱した。

　次に，後者の「気質」について述べることにしよう。

気質の類型化という作業は，ヨーロッパではかなり古くから行われていた。そのなかでもとりわけ，「医学の父」と称される古代ギリシアの医者であり哲学者であったヒポクラテス (Hippocrates, K.ho) の説，それを受け継ぎ発展させた古代ローマの医者ガレノス (Galenos, K.) の説は，歴史的に名高いものである。ガレノスによると，大宇宙は，火と空気と水と土の四つの元素から成り，それぞれは熱と冷と湿と乾の四つの性質をもっている。さらに，その性質は，人間のなかに流れている血液と粘液と黄胆汁と黒胆汁の四種類の体液に対応しており，それらの体液のうちのどれが優勢であるかによって，四種類の気質が現れるという。[53]

当然，自然科学や医学の発展につれて，このようないわゆる体液病理説を基礎にした気質の類型論は，時代を経るにつれて批判され，次第に否定されていった。しかし，気質の類型化それ自体は，近代に入っても心理的な分類として一部では根強く受け継がれていった。たとえば，哲学者カントやスイスの医学者・哲学者トロクスラー (Troxler, I.P.V.) などである。[54]

そして，前世紀末から今世紀初頭にかけても，心理学者ヴントや精神病理学者クレッチマー (Kretschmer, E.) をはじめ，幾人もの研究者たちが気質に言及している。シュタイナーも，そのような人々の一人であり，特に気質と体型との関連性について考察している点では，確かにクレッチマーと類似した考え方を持っていた，と言えるであろう。しかし，シュタイナーの「気質」の捉え方は，クレッチマーをはじめ，他の人々とは根本的に異なっていた。なぜなら，シュタイナーは，気質の類型論を採用する際に，ヒポクラテス的・ガレノス的な人間学 (Menschenkunde) という前近代的な知見を参考にしながら，神智学から引き写した人間の構成体の考え方によって意味づけているからである。

既述したように，シュタイナーによれば，現在の進化過程における人間は，大枠において四つの構成体から成り立っている。この確信を大前提にしたうえで，シュタイナーは，理想的な人間にあっては，「宇宙的な秩序に与えられた調和が，人間本質のこの四つの構成体を支配している」[55]と考えた。ところが，

彼によると，実際の人間にあっては，四つの構成体が調和しているというようなことは，ほとんど稀であるという。むしろ，「一人ひとりの人間には，四つの要素のどれか一つが支配的になっている」[56]というのが，一般的な傾向である，と彼は見做した。そして，その構成体の影響を受けて，人間の心的な現象として現れてきたのが，四つの「気質」，つまり「憂鬱質」と「胆汁質」と「多血質」と「粘液質」であるとされた。ただし，大人と子どもでは，構成体の「気質」に及ぼす影響が異なって現れるという。

　大人の場合には，シュタイナーにあっては，前世からのカルマの影響よって「自我」が支配的であれば，自分を強く押し出すために怒りっぽい「胆汁質」が，「アストラル体」が支配的であれば，情的に刺激されやすいために気の変わりやすい「多血質」が，「エーテル体」が支配的であれば，情的なものに左右されにくいために無関心な態度を示す「粘液質」が，「物質体」が支配的であれば，他の構成体からの影響力不足のために閉じこもった態度を示す「憂鬱質」が現れるという[57]。

　ところが，子どもの場合には，シュタイナーは，大人の場合と同じような「気質」の現れ方にはならないとして明確に区別しているが[58]，そこでもその詳細な理由についてはあまり説明されていない。しかし，大人の場合と，子どもの発達に対する捉え方から，次のように推察することが可能であろう。すなわち，子どもの場合には，およそ21歳以上の大人と異なり，「自我」という構成体が誕生していない未熟な状況であるために，「自我」が支配的であれば，「自我」それ自体が未熟ゆえに，内面的には活発であっても外面的には静かで，自分の内に閉じこもった態度を示す「憂鬱質」が現れる。また，支配的なものが情的なものと関連の深い「アストラル体」であれば，自分の意志を狂暴さによって表現しやすい「胆汁質」が，支配的なものが子ども時代に活発な「エーテル体」であれば，多種多様なことに興味を持ちながら，わずかな時間しか興味を示さない活動的な「多血質」が，支配的なものが「物質体」であれば，内面的にも不活発で外面的にも無関心な態度を示す「粘液質」が現れるのである。

ただし、ある「気質」の子どもと言っても、それは、その「気質」があくまでもその時点において他の三つのものに比べて支配的になっている、ということなのである。その点については、「憂鬱質の人と言っても、純粋に憂鬱質だけの人であるということは決してなく、いくつもの気質がいつも混在しており、そのうちの一つの気質が支配的になっているということである」[59]、および「胆汁質の子どもは、主として胆汁質的であるに過ぎず、また粘液質の子どもは、主として粘液質的であるに過ぎない」[60]、というシュタイナーの発言がそれを裏づけている。

このような「気質」の類型化を、シュタイナーは、子どもの個性を把握するための最初の第一歩ないしは拠所と考え、それを実際の教育方法に役立てようとしたのである。なぜなら、彼は次のような確信を持っていたからである。

「人々は、……ただ抽象的に、個性を育てなければならないと言っているだけでは十分ではない、ということをわかっていないのです。人々は、人間認識を通して、そして性質および気質の認識を通して、内的な道をつくりあげることによってはじめて、個性を見つけ出すことができるでしょう。このようにして、人々は、次第に人間のかなり個性的な部分に近づくのです。」[61]

シュタイナーは、このような「気質」に関する確信に基づいて、個人のなかで極端な「気質」の表出状態に陥らせることなく、その個人の「気質」を生かした調和的な人間を育成しようと考えたのである。したがって、人間形成においても、この観点は生かされ、発達期から導かれる働きかけの内容や方法を画一化させることなく、実践の場面における多様化に道を開くことになる。

以上述べてきたように、シュタイナーの人間観には、神智学の影響から、神話的な進化過程の内容や特殊な神智学的な用語のために近代の教育問題に対する彼の強調したい主旨が見落されがちであるが、人間形成にとって貴重な問題

提起がなされていた。すなわち，人間形成の課題として，「道徳的・精神的」なものの作りかえ，とりわけエゴイズムの克服という人間形成上の課題が提起され，その実際的な方法として，指標となる二つの観点，つまり人間の共通性としての発達と人間の差異性としての「気質」という観点を活用することによって，「道徳的・精神的」なものを重視した調和的な人間形成の可能性が語られていた，と読み解くことができるのではないだろうか。その意味では，シュタイナーの人間観は，ブラヴァツキーらの神智学のように，宇宙とのかかわりのなかで人間を，「精神的世界」の知恵を受け取るだけの受け身的な存在として捉えるのではなく，そのつながりを踏まえつつも，主体的な人間のあり方を強調するために，個々人の「道徳」を重視した彼の人間観を作り出したと言えよう。

第2節　理論的基盤としての社会観

1.「社会有機体三分節化運動」の思想

　第1章第4節で述べたように，シュタイナーによれば，フランス革命の理念である「友愛」と「平等」と「自由」のそれぞれは，中央集権的社会構造体 (Zentralisiertes Sozialgebilde) のなかでは実現され得ず，それが可能となる社会とは，新しい構造の社会であるという。その社会とは，彼の言説に従えば，「三分節化」された社会のことである。

　シュタイナーの主張する「三分節化」された社会とは，国家生活の基本である立法行為と経済生活としての生産消費活動と精神生活（教育，学問，宗教，芸術など）の活動とが，それぞれ独自の法則に従って営まれるというものである。つまり，その根本思想を端的に言えば，「人間の社会生活は意識的に分割される場合にのみ，健全なものになり得る」[62]という表現がそれである。その考え方は，人間観において，「神経組織」と「リズム組織」と「新陳代謝組織」の三領域がそれぞれ独立しながら，相互に密接に関連し合って健康な状態を保っている，ということと同じ発想である。この有機体的な考え方を国家や

社会に適用するために，シュタイナーは，マルクス（Marx, K.H.）やエンゲルス（Engels, F.）の社会主義思想に対しては次のように批判している。

> 「マルクスやエンゲルスの観点は，経済生活の再構成という要求に関しては正しかったのである。しかし，それは，一方の側に偏っていた。彼らは，経済生活と並んで自由な法生活と自由な精神の保護が存在する場合のみ，経済生活が自由になり得るということに気づかなかったのである。」[63]

このように，シュタイナーは，当時において活発化しつつあった社会主義思想とは一線を画して，彼の理想とする「三分節化」された社会を実現しようとしていたのである。そのようなある種のユートピア的な思想に則るかたちで，特に，精神的領域に属するところの人間形成の営みは，真の意味での「自由」に行為できる人間を輩出し，その人間を政治的領域と経済的領域に注入することによって，悲惨な戦争のない健全な社会を実現するという重要な役割を担うものとして見做されることとなった。したがって，そのような人間形成の営みを現実の学校において達成するには，政治や経済界などの社会組織の欲求に従属するのではなく，社会組織と併存しつつも，そこからのある程度の独立性ないしは自律性が求められることになる。その点に関連して，シュタイナーは次のように述べている。

> 「あらゆる教育芸術（Erziehungskunst）は，教師の人格と密接に結びついた心性の認識の上に築かなければならないのです。この人格は，教育という創造的な作業のなかで自由に活動できなければならないのです。このようなことが可能になるのは，学校組織の総合的な運営が自律的（autonom）であるときのみです。」[64]

つまり，人間形成の営みに独立性を堅持するためには，学校という組織の自

律性が，保障されなければならないのである。

　そこで，シュタイナーは，外的な教育制度から子どもが悪影響を受けないように，すべての差別を排除した男女共学の統一学校（Einheitsschule）を構想している。それによって，子どもは，基礎学校の第４学年卒業時に，経済的・社会的境遇や性差を理由に振り分けられるということがなくなるのである。[65]

　また，シュタイナーは，政治的な領域からの悪影響を防ぐために，国の教員養成システムに頼ることなく，教師を自分たちの学校施設で養成しようと考えた。[66]これは，「教育問題は第一義的に教師問題である[67]」という信念のもとに教師の能力・資質に重きを置いている現れであると同時に，できるかぎり政治的（国家的）な政策から一定の距離を保ちながら，学校の自律性を堅持しようとする現れでもある。

　さらには，いわゆる教育における内的な事項についても，シュタイナーは一定の方針を立てていた。すなわち，ときの教育政策に基づいて作られる既成の教科書は一切使用しないことである。なぜなら，そのような教科書は，政治的な領域および経済的な領域から何らかの影響（圧力）を受けやすいからである。精神生活における自由を守るためには，何よりもそのような教科書を利用しないことが，理にかなっているからに他ならない。

　つまり，ここにも，精神生活における自由の原則は，貫かれているのである。その結果，自由ヴァルドルフ学校では，「エポックノート」（Epochenheft）という学校独自のノートが，子ども一人ひとりのノートであると同時に，その子どものいわゆる教科書に相当するものになるのである。

　したがって，多くの論者が指摘するように，「社会有機体三分節化運動」の思想は，人間形成における学校の自律性の尊重という考え方を促し，男女共学の統一学校のシステムとともに，既成の教科書の不使用というような内的な事項にまで浸透し，それらを実践において実現させる理論的基盤となっていたのである。[68]

　しかし，人間形成の営みの独立性やそのための学校組織の自律性は，ただ単

に「社会有機体三分節化運動」の思想から導き出されたものではないのではなかろうか。

　第1章第2節で論述したように、シュタイナーは、「倫理的個体主義」の考え方を早くから主張していた。その考え方に従えば、「愛」と「倫理」を伴った個々人の「自由」な行為は国家や社会以上の存在であり、あくまでも「倫理」の源泉としての「人間的個体」(Menschliche Individuum) は、「地上の生の中心点」でなければならなかった[69]。したがって、シュタイナーの意図は、個々人の「自由」な行為を国家や社会から保障し、「倫理」の源泉としての「人間的個体」を形成すると同時に、そのような人間を輩出することによって国家や社会を発展させるところにあったと考えられる。その意図を現実社会において実現しようとするには、人間形成の営みの独立性やそのための学校組織の自律性が必要条件であった。その意味からすれば、「社会有機体三分節化運動」の思想は、社会における「倫理的個体主義」の現実化という側面を担っていると考えられる。したがって、人間形成の営みの独立性とそのための学校組織の自律性とは、単に「社会有機体三分節化運動」の思想から生み出されたものであると見做すのではなく、その思想の基底にある「倫理的個体主義」の考え方と深く関連したものであると解すべきであろう。さらに言えば、そのように「社会有機体三分節化運動」の思想に「倫理的個体主義」の考え方が強く結びついているために、社会運動の思想の結果として生まれた自由ヴァルドルフ学校において、健全な社会を構築するための人間の育成、つまり「倫理」の源泉としての「人間的個体」の形成、換言すれば個々人の「道徳」を重視した人間形成が必然的に目指されることになるのである。

2.「社会有機体三分節化運動」の展開

　次に、「社会有機体三分節化運動」の思想を取りまく社会的状況に目を向けてみると、シュタイナーは、第一次世界大戦前から、政治や社会の問題にも関心を示し政治家にも接触していたが、ほとんど成果をあげることができなかっ

た。ところが，第一次世界大戦におけるドイツの敗北が明確になりだすと，彼の主張する社会の「社会有機体三分節化運動」の考え方は，次第に人智学協会の会員以外の人々にも知られるようになった。その一人が，ドイツのシュトゥットガルトにあったヴァルドルフ・アストリア（Waldorf-Astoria）煙草工場の社長のモルト（Molt, E.）であった。

1918年11月3日，ドイツのキール（Kiel）軍港において水兵の反乱が起こった。これをきっかけに飢餓・暴動・ストライキの火はたちまち各地に燃え広がり，各地の大都市では労働者や兵士による評議会が権力を握りはじめる社会的状況になった。そして，11月9日には，いわゆるドイツ革命が勃発した。そのとき，その社会的状況を憂いたモルトは，たまたま仕事のためにスイスのチューリッヒ（Zürich）に滞在していた。商業顧問官でもあったモルトは，予定を変更してドルナッハに向かい，シュタイナーの社会に関する講演を聴いている。そのことについて，モルト自身が次のように自叙伝で述べている。

> 「私がドイツ革命の勃発をスイスで体験し，それによってはじめてシュタイナーの社会的な講演をドルナッハにおいて聴くという機会を持てたことを，私は運命の定めと考えている。[70]」

つまり，労働者の暴動を回避したいモルトは，この講演を聴くことよって，シュタイナーの主張する社会の「三分節化」の考え方に興味を示すようになったのである。その後，モルトは何度もドルナッハのシュタイナーを訪れ，「社会有機体三分節化運動」の進め方について話し合っている。その際に，「三分節化」の一領域としての精神的領域に属する自由学校（Freie Schule）の問題も，1919年1月頃にはかなり検討されていたのである。ところが，カルルグレンによるシュタイナーの伝記でも，煙草工場の労働者がシュトゥットガルトにおけるシュタイナーのすばらしい講演を聴いて「社会有機体三分節化運動」に賛同し，モルトに新しい学校の設立を要請したという史実が述べられている。[71]し

かし，実際は，モルトの自叙伝から窺えるように，シュタイナーとモルトとは，かなり入念に検討して，事を進めていたのである。事実，モルトはすでにその年の2月2日に，翌月の3月に公表される「ドイツ国民と文化界によせて」(An das deutsche Volk und an die Kulturwelt) というアピールを，文書のかたちでシュタイナーから受け取っている。それゆえに，モルトは，その日を「社会三分節化運動の本当の出生時刻」[72] と呼んでいたのである。

このアピールは，人智学に共鳴する人々から切望されたものであったが，シュタイナーとモルトの入念な打合せが功を奏し，一般の人々にも大きな反響を呼び起こすこととなった。たとえば，このアピールに署名した人物に，モルトをはじめ，作家ヘッセや教育学者ナトルプ (Natorp, P.) や彫刻家レームベルック (Lehmbruck, W.) などの著名な人々も多く含まれいた。[73]

それに気をよくしたシュタイナーは，早速，同年4月に『社会問題の核心』(Die Kernpunkte der sozialen Frage) という著作を公刊している。またモルトの尽力によって，シュタイナーは，シュトゥットガルトにおいて経営者や労働者の代表の会議に何度も参加したり，労働者の前で講演も行っている。たとえば，4月25日には，シュタイナーは，ヴァルドルフ・アストリア煙草工場の従業員やダイムラー (Daimler) 社の労働者の前で講演を行っている。[74]

このような経緯から，当時のシュタイナーは，モルトによってシュトゥットガルトの労働者とつながりを深め，特にこの地域で，単なる学問的探究に留まるのでなく，社会における活動や運動を積極的に展開していったのである。思想や学問の領域に留めない彼の現実的な社会への行動力は，彼の生涯の体験から推察すれば，少なからず，第1章第3節で論述したようなベルリンにおけるヤコブスキーとマッケイという特に二人の文化人との交流から大きな影響を受けたものではないか，と考えられる。

この「社会有機体三分節化運動」は，5月には多くの賛同者を集めるまでになったが，6月には経営者側や社会主義政党からも労働者を扇動する運動と見做されるようになり，非難や妨害を受けることとなった。その結果，賛同者の

数も激減し,「6月中旬には, 社会有機体三分節化運動は外的な成果をまったく与えられないような状態になっていた[75]」という。

しかし, その運動の一翼を担う予定であった学校の設立の問題だけは個別に進展し, 1919年10月1日に, 学校は, 自由ヴァルドルフ学校という名で, ヴァルドルフ・アストリア煙草工場の従業員の子どもを対象とする自由学校として, シュトゥットガルトに創設されたのである。そのための資金は, モルト個人の資金から捻出されたのである。

つまり, 実態としては, この運動は, モルトの言うように2月2日を「出生時刻」と見做したとしても, 半年も満たないうちにほとんど挫折したことになった。そのような実態から言えば, 国民運動を目指したシュタイナーの「社会有機体三分節化運動」それ自体は, その時点ではまったく失敗に終わったが, 精神的領域に属する自由学校の設立という課題は達成されるとともに, その社会運動の思想は, その学校のなかで健全な社会を構築するための人間の育成というかたちで, その命脈を保ち続けることになったと言えるのである。

第3節　理論的基盤としての道徳観

1. 道徳の意義

前述したシュタイナーの宇宙観やそれとかかわる人間観に従えば, 地球や人間は進化の過程で変化するものであり, 人間の本質や使命も時代によって異なることになる。したがって, その時代に求められる人間の能力や課題も変化することになる。彼によれば, 「中世の中葉には, 知的なあり方に向けての大きな転換が, つまり知的なあり方への賛美や尊敬が到来した[76]」ことにより, かつては統合されていたものが必然的に分化し, 「知識」(Wissen)ないしは「認識」(Erkenntnis)が重んじられる時代に入ったという。つまり, 彼の神話的な時代区分の表現を使えば, 「ギリシャ・ラテン期」が終わり, 「後アトランティス期の第5文化期」が始まるということになるであろう。それによって, しばらく

のちに「知識」ないしは「認識」を重んじた結果として，科学は目覚ましい発展を遂げることになったというのである。

そのような科学の発展に対して，シュタイナーは時代の流れとして一定の意味を認め，理解を示してはいた。しかし，現実世界としての「感覚的世界」とともに「精神的世界」を感じ取っていた彼は，一般的な感覚でのみ諸事象を捉えようとする科学の方法に対しては一種の限界性を見出すとともに，科学偏重の世界観，換言すれば唯物論的な世界観に対しては疑念をいだいていた。そのような状況において，シュタイナーは，カントの著作を読み進めていくことになったが，この疑念はそれによっても晴らすことができなかった。そこで，彼は，ゲーテの自然科学論や哲学的研究，さらには神智学協会に入会し神智学の研究に専念することによって，科学偏重の実証主義的な世界観や唯物論的な世界観に対峙する確固とした自己の立脚点を探究していたと考えられる。その点に関して，シュタイナーは，1910年に発行した主著『神秘学概論』において，次のように述べている。

> 「私たちが明瞭に知り得るのは，可視的な世界の観察はこの世界自体の諸事実からは決して解き得ない謎を人間に呈示している，ということである。この諸事実についての科学（Wissenschaft）が可能な限り進歩したとしても，このような方法ではこの謎は解き得ないであろう。なぜなら，可視的な諸事実は，その独自な内的本性を通して，隠れた世界をはっきりと指示しているからである。そのようなことを見抜けない者は，感覚的世界の諸事実から至るところではっきりと生まれ出ている謎に，心性を閉ざしていることになる。そのような者は，ある問題や謎をまったく見ようとしないであろう。それゆえに，そのような者は，すべての問題が有り余るほどの感覚的な諸事実を通して解決できるであろうと信じているのである。」[77]

このようにシュタイナーは，「可視的な世界の観察」だけによっては解き得

ない問題や謎の存在を主張するとともに,「有り余るほどの感覚的な諸事実を通して解決できるであろうと信じている」者の姿勢を批判し,通常の感覚に依存する科学が可能な限り進歩したとしても,解決できない問題が必ず存在し続けるということを力説するのである。そこには,シェパードが「科学に対する彼(シュタイナー—引用者註)の唯一の異議は,科学が知覚される事象に対しての科学的観察に自己を限界づけてしまっていることであった」[78]と指摘するような,シュタイナーの思いがあったと考えられる。もちろん,このようなシュタイナーの主張は,当時の主流を占めていた実証科学の立場からは一蹴されてしまうものであり,自由ヴァルドルフ学校に対する現在の代表的な批判者ウルリヒによって,科学的でないものとして批判されてしまうのであろう[79]。前述したように,シュタイナーは,少年時代から「感覚的世界」と「精神的世界」という二つの世界の「謎」に深い関心をいだき,科学的探究に没頭し,やがてドイツ哲学および全体性や「観照」を重視するゲーテの認識論の研究を徹底的に行ってきたのであった。そのシュタイナーが,それでも「私たちは,どんな科学的方法によっても人間を理解することができない」[80]と断固として自分の立場を主張したのである。彼は,科学や科学技術の発展した19世紀後半からの時代において,科学の知だけを偏重する世界観に批判的な姿勢を貫いたのである。まさに,シェパードが言うように,「彼(シュタイナー—引用者註)は,……科学的思考(scientific thought)と精神的認識(spiritual knowledge)とのあいだの関係を自分で見出し,生涯にわたって両方の世界の自分の意識を調和させることに努力した」[81]のである。

シェパードは,そのような「シュタイナーの姿勢は,それ(科学—引用者註)に没入し,決然とした努力でそれが自分で課した限界と誤謬からそれを解放し,新しい認識領域へそれを導こうとするものであった」[82]と述べ,通常の感覚に依存するのではなく,それに拘束されない新しい認識によって新たな科学の地平を追究するシュタイナーの姿勢を高く評価するのである。そのうえで,シェパードはさらに,「科学への神智学的な姿勢は,それから遠ざかって眺めなが

ら、それを超えようとしている」[83]と指摘し、「……科学的思考の方法において（in the mode of scientific thought）、精神的認識に入り込むことは、シュタイナーにとって現代の秘儀の本質的な通路であったが、公式の神智学にとってはそれはただ知られていないだけでなく、胡散臭く思われていた」[84]、とまで主張している。したがって、シェパードは、従来の神智学における科学的な方法への無関心を次のように厳しく批判し、シュタイナーを高く評価するのである。

「後者（神智学―引用者註）は、精神的認識に対しての科学的アプローチには無関心であり、それを疑いの目で見ていた。これに反して、シュタイナーは、一人の科学者として精神的認識にアプローチしており、実際に彼は、それを『精神科学』（Spiritual Science）と呼んでいた。」[85]

確かに、シュタイナー自身が、「科学的思考が感覚的な事実の記録にとどまらず総合的な把握に進むべきものとすれば、私の課題は、科学的思考と同じように客観的であるような人智学のための基盤を作ることであった」[86]と自叙伝のなかで回想しているように、彼は通常の感覚に依存する科学を脱却し、感覚的な観察の拘束を打ち破るような認識によって新たな科学の地平を探究しようとしていたのであった。この点に関して言えば、シェパードの見解は的を射たものである。しかし、神智学においては科学的な方法はまったく関心の外に置かれていたと断言するとすれば、それはいささか言い過ぎであろう。

先に引用したように、ブラヴァツキーは、「真理よりも高い宗教はない」と主張しており、真理を追究する科学を決して軽視しているわけではなかった。さらには、ブラヴァツキーの後継者であるベサントも、「私たちは、神智学を科学として研究しなければならない」[87]、あるいは「神智学は、確かめられた事実の観察・経験・調整、発見された真実の帰納的結論・仮説・推論・検証・主張といったような科学の方法（method）を受け入れており、ただその範囲（area）が壮大に増えているだけである」[88]と主張し、科学的な方法にも関心を示してい

た。シェパードが言うように，科学的な方法は，神智学にまったく見られないわけではないのである。より正確には，神智学における科学的思考は不十分なものであったと言うべきなのであろう。神智学の立場からは，科学を軽視していないことがスローガン的に語られたり，あるいは，ベサントの「科学の方法を受け入れており，ただその範囲が壮大に増えているだけである」という発言に見られるように，取り扱う対象の「範囲」の拡大が主張されるに留まっていた。それに対して，シュタイナーは，「人々は，19世紀後半に形成された思考慣習の魔力のなかに立っていた。人々は，単なる感覚的な観察の拘束を打ち破る勇気を見つけられなかったし，また人々は，各々が自分のファンタジーを押し通す領域に入って行くことを恐れていた」と述べ，一方で取り扱う対象の「範囲」の拡大を主張しつつも，他方で感覚的な観察というアプローチを乗り越える方法，すなわち人間の感覚や認識を向上させる方法に力点を置いていた。こうした観点から，シュタイナーは，従来の神智学が人間の感覚や認識を向上させる方法に大きな注意をはらわずに，目覚めた「思考」を働かせずに心霊術に没頭しながら，精神(霊)的な内容にかかわろうとすることを，批判せざる得なかったのである。そこで，シュタイナーは，「精神の観察」(Geist-Beobachtung)に「自然の認識」(Natur-Erkenntnis)の方法が応用されるときには，その方法は「自然観察」(Naturbeobachtung)に適応されるのとは異なったものにならなければならないと見做し，「精神の観察」には，それにふさわしいかたちで人間の感覚や認識を向上させた方法，彼の言葉で言えば「精神の認識」(Geist-Erkenntnis)が必要であることを強調したのであった。それゆえ，シュタイナーは，「精神の観察」に「自然観察」の際の方法を安易に適用している神智学に対して，「……神智学が，それによって『証明』(bewiesen)されるはずであった『科学性』(Wissenschaftlichkeit)の下で，神智学は何を理解したのか」と問題提起をしている。彼は，神智学が言うところの「科学性」を，彼の言葉で言えば「自然科学的な理論化と仮説形成(Hypothesenbilden)の原子論的基礎」を拠り所にして精神的な内容を追究している点に不満を覚えていた。つまり，シュ

タイナーは,「科学性」を視野に入れながら精神的な内容を追究する神智学の活動に対しては一定の評価を与え,そこから内容的に吸収しつつも,その認識の方法の不十分さや不徹底さに対しては大きな問題を感じ,批判していたのである。

　このような従来の神智学とシュタイナーの思想との相違は,彼が神智学協会に入会した当初から,すでに存在していたものであった。なぜなら,シュタイナーはそこに入会する以前に一人の研究者として,「地上の生の中心」を「倫理」の源泉である「人間的個体」であると見做す「倫理的個体主義」の立場を確立しており,宗教的な相違だけでなく,宇宙とのかかわりのなかでの個々人の人間としてのあり方を神智学の人たちと違って非常に強く意識していたからである。たとえば,彼の著書である『神智学』のなかの「認識の小道」や『いかにしてより高次な世界の認識を獲得するか』のなかで,彼は「より高次な感覚」を体得するための主体的な訓練や心構えなどを強調しているのである。協会内の紛争を契機に神智学協会から脱退し,独立するために自らの立場を人智学と呼ぶようになったのを機に,彼は自分の活動の力点を個々人における「より高次な感覚」の体得の現実的な方途の探究に向けるようになった。こうして人間としてのあり方をより強く意識するという彼と従来の神智学との相違は,ますます明確なものになったのである。そのような日常の感覚を拡張した「より高次な感覚」を許容する立場から,シュタイナーは,断片的な科学の知を尊重する世界観,すなわち通常の感覚に依存する科学を過信し続ける世界観に基づきながら「知識」ないしは「認識」という側面だけを偏重する姿勢に対して危惧の念を抱き続け,自らの世界観である人智学の立場を確立したのである。

　このような立場から,シュタイナーは,「知識」ないしは「認識」という側面だけを偏重する当時の風潮に対して,従来の神智学におけるよりもより明確に人間としてのあり方に重きを置いた考え方を主張したのである。もちろん,その内容は,一般的な言い方をすれば,彼の神話的な言説ということになる。しかし,彼の立場に即して,通常の感覚を超えた感覚で見通したものを全

体的にイメージとして語るとすれば,「知識」ないしは「認識」が,かつて未分化状態でつながっていた「芸術」(Kunst)をはじめ,「宗教」(Religion)や「倫理」(Sittlichkeit)とのあいだに深い溝を生み出してしまった結果,それらの根が一つの全体として意識されなくなってしまったのである。[93] その結果,通常の感覚から得られた「知識」ないしは「認識」は,「芸術」や「宗教」や「倫理」などと切り離されて個別に発展できるものと見做されるようになり,科学や科学技術の発展だけが促され過ぎてしまった。このようにシュタイナーは主張し,科学の発展だけを極端に重視する当時の風潮に異議を唱えていたのである。

しかし,シュタイナーは,科学を重んじる社会の時代的な流れに対して異議を唱えはしたが,たとえばアスコナのコロニーのようなところで暮らす一部の神智学信奉者,菜食主義者,裸体主義者あるいはボヘミアンなどとは異なり,科学を全面的部分的に否定したりしてはいない。また彼には,ディルタイ(Dilthey, W.)のように自然科学に対峙する精神科学(Geisteswissenschaft)を打ち立てるつもりもなかった。あくまでも,彼は,まず全体性を大切にする立場から,自然科学や精神科学と呼ばれる科学をはじめ,「芸術」や「宗教」や「倫理」などとも調和を統合的に図ろうとしていたのである。その方策として,シュタイナーは,決して過去にみられたような「知識」と「芸術」と「宗教」と「倫理」の未分化の融合体に逆戻りさせることを意図したのではなかった。あくまでも,彼の意図は,近代文明において突出しがちな科学的「知識」ないしは「認識」を他のものと関連させ,その時代に適したより高次なかたちでの統合を目指すところにあった。そのために,彼は,研究者として確立していた「倫理的個体主義」の立場に基づき,特に神智学から人智学への名称変更のあと,個々人の「道徳」を中心に据えた人間形成に着目し,それを他のものとの統合的な調和のもとに実現しようとしたのである。したがって,シュタイナーにあっては,15世紀以降の時代において人間に求められる最も重要な課題は,断片的な科学の知だけを尊重するところから生じるエゴイズムの克服のために,「知識」や「芸術」や「宗教」や「倫理」との統合的な調和のもとで行われる「道

徳的・精神的」なものの実際的な育成に置かれたのである。

　その点に関して，より詳細に「知識」と「芸術」と「宗教」と「倫理」のそれぞれのかかわりについてシュタイナーの神話的でかつ哲学的な言説を詳細に見ていくと，まず，彼は，「認識と芸術は一つの根から生まれ出てきている」[94]にもかかわらず，「科学と芸術の分離は，人間それ自体を引き裂いてきた」[95]と主張する。この問題意識から，彼は創造的な芸術との調和によって，受動的で抽象的な思考を，生き生きとした「心像」(Bild)を持った「イマジナツィオーン」(Imagination)へと変換させようとした。次に，シュタイナーは，「今日の宗教的で倫理的生(Sittliches Leben)は，人間から直接的に生まれた，創造的なもの(schaffendes)ではなく，一つの伝統的なもの(Traditionelles)であり，もちろん本能的な生においてであるが，人間を通して神が自己を顕現し，神とともに倫理的世界(Sittliche Welt)が啓示されていた過去の時代からの遺産(Erbschaft)として残存しているものなのである」[96]と断じたうえで，真の意味での「すべての宗教は，インスピラツィオーン(Inspiration)から生じる」[97]という信念から，「インスピラツィオーン」に至るような「認識」によって，人間に再び「宗教的生」(religiöses Leben)の供与を，つまり「知識」と真の「宗教」とのつながりを見出そうとした。そのようなことを通して，「私たちは，単なる自然主義を模倣したような認識でも，また単なる芸術だけでない宗教とも深い溝のあるような認識でもなく，認識と芸術と宗教のあいだに一つの調和(Harmonie)を得るようになるのです」[98]，とシュタイナーは主張したのである。

　さらに，シュタイナーは，これらの三つのものが分離してしまわないような調和を主張したうえで，続けて「私たちが再び外面的客観的認識からインスピラツィオーンへと至るこのような道を発見することに達しますならば，私たちはまさにインスピラツィオーンを通して直接の宗教を持つことになるでしょうし，またそれと同様に，太古の人間の場合と同じように，神から与えられた倫理(Sittlichkeit)のなかに入り込む可能性を発見することになるでしょう」[99]と述べている。しかし，ここでも，彼は「太古の人間」を例に出しながらも，決し

てそれとまったく同じような状態になることを当時の人間に求めているわけではない。その点に関して，彼はさらに続けて次のように説明している。少し長くなるが，そのまま引用する。

　「神をこの世に顕現させることができること，それこそが真の倫理（Sittlichkeit）なのです。自然は倫理には導かないのでありまして，自然を越えて人間の自然を高めるもの，つまり，人間の自然を神的・精神的存在で満たすものが，人間を倫理に導くのです。人間が宗教的生を通して精神のなかに身を置くときに，人間を超えるイントゥイツィオーン（Intuition）のみが，人間を最も内的で人間的・神的な道徳（Moralität）で満たすことができるのです。

　このようにして，私たちがインスピラツィオーンに再び到達すると，かつて本能的な人間文化において構築されていた，宗教から倫理（Sittlichkeit）へ至る架け橋がまた構築されるのです。認識が芸術を通して超感覚的な水準に上昇するように，宗教的奉仕が超感覚的な水準を地上存在のなかにまで降下させて，その結果として，私たちは再びこの地上存在を，基本的・根源的・直接的で，人間として体験された倫理でもって推進することができるのです。

　そのようにして，人間は再び真に，倫理的（sittlich）に脈々と流れる生の，つまりすぐさま行為できるような倫理的（sittlich）な生の体現者になり得るでしょう。またそのようにして，道徳（Moralität）は個々人の創造物（Geschöpf）になるのです。またそのようにして，宗教と倫理のあいだに存する最後の深い淵を越える橋が架かるでしょう。またそのようにして，太古の人間が儀式の際に感じていたときに内的に立脚していたあのイントゥイツィオーンが，現代のかたちで創造されるでしょう。またそのようにして，現代の宗教的生によって，人間は現代の倫理的状況を創造することになるでしょう。

第2章 人間形成論の理論的基盤　　181

　私たちは，そのようなことを私たちの文明の改革に必要としているのです。そのようなことを私たちが必要としているのは，今日ではただ過去の遺産や伝統になっており，それゆえに弱くまた力なく作用してしまっているものを，再び太古の生のようにするためです。地球上にカオス（Chaos）を拡大させようとする私たちの複雑な社会的生にとって，私たちはこの太古の衝動を必要としているのです。私たちは，認識，芸術，宗教，倫理のあいだの調和を必要としているのです。私たちは，地上でのこの仕方を新しいかたちで必要としているのです。その地上において，私たちはインスピラツィオーンや芸術によって，宗教的生における超感覚的なものの直接的な内的依存や把握に至るために自分で自分の認識を獲得するのです。そのことでもって，私たちは，再び地上にこの超感覚的なもの，宗教的生における感情，この世の社会的存在における意志への転換を降下させることができるのです。

　社会問題は一つの倫理的問題および宗教的問題として捉えられたときにはじめて，その問題は十分に深く把握されることになるのです。しかし，倫理的および宗教的問題が精神的（spirituell）な認識の一つの事柄にならない限りは，それ（社会問題―引用者註）は，倫理的および宗教的問題にはならないでしょう。

　人間が再び精神的な認識を獲得したならば，必要なことを導くことができる，つまり，いくぶんかは，さらなる発達を本能的な源泉と結びつけることができるでしょう。そのようにして人間は，人間性の治癒のために見出されなければならないもの，すなわち知識と芸術と宗教と倫理のあいだの調和を見出すでしょう。」[100)]

　このように，シュタイナーは，最も高次な意識状態である「イントゥイツィオーン」[101)]をはじめ，架け橋的な状態に導く「インスピラツィオーン」を媒介にしながら「倫理」を関連づけ，それによって「認識」と「芸術」と「宗教」の

あいだの調和に，さらに「倫理」を加えた新しいかたちの調和を図ろうとしている。あくまでも，シュタイナーは，科学の知だけを偏重しがちな社会において，感覚と結びついた「認識」だけを突出して重視するのではなく，太古の人々にかつて備わっていたような四つの調和を新しく図るかたちで「倫理」を，換言すれば「倫理的個体主義」に基づいて個々人の具体的な創造物としての「道徳」を重視し，社会問題の解決や人間性の治癒を通して社会の理想的な発展を目指していた。つまり，彼は，「認識」や「芸術」や「宗教」とも調和したかたちの，すなわちそれらとつながった創造的な「倫理」ないしは個々人の創造的な「道徳」に，社会問題の解決のみならず，人間性の治癒という人間形成にとって重要な意義を見出していたのである。この点に関しては，これまでのシュタイナーの伝記を含めた先行研究においてほとんど言及されていないが，そこには，真の創造的な「倫理」を社会に実現すること，換言すれば個々人の創造物としての真の「道徳」を現実に生み出すことが，この現世に神を顕現させることにつながる，というシュタイナーの確信が神話的な言説のなかに横たわっている，と解釈できるであろう。そのような確信から，シュタイナーは，この現世に神やその世界を顕現させるために，個々人に真の創造的な「道徳」を育むような人間形成論とそれに関連するさまざまな理論を構想していたと言えよう。そのような個々人の創造的な「道徳」をも包括した理論の全体的な構想が，シュタイナーの言う新しい意味での「精神科学」(Geisteswissenschaft)という学問論であり，人智学と呼ばれるものなのである。[102]

2. 理論的基盤としての道徳観

　では，シュタイナーにあっては，個々人の創造的な「道徳」，さらに言えば「道徳的衝動を自分のなかで正しく展開できる」こととは，どのように捉えられているのであろうか。

　前述したように，シュタイナーは，「知識」ないしは「認識」の偏重の弊害によって「感情」のなかの「反感」が強められ，「共感」が弱められてしまうことに

対して，強い警戒感をもっていた。しかし，そうであるからと言って，シュタイナーは，「道徳的衝動」の育成のために，「共感」だけを尊重するわけではない。

シュタイナーは，「私たちが小さな子どものなかに見出す本能的衝動（Instinktimpulse）が，子どもにとって共感的であるように，生涯を通じてただ共感的に私たちのなかで留まり続けるならば，私たちは自分の本能の影響下において動物的に発達することになります」[103]と述べたあとで，「私たちは，反感を本能に注ぎ込まなければならないのです」[104]と主張する。そこには，「道徳的発達（Moralische Entwickelung）は，いつも禁欲主義的なもの（Asketisches）なのです」[105]というシュタイナーの考え方が横たわっている。つまり，彼の言う「道徳的衝動」は，本能的な衝動の一部分ではなく，「正しい意味における」(im richtigen Sinne)「禁欲主義的なもの」であり，また「動物的なものとの戦いの修練」(Übung in der Bekämpfung des Animalischen)[106]なのである。

シュタイナーによれば，「本能的衝動」と対峙する「道徳的発達」を人間のなかで正しく展開できるようにするには，つまり彼の主張するいわば真の道徳を身につけるには，三つの能力，すなわち「道徳的理念能力」(Moralisches Ideenvermögen)と「道徳的ファンタジー」(Moralische Phantasie)と「道徳的技法」(Moralisches Technik)が重要であるという。この点については，リンデンベルクやシェパードらによる伝記ではあまり言及されていないが，すでに彼の主著『自由の哲学』のなかで，その重要な考え方が示されている。[107]

まず，「道徳的理念能力」についてであるが，これについては特にその著作のなかでは詳細な説明はなされていない。しかし，その意味内容を示す記述として，『自由の哲学』の第12章「道徳的ファンタジー——ダーウィン主義と倫理（Sittlichkeit）——」の冒頭において，シュタイナーは次のように述べている。

　　「自由な精神（freier Geist）は自分の諸衝動（Impulse）によって行為する。自分の理念界全体のなかから思考によって選び出してくるさまざまなイントゥイツィオーンがそれである。不自由な精神（unfreier Geist）にとって

は，特定なイントゥイツィオーンをある行為に基礎づけるようにするために，なぜそれを自分の理念界から選抜するのかという根拠は，自分に与えられた知覚世界のなかに，すなわち自分のこれまでの体験のなかにへばりついているのです。不自由な精神は，自分が決断する前に，似たような場合にだれかが何をしたか，何がよいこととして言われてきたか，あるいは神はそのような場合にどのようにお命じになったのかなどを思い出して，それに従って行為する。自由な精神にとっては，これらの前例条件が行為の唯一の動機ではない。自由な精神は，まったくはじめての決断をする。自由な精神は，この場合に他の人がどのようにしたか，それに対して他の人が何を命じたか，というようなことを気にかけない。自由な精神は，自分の概念の総和からある特定のものを取りあげて，それを行為に移すような純理念的な根拠をもっているのである。」[108]

　ここでシュタイナーが説明している「自由な精神」にかかわる能力が，「道徳的理念能力」の内容を指している。したがって，シュタイナーにあっては，「感覚的世界」とは別に存在する「理念界」，換言すれば「精神的世界」からその時々に他を気にせずに自分の自由な「思考」で「道徳」の理念を選び出すという「イントゥイツィオーン」の能力が，「道徳的理念能力」であると言えよう。つまり，「道徳的理念能力」は，最も高次な意識状態によって「道徳」の理念を選び出す能力である。もちろん，彼にあっては，その能力は訓練によって人間に身につけられるものとして想定されているが，それが獲得されさえすれば，「道徳的発達」が達成されるとは考えられていないのである。つまり，「道徳的理念能力」という「イントゥイツィオーン」の能力によって「精神的世界」からの徳性が把握されたとしても，それだけでは「道徳」の理念としての徳性が理解されたに過ぎず，具体的な「道徳」の「イメージ」は出現され得ないのである。そのために必要とされるものが次に述べる「道徳的ファンタジー」という能力である。

「道徳的ファンタジー」については，シュタイナーは，先の引用文の次頁において，次のように解説している。

> 「人間は，具体的なイメージ（Vorstellung）をファンタジーによって，自分の理念の総和から作り出す。自分の理念を実現し達成するために，自由な精神が必要とするものは，つまり道徳的ファンタジーである。それ（道徳的ファンタジー──引用者註）は，自由な精神の行為にとっての源泉である。それゆえに，道徳的ファンタジーをもった人間だけが，本来的な意味において，倫理的（sittlich）に生産的（produktiv）なのである。単なる道徳説教者（Moralprediger），すなわち，倫理的規則（sittliche Segeln）を具体的な表象に濃縮することもできないでくどくどと説明するだけの人々は，道徳的（moralisch）に非生産的（unproduktiv）なのである。」[109]

シュタイナーにあっては，「概念と知覚の中間項がイ・メ・ー・ジ・である」[110]とされているその「イメージ」に理念を変換できること，すなわち抽象的な理念を具体的な「イメージ」に作りかえることが，自分の道徳理念を実現し達成するうえで重要なプロセスなのである。それを可能にする能力が，「自由な精神の行為にとっての源泉」である「道徳的ファンタジー」なのである。その意味で，「道徳的ファンタジー」は，「生産的」であるという特徴を有している。そのような点については，『自由の哲学』の翌年に出版された『フリードリッヒ・ニーチェ，反時代的闘士』のなかで，シュタイナーは，次のように補足的な説明をしている。

> 「真に自由な人格（Persönlichkeit）に属するのは，単に健全に発達した個人的感覚的な衝動生（Triebleben）だけでなく，生のための思考的な動機を創造する（schaffen）能力である。行為に導く思考も作り出せるような人間こ・そ・が，完全に自由なのである。私は，行為の純思考的な動機を創造する能力を，拙著『自由の哲学』のなかで『道徳的ファンタジー』と命名した。

この道徳的ファンタジーを持つ者だけが，真に自由なのである。なぜなら，人間は意識的な動機に従って行為しなければならないからである。」[111]

このように，シュタイナーにあっては，「道徳的ファンタジー」は「行為の純思考的な動機を創造する」ものである。それを通して，人間ははじめて「真に自由なのである」。したがって，「真に自由な人格」になるためには，「純思考的な動機」を創造する，つまり「生産的」な特徴を有する「道徳的ファンタジー」が個々人に求められる。その「道徳的ファンタジー」によって，徳性の理念から具体的な行為の「イメージ」への架け橋ないしは道筋ができる。つまり，彼の認識論における意識状態で言えば，「道徳的理念能力」が理念を導き出す「イントゥイツィオーン」に相当するのに対し，「道徳的ファンタジー」は，理念と行為をつなげる「インスピラツィオーン」に相当し，創造的な行為を生み出すものである。それゆえ，シュタイナーは，「道徳的ファンタジー」を「自由な精神の行為にとっての源泉」，と『自由の哲学』のなかで重要視するとともに，さらに人類に関する全体的な視野から「倫理的個体主義」に則り，「人類の倫理的生は，自由な個人による道徳的ファンタジーの結果の全総和である」[112]とまで結論づけるのである。

また，「道徳的技法」に関しては，シュタイナーは次のように述べている。

「……それ（道徳的に有効な活動のこの部分—引用者註）は，一般的に学問的認識の分野において求められなければならない。したがって，道徳的行為（moralisches Handeln）は，道徳的理念能力と道徳的ファンタジーと並んで，自然法則的なつながりを壊すことなく，知覚世界を変換する能力を前提にしている。この能力が道徳的技法である。学問が一般的に学び可能であると同じように，これ（道徳的技法—引用者註）も，ある意味で学び可能である。」[113]

このように，シュタイナーは，知覚できる現実世界に適合したかたちで，つまり現実世界に有効に「道徳的行為」を出現させるための「道徳的技法」を提唱している。つまり，この「道徳的技法」はすでに創り出されたあとの現実世界における器用さを求めたものであり，前者の二つの能力と異なって，学問分野における知識として学べるものとされている。彼の認識論における意識状態で言えば，この能力は，目に見えるようにする「イマジナツィオーン」に相当するものであり，現実に対しての有効な知識を見つけ出すものである。それゆえ，シュタイナーは，その学問分野に関して，「ここで考慮されるのは，自然法則(Naturgezetze)である」と述べたあとで，さらに「私たちは，それと自然科学(Naturwissenschaft)とかかわるのであって，倫理学(Ethik)とかかわるのではない」と断言していたのである。つまり，彼は，「道徳的技法」に関しては，現実世界を正しく把握し洞察するためには，倫理学ではなく，広義の意味での自然科学的関係分野の学問からの学びを想定していたのである。

　以上論述してきたように，シュタイナーにあっては，「愛」と結びついた「真の自由」のもとに，三つの能力，すなわち，理念を選び出す「道徳的理念能力」，抽象的な理念を具体的な「イメージ」に変換しながら行為につなげる「道徳的ファンタジー」，有効な行為を実際的に考えさせる「道徳的技法」を身につけることが，真の「道徳」を発揮するうえでの必要条件なのである。したがって，シュタイナーの考える「道徳」は，外から与えられる規範的なものではなく，また人間という一つの「類」(Gattung)として拘束されるものでもなく，むしろ人類という「類」を発展させるために個体としての個人のなかから「愛」と結びついたかたちで「自由」に生み出す「生産的」なものである。そのようなかたちで生み出された「道徳」は，理想的な「理念界」，換言すれば「精神的世界」とつながったものであるために，自ずと「善」の行為となる。さらに彼の考えに即して言えば，そのような個人のなかから生み出される「善」の行為の総和によって，社会や現実的世界が維持されるだけではなく，むしろ必然的に進歩するというのである。つまり，彼にあっては，「道徳」は，一つの「類」

として拘束される，換言すれば人間社会のなかで制約されるようなもの，つまり人間社会を統制維持させるだけのものではないのである。それゆえに，シュタイナーは，自らの立場を「倫理的個体主義」と名づけたうえで，『自由の哲学』の第12章「道徳的ファンタジー――ダーウィン主義と倫理―」の記述に顕著に表れているように，「道徳」を，とりわけそのなかでも創造的で「生産的」な意味をもつ「道徳的ファンタジー」を，ヘッケルやゲーテなどを通じて学んだ進化論とのかかわりのなかで捉えたのである。その点に関しては，シュタイナーの「倫理的個体主義は正しく理解された進化論に対立するものではなく，それから直接に帰結されるものである」という発言がそれを裏づけている。さらに言えば，シュタイナーは，「道徳」という意識的なものが人間や社会の進化と緊密に関係している，という結論に『自由の哲学』の執筆のときにすでに到達していたために，のちに意識の進化を主張していた東洋的な神智学協会に接近する大きな思想的要因になったと考えられる。

　したがって，このような社会の統制維持ではなく進歩発展を目指すシュタイナーの道徳観では，「道徳」は，「倫理的個体主義」のもとに，「愛」と結びついた「真の自由」に基礎づけられたものであり，決して個々人のエゴイズムを肥大化したり社会の調和を破壊したりするものではないと捉えられている。より実際的に言えば，まったく個人的に自由な「道徳的理念能力」と呼ばれる「イントゥイツィオーン」の認識能力によって，「理念界」という「精神的世界」から「道徳」の理念，すなわちシュタイナーにあっては第4章で言及する三つの徳性にかかわる理念が適切に選び出されるならば，そこで「道徳的ファンタジー」によって具体化され，そして「道徳的技法」によって行為化される「道徳」は，個々人の「善」の行為を具体的に生み出すとともに，共同体的な社会の健全化や発展にとって望ましいものになると捉えられている。つまり，まったく個人的に自由な行為であっても，「感覚的世界」ではない「精神的世界」から正しく選び出された「道徳」は，結果的に決してエゴイズムに肥大化することなく，むしろ社会という共同体を健全につくりあげることにつながるというの

である。そのような確信の根拠には、「精神的世界」は、自由と共同をはじめ、さまざまなものが調和した倫理的世界である、という前提がシュタイナーに存在していると考えられる。

このような前提に支えられたシュタイナーの「道徳」の考え方によって、彼の言葉を使えば「倫理的個体主義」の立場によって、個人的な自由と社会的な共同という二元論が乗り越えられ、統合されることになる。それゆえ、シュタイナーの道徳観では、自由を制約するなかに共同を築こうとするような「道徳」はもちろん否定されることになる。あくまでも、シュタイナーにあっては、「愛」と結びついた「真の自由」のもとで個々人のなかで生み出される創造的で生産的な真の「道徳」こそが、現世の地上世界に調和した神的な理想世界を実現させることにつながっていると同時に、人間性の治癒を含めた個々人の人間形成と、それによる社会の調和的な発展という両方の面に寄与する点で、きわめて尊重されるべきものなのである。その結果、彼の道徳観では、一般化・規範化された徳目のようなものはあまり評価されず、個々人によってその場に応じて生み出される徳性が重要視されることになる。このような考え方を基盤とするために、彼の構想する道徳教育の基本的な姿勢としては、何らかの規範を心に内面化することに終始するのではなく、前述した三つの能力によって「道徳」を一人ひとりの子どものなかで創造的に生み出させるような働きかけが、とりわけ大切にされることになるのである。

註

1) Steiner, R., *Die Geheimwissenschaft im Umriß*, Dornach, 1981, S.192ff.
   なお、厳密に数字で示すと、現代の文化期は、1413年から3573年までの2160年間である。ちなみに、「古代インド期」は紀元前7227年から紀元前5067年まで、「古代ペルシャ期」は紀元前5067年から紀元前2907年まで、「エジプト・カルデア期」は2907年から紀元前747年まで、「ギリシャ・ラテン期」は紀元前747年から1413年である（西川隆範『シュタイナー思想入門』白馬書房、1987年、72頁、参照）。
   また、このような名称についても、中国文化の名称が登場しないところは、

東洋的なものを取り入れつつも，あくまでも西洋的なシュタイナーの立場を如実に示していると思われる。

2) Steiner, R., *Die Geheimwissenschaft im Umriß*, S.211
3) Steiner, R., *Allgemeine Menschenkunde als Grundlage der Pädagogik*, S.55f.
4) Oelkers, J., a.a.O., S.120.
5) Steiner, R., *Allgemeine Menschenkunde als Grundlage der Pädagogik*, S.54.
6) ブラヴァツキーは，「人間固有の利己主義（selfishness）」を問題視し，現在の宗教の教えは，利己主義を促進するだけでなくむしろ積極的に正当化している，と主張している（Blavatsky, H.P., *The Key to Theosophy*, pp.32-33）。
7) Steiner, R., *Allgemeine Menschenkunde als Grundlage der Pädagogik*, S.20.
8) ebd.
9) ebd.
10) ebd.
11) ebd.
12) ebd.
13) ebd., S.21.
14) たとえば，小原國芳は，1955年にシュトゥットガルトの自由ヴァルドルフ学校を訪問し，「まあ，せいぜい一斉教授で，開発教授といった程度のものでした。あの程度なら，日本の往年の附属小学校の訓導なら，あれくらいのことはやれたと思います」という辛辣な感想を述べている（小原國芳『世界教育行脚』玉川大学出版部，1956年，149頁）。

また，我が国では，序章の第3節において述べたように，小原の記述よりも以前に，シュタイナーの思想は，少数ではあったが，すでに一部の教育学者によって紹介されていた。そこでは，小原國芳のような辛辣な評ではなく，むしろ好意的な論調でシュタイナーや自由ヴァルドルフ学校が紹介されていた。たとえば，入澤宗壽『現代教育思潮大観』，入澤宗壽・大志萬準治『哲学的人間学による教育の理論と実践』，谷本富『宗教々育の理論と実践』などである。なお，筆者の知る限りでは，我が国においてシュタイナーの思想が学問的な論文として最初に紹介されたのは，1926年に発表された，隈本有尚「スタイネルの人格観」（『丁酉倫理會倫理講演集』，第286輯）である。この「スタイネル」という人物こそが，正真正銘のルドルフ・シュタイナーその人である。この論文では，『真理と学問』および『自由の哲学』において展開されているシュタイナーの思想が，紹介・解説されている。そのような著作においても，シュタイナーの思想は，神話的な人間観とのかかわりにおいて読み解かれることはなかった。

なお，隈本有尚がどのようにしてシュタイナーの思想を学ぶことになったのかについては，衛藤吉則『松本清張氏は，「哲学館事件」（『小説東京帝国大学』）

に何をみたのか?』(第1回松本清張研究奨励事業研究報告),北九州市立松本清張記念館,2000年,106-119頁,が現時点では最も学術的で詳しい。
15) たとえば,シュタイナーが『神智学』において説明している人間の七つの区分についても,ブラヴァツキーは,1889年に英語版の著書において言及している(Blavatsky, H.B., *The Key to Theosophy*, pp.71-72.)。
16) *Fichtes Werke, Bd.IX*, 1971, Berlin, S.4.
17) Steiner,R., *Theosophie:Einführung in übersinnliche Welterkenntnis und Menschenbestimmung*, Dornach, 1978, S.15.
18) ebd.
19) *Fichtes Werke, Bd. IX*, S.4f.
20) Steiner, R., *Theosophie : Einführung in übersinnliche Welterkenntnis und Menschenbestimmung*, S.19.
21) ebd., S.12.
22) ebd., S.45.
23) ebd., S.25ff.
なお,シュタイナーにあっては,1919年の自由ヴァルドルフ学校創立の頃になると,「意志」と「感情」と「思考」は,「心性」の働きとして整然と語られるようになった。
24) ebd., S.46ff.
25) ebd., S.60.
26) ebd., S.69f.
27) ebd., S.70.
28) ebd., S.134.
29) ebd., S.135f.
30) ebd., S.136.
31) Blavatsky, H.B., *The Key to Theosophy*, p.2.
32) Steiner, R.,*Theosophie:Einführung in übersinnliche Welterkenntnis und Menschenbestimmung*, S.37.
33) 高次の世界の認識と修業者の道徳性との関連については,實松宣夫「超感覚世界の認識とそれを可能にする道徳性について―ルドルフ・シュタイナー『いかにして超感覚的世界の認識を獲得するか』より―」『研究論叢』第42巻,第3部,山口大学教育学部,1992年,353-372頁,が詳しい。
34) Steiner, R., *Wie erlangt man Erkenntnisse der höheren Welten?*, S.74ff.
35) ebd., S.75f.
36) 本書の序章で論述したように,我が国においてシュタイナーないしは自由ヴァルドルフ学校の名前を一躍有名にしたのは,1975年に発行された子安美知子の著作であったが,実際のところ,時期的にはそれよりも少し前から,美学

者の高橋巖もシュタイナーの人智学の思想を積極的に紹介しており，現在まで多数の翻訳を著している。筆者の管見した限りでは，彼の訳語は神秘的な色彩をかなり強く打ち出したものになっている。ここで取りあげた「より高次な世界」という訳語の原語は「höhere Welten」であるが，彼の翻訳では，シュタイナーの Wie erlangt man Erkenntnisse der höheren Welten? という著作が『いかにして超感覚的世界の認識を獲得するか』という邦訳名で出版されているように，「höhere Welten」は「超感覚的世界」となっている。この種の訳語が，我が国に広く一般的に普及しているために，シュタイナーの思想に対して過度に神秘的な色彩を帯びさせる結果となっているように思われる。したがって，本書では，上述したような訳語をあてることにした。なお，本論文では，「超感覚的」という訳語を使用するときには，原則として原語は，「übersinnlich」である。

37) もちろん，1907年にシュタイナーがはじめて人間形成論を公にしたと言える『精神科学の観点から見た子どもの教育』(Die Erziehung des Kindes vom Gesichtspunkte der Geisteswissenschaft) にも，それに関する発言は見られるものの，「意志」や「感情」や「思考」という言葉が文脈のなかで個々に数回登場するというだけにとどまっている (Steiner, R., Die Erziehung des Kindes vom Gesichtspunkte der Geisteswissenschaft, S.46ff.)。

38) Steiner, R., Allgemeine Menschenkunde als Grundlage der Pädagoik, S.89f.

39) ebd., S.64.

40) ebd., S.87.

41) ここでは，「心性」の機能を簡潔に説明するということを主眼に置いているために，「認識」と「思考」は，大まかに類似したものとして捉えられている。両者の区別をするならば，シュタイナーにあっては，「知覚」と「概念」によって「認識」はつくられるものであるが，その統一を推進するのが「思考」である。

42) ebd., S.37f.

43) この関連については，拙稿「R. シュタイナーにおける児童期の教育方法論の特質―発達観との関係を中心として―」『教育学系論集』第10巻，1号，筑波大学教育学系，1985年，95頁，を参照。

44) Steiner, R., Allgemeine Menschenkunde als grundlage der Pädagoik, S.30.

45) Steiner, R., Die geistig-seelischen Grundkräfte der Erziehungskunst, S.48.

46) ebd., S.47.

47) Steiner, R., Die Erziehung des Kindes vom Gesichtspunkte der Geisteswissenschaft, S.7ff.
なお，この著作では，「自我体」(Das Ichleib) という用語が使用されているが，その後は次第に「自我」(Das Ich) という用語が頻繁に使用されるようになった。ここでは，論述における統一を図るために，「自我」という用語を使用した。

48) Steiner, R. (Hrsg.), *Goethes Werke*, Tl.33（Kürschner, J., *Deutsche National-Litteraur*, Bd.114）, S.LXⅢ.
49) Steiner, R., *Die pädagogische Grundlage und Zielsetzung der Waldorfschule*, Dornach, 1978, S.30.
50) Steiner, R., *Die Erziehung des Kindes vom Gesichtspunkte der Geisteswissenschaft*, S.19ff.
51) この点については，拙稿「シュタイナーにおける幼児期の教育方法論の特質」『教育方法学研究』第10巻，日本教育方法学会，1985年，21-22頁，を参照。
52) シュタイナーは，1906年に7年区切りの発達期に即した人間形成論を『精神科学の観点から見た子どもの教育』という小著で公にしているが，その際に他の人からは影響を受けずに，自分が独自に思いついたかのように語っている。また，彼の弟子たちもそのように了解している。しかし，歴史的に見ると，少なくとも神智学協会のベサントは，シュタイナーよりも早くに，7年区切りの発達期に即した人間形成論を提唱し，その理念に則った学校を1898年にインドに創設している。そののちも，インドにおいて，神智学協会の教育部門によって，彼女の理念に基づいた学校が各地に設立されている（弘中和彦「その他の諸国インド」長尾十三二編『新教育運動の理論』明治図書，1988年，138頁）。しかも，イギリスにおいても，1906年頃には，神智学協会の教育部門は積極的に活動を展開していた。そのような史実から推察すると，シュタイナーの提唱した人間形成論すべては，決して彼独自なものではなく，むしろブラヴァツキーやベサントをはじめとした神智学協会の教育部門から何らかの影響を確実に受けていたと考えられる。この影響関係の詳細については，今後の課題にしておきたい。
53) この点については，拙稿「シュタイナーの教育方法論における『気質』の意義」『研究論集』No.54，関西外国語大学，1991年，260-263頁，を参照。
54) バーゼル大学およびベルン大学の教授を勤め，シェリングの影響下で神秘主義の伝統を受け継いだ自然哲学を展開した。
55) Steiner, R., *Erziehungskunst. Seminabesprechungen und Lehrplanvorträge*, Dornach, 1977, S.10.
56) ebd.
57) Steiner, R., *Wo und wie findet man den Geist?*, Dornach, 1961, S.279.
58) Steiner, R., *Erziehungskunst. Seminabesprechungen und Lehrplanvorträge*, S.10.
59) Steiner, R., *Die geistig - seelischen Grundkräfte der Erziehungskunst*, S.119.
60) Steiner, R., *Erziehungskunst. Seminabesprechungen und Lehrplanvorträge*, S.31.
61) Steiner, R., *Die geistig - seelischen Grundkräfte der Erziehungskunst*, S.119.

62) Hemleben, J., a.a.O., S.119.
63) Steiner, R., Marxismus und Dreigliederung, in, *Zur Dreigliederung des sozialen Organismus*, Dornach, 1962, S.24.
64) Steiner, R., *Die pädagogische Grundlage und Zielsetzung der Waldorfschule*, S.32.
65) ドイツの学校制度は，ヨーロッパの伝統的な学校制度を継承し，原則的にいわゆる分岐型となっていた（ただし，第二次世界大戦後の東ドイツはまったく異なっていた）。一般に，4年間の基礎学校を卒業すると，子どもは，5年間の基幹学校，あるいは6年間の実科学校，あるいは9年間のギムナジウムのいずれかに振り分けられることになっていた。つまり，ドイツの子どもは，10歳の段階で将来の進路を大きく決定することになるわけである。ただし，現在では，かなりの州において，基礎学校卒業から数年間，観察期間が設けられるようになっている。
実際には，シュタイナーは，8年間の総合制学校として，最初の自由ヴァルドルフ学校を創始している。ただし，年月の経過とともに，やがて12年間の総合制学校となり，現在に至っている。なお，大学進学を希望する者は，現在，併設されている補習学級において，1年間にわたって大学入学資格試験のための学習をすることになっている。
66) 現在では，自由ヴァルドルフ学校の教員養成所は，ドイツのみならず，スイスやイギリスやアメリカやオーストラリアなどにも点在するようになっている。自由ヴァルドルフ学校連盟の公式ホームページによると，世界各地に，107の施設が存在しているという (http://waldorfschule.info/index.52.0.1.html (2008.5.21))。
67) Steiner, R., *Die geistig - seelischen Grundkräfte der Erziehungskunst*, S.18.
68) たとえば，Lindenberg, Ch., *Waldorfschulen : Angstfrei lernen, selbstbewußt handeln*, S.118ff., 遠藤孝夫「シュタイナーの社会三層化運動と自由ヴァルドルフ学校の創設―人間認識に基づく教育と学校の自律性―」『弘前大学教育学部紀要』第85号，2001年，194-196頁。
69) Steiner, R., *Die Philosophie der Freiheit*, S.136.
70) Molt, E., *Entwurf meiner Lebensbeschreibung*, Stuttgart, 1972, S.159.
71) たとえば，Carlgren, F., *Rudolf Steiner und die Anthroposophie*, S.32. である。
72) Molt, E., a.a.O., S.178.
73) Lindenberg, R., *Rudolf Steiner : Eine Biographie Bd. II 1915-1925*, S.650.
74) Molt, E., a.a.O., S. 182.
75) Lindenberg, R., *Rudolf Steiner : Eine Biographie Bd. II 1915-1925*, S.662.
76) Steiner, R., *Gegenwärtiges Geistesleben und Erziehung*, Stuttgart, 1957, S.29.
77) Steiner, R., *Die Geheimwissenschaft im Umriß*, S.34.

78) Shepherd, A.P., op.cit., p.69.
79) Ullrich, H., Anthroposophie-zwischen Mythos und Wissenschaft : Eine Untersuchung zur Temeramentenlehre Rudolf Steiners, in, *Pädagogische Rundschau*, Jg. 38, H.4, 1984, S.466.
80) Steiner, R., *Gegenwärtiges Geistesleben und Erziehung*, S.15.
81) Shepherd, A.P., op.cit., p.68.
82) ibid., p.69.
83) ibid.
84) ibid., pp.69-70.
85) ibid., p.69.
なお，本書の翻訳書であるシェパード，A.P.著，中村正明訳『シュタイナーの思想と生涯』青土社，1998年，91頁，においては，「Spiritual Science」は霊学と訳されたうえで，「オカルト・サイエンス」というルビが振られている。しかし，本論文では，この用語を，ドイツ語の「Geisteswissenschaft」に相当すると考えられるために，「精神科学」と訳している。
86) Steiner, R., *Mein Lebensgang*, S.306.
87) Besant, A., *Theosophy*, London, n.d., p.18.
88) ibid., p.21.
89) Steiner, R., *Mein Lebensgang*, S.306f.
90) ebd., S.312.
91) ebd., S.312f.
92) ebd., S.313.
93) Steiner, R., *Gegenwärtiges Geistesleben und Erziehung*, S.12ff.
94) ebd., S.14.
95) ebd., S.18.
96) ebd., S.20.
97) ebd.
98) ebd., S.21.
99) ebd.
100) ebd., S.22f.
101) 訳語としては，「直観」や「直覚」という日本語が考えられるが，「Anschauung」との日本語上の区別，および彼独自の認識論のなかで使用されている「Imagination」や「Inspiration」との日本語上の区別が，翻訳されることによって，日本語のもつ語感の影響もあって，誤解を招くことにつながりやすい，と考えられる。そのために，本論文では，「Intution」をはじめ，「Imagination」や「Inspiration」は原語をそれぞれカタカナ表示で，「イントゥイツィオーン」，「インスピラツィオーン」，「イマジナツィオーン」とすることにした。なお，シュ

タイナーの認識論では,「イマジナツィオーン」,「インスピラツィオーン」,「イントゥイツィオーン」の順で,意識状態は高次になるとされている。その意味で,「イントゥイツィオーン」は彼の認識論で特に重要視される意識状態である。その「イントゥイツィオーン」に関しては,シュタイナーは『自由の哲学』において次のように述べている。

「外から私たちに与えられる知覚内容とは反対に,思考内容は内部から現れる。それ(思考内容—引用者註)が最初に出現するところの形式(Form)を,私たちはイントゥイツィオーンと名づけたい。思考にとってのそれ(イントゥイツィオーン—引用者註)は,知覚にとっての観察と同じである。イントゥイツィオーンと観察は,私たちの認識の源泉である。知覚だけでは不十分になってしまう現実部分を私たちに補完してくれるようなふさわしいイントゥイツィオーンを私たちの内部で持たない限り,私たちはとてもよそよそしく観察する世界の事物の前に立つことになる。事物にふさわしいイントゥイツィオーンを見出す能力のないような人には,完全な現実は閉ざされた状態になる」(Steiner, R., *Die Philosophie der Freiheit*, S.76.)

つまり,シュタイナーにあっては,「イントゥイツィオーン」は,現実の事物を完全に理解するうえでなくてはならない「思考」にかかわる「形式」であり,また人間の「思考」の意識状態と言えるのである。したがって,すぐれた「イントゥイツィオーン」が欠けているならば,「道徳」の理解は不可能なのである。

102) ユングは,そのような人智学の広がりに対して,「……シュタイナーが自分の人智学を『精神科学』(Geisteswissenschaft)と宣言しようとも,内容は純宗教的なものである」と述べるように,人智学を学問ではなく一種の宗教として捉えていたようである (Jung, C.G., *Seelenprobleme der Gegenwart*, Zürich, 1931, S.414.)。
103) Steiner, R., *Allgemeine Menschenkunde als Grundlage der Pädagogik*, S.86.
104) ebd.
105) ebd.
106) ebd., S. 87.
107) 『自由の哲学』におけるこの箇所の重要性について,早くから気づいていた人物としてエンデがあげられる。彼の編集した『私の読んだ本』(*Mein Lesebuch*)には,彼の生涯のなかで心に残った25編の重要な文章が掲載されている。その最初に,荘子の「胡蝶の夢」が,その次に『自由の哲学』の第12章「道徳的ファンタジー—ダーウィン主義と倫理—」が掲載されている。
108) Steiner, R., *Die Philosophie der Freiheit*, S.151.
109) ebd., S.152.

110) ebd., S.151.
111) Steiner, R., *Friedrich Nietzsche : ein Kämpfer gegen seine Zeit*, Dornach, 1977, S.91.
112) Steiner, R., *Die Philosophie der Freiheit*, S.191.
113) ebd., S.153.
114) ebd., S.154.
115) ebd.
116) ebd., S.157.

第3章
人間形成論の基本的特徴

　本章では，学校教育の実践の基底となるシュタイナーの人間形成論の基本的特徴を明らかにする。

　最初に，シュタイナーの構想する人間形成の目的について論じる。そこでは，「全人」(ganzer Mensch) の育成と，「自由人」(freier Mensch) の育成を取りあげる。まず，「全人」の育成について言うと，彼の主張するそれは，「意志」と「感情」と「思考」というすべての心的諸力を含めた人間の全体性の育成，および統一体としての一人の人間のなかで12個のすべての感覚に働きかけて多くの感覚の結合を図るというような感覚の育成，という二つの意味を持っていることを明確にする。次に，「自由人」の育成について言うと，彼の主張するそれは，「社会有機体三分節化運動」の思想という社会観からの要請と，真の「道徳」を生み出すうえでの不可欠な前提的条件という人間観からの要請とに基づくものであることを明らかにする（第1節）。

　次に，人間形成の方法の基本原理として，発達に即した働きかけを取りあげ，その特徴と意義について検討する。そこでは，幼児期と児童期と青年期という発達期に即した働きかけについて，「内容の次元」と「教授法の次元」と「関係の次元」という三つの次元を指標としながら考察する。その結果，シュタイナーの独自な発達観の観点は，幼児期から青年期に至る人間の発達の過程を，それぞれ固有の特性や課題を有する発達期に分節化し，人間の心身両面の発達に即した働きかけを生み出す根本的な拠り所となっている，ということを明らかにする（第2節）。

　続いて，もう一つの基本原理として，「気質」に即した働きかけを取りあげる。そこでは，それぞれの「気質」の子どもに対する働きかけの基本原則と実際に

ついて検討し，「気質」の観点を生かす意義について考察する。まず，そこでの基本原則について言えば，それは，ホメオパシー（Homöopathie）の考え方に基づくものであることを明らかにする。

次に，それを適応する実際の場面として考えられている二つの方法について詳しく論述する。一つは，同じ「気質」の子ども同士が教室のある特定の場所に集められるというかたちで実行に移されるものであり，いま一つは，教師が接する子どもと同じ「気質」を演じるというかたちで実行に移されるものである（第3節）。

第1節　人間形成の課題

大枠において言うならば，シュタイナーは，現実の社会の発展に貢献できる理想的な人間像として，特に第2章第3節で論じたような，「認識」と「芸術」と「宗教」と「倫理」との調和を大切にしたかたちで「道徳的・精神的」なものを身につけた人間，および特に第1章第2節や第2章第3節で論じたような，「倫理的個体主義」に基づいた真の「自由」を身につけた人間を想定していたと考えられる。すなわち，シュタイナーの言葉を使って端的に言うなら，前者は「全人」であり，後者は「自由人」となる。

そこで，以下では，それぞれの人間像について詳細に検討することにしよう。

1.　「全人」の育成

シュタイナーは，ある講演において世界観に関して次のような主張を行っている。

　　「私たちは，悟性（Verstand）や知性（Intellekt）だけに合う世界観を必要としていません。私たちは，全人（ganzer Mensch）に合う，つまり思考し，感情を持ち，意志する人間に合う世界観を必要としています。」[3]

シュタイナーは，世界観を語る際に，「悟性」や「知性」というような人間の一部分の能力ではなく，あくまでも「思考」し，「感情」を持ち，「意志」する全体的な人間，すなわち「全人」を射程に入れている。また，彼は，別の講演において，授業に関連させながら「全人」について次のように述べている。

　　「私たちが授業において作用させようとしているのは，植物についての認識および動物についての認識をただ単に人間に対して教えることだけではなく，むしろ授業を通しての人格陶冶（Charakterbildung），つまり，全人の陶冶（Bildung des ganzen Menschen）にあるのです。」[4]

　この発言にも現れているように，シュタイナーにあっては，人間の全体性が尊重されるとともに，理想的な目標として「全人」の育成が授業において目指されている。つまり，悟性や知性のような「思考」的な一部の能力ではなく，「意志」と「感情」と「思考」というすべての心的諸力を含めた人間の育成が重視されている。

　そのためには，「ただ単に子どもの現在を眺めるだけでなく，死に至るまでの人間の全生涯を見通すことが重要なのです」[5]とシュタイナーが述べるように，短期的な変化や成果ではなく，人間の全生涯を視野に入れた子どもの発達や教育が説かれることになる。その象徴的な説明としてしばしば引き合いに出されるのは，幼少年時代に不適切な働きかけが行われると，人生の後年になってからだに病気として悪影響が現れるというシュタイナーの警告である。たとえば，幼児の時代に，幼児語のような不誠実で不完全なことばを子どもが使用し続けるなら，つまり不誠実な取り扱いが子どもになされるならば，やがてその子どもは神経症になったり，人生の晩年には，消化器系の病気や神経症になる，というものである。[6]もちろん，シュタイナーの主張するような病気の弊害の信憑性については，ここでは議論の横に置くとしても，乳幼児期から人生の晩年までの期間を因果関係のもとで説明しようとするところは，まさに人間を全体性

のもとで捉えている顕著な現れである，と見ることができよう。

　また，シュタイナーにあっては，人間の全体性を育成するという発想は，前述したような見方ができるわけであるが，また別の視点から見ると，人間のすべての感覚に着目して育てる，ということにもつながっている。それゆえに，人間のすべての感覚への働きかけが求められている。ただし，彼の想定するすべての感覚とは，視覚，聴覚，嗅覚，味覚，触覚という普通一般に言われる五感だけを指しているわけではない。そこには，シュタイナーの独自性が強く現れていると同時に，「感覚から自由な思考」や通常の感覚を超える「より高次な感覚」を探究していた彼の姿勢が垣間見られるのである。

　シュタイナーは，1916年6月にベルリンで行われた講演において，「太陽が12個の星座の回りを動くこととちょうど同じように，いわば12個の感覚の回りを私たちのすべての心性生活 (Seelenleben) が動くことになるのです」[7]と，宇宙と人間との関係性について述べている。彼にあっては，神話的な進化論に見られたように，つねに宇宙と人間とは深く関係し合っている。その一つの現れとして，太陽の軌道と星座との関係から生じる宇宙の12個の区分がマクロコスモスとするならば[8]，宇宙のミクロコスモスとしての人間にも，それになぞらえた12個の感覚が存在するのである[9]。すなわち，「触覚」(Tastsinn)，「生命感覚」(Lebenssinn)，「運動感覚」(Bewegungssinn)，「平衡感覚」(Gleichgewichtssinn)，「嗅覚」(Geruchssinn)，「味覚」(Geschmackssinn)，「視覚」(Sehsinn)，「熱感覚」(Wärmesinn)，「聴覚」(Hörsinn)，「言語感覚」(Sprachsinn)，「思考感覚」(Gedankensinn)，「自我感覚」(Ich-Sinn) である。

　さらに，シュタイナーは，これらの感覚を次のように区分した。すなわち，「触覚」，「生命感覚」，「運動感覚」，「平衡感覚」という最初にあげた四つの感覚は，「意志」作用が強く浸透している「意志感覚」(Willenssinne) である。次にあげた「嗅覚」，「味覚」，「視覚」，「熱感覚」という四つ感覚は，「感情」作用が強く浸透している「感情感覚」(Gefühlssinne) である。最後にあげた「聴覚」，「言語感覚」，「思考感覚」，「自我感覚」という四つの感覚には，「認識」ないし

は「思考」作用が強く浸透している「認識感覚」(Erkenntnissinne) である。このような12個の感覚のうち,「意志感覚」のなかでは「平衡感覚」がバランスや均衡を意識するという意味で,「自我感覚」が他人の自我を意識するという意味で, 道徳的な感覚とより強くつながっていると考えられている。[10]

　このようなシュタイナーの見解に従えば, 最終的に12個の感覚への働きかけは,「意志」や「感情」や「思考」というすべての心的諸力とともに, いわゆるからだを含めた「全人」の育成につながるということになる。

　したがって, シュタイナーにあっては, もちろん一つの感覚に限定することなく, すべての感覚に働きかけることが実際の教育活動において大切にされるわけであるが, それと同時に, 統一体としての一人の人間のなかで, できるだけ多くの感覚の結合も重視される。それによって, 人間が「全人」として, 世界と内的にも生き生きと結びつくことになるというのである。彼は, このような感覚の結びつきのなかから生じる「判断」(Urteil) に着目し, 個々の事例の際に個々人において,「全人」の一つの表出 (Äußerung) としての「判断機能」(Urteilsfunktion) を適切に行わせようと考えた。[11]成人においてそれをできるように育てることが, 彼の言う「全人」の育成の大きな特徴に他ならないのである。

　もちろん, シュタイナーの主張する12個の感覚の存在も, 前述した病気の弊害と同じように, 普通一般の常識から言えばにわかに信じがたいものである。しかし, 12個の感覚それ自体の信憑性については, 前述した病気の弊害と同様に, 議論の横に置くとしても, 人間の持っているすべての感覚に働きかけ, あるいは結びつけようとする彼の考え方は, 結果的に「全人」の育成という発想につながるものであると言えよう。

　以上見てきたように, シュタイナーの言う「全人」の育成とは,「意志」と「感情」と「思考」というすべての心的諸力を含めた人間の育成と, 統一体としての一人の人間のなかで12個のすべての感覚に働きかけてできるだけ多くの感覚の結合を図ること, の二つの意味を含有していると言えよう。ただし, 二つの意味はまったく別なものではなく, 結果としては, 後者は前者に貢献する関

係になっている。さらに言えば，最終的には，後者は，前者のようなすべての心的諸力の育成だけでなく，それと関連するからだを含めた意味における人間の全体性の育成に，すなわち「子どもたちを，肉体的には健康で強壮な人間に，心性的には自由な人間に，精神的には明晰な人間にする」[12]ということにも貢献する関係になっている。

2. 「自由人」の育成

　シュタイナーは，ある講演で「私たちが自由ヴァルドルフ学校においてとりわけ努力しているのは，自由人 (freier Mensch)，つまり人生のなかで自分の方向を自分で決めることを心得ているような人間を展望することです」[13]と述べるように，「人生のなかで自分の方向を自分で決めることを心得ている」という「自由人」の育成を教育の目標としてかかげている。また，別の講演でも，シュタイナーは，学校における教育や授業の努力目標として，先に引用したように，「子どもたちを，肉体的には健康で強壮な人間に，心性的には自由な人間に，精神的には明晰な人間にする」ということを主張している。つまり，シュタイナーは，人間の全体性，特に心的な「自由」に着目しながら「自由人」を求めているのである。

　このような「自由人」の育成が目指されるのは，主にシュタイナーの社会観および人間観によるものであると考えられる。

　まず，シュタイナーの社会観に関して言えば，彼の思想は，「三分節化」された社会を目指すものである。その思想に従えば，教育，学問，宗教，芸術を含む「精神生活」においては，「自由」の理念が最も重要視される。そこでの活動を通して「自由人」という人間が社会に供給され，それによって，社会全体が健全に発展するというのである。それゆえに，人間形成の課題として，彼の社会観から，「自由人」の育成がとりわけ強調されるのである。

　次に，シュタイナーの神話的な人間観において，「1000年も前には，中世とも，また現代とも違った別の人間が存在していた」[14]と述べられているように，人間

は，進歩し続けるために，時代によって心身ともに異なり，しかも各時代によって目指すべき目標も同じではない，ということを彼は強調したいのである。彼によれば，ギリシャ文明期には「体育教師」(Gymnast)が，ローマ文明期には「修辞学教師」(Rhetor)が，中世中葉以降には「博士」(Doktor)が，教育の目指すべき人間の理想像になっていたという。この三つの過程を経た今日の時代では，徐々にであるが，「博士」に象徴される主知主義の教育が改められ，その教育の弊害として生じているエゴイズムの克服が人間形成の課題とされ始めるという。そのために，子どもに「道徳的・精神的」なものを育む人間形成が，きわめて大きな位置を占めることになる。

　つまり，このような彼独自の人間進化に関する物語を根拠にして，シュタイナーは，「道徳」の育成が当時の人間形成の大きな課題になっているということを主張するのである。

　もちろん，人間進化の物語を根拠にしながら人間形成の課題を「道徳」の育成と見做すような主張は，一般的な科学や学問の立場からも，また歴史学の立場からも一蹴されるべきものであろう。しかし，シュタイナーの主張していた「道徳」は，いわゆる一般的な道徳観とは明確に一線を画するものであった。すなわち，その「道徳」は，あらかじめ与えられた外的な「道徳的規範」に従うものではなく，臨機応変に自分自身から発する「自由」で「生産的」なものである。しかも，「道徳的行為」は，「倫理的個体主義」のもとに，「愛」に支えられた個人の「自由」な行為でなければならないとされている。それゆえ，彼の人間観からも，「自由人」の育成が，「道徳的行為」の不可欠な前提的条件となる。

　このように，シュタイナーの社会観および人間観は，「自由人」を必要とするものなのである。

第2節　人間形成の方法としての発達に即した働きかけ

　シュタイナーは，前述した人間形成の課題を達成する方法として，第2章第1節で言及したすべての人間に備わっている共通性と個々の人間の差異性に着目する。すなわち，前者が発達であり，後者が彼の言うところの「気質」である。この二つの観点から，彼は，多種多様な子どもを理解し，それぞれの子どもに即した働きかけを奨励した。

　そこで，本節では，まず発達の観点について述べることにしよう。

　シュタイナーは，教育に関して持論を最初に公にすることになった小冊子『精神科学の観点から見た子どもの教育』の最初の部分において，「多くの人たちは，生を根底から本当に知ることなく，生を変えたいと願っている」と述べたうえで，正しい方法として「精神科学」による生の深部の探究を奨励している。そこには，「人間の生の本質（Wesen）に対して包括的であり，しかも実際的な世界把握（Weltauffassung）を与えるという課題は，その性質から考えても精神科学が担わなければならない」というシュタイナーの信念が表明されていた。彼にあっては，人間の場合には，「生」の深部とは，彼の言うところの人間の本質ということなる。その本質に関して，シュタイナーは次のように確信していた。

　　「成長しつつある人間の本質を知りたいならば，そもそも人間の隠された本性（Natur）の考察から出発しなければならない。」

　もちろん，その小冊子においてシュタイナーの言う「隠された本性」とは，『神智学』で述べられた人間の構成体のことを指している。ただし，『神智学』で示された「物質的肉体」，「エーテル体ないしは生命体」，「感覚的心性」，「悟性心性」，「精神に充ちた意識心性」，「生命精神」，「精神人」という七つの構成体は，現代の進化過程から言うと，簡潔に四つのものと捉えられていた。1907年に出版された小冊子『精神科学の観点から見た子どもの教育』のなかでも，

基本的に,「物質体」,「エーテル体ないしは生命体」,「アストラル体ないしは感覚体」,「自我体」(「自我体」については,「自我」という用語が,その後は多く使われるようになった)という四つの構成体の名称が使用された。そのうえで,シュタイナーは,「私たちは,教育者として人間の本質のこの四つの構成体に働きかける」[19]と述べるように,この四つの構成体に働きかけることを教育において重視した。その実際的な働きかけについて,彼は次のように考えていた。

　「それらの部分(四つの構成体―引用者註)が,人生のある時点,たとえば誕生の際において,すべて一様に広く存在したり,また人間のなかでそのままの状態で発達するというようなことを想像してはならない。それらの発達は,むしろ異なった年齢において,異なった方法で起こる。人間本性のこれらの発達法則を認識するということに,教育および授業の正しい基盤が依拠するのである。」[20]

　四つの構成体は,それぞれ異なった発達の仕方をするために,それに適した働きかけが教育や授業に求められている。つまり,教育や授業の際に,発達に即した働きかけ,すなわち幼児期と児童期と青年期という発達期に即した教育が重視されている。そのような発達を重視するシュタイナーの考え方,すなわち「有機体はその生成と発達においてのみ理解することができる」という見解の基底には,有機体を把握するときに「変態」や変化に着眼していたゲーテの自然科学論の影響が明らかに垣間見られるのである。

　以下,それぞれの発達期について詳細に検討していくことになるが,その際に本論文では,「内容の次元」と「教授法の次元」と「関係の次元」という三つの次元を指標としながら,各発達期の働きかけを見ていくことにする。[21]

1. 幼児期に即した働きかけ

　シュタイナーは，幼児期において「子どもは，まったく感覚器官になっている」[22]，あるいは「子どもは完全に環境に帰依している」[23]と主張し，この時期の子どもを，敏感な感受性によって環境としての外的な他者の行為を「物質体」全体で知覚し，それを身体全体でまねようとする存在であると見做した。つまり，子どもは，外的な行為を「感情」や「思考」のなかで受けとめるのではなく，むしろ，それと同じことをいわばからだ全体で「意志」するのである。このような子どもの特性を，シュタイナーは，「模倣」(Nachahmung) と呼ぶ。そして，彼は，「歯牙交代まで，人間は本来的に一種の模倣者として発達する」[24]と捉えたうえで，子どもの「模倣」の特性を十分に生かすことによって，強固な「意志」の育成を最優先しようと考え，幼児期の方法として「歯牙交代以前のすべての教育や授業は模倣原理のうえに築かれなければならない」[25]，と主張するに至ったのである。

　では，幼児期の子どもに対して，「意志」の重点的な育成のために，たとえば幼稚園においてどのような教育方法がなされるべきであろうか。[26]

　まず，「内容の次元」について見れば，「芸術」(Kunst) と「話し方学習」(Sprechenlernen) が重視されている。「芸術」の重視について言えば，多くの全身の感覚に働きかけるような粘土細工や絵画や音楽などの「芸術」が大切にされている。そのなかでも，とりわけシュタイナーが奨励するものに，彼の言うところのおもちゃとしての「人形」がある。彼の奨励する「人形」は，「一枚の古いナプキンを巻き，ナプキンの両端で足を，他の両端で腕をつくり，さらに結び目で頭部をつくり，そしてインキで目と口を塗る」[27]，といったようなものである。それによって，子どもは，人間として見做すために必要なものを自分の「ファンタジー」(Phantasie) のなかから引き出して補いながら，「人形」を作成し，それを使って繰り返し想像的に遊ぶことになる。

　シュタイナーは，このようなさまざまな芸術活動を幼児期の子どもに体験させようとするわけであるが，その大きな根拠は，幼児期の子どもに対して，主

知主義的な近代文明の影響によって「内容的に知的なものすべて」[28]に偏らないように,「知識」と「芸術」と「宗教」と「倫理」の究極的な合一という理念のもとに,「知識」を「芸術」によって調和させるところにある。なぜなら,特に「芸術」は受動的で抽象的な「思考」を, 生き生きとした「心像」を持った「イマジナツィオーン」に変換できるからである。さらに,「芸術」を重視する根拠として付け加えるならば, シュタイナーの考えでは,「意志の訓練は, 反復(Wiederholung), 特に意識的な反復に依存する[29]」と見做され,「意志」は身体的に四肢と関連するがゆえに, 芸術活動には, 幼児期の課題としての「意志」の育成につながる「反復」と四肢の活動がつねに伴うからである。

また,「話し方学習」の重視について言えば, 幼児期の子どもは, 模倣衝動を強くもっているために, 聴いたことを口で話すことよって言葉を覚え, 覚えたことをいつも日常生活で使用したがるものである。つまり, そこには,「芸術」の場合と同様に,「意志」の育成につながる「反復」がつねに伴っている。また,「話し方学習」の際に取りあげられるものが美しいリズムの詩歌である場合には,「話し方学習」が一種の芸術活動となり, 結果的として「芸術」と同じ意義を有することになる[30]。したがって,「話し方学習」も,「芸術」とともに幼児期の子どもに大切されるのである。もちろん, そのような言葉を大切にするところの根底には,「初めに言があった」という『ヨハネによる福音』の冒頭部分の解釈にこだわるシュタイナーの信念が少なからず影響を及ぼしていると考えられる。

次に,「教授法の次元」について見れば,「模倣」の原則が主な特徴としてあげられる。なぜなら, 既述したように, 幼児期の子どもは,「模倣」の特性によって外的な行為をからだ全体で「意志」するからである。具体的に言えば, 絵画の時間では, まず教師が率先して一つの「模範」(Vorbild)となる絵を描いているようすを子どもに眺めさせ, それによって子どもに「模倣」しようとする気持ちを起こさせて, それをまねさせる。「話し方学習」の際にも, シュタイナーが「模倣の感覚におけるあらゆる話し方学習は, この時期(幼児期―引用者註)

になされなければならない」[31]と述べるように，教師は，大人の言葉を聞かせ，それをまねさせるのである。したがって，シュタイナーにあっては，大人による幼児語の使用は，「模倣」の特性を持ったこの時期の子どもにとって不誠実さの表れと見做され，禁止されることになっている。

　また，「関係の次元」について見れば，前述したような絵の時間や「話し方学習」でも，教師は，幼児期の子どもにとっての「模倣」の対象である。また，日常生活においても，同じようなことが言える。たとえば，教師が子どもに手をきれいに洗わせようとするなら，「模倣」の対象者として教師自身が子どもの目の前で自分の手をきれいに洗うことが必要である。すなわち，幼児期には，大人が子どもの前で「模範」的な行為を示し，吸収力の強い子どもがそれを「模倣」するのである。したがって，教師と子どもは，基本的には「模範」と「模倣」という行為によってかかわり合っていることになる。つまり，教師と子どもとの間に求められるのは，「模範者」と「模倣者」という関係なのである。そのような関係を通じて，幼児期の子どもに「意志」によって理解させる体験が与えられ，幼児期の課題である「意志」の育成が行われるのである。

2.　児童期に即した働きかけ

　シュタイナーによれば，歯牙交代の時期を境にして，子どもは，外的な感覚的印象（Sinneseindruck）よりはもっと心性的なもの（Seelisches）に目を向けようとする存在になっていくという[32]。ただし，子どもが自らの内面において「概念」（Begriff）を用いて事柄を知的に理解できる存在になったとは考えられていない。あくまでも，この時期に目指されるのは，「思考」に関しては，限定的に記憶力の育成のみにとどめ，中心的には，「ファンタジー」によって「イメージ」のなかで感じとれるような「感情」を育成することである。そのようにならなければならない理由は，人間の生涯の発達を見通したうえでのシュタイナーの児童期の捉え方による。すなわち，児童期において「感情」を十分に育成できなかった子どもは，その後の人生において，「概念はこの世界の事柄

を理解するための手段の一つに過ぎない」[33]と見做すことができず,「概念」による知的な理解のみを絶対視するような人間となってしまうと言うのである。

　では,シュタイナーの人間形成論においては,児童期の具体的な働きかけとして,どのようなものが学校教育で求められるのであろうか。幼児期と同様に,その特徴について三つの次元から見てみよう。

　まず,「内容の次元」から言えば,教育内容の特徴は,シュタイナーの指導のもとに行われた最初の自由ヴァルドルフ学校の授業の時間表(図表1を参照)[34]と,同校の最初の教師のための講習会で示された児童期の教育内容の要点(図表2を参照)[35]とに現れている。

　これらの表から,二つの特徴が見出される。すなわち,一つは,豊かな「感情」を育成するために「芸術」に関する内容が多く取り入れられていることである。「エポック授業」(Epochenunterricht)以外を意味する「専門教科授業」[36](Fachunterricht)では,歌唱,器楽,オイリュトミーといった「芸術」に関する内容が,児童期に相当するすべての学年において実施され,さらに手芸が第1学年から,手作業も第6学年から,製本が第11学年から導入されている。また,図表1には明瞭に表れないけれども,図表2から垣間見られるように,エポック授業においては,「水彩画」(Malen)や「素描」(Formen)という絵画が第1学年からかなり時間をかけて行われることになっている。特に,そのなかでも,この学校独自のオイリュトミーという教科は特に重視されている[37]。このように,児童期の教育内容として,「芸術」に関する内容が多く取り入れられることによって,「感情」の育成が求められている。このように「感情」の育成のために「芸術」を重視するところは,ゲーテの「教育州」と相通ずるものであろう。

　また,いま一つの特徴は,図表2に現れているように,児童期がさらに第1期(およそ7歳～およそ9歳)と第2期(およそ9歳～およそ12歳)と第3期(およそ12歳～およそ14歳)と三つに区切られることによって,青年期において本格的に指導される知的な内容を,その基礎としていかなる年齢から取り

図表1　最初の自由ヴァルドルフ学校における授業の時間数（1923年頃）

学年	エポック授業	英語	フランス語	オイリュトミー	体操・体育	歌唱	器楽	手芸	製本	手工	園芸	ラテン語	ギリシャ語	測量	編み物	科学技術	救助法	速記	宗教	合計
1	12	3	3	1	−	1	2	2	−	−	−	−	−	−	−	−	−	−	2	24
2	12	3	3	1	−	1	2	2	−	−	−	−	−	−	−	−	−	−	2	25
3	12	3	3	1	1	1	2	2	−	−	−	−	−	−	−	−	−	−	2	26
4	12	3	3	1	1	1	2	2	−	−	−	−	−	−	−	−	−	−	2	27
5	12	3	3	1	2	1	1	1	−	−	−	2	−	−	−	−	−	−	2	27
6	12	2	2	2	2	1	1	1	−	選択2.2	2	2	−	−	−	−	−	−	2	31
7	13	2	2	2	2	1	1	1	−	選択2.2	2	2	−	−	−	−	−	−	2	31
8	14	2	2	2	2	1	1	2	−	選択2.2	2	2	−	−	−	−	−	−	2	32
9	15	2	2	2	2	1	1	1	−	2.3週4.2	2.3週4.2	2	2	−	−	−	−	1	2	'34
10	15	2	2	2	2	1	1	1	−	2.3週4.2	2.3週4.2	4	2	8週4.2	4週4.2	1	1	4	2	33
11	15	2	2	2	2	1	1	−	6週4.2	2.3週4.2	−	4	2	−	−	3週4.2	−	−	2	37
12	15	2	2	2	2	1	1	−	6週4.2	2.3週4.2	−	4	2	−	−	3週4.2	−	−	2	33

図表2　児童期の教育内容

	教　育　内　容
第1期	音楽，水彩画と素描 書き方，読み方 外国語，算数（少し遅れて）
第2期	文法，詞論 博物学（動物学と植物学）　　　地理 外国語，幾何 物理的な概念
第3期	文章論 鉱物学 物理と化学 外国語 歴史

入れるべきなのかが，明確に決められていることである。

　児童期の第1期においては，幼児期に行われてきた音楽や絵画に加えて，書き方や読み方といういわゆる国語が，少し遅れて算数が教育内容として取りあげられる。さらに，外国語も第1学年から指導される。この点については，好意的にシュタイナーの実践を眺めていた，徹底的学校改革者同盟（Der Bund der Entschiedener Schulreformer）の中心人物のエストライヒでさえも，奇妙な実践として捉えざるを得なかった[38]。しかし，あくまでも「模倣衝動は，……およそ9歳まで残存する」[39]というシュタイナーの考えに基づき，「模倣」させるかたちの，会話を中心とした外国語（二カ国語）の授業が第1学年から開始されるのである。

　第2期に入ると，子どもは「自己意識」を強め，「自己を世界から区別し始める」[40]というシュタイナーの考えに基づき，子どもに外界を理解させるような教育内容，つまり動物学や植物学のような博物学，および地理が取り入れられる。また，算数では，計算に加え幾何が，外国語では，二カ国語に加えてラテ

ン語とギリシャ語が指導される。

　第3期では，「子どもは12歳頃になって初めて，物事を因果関係の意味において把握できる[41]」というシュタイナーの考えに従い，原因と結果との関連による理解を必要とする教育内容が取り入れられる。その代表的なものが，歴史と化学と物理である。

　このように，「内容の次元」から言えば，児童期を大きく三つに区切りながら，次第に知的な内容が加えられるように工夫されている。

　次に，「教授法の次元」からみた特徴としてあげられるのは，知的な内容が扱う授業において，つねに「芸術」が考慮されているということである。

　シュタイナーにあっては，児童期の最も重要な課題は「感情」を育成することである。その際に，特に豊かな「ファンタジー」によって「イメージ」のなかで感じとれるような「感情」の育成が目指される。したがって，知的な内容が扱われる「エポック授業」において，「思考」によってではなく，「感情」によって子どもに理解させることが大切にされる。そのために，「授業全体を芸術的要素（Künstlerisches Element）で貫かなければならない[42]」という彼の発言に顕著に表れているように，つねに「芸術的要素」を知的な内容に浸透させることが求められる。しばしば紹介される例で言えば，文字が初めて学校で指導される場合に，教師は，文字をいきなり示すのではなく，子どものよく知っている事物の絵を提示することによって，子どもにその「イメージ」を抱かせながら，絵から文字を生み出すように指導するのである。また，授業のなかで，しばしば歌唱や器楽などの音楽が取り入れられる。

　このような方法による授業は，合科教授（Gesamtunterricht）のドイツの代表的な指導者であったアルベルト（Albert, W.）が「彼（シュタイナー―引用者註）の場合にも，合科的な教授および合科的な教育の基礎を芸術的なもので固めるという，私と同じような強い傾向を発見した[43]」と述べるように，第三者的にみても，「芸術」との合科という色彩を帯びたものとなっている。もちろん，この特徴は，シュタイナーの本来的意図から言えば，「知識」と「芸術」と「宗

教」と「倫理」の合一という究極的な理念のもとに，ここでは「知識」と「芸術」との合一を求めて，知的な内容を「芸術」によって調和させようとしたところにあると言えよう。

最後に，「関係の次元」について言えば，その特徴は，教師が子どもにとっての「権威者」となっていることである。

シュタイナーによれば，児童期の子どもは，内面の世界に目を向けるようになるが，まだ知的な事柄を内面において判断できるほどには発達していないという。子どもは，その判断を信頼してつつしみの態度で従うことのできる「権威者」を，自分のまわりの教育者に求める存在である。それゆえに，シュタイナーは，自由ヴァルドルフ学校の教師に向けて次のように主張している。

> 「私たちが，民衆学校年齢（Volksschulalter）の子どもを受け持つとき，いわば本性の最も深いところから権威者を求めているような人間を育てているのだ，と絶えず顧慮すべきです。この年齢の子どもに対して，もし私たちが権威者でないならば，それは悪い教育を行うことになってしまいます。」[44)]

ただし，シュタイナーの言うところの「権威者」は，決して権力者，あるいは何らかの外的な権力に裏づけられた者でもない。ここで言う「権威者」は，外的な手段によってしか権威を維持できない教師ではなく，子どもの「感情」に自ずと生ずる，尊敬と信頼に支えられた教師のことである。シュタイナーは，この点に関して，次のように述べている。

> 「きわめて重要なのは，教師への献身（Devotion）と尊敬（Verehrung）と愛（Liebe）の念であり，しかも，それが自ずと生ずることです。もし，そうでないないとするならば，何の価値もありません。強制された，いわば学校の校則規定に基づいたそれぞれの献身であるならば，それは人間の発達

にとって何の価値もないのです。」[45]

　もちろん，子どもからそのような尊敬と信頼を得るには，教師の姿勢も問われることになる。その点については，シュタイナーは，教師に対して，「棒を携えるのではなく，倫理的・宗教的な内的体験と，神の創造物に対する倫理的・宗教的な畏敬の念(Ehrfurcht)へと移行する真の人間認識と人間観察をむしろ携える」[46]ことを主張している。つまり，神の創造物としての子どもに対して「畏敬の念」をもって接することが，教師に求められている。シュタイナーにあっては，このような教師の姿勢が前提条件として存在したうえで，子どもは教師を「権威者」として尊敬するというのである。

　しかし，たとえ教師が権力的なものにつながらない真の「権威者」であっても，そのような教師に従わせることは，自立できない人間に子どもを育てることにつながるのではないか，という批判も当然のことながら考えられる。

　ところが，シュタイナーによれば，児童期という特定の人生の期間において，「権威者」への依存「感情」は，子どもが大人になって盲従者になるということにはつながらないという。むしろ，「自由は，まさにこの年齢(児童期—引用者註)において権威者に帰依(Hingabe)することによってこそ獲得される」[47]と主張され，児童期にそのような「感情」を持ち得なかった子どもこそが，青年期以降の人生において自由な「思考」を持った自立的な人間にはなり得ないとされている。つまり，子どもにこのような「感情」の体験，つまり「感情」による理解を十分にさせることが，「感情」の育成に重きが置かれる児童期にとって適していると同時に，自由な「思考」と知的判断力を育成する前提条件と見做されているのである。なぜなら，「心性」は，「思考」と「感情」と「意志」のそれぞれが相互に影響し合って調和的に発達するべきものであり，その意味では青年期に特に発達すべき「思考」は，幼児期に特に発達した「意志」と児童期に特に発達した「感情」のいとなみから絶えず養分を得ながら調和するかたちで発達することになるからである。

したがって，シュタイナーにあっては，児童期の子どもに対しては，知的な事柄についての判断の際にも，信頼とつつしみの態度で従うことのできるような「感情」になれる関係が大切にされることになる。つまり，この時期に子どもと教師の間に求められるのは，「恭順者」(Nachfolge) と「権威者」という関係なのである。このような尊敬や信頼や畏敬の念などに裏づけられたような教育関係を重視しているところも，ゲーテの「教育州」に基底においてつながっていると言えよう。

3. 青年期に即した働きかけ

シュタイナーによれば，青年期に入ると，「子どもは，それまで自分のなかで一生懸命に生きてきたのに対し，世界の事柄に目を開き，自分以外の人間や世界に対して理解することを望むようになる」という。たとえば，子どもの異性への強い関心は，自分以外の人間と世界を理解しようとすることの顕著な現れと見做されている。

シュタイナーは，こうした発達過程の子どもに対して，どのような働きかけを考えているのであろうか。

幼児期と児童期の場合と同様に，まず，「内容の次元」について見てみよう。青年期においては，児童期の最後の第3期に比べ，知的な教科の領域は取り立てて新しく追加されていないものの，それまでの内容はかなり学問的な色彩を帯びるようになる。とりわけ，自然科学に関連する内容が多く取り入れられることになっている。しかし，それと同時に，「芸術」にかかわる内容も軽視されることなく，その種の授業も当該学年において実施される。さらに，製本や手仕事などの実際的な技術にかかわる授業も積極的に行われることになっている。つまり，青年期においては，知的な内容が重視されるものの，「芸術」や実際的な技術も，それとのバランスにおいて大切にされているのである。その点については，シュタイナーの次の発言がそれを裏づけている。

「これは理屈に合わないように思われるかもしれませんが、私は、必要なときに、自分の靴下を繕ったり衣服を継ぎ当てたりすることのできない人は、真の哲学者になり得ないという確信を持っています。基本的なこととして、緊急時に自分の履物を自分で履けないような人が、最も深遠な世界の秘密について理性的な方法で知ることができましょうか。最も身近なことに対してほんのわずかの器用さをも全く持っていないような人が、誠実な人間的共感をもって世界の秘密を真に突きとめることができましょうか！」[51]

　もちろん、この発言の根底にも、「知識」と「芸術」などの他のものとの究極的な統合を求めるというような意図が垣間見られるのである。

　次に、「教授法の次元」について言えば、青年期については、子どもの「感情」に最も緊密に関係する「アストラル体」が誕生しているために、教師は、以前よりも必要以上に「感情」を顧慮することなく、「思考」の育成を最優先する方法で指導することになる。つまり、知的な内容は、以前ほど「芸術的要素」を十分に浸透させることなく、学問的な観点を重視しながら指導される。ただし、知的な内容が取りあげられるときには、ただ単にそれが学問的に扱われるのではなく、できる限りあらゆる機会を捉えて、「人間そのものとの関連」(Beziehung zum Menschen als solchem) が配慮されることになっている。[52]

　その際、指導のねらいは、子どもに多くの学問的な内容を記憶させるのではなく、「人間そのものとの関連」において、「知識」を観察・実験・討論によって身につけさせていくことに置かれる。すなわち、個別的な「知識」の記憶力ではなく、人間とのかかわりのなかで観察力や思考力を活発に働かすことのできるような指導が、青年期の授業に求められるのである。

　最後に、「関係の次元」から見てみよう。青年期に入ると、教師と子どもとの関係は、「権威者」と「恭順者」という関係から変化することになる。その点について、シュタイナーは次のように述べている。

「子どもは、まず権威者を実感するようにならなければなりません。それから、子どもは、性的成熟でもってその権威者感情を克服し、判断を下せるようにならなければなりません。」[53]

　シュタイナーは、児童期の子どもには、「権威者」に帰依するぐらいまでの感情移入を求めながら「感情」の育成を目指すとともに、「思考」に関してはいわば間接的な育成として、すなわち「権威者」という人物を介しての主観的・共感的な「思考」の育成の段階として見做していたが、青年期の子どもには、「思考」を重点的に育成するために「権威者感情」を克服して自分自身の「思考」で判断させるように求めている。さらに言えば、彼は、青年期の子どもに対して、より客観的・批判的な「思考」による物事の理解を体験させようとしているのである。

　もちろん、子どもが青年期にそのような状態になれば、教師と子どもとの関係は大きく一変することになる。つまり、シュタイナーの意図する関係は、広い意味での道徳的な関係、彼の言葉で言えば、「基礎道徳的な関係」(Grundmoralische Beziehung)[54]を基底に置きながらも、「私たちは、彼(14, 15歳の子ども―引用者註)を私たちと同じ位置に据える」[55]というものである。すなわち、両者のあいだに、道徳的な関係を基底に据えての同等な関係が要求されるのである。

　ただし、同等な関係と言っても、シュタイナーは、教師が子どもとかかわる際に、教師に対して一つの重要な配慮を次のように求めている。

「以前には、子どもに命令することも可能でした。しかし、性的成熟をもって、子どもは、教師や教育者にとって実現不可能なことに対して、非常に敏感に感じやすくなります。教師自身がすべきでないことに対して、子どもは非常に敏感になるという危険に、私たちは意識的に自分自身をさらさなければなりません。特に私たちが注意しなければならないことは、この

時期の子どもは，教師の態度に対して非常に敏感になっているということです。しかし，私たちが，自己中心的になるのではなく，誠実な心で子どもとかかわり合うことになれば，私たちは，敏感な能力に基づいたよい教育や授業をすることになるでしょう。」[56]

このように，シュタイナーは，青年期の子どもの敏感さに着目し，教師に対して，「誠実な心で子どもとかかわり合うこと」を主張する。つまり，同等な関係は，あくまでもこのような「誠実な心で子どもとかかわり合う」という配慮のもとに維持されなければならないのである。

4. 発達期に即した働きかけの意義

シュタイナーは，ゲーテの植物の変態論を下敷きにしながら，母胎からの誕生，歯牙交代，性的成熟といった，すべての有機体としての人間が体験するからだの外的な変化を，子どもの内面に起こる質的変化，すなわちゲーテの言葉を借りて言えば内的な「変態」に由来するものと見做して，人間の発達の過程を捉えた。基本的には，彼は，幼児期には「意志」を，児童期には「感情」を，青年期には「思考」を重点的に育成すべきであるとして，人間の発達の変容に着目し，それぞれの発達期にふさわしい課題を考えていた。

このように，それぞれ重点的な課題を設定した理由としてあげられるのは，外からの働きかけに対してその望ましい効果が特定の期間においてだけ最もよく現れるとする考え方，すなわちいわゆる発達の臨界期的な考え方がシュタイナーのなかで横たわっていた，ということである。たとえば，児童期において子どもの「感情」が十分に育成されなければ，その子どもは，生涯にわたって豊かな「感情」を十分に持ち得ないというものである。こうした臨界期的な考え方に基づき，それぞれの課題を達成するための具体的な働きかけが，各発達期ごとに強調されたのである。そこには，リンデンベルクが「シュタイナーの教育学にとって決定的に明確なことは，幼児の模倣にはじまり学校の学習を経

て自由な認識に及ぶという学習スタイルの変態の理念である」[57]と指摘するように，ゲーテの「変態論」の考え方が基盤になっていたと考えられる。

　前述したように，このような「変態」によって区切られた発達期に即した働きかけは，三つの次元，つまり「内容の次元」，「教授法の次元」，「関係の次元」すべてにおいて確認された。すなわち，まず，「内容の次元」について言えば，幼児期では「芸術」と話し方が，児童期では「芸術」と年齢に応じた知的な内容が，青年期では学問性を増した知的な内容と「芸術」および実際的な技術が，とりわけ重視されていた。また，「教授法の次元」について言えば，幼児期では「模倣」が，児童期では知的な内容をイメージとして感じ取らせるような方法，具体的には知的な内容への「芸術的要素」の浸透が，青年期では実験や観察によって子どもの観察力や思考力に働きかけるような指導が考慮されていた。さらに，「関係の次元」について言えば，幼児期では「模範者」と「模倣者」という関係が，児童期では「権威者」と「恭順者」という関係が，青年期では道徳的な関係を基礎に据えた同等な関係が，教師と子どもとのあいだに求められていた。

　もちろん，このような各発達期に即した働きかけは，すべての子どもに対する人間形成の方法としての基本原理となっている。したがって，道徳教育の方法に際しても，この基本原理は貫かれることになる。

　ところが，以上見てきた働きかけを支えるシュタイナーの発達観には，科学性を重んじる立場からは，明らかに承服され難い点が含まれている。特に，たとえば歯牙交代や性的成熟を「エーテル体」や「アストラル体」といった目に見えない構成体の誕生と見做す視点は，その象徴的なものであろう。しかし，シュタイナーは，そのような特異の視点をむしろ断固として堅持したがゆえに，時代風潮になっていた実験的・実証的な研究にくみすることなく，独自の主張を打ち出すことができたと考えられる。それによって，その独自の主張は，とかく身体的側面からのみ見られがちな歯牙交代や性的成熟を，人間の心的変化に対応するものとして意義づけられることとなった。その意味で，シュタイ

ナーの独自な発達観は，幼児期から青年期に至る人間の発達の過程を，それぞれ固有の特性や課題を有する発達期に分節化し，人間の心身両面の発達に即応した働きかけを生み出す根本的な拠り所の一つになり得たのである。

第3節 人間形成の方法としての「気質」に即した働きかけ

シュタイナーは，すべての人間に備わっている共通性だけでなく，個々の人間の差異性にも対応しようとする際に，「気質」の観点からその方法を主張した。以下では，その彼の言うところの「気質」を取りあげ，それに即した具体的な方法やその意義について述べることにする。[58]

1. 「気質」に即した働きかけの基本原則

シュタイナーは，基本的には，子どもの「気質」と反対のものを与えて癒すような方法に対してはまったく奨励していない。たとえば，「憂鬱質」の子どもに対して多種多様な楽しいものを与えて元気づけようとすることは，「まちがった方法」(Falsche Methode) とされている。[59]

では，シュタイナーは，「気質」に即した働きかけとして，どのような基本原則を提唱するのであろうか。

シュタイナーは，「四つの構成体のあいだに調和をつくり出すことが，教育や授業の成果にならなければならない」[60]という考えに基づいて，その構成体の有り様から生じる「気質」に関しては，一つの強い特定の「気質」だけを異常に突出させることなく，その「気質」を現実に活かしながらも全体としてできるかぎり調和させることを，「気質教育」(Temperamentserziehung) の目標として捉えた。その方策として，彼は，「同類は同類によって認められるだけでなく，同類によって正しく取り扱われ，癒される」[61]という原理に則るべきであると主張した。

もちろん，この原理は，シュタイナーがはじめて見出したものではない。こ

の原理の基本的な発想は，ドイツの医学者ハーネマン（Hahnemann, S.）によって提唱されたホメオパシー（Homöopathie）の考え方から得たものであろう。

　ホメオパシーとは，健康体に与えればその疾病に似た症状を起こす薬品を，希釈して患者に与えて治療する方法である。[62] この療法は，「病気の治療という医学の究極的に求めつづけている術が，はかばかしく人々の期待にそいえない焦燥がうみだした産物の一つ」[63]であったが，シュタイナーは，そこに見られる「似たものは似たもので治る」（similia similibus curantur）という原則を「気質教育」の方策として取り入れたのである。その理由について，彼は，「憂鬱質」の子どもの場合を例にあげながら，次のように説明している。

　　「私たちが，彼（「憂鬱質」の子ども―引用者註）に外部から何かまったく異質なものを示すと，つまりまじめな子どもに愉快なものを示すと，その子どもは愉快なことに対して冷淡なままでいます。しかし，私たちがその子どもに対して，子ども自身の悲しみや悩みや心配を示してやると，その子どもは，自分自身の内部に持っているものを外から知覚することになります。それによって，内部に反動（Reaktion）が生じ，反対のものが呼び覚まされることになります。」[64]

　シュタイナーは，子どもが自分の内部に持っているものと同じものを外部から知覚すると，その子どもの内部で「反動」が発生する，と考えている。そして，彼は，この「反動」の発生によって反対のものが覚醒されると見做すのである。こうした点から，彼は，子どもの突出し過ぎる「気質」を癒すためには，ある「気質」に対して，その子どもと反対の「気質」の人間とかかわらせるのではなく，むしろ同じ「気質」の人間とかかわらせる，という方法を奨励するのである。[65]

2.「気質」に即した働きかけの実際

　同じ「気質」の人間とかかわらせるという方法が実際の学校において適応されるときには，シュタイナーにあっては，主に次の二つの場合が考えられる。一つは，子ども同士の場面であり，いま一つは，子どもと教師の場面である。ただし，そうした方法を行うには，もちろん教師による子どもの「気質」の正確な把握が，重要な前提条件となっている。

　前者の場合では，その方法は，同じ「気質」の子ども同士が教室のある特定の場所に集められるというかたちで，実行に移される。具体的に言うと，注意散漫になりやすい「多血質」のグループが教壇の近くに置かれ，それと対極には正反対の関係にある「憂鬱質」のグループが置かれる。また，教室出入り口側には「胆汁質」のグループが，それと対極には，つまり窓側には「粘液質」のグループが置かれる。

　このような位置関係において，子どもは，自ずと自分と同じ「気質」の子どもと多くかかわることになる。たとえば，授業時間のみならず，休み時間においても，そのようなかかわりの機会が多くなるであろう。シュタイナーは，そのような子ども同士のかかわりについて，「この種の集団的な取り扱いによって，それぞれの気質が仲間のあいだで互いにその錆を研磨する」[66]，と主張する。それゆえ，「たとえば，胆汁質の子ども同士をいっしょに座らせると，その子ども同士が互いに最もよく錆を研磨する」[67]，という考え方がシュタイナーから提示されるのである。つまり，「胆汁質」の子ども同士が喧嘩によって青あざをつくり出すような事態になったとしても，それはある程度において認めていこうということである。なぜなら，そのようなかかわり方によって，子どもの内面に，自分の持っている「気質」に対する「反動」が呼び覚まされる，というシュタイナーの確信が横たわっているからである。

　また，後者の場合では，その方法は，教師が接する子どもと同じ「気質」を演じるというかたちで実施に移されることになっている。それによって，子どもは，自分と同じ「気質」の子どもと対面したときと同様な影響を

受けることになる。その際に，特に教師が注意しなければならないこととして，シュタイナーは，「わざとらしさ」(Gemachtes)および「非芸術的なもの」(Unkünstlerisches)の排除を主張している。そのうえで，彼は，それぞれの「気質」の子どもに対する教師の実際的な接し方の原則を提示している。それを簡単に整理すれば，次のようになる。

　たとえば「憂鬱質」の子どもに対しては，教師は，あくまでもまじめな表象を持って子どもに接する。間違っても，教師は，「憂鬱質」の子どもを明るくしようとして，楽しく滑稽な表象を持って接してはならないのである。「胆汁質」の子どもに対しては，その子どもが暴れているときには，まず，教師は内的に無関心となり，冷静にその様子を見つめる。その後，その子どもが落ち着いてから，教師は乱暴なときの場面を子どもの心のなかで想起させたうえで，その行為に対してきびしく非難するのである。また，「多血質」の子どもに対しては，教師は，一つの事柄に子どもをあまり長く縛りつけることのないように，子どもに向かって印象を次から次へと取り替えていくのである。最後に，「粘液質」の子どもに対しては，教師は，内的には興味を持ちながら，外的には無関心な態度を忍耐強く続けなければならないのである。

　言うまでもなく，このような「気質」に即した働きかけを実践において成功させるには，教師の資質・能力が大きな鍵であるとともに，重要な前提条件でもある。その求められる教師の資質・能力に関して，シュタイナーは，「気質」に即した働きかけの過程に対応しながら次の三点をあげている。

　第一に，シュタイナーは，「何よりも私たちは，子どもたちのそれらの気質を正しく看取できなければならない」と述べるように，子どもの「気質」を的確に看取できる能力を教師に求めている。

　第二に，シュタイナーは，どのようなものであれ子どもの「気質」をまず受け入れるという姿勢を教師に求めている。この点については，「重要なのは，私たちがまさに気質に対して理解を示すことであって，それに歩み寄ることなのです」という彼の発言がそれを裏づけている。

第三に、シュタイナーは、四種類の「気質」を十分に演じきれるということを教師に要求している。教師がそのようになるためには、シュタイナーは、「人々（教師─引用者註）は、そこでは、自己教育（Selbsterziehung）を引き受けることにある」[75]と述べるように、教師にとって修業的な「自己教育」の必要性を強調している。つまり、シュタイナーは、教師が自分「気質」を認識し、その「気質」の欠点を克服する、という教師自身の努力の重要性を説いている。なぜなら、そうした行為を教師ができてこそ、その教師は、自分の「気質」を統御しながら、自分がかかわる子どもと同じ「気質」を適切に演じきれるからである。[76]

3. 「気質」に即した働きかけの意義

シュタイナーにあっては、「気質」に即した働きかけは、「同類は同類によって認められるだけでなく、同類によって正しく取り扱われ、癒される」という原理に則って、大きくは二つの場面、すなわち子ども同士のかかわりの場面および子どもと教師の場面において積極的に実施される。そのためには、どちらの場面においても、教師に対しては、子どもの「気質」を的確に看取できる能力が求められる。特に、後者の場面においては、さらに子どもの「気質」を受け入れる姿勢、および自己の「気質」を見つめ、自分自身を統御しながら個々の子どもに応じて接するという能力が必須の条件となっている。つまり、「気質」に即した働きかけの方法は、教師が単に外的な技能・技術を習得するのではなく、子どもの「気質」の看取のみならず、自分自身の「気質」を統御し「芸術的」に演じきるという、自己の存在とかかわった「自己教育」を子どもの教育のために教師に求めるものとなっている。その考え方の基底には、自己の立場を問うことなく、事物を客体として捉えようとする自然科学的な経験諸科学とは異なる、ゲーテ的な認識の方法も垣間見られるのである。

したがって、「気質」に即した働きかけは、子どもの個性や性格に応じようとしている点で、教育において子どもの有り様を尊重する考え方である。その意味からすれば、この働きかけの方法は、ロマン主義を思想的背景にした、当

時の新教育運動のスローガンであった「子どもから」(Vom Kinde aus) の発想との類似性ないしは親和性を示すものである。

しかし，他方において，そこには，むしろ新教育運動の潮流から一線を画すものも包含されている。なぜなら，「気質」に即した働きかけの理論的基盤には，19世紀以前の「前科学的」あるいは前近代的とも言うべき思想と独自な人智学の思想とが相俟って，きわめて非科学的な考え方が存在しているからである。それが確固として堅持されたために，この働きかけの方法は，当時の近代自然科学の進展を背景にしながら一つの大きな学問趨勢になっていた，人間に関する実験的・実証的な研究方法の洗礼を受けなかった。そのために，何らかの働きかけの効果等について科学的に吟味するような，つまり子どもの能力や適性をテストによって測定するような姿勢や関係性は，ほとんど拒否することとなった。その結果，教師自身の「気質」，つまり教える側の人間性を不問にし，子どもの「気質」，つまり教えられる側だけを対象化・客観化し分析して何らかの解決策を得ようとする近代自然科学的な態度は，当然のごとく軽視されるべきものであった。

それにかわって，学校において重視されたのは，ある考え方を実際の人間同士の日常生活的なかかわりの場面でどのように教育的に役立てるのかという点であった。たとえば「気質」に即した働きかけについては，教師が子どもの特性を把握するとともに，自分自身を対象化し，「自己教育」の努力によって自分の欠点を克服しながらそれぞれの子どもに適する接し方を模索していく，という姿勢・態度が重要なのである。つまり，「気質」に即した実際的な方法において，個々の子どもに具体的にかかわるために，教師自身の絶えざる努力と人間的成長が求められていることになる。このように教師が一人の人間として日常的な関係性において自ら努力成長しなければならない，というような教師の資質・能力の育成を視野に入れている点は，当時の新教育運動の実践にはあまり見られない特徴であり，むしろシュタイナーの『神智学』に見られた修業につながる特徴である。その意味で，シュタイナーの人間形成論における「気

質」に即した働きかけの理論は，一方でロマン主義的な「子どもから」の発想に見られる新教育運動の潮流との親和性を持ちながらも，他方では，その潮流のなかに包含されていた実験的・実証的な吟味の姿勢とは一線を画し，「気質」による働きかけ自体の有効性を客観的に吟味することなく，教師に対して修業者のような心構えや責任感をとりわけ強調する点で，その運動の潮流との相違点を際立たせる要因の一つになっていると言えよう。

註
1) 「全人」に関しては，広瀬俊雄が『シュタイナーの人間観と教育方法―幼児期から青年期まで―』，63-68頁，において取りあげている。
2) 「自由人」に関しては，實松宣夫は，「自由な人間」と訳して，「道徳教育の基礎理論―ルドルフシュタイナーにおける『自由な人間』―」『教育学研究紀要』第40巻 第1部，中国四国教育学会，1994年，35-40頁，において詳細に考察している。
3) Steiner, R., *Die Methodik des Lehrens und die Lebensbedingungen des Erziehens*, Nürnberg, 1950, S.135.
4) Steiner, R., *Gegenwärtiges Geistesleben und Erziehung*, S.156.
5) ebd., S.96f.
6) ebd., S.101.
 また，幼児語の使用に関しては，拙稿「シュタイナーの幼児教育の特質―子どもに対する大人の接し方に着目して―」『高知大学教育学部研究報告』第1部，第50号，高知大学教育学部，1995年，258-259頁，を参照。
7) Steiner, R., Die zwölf Sinne des Menschen, *Weltwesen und Ichheit*, 1963, Dornach,, S.1. (CD-ROM版，「R. シュタイナー1」，2004年1月，所収)
8) 太陽が春分点を出てから再び春分点にもどるまでが一太陽年と呼ばれているが，その春分点は天球上において定点でなく，毎年いわゆる黄道上を少しずつ移動する。春分点は，およそ2160年で一周の12分の1だけ進むことになり，その期間が一つの星座の宮に割り当てられる。したがって，春分点はその12倍の25920年で一周することになり，その期間がプラトン年と呼ばれるものである。ちなみに，12宮の星座名で言うと，15世紀のはじめから現在に至る文化期は，魚座の位置に春分点が来ている。このように宇宙の関係が12の区分で説明できることになぞらえて，ミクロコスモスとしての人間も12個の感覚から成り立っているわけである。

9) シュタイナーは，1909年10月にベルリンで行われた講演においては，人間の感覚を10個と見なしていた。その後の1916年6月の時点になると，シュタイナーの主張は，「触覚」と「自我感覚」の二つの感覚を増やして，12個の感覚となっていた。
10) 「感情感覚」のなかでは，「嗅覚」が道徳性と最も強くつながっているとされている。昔から善悪の判断をする際に，「鼻が効く」や「うさん臭い」というような「嗅覚」に関係するような表現の存在がそれを裏づけていると言われているが，この種の解説は，特に学校教育の方法としてはあまり関係がないために，「嗅覚」については本書では詳しく論及しないこととする。
11) Steiner, R., *Allgemeine Menschenkunde als Grundlage der Pädagogik*, S.136f.
12) Steiner, R., *Die geistig-seelischen Grundkräfte der Erziehungskunst*, S.142.
13) Steiner, R., *Gegenwärtiges Geistesleben und Erziehung*, S.214.
14) Steiner, R., ebd., S.25.
15) Steiner, R., ebd., S.26ff.
16) Steiner, R., *Die Erziehung des Kindes vom Gesichtspunkte der Geisteswissenschaft*, Berlin, 1921, S.2.
17) ebd., S.5.
18) ebd., S.7.
19) ebd., S.19.
20) ebd., S.19f.
21) この三つの次元については，Müth, J., Der gegenwärtige Stand der Didaktikdiskussion, in, Tellmann, W. (Hrsg.), *Handbuch Schule und Unterricht*, Düsseldorf, 1981，から示唆を得た。
   なお，各発達期に即した働きかけの詳細については，拙稿「シュタイナーの教育方法論の特質—発達の関係を中心として—」『教育学研究』第54巻，第2号，日本教育学会，1987年，12-21頁，を参照。特に，幼児期のそれについては，拙稿「シュタイナーにおける幼児期の教育方法論の特質」『教育方法学研究』第10巻，日本教育方法学会，1985年，21-27頁，児童期のそれについては，拙稿「R. シュタイナーにおける児童期の教育方法論の特質—発達観との関係を中心として—」『教育学系論集』第10巻，1号，筑波大学教育学系，1985年，92-106頁，を参照。
22) Steiner, R., *Die geistig-seelischen Grundkräfte der Erziehungskunst*, S.15.
23) Steiner, R., *Anthroposophische Pädagogik und ihre Voraussetzungen*, Dornach, 1972, S.33.
24) Steiner, R., *Die Erneuerung der pädagogisch-didaktischen Kunst durch Geisteswissenschaft*, Dornach, 1958, S.81.
25) Steiner, R., *Der pädagogische Wert der Menschenerkenntnis und der*

Kulturwert der Pädagogik, Dornach, 1929, S.60.

26) シュタイナーは，幼児期における子どもへの働きかけについては，「歩行」(Gehen)や「発話」(Sprechen)など，いわゆる乳児の養育段階から詳しく述べている．しかし本書では，あくまでも学校教育のあり方に重きが置かれているために，幼稚園の教育を中心に取りあげることにした．乳児の養育段階を含めた子どもの幼児期全体の働きかけの基本については，拙稿「シュタイナーの幼児教育の特質―子どもに対する大人の接し方に着目して―」，255-263頁，が詳しい．

27) Steiner, R., *Die Erziehung des Kindes vom Gesichtspunkte der Geisteswissenschaft*, S.27.

28) Steiner, R., *Gegenwärtiges Geistesleben und Erziehung*, S.107f.

29) Steiner, R., *Allgemeine Menschenkunde als Grundlage der Pädagogik*, S.79.

30) 実際にシュタイナーは，「言語造型」(Sprachgestaltung)と呼ばれる言葉の「芸術」を提唱している．身体の「芸術」的表現がオイリュトミーとすれば，「言語造型」は言葉の「芸術」的表現である．そこには，朗唱，朗読，ストーリーテリングなどの活動が包含されている．

31) Steiner, R., *Die Erziehung des Kindes vom Gesichtspunkte der Geisteswissenschaft*, S.31.

32) Steiner, R., *Die geistig-seelischen Grundkräfte der Erziehungskunst*, S.17.

33) Steiner, R., *Die Erziehung des Kindes vom Gesichtspunkte der Geisteswissenschaft*, S.39.

34) Heydebrand, C.von., *Vom Lehrplan der Freien Waldorfschulen*, Stuttgart, 1978, S.56.
なお，図表に見られる，たとえば「2.3週 4.2」という表記は，「4～2時間，2～3週間」という意味である．

35) この図表は，筆者が，Steiner, R., *Erziehungskunst. Methodisch-Didaktisches*, Dornach, 1975 (5.Aufl.) (Tb.) S.149. の記述から作成したものである．

36) 「エポック授業」については，他の呼称，たとえば「主要授業」(Hauptunterricht)ないしは「基礎授業」(Grundunterricht)が使われれたりしているが，本書では，この名称を使用する．「エポック授業」の詳細については，後述する第4章第3節の「3.『エポック方式』の導入」に詳しい．

37) 学校教育におけるオイリュトミーについては，序章においてドイツの先行研究としてあげた第三者的な立場の研究者の一人からは，「ゲーテの教育州における『乗馬の得意な文法学者』の意味で言うと，『オイリュトミー』と色彩体験は言語芸術を深めることに援用されている」という見解が示されている(Wilhehelm, Th., *Pädagogik der Gegenwart*, S.102)．

38) Oestreich, P., a.a.O., S.43.

39) Steiner, R., *Die pädagogische Grundlage und Zielsetzung der Waldorfschule*, S.29.
40) Steiner, R., *Gegenwärtiges Geistesleben und Erziehung*, S.176.
41) Steiner, R., *Die pädagogische Praxis vom Gesichtspunkte geisteswissenschaftlicher Menschenerkenntnis*, Dornach, 1982, S.107.
42) Steiner, R., *Erziehungskunst. Methodisch-Didaktisches*, S.10.
43) Albert, W., a.a.O., 1928, S.12f.
44) Steiner, R., *Allgemeine Menschenkunde als Grundlage der Pädagogik*, S.140.
45) Steiner, R., *Rudolf Steiner in der Waldorfschule*, Stuttgart, 1958, S.124.
46) Steiner, R., *Gegenwärtiges Geistesleben und Erziehung*, S.122.
47) Steiner, R., *Die pädagogische Praxis vom Gesichtspunkte geisteswissenschaftlicher Menschenerkenntnis*, S.60.
48) Steiner, R., *Die Erziehung des Kindes vom Gesichtspunkte der Geisteswissenschaft*, S.32.
49) Steiner, R., *Gegenwärtiges Geistesleben und Erziehung*, S.180.
50) シュタイナーは，青年期の性的な衝動を適切なかたちで押さえておく手段として，「美的諸感覚」（Schönheitsempfindungen）を重視している（Steiner, R., *Menschenerkenntnis und Unterrichtsgestaltung*, Dornach, 1986, S.77.）。そのような意味もあって，「芸術」は，幼児期と児童期のみならず，青年期においても教育内容に積極的に取り入れられている。
51) Steiner, R., *Gegenwärtiges Geistesleben und Erziehung*, S.209.
52) Steiner, R., *Menschenerkenntnis und Unterrichtsgestaltung*, S.19.
53) ebd., S.137.
54) Steiner, R., *Erziehung und Unterricht aus Menschenerkenntnis*, Dornach, 1977, S.85.
55) Steiner, R., *Gegenwärtiges Geistesleben und Erziehung*, S.213.
56) Steiner, R., *Menschenerkenntnis und Unterrichtsgestaltung*, S.290.
57) Lindenberg, Ch., Rudolf Steiner（1862-1925）, in, Scheuerl, H.（Hrsg.）, *Klassiker der Pädagogik II*, S.172.
58) 「気質」に即した働きかけの詳細については，拙稿「シュタイナーの教育方法論における『気質』の意義」『研究論集』No.54, 関西外国語大学，1991年, 259-269頁，を参照。
59) Steiner, R., *Die geistig-seelischen Grundkräfte der Erziehungskunst*, S.114.
60) Steiner, R., *Erziehungskunst. Seminarbesprechungen und Lehrplanvorträge*, S.10.
61) ebd., S.115.
62) ホメオパシーは，ハーネマンによって提唱されたものであるが，その考え方

それ自体は，すでにヒポクラテスに見出される。ヒポクラテスは，治療法として，ホメオパシーとアロパシー (Allopathie) の二つをあげている。例をあげながら簡単に説明すると，タマネギは少量を用いていると鼻邪風や結膜炎の治療薬となるのはホメオパシーの原理であり，熱があれば冷やす，というのがアロパシーの原理である（坂口弘『ホメオパシー』医歯薬出版，1961年，1頁）。

また，ホメオパシーは，ハーネマンの提唱だけに留まることなく，一部ではあったが，幾人かの子弟や継承者の研究によって普及していった。そのなかでも，とりわけアルント（Arndt, R.G.）とシュルツ（Schulz, H.）の研究は有名である（Diepgen, P., *Geschichte der Medizin*, Berlin, 1965, S.181f.）。

63) 川喜田愛郎『近代医学の基盤（下）』岩波書店，1977年，594-595頁。
64) Steiner, R., *Die geistig-seelischen Grundkräfte der Erziehungskunst*, S.115.
65) シュタイナーによれば，それぞれの「気質」があまりにも突出し過ぎて結果的に悪化してしまうと，「憂鬱質」は精神錯乱に，「胆汁質」は狂乱に，「多血質」は愚かさに，そして「粘液質」は知的障害につながってしまうという（Steiner, R., *Erziehungskunst. Seminarbesprechungen und Lehrplanvorträge*, S.47）。
66) Steiner, R., *Die geistig-seelischen Grundkräfte der Erziehungskunst*, S.118.
67) Steiner, R., *Gegenwärtiges Geistesleben und Erziehung*, S.196.
68) Steiner, R., *Die geistig-seelischen Grundkräfte der Erziehung*, S.118.
69) ebd., S.114.
70) Steiner, R., *Erziehungskunst. Seminarbesprechungen und Lehrplanvorträge*, S.13.
71) Steiner, R., *Die geistig-seelischen Grundkräfte der Erziehungskunst*, S.116.
72) Steiner, R., *Erziehungskunst. Seminarbesprechungen und Lehrplanvorträge*, S.13f.
73) Steiner, R., *Gegenwärtiges Geistesleben und Erziehung*, S.196.
74) Steiner, R., *Erziehungskunst. Seminarbesprechungen und Lehrplanvorträge*, S.13.
75) Steiner, R., *Wo und wie findet man den Geist?*, S.288.
76) もちろん，シュタイナーにあっては，「気質」に即した教師の指導は，子どもとのかかわり方を基本としているが，しばしば食事をはじめとした子どもの日常生活の改善に及ぶこともある。たとえば，「憂鬱質」の子どもには，糖の摂取が奨励される。それと対極関係にある「多血質」の子どもには，逆に糖の摂取を少し控えることが求められる（Steiner, R., *Die geistig-seelischen Grundkräfte der Erziehungskunst*, S.146f.）。

第4章
人間形成の基軸としての学校の道徳教育

　本章では，人間形成の基軸としての学校の道徳教育が，いかなる課題意識と方法によって自由ヴァルドルフ学校において展開されるのかについて検討し，その特質を明らかにする。

　最初に，学校における道徳教育の意義について，具体的にはその重要性と実践上の困難性について論じる。まず，シュタイナーにあっては，学校における道徳教育は，知育偏重の弊害によって生じる子どものエゴイズムを克服するために重要な位置を占めていることを明らかにする。次に，必然的に二つの実践上の困難性について検討する（第1節）。

　次に，道徳教育の方法の基本原理について論述する。まず，シュタイナーにあっては，発達に即した教育という考え方は道徳教育の場合にも適応されることを確認する。より具体的に言えば，発達期は同じように幼児期と児童期と青年期に区分され，それぞれの発達期に育まなければならない三つの徳性について明確にする。次に，その際の指導法として，子どもとの関係において，つねに教える側の道徳性や人格性，換言すれば特定のよりよいあり方や存在が問われている，つまり，道徳教育を含めた実際的な人間形成を考える際には，精緻なプログラムの内容や技法よりも，関係としての教える側のあり方や存在がとりわけ重要視されている，ということを明らかにする（第2節）。

　続いて，道徳教育の方法を実践に移行するうえでの学校の前提条件について論じる。そこでは，点数評価の廃止，持ち上がりの学級担任制の実施，「エポック方式」の導入について検討する。その際，それぞれのねらいについて確認するとともに，それぞれが学校における道徳教育の前提条件になっていることを明らかにする（第3節）。

最後に，学校の道徳教育の具体的実践がどのような方法で授業のなかで行われるかについて考察し，その特質を明らかにする。その際に，国語，算数，地理，動物，植物の教材を取り扱う下級学年の「エポック授業」の実例を取りあげ，道徳教育の視点から論じることにする。それによって，「道徳的要素」は，子どもの「ファンタジー」，および感覚，特に「平衡感覚」と「自我感覚」を活性化するようにしながら，隠れたカリキュラムの内容として授業の教材や指導過程のなかに「知識」や「芸術」とともに溶かし込むかたちで作用させていることを明らかにする（第4節）。なお，それらのエポック授業の実例として，より詳細なものについては補論で提示している。

第1節　人間形成における道徳教育の意義

1. 人間形成における道徳教育の重要性

　既述したように，シュタイナーは，人間進化の物語を通して，「科学」に象徴されるような唯物的な「知識」ないしは「認識」の偏重の時代が到来していることに対して警告を発し，教育の分野においても知育偏重の風潮が台頭していることに警鐘を鳴らしていた。その台頭に関して，シュタイナーは，「教育や授業において主知主義 (Intellektualismus) は，（子どもを―引用者註）麻痺させるように作用する」[1]と主張し，「知識」ないしは「認識」の偏重による子どもの教育への悪影響に対してきびしく批判していたのである。

　ここで彼が想定している子どもの「心性」の麻痺とは，もちろん多様な現象を内容として含んでいるが，中心的には子どものエゴイズムを指していると考えられる。なぜなら，第2章第1節において述べたように，シュタイナーの人間観に従うならば，「思考」と「反感」は密接に関係するために，必然的に「思考」を重んじることは，それらと対極の位置にある「意志」をはじめ，「共感」の「感情」も弱め，それと対峙的な「反感」の「感情」を強めてしまうからである。その結果として，他者と自分との区別を強く意識し，自分だけの利益や

欲望だけを追求する姿勢，すなわちエゴイズムの兆候が助長されてしまうからである。このようなシュタイナーの考え方は，ブラヴァツキーと大筋において共通するものである。しかし，この共通点については，リンデンベルクやシェパードなどは緘黙しているが，筆者は，神智学からの影響を認めざるを得ないと考えている[2]。なぜなら，第1章第3節および第4節で指摘したように，シュタイナーは，少なくともブラヴァツキーの著作をかなり詳しく読んでいたからである。ただし，シュタイナーは，神智学の信奉者たちと異なり，「知識」や「認識」のような問題に関しても，その解決に向けての実際的で具体的な内容や方法についても明確に主張するのである。

　たとえば，このような「知識」や「認識」の偏重とエゴイズムとの関係については，わかりやすい実際的な内容を取りあげたシュタイナーの次の発言がそれを暗示している。

　　「あなたたちが栄養生理学について，あるいはあなたたちが健康管理のきまりの概要について本を読むとき，それは単に事柄の性質において存していることなのですが，あなたたちはこの読書によって以前のときよりもエゴイズムになっています[3]。」

　つまり，シュタイナーによれば，読書という「思考」活動は，事柄の性質において必然的にエゴイズムを助長してしまうというのである。特に，彼にあっては，「すべての《悪》(Böse)の一般的な基本的特徴はエゴイズム以外にはあり得ない」[4]という信念から，エゴイズムの克服が，彼の生きた社会において，そのなかでもとりわけ次世代を担う教育の分野において，達成されなければならない現実の課題となっていただけに，「知識」ないしは「認識」の偏重の姿勢は警戒されていたのである。そこで，その克服の鍵として，シュタイナーは，先に引用した栄養生理学にかかわった文章のあとで，続けて，「自分自身の管理について悟性的な知識から絶えず生じるこのようなエゴイズムは，まさに道

徳（Moral）によって克服されなければなりません」と述べるように，教育における「道徳」に着目するのである。すなわち，彼にあっては，「道徳」は，悟性的な知識から生じるエゴイズムという「悪」を克服して，人間性を治癒させる重要なものなのである。その点に関しては，本論文の序章と第2章で引用した，最初の自由ヴァルドルフ学校の教師を養成するために開催された初日の講義の冒頭発言がそれを裏づけている。繰り返し同じ箇所を引用することになるが，そこでは，彼は次のように主張していた。

「親愛なる皆さん，私たちが自分たちの課題をただ知的・感性的なものではなく，最も高い意味において道徳的・精神的なものとして考えたときに，私たちはそれを正しく果たすことになります。」

つまり，シュタイナーは，時代の弊害として生じるエゴイズムの克服という人間形成の課題を，単なる「知的・感性的なもの」ではなく，「最も高い意味における道徳的・精神的なもの」に求めようとしている。それゆえに，序章で引用したように，彼は「道徳的衝動を自分のなかで正しく展開できるように子どもを次第に導いていくこと，そのことが最大にして最重要な教育課題です」，あるいは「教育者や授業者の課題の最高点は，彼に預けられた青少年の道徳的な生活態度のために何を達成できるかということです」と主張し，人間形成の課題のなかでも道徳教育を学校教育において重要視していたのである。まさに，そのような人間形成の分野におけるシュタイナーの姿勢は，第2章第3節で考察したように，「知識」ないしは「認識」の偏重傾向の強い近代的社会において，太古の人々にかつて備わっていたように四つの調和を図るために「倫理」を重視し，社会の発展や社会問題の解決および人間性の治癒を個々人の「道徳」の育成によって目指す，という考え方と軌を一にするものであったと言えよう。

したがって，シュタイナーは，道徳教育の重要性を打ち出しながらも，教育活動において道徳教育だけを取り出す，つまり内容としての道徳的価値だけを

特別に抽出したような指導に対しては，拒否の姿勢を示すことになる。なぜなら，前述したように，「知識」と「芸術」と「宗教」と「倫理」の統合という信念に基づき，彼は「倫理」，換言すれば個々人の「道徳」だけを切り離すことを認めなかったからである。そのために，シュタイナーは，道徳教育の重視の姿勢を堅持しながらも，あくまでも，「知識」や「芸術」などといったような他のものとのかかわりのなかで展開できるような人間形成の方法を探究しようとしていた。その意味で，彼にあっては，人間形成の基軸と言える道徳教育は，学校において「知識」や「芸術」などとかかわる教育活動のなかで行うべきものとなるのである。

2. 学校における道徳教育の実践上の困難性

ところが，シュタイナーは，学校において人間形成の基軸としての道徳教育を行うに際して，二つの大きな実践上の困難性（Schwierigkeit）を自覚していた。

その一つの実践上の困難性について，シュタイナーは次のような点をあげている。

> 「その一つは，次のようなところにある。すなわち，道徳授業（Moralunterricht）は，彼（教師―引用者註）が自分の生徒に対して行うことのすべてに浸透されなければならないのであって，一つの切り離された道徳指導（Moralunterweisung）は，その他すべての教育や授業を道徳的なもの（Das Moralische）に向けて方向づけることに比べると，ほとんど効果をあげられないのである。」[7]

この点に関連して，シュタイナーは，「粗暴なやり方の『道徳的な利用』（Moralische Nutzanwendungen）があらゆる機会に引き起こされる」[8]ことに対しても強い警戒心をもっている。あくまでも，そこで主張したい点は，彼が「それは，しかしまったく教育的タクト（pädagogische Takt）の問題である」[9]と述

第4章　人間形成の基軸としての学校の道徳教育　　237

べるように，教師として心がけるべき教育的な感覚という意味においてであって，単なる方法や技術という意味ではないということである。さらに言えば，彼の提唱する学校の道徳教育は，教師による徳目やスキルの伝達ではなく，あくまでも教師の存在やあり方などと深くかかわる事柄なのである。したがって，彼は，教師について，次のような主張を講演で述べている。

「あなたたちが，恐ろしく気難しい顔をしていると，子どもは，あなたたちが気難し屋だという印象をもつということであり，それは子どもの人生に害を及ぼすのだということを，考慮してください。それゆえに，小さな子どもにとって必要なのは，教師としてまったく私たちが人間観察と人間生活の一部になってしまうことです。どのようなカリキュラム項目にするのかというようなことは，たいしたことではないのです。どのような人間であるのかというようなことが，考慮されるのです。私たちの時代においては，プログラムを作成することは容易です。なぜなら，わたしたちの時代においては，すべての人間は非常に賢いからです。」[10]

シュタイナーは，このような発言に続けて，「私は皮肉を言っているのではない」[11]と断りながら，「私はまだ愚かな教育プログラムや授業プログラムを知りません」[12]と述べている。つまり，彼にあっては，重要なのは，すばらしい教育プログラムや授業プログラムを作成するのではなく，学校のなかにその一部となりきって生活するすぐれた人間としての教師が存在していることなのである。さらに言えば，そうした教師が存在できるような学校の経営・運営上の保障が求められることになる。

シュタイナーにあっては，このような教師としての存在やあり方が学校の経営・運営と複雑に関連するために，道徳教育の方法を実際に理想的なかたちで展開することは，つねに大きな困難を抱え込まざるを得ないのである。

もう一つの実践上の困難性については，端的にシュタイナーは次のように指

摘している。

> 「もう一つの困難性は，民衆学校（Volksschule）に入学してくる子どもは，生活上の道徳的基本傾向（moralische Grundrichtung）をすでに形成してしまっている，ということである。」[13]

つまり，シュタイナーによれば，就学する時点において，子どもはすでに「生活上の道徳的基本傾向」を身につけていると言うのである。彼にあっては，後述するように，就学前の幼児期こそが，道徳教育にとって最も重要な時期なのである。なぜなら，幼児期に身についた「道徳的基本傾向」は，その後の発達期においても簡単には変わらないものであるために，その子どもにとって取り返しのつかないものになりかねないからである。しかし，そうであるからと言って，就学後の時期は，道徳教育にとってまったく無意味であるというわけではない。その点に関して，シュタイナーは別の箇所で次のように説明している。

> 「しかし重要なことは，民衆学校に入学してきたときには，子どもは周囲の模倣において身につけた基本的傾向をもっているが，それは正しい取り扱いによって変換できる可能性を持っている，ということである。」[14]

この発言からも推察できるように，シュタイナーは，「正しい取り扱い」という限定をかけながらも，学校における道徳教育の可能性を確かに認めている。

しかし，彼は，入学してくる子どもにはすでに何らかの道徳的な傾向が備わっている，という自覚を教師に強く求めるのである。なぜなら，入学前の生育環境によって，何らかの「道徳的衝動」への働きかけを拒絶する子どもが出現するからである。そのような拒絶は，一般的な教科の学習ではあまり生じ得ないものであると言えるが，道徳教育にかかわっては，「道徳的基本傾向」が簡単には変わらないために大いにあり得ることなのである。したがって，シュタイ

ナーは,学校においては,入学前に身につけた簡単には変わらない子どもの「道徳的基本傾向」を教師が十分に受け入れたうえで,「正しい取り扱い」によって道徳教育を実践しなければならないと考えたのである。そのような意味で,彼は,一般的な教科の学習にはあまりない一つの大きな困難性を道徳教育に見出していたのである。その点を簡潔に暗示しているのが,先に引用した「民衆学校に入学してくる子どもは,生活上の道徳的な基本的傾向をすでに形成してしまっている」というシュタイナーの発言である。

では,シュタイナーが主張する学校の道徳教育の「正しい取り扱い」とはどのようなものであるのか。その点について,次に,学校における道徳教育を包含したかたちで,幼児期から青年期までという発達過程に即して,道徳教育の方法の基本原理について検討することにしよう。[15)]

第2節　道徳教育の方法の基本原理

シュタイナーにあっては,第3章第2節で論述した,発達に即した働きかけという考え方は,すべての人間形成の方法において生かされている。もちろん,道徳教育においても,それは決して例外ではないのである。

シュタイナーは,道徳教育の場合にも,「正しいものを正しい年齢において子どもにもたらす」[16)]ということを最大限考慮することになっている。そこで彼が言うところの「正しいもの」とは,「感謝」(Dankbarkeit)と「愛」(Liebe)と「義務」(Pflicht)という三つの徳性である。これらの三つの徳性すべては,第2章第1節で述べたように,『神智学』や『いかにしてより高次な世界の認識を獲得するか』のなかで展開された人間観にかかわっての記述のなかに包含されていたものである。すなわち,「感謝」は,「神秘鍛錬への諸条件」という日常的な心構えのなかの第6の条件として,次の「愛」はその第5の条件としてあげられていたものである。最後の「義務」は,シュタイナーにとっては,ドイツ哲学に興味・関心を示し研究していた時代からこだわってきたものである

が,『神智学』のなかでも「善」にかかわって,カントのような強制や屈服とは異なる,むしろ人間の主体性を重んじたものとして言及していた徳性である。つまり,神智学の思想において論及されていたものの一部として含まれていた,このような三つの道徳的な事柄,すなわちこれらの「感謝」と「愛」と「義務」という三つの徳性が,彼の言う「正しいもの」であり,子どもの道徳教育にとって最も重要な徳性として位置づけられたのである。

この三つ徳性に関しては,シュタイナーの次の発言がそれを裏づけている。

> 「ある特定の年齢において物事を子どもになじませていくような方法に完全に依拠することは,きわめて大切です。一方では子どもの発達に関して,他方では社会的人間生活全体に関して,検討しなければならない三つの徳性(Tugenden)が存在します。それは,三つの基本的徳性(Grundtugenden)です。これらの三つの基本的徳性とは,第一に感謝の意志のなかに生きることができるもの,第二に愛の意志のなかに生きることができるもの,第三に義務の意志のなかに生きることができるものです。つまるところ,これらの三つの徳性が人間の根源的徳性(Urtugenden)なのです。他のすべてのものは,ある意味ではそのなかに含まれます。[17]」

また,彼が言うところの「正しい年齢」とは,もちろん教育方法の基本の一つである発達に即した働きかけという際の各発達期のことを指していると考えられる。

以下では,そのようなシュタイナーの提唱する三つの「基本的徳性」がどのように各発達期に即したかたちで指導されるのかについて,見ていくことにしよう。

1. 幼児期の道徳教育

講演において,シュタイナーは,「感謝は,誕生から歯牙交代までの子ども

の根本的な徳性です」[18]と述べ，幼児期の道徳教育の中心的な課題を「感謝」の育成に置いている。しかも，彼は，「成長力が最も強い年齢の時期に，感謝が植えつけられ (einpflanzen) なければなりません」[19]とまで主張し，「感謝」の徳性をとりわけ重要視する。なぜなら，彼にあっては，「感謝」は次のように位置づけられているからである。

「はっきりしていることは，花をあとで咲かせるためには植物の根を土に植えつけておかなければならないと同様に，感謝は神への愛 (Gottesliebe) の根なのですから，感謝を植えつけておかなければなりません。なぜなら，神への愛は，まさに万物への感謝という根から，花として発達するのです。」[20]

簡単に言えば，シュタイナーにあっては，「神への愛」を育てるためには万物への「感謝」がその基盤として必要なのである。

このような幼児期の子どもに対して，「感謝」を重要視するシュタイナーの考え方それ自体は，キリスト教の文化圏において，驚くべき特徴であるとは言えないであろう。しかし，幼児期にその「感謝」の気持をどのように育成するかという方法については，彼の一貫した独自性が見られる。

シュタイナーは，第3章第2節において指摘したように，幼児期には「子どもは，まったく感覚器官になっている」，あるいは「子どもは完全に環境に帰依している」と述べている。彼は，この時期の子どもを，敏感な感受性によって環境としての外的な他者の行為をからだ全体で受け入れ，「意志」する存在と考えた。その点から，彼は，幼児期の子どもの特性を「模倣」と見做し，「歯牙交代以前のすべての教育や授業は模倣原理のうえに築かれなければならない」と主張するに至っている。つまり，幼児期においては，子どもに「模倣」させるという方法が，教育の方法の基本とされたのである。

しかも，シュタイナーによれば，幼児期の「模倣」は，単に「模倣」の対象

者の外的な身ぶり(Geste)だけでなく，その内的な世界，つまり心的・精神的な状態をも敏感な感受性によって子どもに受け入れさせるものであるという。この考え方に基づき，シュタイナーは，「子どもは身ぶりの外的なイメージをもつだけでなく，身ぶりの道徳的価値全体を受け入れる」[21]と述べ，幼児期における教育の方法を，その時期の道徳教育にも適応できるものであると見做している。

したがって，シュタイナーの考える幼児期の道徳教育の特徴を一言でまとめるならば，「感謝」という「基本的徳性」が「模倣」という「意志」するかたちで子どもに指導されることである。

その際には，「ありがとうと言いなさい」というような「言葉」(Sprache)による指導は拒否される。もちろん，知的な説明による指導や道徳的な訓戒も同様である。特に，それに関しては，シュタイナーは，次のように講演で批判している。

「これは，道徳教育(Moralerziehung)の際にものすごく重要なことなのです。もし，私たちが子どもにすでに概念となっている完成した規律(Gebote)を教えますと，私たちは子どもに対して，道徳(Moral)を理念形態で受け取るように強要することになってしまいます。そうすると，反感が現れてきます。抽象的に定義された道徳規律(Moralgebote)に対して，人間の内的な組織が抵抗し，反抗するのです。もし私が子どもを，まず生活のなかから，心情のなかから，実例のなかから，そしてあらゆるところから，道徳的感覚(moralische Empfindung)を自ら形成していけるように対処して，ついには子どもを分泌するところまで導いていくと，その結果，子どもが自ら規律を作り出し，自律的にしかも自由に倫理的(sittlich)な規律を形成していけるようになるとき，私は，子どもをその全人(ganzer Mensch)が求める一つの活動(Tätigkeit)のなかへ連れてきてあげることになるのです。そのような理由から，私は，道徳的(moralisch)な規律を持っ

た道徳（Moral）を，子どもたちに吐き気をもよおすぐらいまで嫌にさせてしまっており，そしてそのことは，現代の私たちの社会生活において，恐ろしく大きな役割を演じてしまっているのです。」[22]

シュタイナーによれば，道徳教育に際して，「子どもにすでに概念となっている完成した規律」を知的に「言葉」で説明するような指導は，子どもの「反感」に働きかけるものとして避けられるのである。あくまでも，生活や心情や事例などのなかから「道徳的感覚」を子どもとして自ら形成し分泌できる，すなわち子どもとして自律的にしかも自由に「倫理的な規律」を形成でき，活動として分泌できるように導くことが，「全人」を目指すうえでとりわけ重要なのである。

もちろん，このようなシュタイナーの道徳教育に関する考え方は，児童期にも当てはまるものであるが，特に幼児期において，そのことは厳守されたうえで，幼児期にふさわしいとされる模倣原理に則った指導が行われるのである。

実際には，教師や親などという大人の振る舞いを「模倣」させるようなかたちの指導が中心的に行われる。そこでは，「道徳的な決まり文句ではなく，また理性的な教訓でもなく，子どもの目のとどく環境で行われる大人の行為」[23]が大切なのである。その意味で言えば，子どもとのかかわりにおいて，大人や教師は単なる方法や技法としてではなく，存在やあり方としてもつねに「模範」（Vorbild）を示すように心がけなければならないのである。それとは反対に，「もし子どもが7歳以前に愚かな行為だけを環境のなかで見ていたならば，その脳は，その後の人生においても愚行にだけ適応するような形態を身につけてしまう」[24]と，シュタイナーは警告する。しかも，彼は，「教育者として7歳までの時期に怠ったことは，決して後になってからは取り戻せない」[25]とまで警告するが，それらの警告は特に幼児期の道徳教育にかかわることなのである。その意味からすれば，シュタイナーの提唱する幼児期の道徳教育の大きな特徴は，子どもが生活する身の回りの人的環境や雰囲気の改善，すなわち親や教師などの

日常的な行為や姿勢の改善を強く要求するものとなっていると言えよう。

2. 児童期の道徳教育

　シュタイナーによれば，前節で述べたように，幼児期の段階において子どもは，「道徳」に関する基本的傾向をすでに身につけてしまっているのである。したがって，教師は，児童期に入った子どもを指導する際に，基本的傾向をすでに身につけていることを顧慮しながら，一人ひとりの子どもにかかわらなければならないとされている。それによって，児童期の道徳教育は，よりよい成果をあげられるのである。たとえば，短気な大人のなかで育ってきた子どもは，それによって人生の必要なときに，当意即妙でしかも冷静で大胆な行動をとることができるという。また，臆病で内気な大人のなかで育ってきた子どもは，純潔性や慎み深さのある高貴な感覚を形成することができるという。[26]このことが，児童期の道徳教育の大前提になっている。それを前提としたうえで，以下で述べるような児童期の道徳教育が想定されるのである。

　幼児期の道徳教育においては，「基本的徳性」として「感謝」があげられていたのに対し，児童期には，シュタイナーが「愛（Liebe）は第2年齢（第2・7年期－引用者註）の徳性である[27]」と述べるように，「愛」が「基本的徳性」として重要視される。なぜなら，シュタイナーの人間観に従えば，「人間有機体は，歯牙交代から性的成熟までの期間には，まさに有機体として愛に向かって発達するという傾向にある[28]」からである。さらに言えば，「……神への愛が感謝のなかにその根をもつように，正しい道徳は愛のなかにその源泉をもっている[29]」からである。

　児童期に入ると，このように「基本的徳性」が「感謝」から「愛」へと次第に変更されるだけでなく，その育成の方法も「模倣」から変更されることになる。しかし，その方法も，「模倣」による働きかけが突然に行われなくなるのではなく，次第に他の働きかけに変更されていくようである。[30]すなわち，それは，「言葉」による働きかけのことを意味している。その点については，シュ

タイナーの「歯牙交代以後には，子どもの興味は，身ぶりから言葉に移行する」[31]，および「……歯牙交代から性的成熟のあいだは，私たちは，言葉のなかに存在するものすべてを通して，それに加えて言葉のなかに道徳的（moralisch）に存在するものすべてをも通して，特に働きかけることができる」[32]という発言がそれを裏づけている。

ただし，「言葉」によって働きかけると言っても，知性に直接的に働きかけるようなことは否定される。なぜなら，シュタイナーにあっては，そのような働きかけ，すなわち「思考」の重点的な育成は，あくまでも性的成熟の時期（青年期）まで待たなければならないのであって，児童期にはあくまでも「感情」の育成が最優先されなければならないからである。しかし，児童期において，知性に関係することはまったく行われないわけではない。それに関係して言えば，「性的成熟までは，若者は，人類が考え出した遺産を記憶力を通して獲得すべきであって，それは，あらかじめ十分に刻み込んでおいたものを，あとになってから概念で浸透させるための時期なのです」[33]とシュタイナーが述べるように，児童期には記憶力の育成は大切にされても，概念を操作するような本格的な「思考」は行われてはならないということである。つまり，シュタイナーにあっては，児童期には，本格的な「思考」への働きかけにつながる「知性による判断」（intellektuelles Urteil）は避けられ，「感情」への働きかけの視点から，「感情による判断」（Gefühlsurteil）が重視されるのである。これらの判断について，シュタイナーは，講演で次のように説明している。

> 「子どもが善なるものに対して美的な喜びを抱き，悪なるものに対して美的な不快感を抱くようになれば，リズム的な時期（児童期-引用者註）のあいだに正しい準備がなされることになります。なぜならば，美的な感覚のなかに，あとになってから知性的なものに発展する萌芽が宿っているからです。直接的に発展した知性による判断は，あたかも茎や根から切り取られた花のようなものです。」[34]

つまり，シュタイナーによれば，「子どもが善なるものに対して美的な喜びを抱き，悪なるものに対して美的な不快感を抱く」ようなものが，「感情による判断」である。その判断を児童期に行わせることが，美的な感覚につながり，ひいてはその後の「知性による判断」の基盤になるというのである。

では，「感情による判断」が行われ，「知性による判断」が行われないようにするには，どのようにするのであろうか。

シュタイナーの独自な人間観によれば，既述したように，「意志」は「共感」に，「思考」は「反感」に強く関連し，「感情」は「共感」と「反感」とが交換するところから生じてくるものとされている。この考えに従うならば，「感情」への働きかけが重視されなければならない児童期の子どもに対しては，善なるものに「共感」を，悪なるものに「反感」を覚えさせるようにしながらも，「思考」と関連の強いとされる「反感」を全般的に刺激し過ぎないような方法が求められることになる。そのためには，子どもが教師の発言内容の正否に対して「知性による判断」ではなく「感情による判断」を行うことによって，その発言を「共感」的な「感情」のレベルで受け入れるような，そして子どもから「共感」的に愛されるような，子どもと教師との関係が構築されなければならない。つまり，子どもの側から見るならば，その教師は，心から尊敬と信頼のできる人物，すなわちシュタイナーの言葉で言えば，正しい意味での「権威者」でなければならない。したがって，子どもにとって心的に身をゆだねられるような「権威者」から発せられる「言葉」であってはじめて，道徳的な内容，とりわけ「基本的徳性」としての「愛」が，児童期の子どもに目覚めさせることができるのである。その意味で，彼は，「言葉を通して働くべきものすべては，自明の権威者（selbstverständliche Autorität）を通して働かなければならない」と述べ，さらには「もし人間がそうした第2生活期に教育者という自明な権威者に身をゆだねて成長できなかったならば，その後の人生において，倫理的な自由（sittliche Freiheit）を正しく使いこなすように目覚めることができない」，とまで主張していたのである。

以上，児童期の道徳教育について述べてきたように，児童期には，「基本的徳性」としての「愛」が，重点的に指導される。その方法は，「模倣」の感覚に働きかけるのではなく，子どもの美的な感覚に「言葉」によって，さらに言えば「感情による判断」を尊重するために，「自明の権威者」，すなわち真の「権威者」を通しての「言葉」によって働きかけることになる。もし，教師がそのような「権威者」でなければ，「愛」を重点的に「言葉」によって指導するというシュタイナーの方法は，まったく道徳教育的に意味のないものとなる。したがって，シュタイナーにあっては，子どもとのかかわりにおいて，児童期の子どもを受け持つ学級担任教師は，子ども側からみて心的に帰依できるような，尊敬と信頼に裏うちされた真の「権威者」でなければならないのである。つまり，学級担任教師は，教育の方法の前にまず教師としての存在やあり方が問われることになる。その点については，シュタイナーの次の発言が明瞭に裏打ちしている。

　　「……教育者は，いわば真善美を子どもの前に単に提示するのではなく，それが存在しているというように働きかけなければならない。彼が存在することが子どもに伝わるのであって，彼が子どもに教えることが伝わるのではない。すべての教えは，本質的に子どもの前に模範（Vorbilde）として据えられなければならない。教えること自体は，一つの芸術作業（Kunstwerk）であって，理論的な内容であってはならないのである。」[39)]

　すなわち，児童期においても，幼児期と同様に，道徳教育に際しては，子どもが生活する身の回りの人的環境の改善，換言すれば教師などの日常的な行為や姿勢の改善が強く要求されるのである。

3. 青年期の道徳教育

　シュタイナーは，青年期の道徳教育にかかわって，講演で次のように説明し

ている。

> 「私たちは感謝と愛を子どものなかに10歳より前に発達させているならば，義務（Pflicht）と名づけられているものを，正しい方法で発達させることができます。義務を規則（Gebote）によってあまりに早く発達させても，宗教的優しさには到達しないのです。私たちは，なによりもまず感謝と愛を子どものなかに発達させなければならないのであって，そうすることで，倫理的・道徳的（ethisch-moralisch）にも，また宗教的（religiös）にも正しい方法で子どもを伸ばすことができるのです。」[40]

このように，シュタイナーは，「感謝」と「愛」の徳性に続いて発達させなければならない「義務」を，「自己意識」を強め「自己を世界から区別し始める」児童期の第2期に入った10歳頃から次第に発達させていくべきであると考えている。その後，「義務」の徳性は，青年期において本格的に育てられることになる。

ただし，「感謝」と「愛」とは異なり，この「義務」というドイツ語については，シュタイナーは，一つのこだわりをもっている。

シュタイナーは三番目に発達させるべき徳性として「義務」（Pflicht）をあげているが，他方で，「……《Pflicht》は，その感覚的ニュアンス（Empfindungsnuance）において，《duty》を使って私が説明したこととはまったくなんのかかわりあいもないのです」[41]と述べている。つまり，彼は，「なぜなら，《Pflicht》は《pflegen》の名詞化であって，まったく他の生活領域から出て来たからです」[42]と考えている。その点から言えば，シュタイナーの意図している「duty」の内容は，「Pflicht」とは異なるドイツ語に翻訳すべきところであるが，彼自身が「《duty》に対するドイツ語の翻訳は存在しない」[43]と述べるように，彼の意図する内容はドイツ語では十分に表示できないと言うのである。したがって，シュタイナーの「義務」（Pflicht）という語は，あくまでも「表面

的で」(oberflächlich)，しかも「辞書的な翻訳」(Lexikographisch Übersetzende)として使用しているに過ぎず，内容的には英語の「duty」を意味している，と理解されなければならないのである。

　そのような語の理解を前提としたうえで，シュタイナーの言う「義務」を見ていくと，彼にとってのそれは，「義務 (Pflicht) とはなにか。自分自身に命じるものを愛することである」というゲーテの定義づけを受容したものとなっている。また，このように定義づけられた「義務」の特徴について，シュタイナーは「愛」とのかかわりで，「歯牙交代から性的成熟までの間に愛のなかで体験したものから，性的成熟以後において人間の衝動の最も内的なものとして義務 (Pflicht) がはじめて発達するのです」と述べている。さらに別の講演において，シュタイナーは次のようにも説明している。

　　「私たちは愛をもって行動すべきなのです。義務と愛とは一体になるべきなのです。そして私たちは，なすべきことを喜んでなすべきなのです。」

　これらのシュタイナーの発言から推察すれば，彼にあっては，性的成熟以後において「義務」は，「愛」と関連し「愛」を基盤にして育まれるものであり，また「愛」と一体となって教育的意義を見出されるものなのである。そのような意味から言っても，青年期の前にあたる児童期に，「愛」に目覚めさせることが重点的な課題とならなければならなかったのである。

　では，シュタイナーにあっては，青年期の重点課題となっている「義務」は，幼児期と児童期の道徳教育を前提としながら，どのように指導されるのであろうか。

　シュタイナーは，青年期の子どもに関して，講演において次のように述べている。

　　「子どもは，前もって権威者を実感するようになっていなければなりませ

ん。そのあとで，子どもは，性的成熟をもって，権威者感情（Autoritätsgefühl）から抜け出て，判断（Urteil）を探し求めるようにならなければなりません。」[48]

　つまり，シュタイナーによれば，青年期には，子どもは，「権威者」に依拠していた存在から「思考」を使って知的に自分自身で判断しようとする存在に変貌する。その意味から言えば，青年期には，「言葉」の内容が特定な「権威者」を通して子どもに働きかけなくてもよくなったわけである。したがって，青年期には，シュタイナーが「私たちは，彼（14，15歳の人間－引用者註）を私たちと同じ位置に据える」と述べたように，教師は，子どもとのかかわりにおいて同等な関係で接してよいわけである。この関係は，道徳教育の方法に関して言えば，堂々と子どもに，対等なかたちで「言葉」によって道徳的な内容を知的に説明してよいということを意味しているのである。

　ただし，教師が青年期の子どもにかかわる際に，シュタイナーは，一つの注意を教師に促している。シュタイナーは，講演で次のように説明している。

　「以前には，子どもに命令することも可能でした。しかし，性的成熟をもって，子どもは，教師や教育者にとって実現不可能なことに対して，非常に敏感で感じやすくなります。教師自身がすべきでないことに対して，子どもは非常に敏感になるという危険に，私たちは意識的に自分自身をさらさなければなりません。特に私たちが注意しなければならないのは，この時期の子どもは，教師の態度に対して非常に敏感になっているということです。しかし，私たちが，自己中心的になることなく，誠実な心で子どもとかかわりあうことになれば，私たちは，多感な能力に基づいた良い教育や授業をすることになるでしょう。」[49]

　この説明からも明らかなように，同等な関係と言っても，教師が大人とつ

き合うのと同じように，青年期の子どもにかかわってよいというわけではない。教師の態度に敏感な青年期の子どもに対しては，「誠実な心で子どもとかかわりあう」という姿勢が，「言葉」によって指導の際に教師に求められている。教師としての存在やあり方が不十分であるならば，すばらしい道徳的な内容が青年期の子どもに「言葉」によって語られても，子どもには空虚なものとしてしか映らないというのである。

　以上見てきたように，青年期の道徳教育に際しては，幼児期や児童期の際に重要視された徳性はもちろんのこと，子どもへの働きかけも異なっているが，シュタイナーにあっては，指導の根底には，前段階の二つの発達期と同様な要求が存在している。すなわち，青年期には，同等な関係と言いつつも，「誠実な心で子どもとかかわりあう」という姿勢が強調されているように，子どもが生活する身の回りの人的環境の改善，換言すれば教師などの日常的な行為や姿勢の改善がつねに求められているのである。

4. 道徳教育の方法の基本原理

　以上，各発達期の道徳教育について見てきたように，シュタイナーの言う人間形成の方法が適応され，幼児期には「意志」が，児童期には「感情」が，青年期には「思考」が重点的に育成されるべきものとなっていたところに，三つの「基本的徳性」のうち，「感謝」は幼児期に，「愛」は児童期に，「義務」は青年期に主に育むべきものとされた。

　ただし，発達期の区分は，一般的な教育の方法においても同様であるが，道徳教育においてもあくまでも大枠において捉えておくべきものであろう。たとえば，道徳教育の場合，本来的には青年期に当たる，「義務」という徳性の育成は，児童期にあたる10歳頃から意識しはじめてもよいことになっており，性的成熟の14歳まで必ず待たなければならないというわけではない。しかし，「感謝」と「愛」と「義務」という三つの徳性を育成する順序だけは，重要な意味をもっており，必ず守らなければならないとされている。なぜなら，「愛」は「感謝」

の土壌に，また「義務」はその「愛」の土壌において適切に発達するからである。そのような前段階を次の段階の基盤にするかたちで各発達期に質的な変化を見て取るシュタイナーの考え方は，明らかにゲーテの変態論を下敷きにしたものであると考えられる。

　そこで，そのような徳性の育成について，各発達期ごとに整理するなら，幼児期には，「感謝」という道徳的価値が，シュタイナーの言葉で言えば「基本的徳性」が重点的に教えられるわけであるが，その方法は，「模倣」を「意志」するかたちで指導される。したがって，親や教師という大人たちは，子どもの目の前で徳性の「模範」を示すように心がけなければならないとされる。そこでは，「言葉」による訓戒や指導は，子どもの内面化の過程において，あまり大きな教育的意義を有しないという。その意義があるとすれば，それは，大人たちの心の底から発する「模範」的な行為以外の何物でもないのである。なぜなら，子どもは，敏感な感受性によって単に模倣対象者の外的な身ぶりだけでなく，その内的な世界，つまり心的・精神的な状態を受け入れるからである。その意味では，幼児期の子どもにとって，教師や親といった子どもの身の回りにいる人間の道徳的な行為や心情，とりわけ感謝の気持ちや行為が重要である。つまり，幼児期の子どもとの関係性において，大人の側の存在やあり方，すなわち道徳教育の視点からみれば道徳性や人格性が，道徳的な教育環境の核としてつねに問われるのである

　また，児童期には，「愛」という徳性が重点的に教えられるわけであるが，その方法は，「模倣」から「言葉」による働きかけに変わってくる。つまり，「言葉」による指導が，幼児期と違って大きな意味を持ち始めるのである。ただし，「言葉」による指導が可能になると言っても，あくまでも「感情」の育成が求められる児童期においては，「知性による判断」は避けられ，「感情による判断」が重視される。そのためには，道徳的価値にかかわる「言葉」は，児童期の子どもにとって尊敬と信頼に裏打ちされるとともに，子どもから「共感」的に愛される「自明の権威者」から発せられたものでなければならない。それゆ

えに，実践の場としての自由ヴァルドルフ学校では，児童期の子どもを受け持つ学級担任教師は，子どもにとって，真の「権威者」でなければならないのである。その意味では，児童期の子どもとの関係性においても，大人の側の存在やあり方，すなわち道徳性や人格性が，道徳的な教育環境の核としてつねに問われている。

　さらに，青年期には，「義務」という徳性が教えられるわけであるが，その方法として，子どもの「知性による判断」が大いに使われてよいことになる。つまり，この時期になってはじめて，「言葉」による知的な指導が子どもに可能となる。また，この時期の関係性について言えば，幼児期には「模範者」と「模倣者」，児童期には「権威者」と「恭順者」という関係が求められていたのに対し，青年期には，心的には同等な関係が認められている。ただし，青年期には，子どもは教師の態度に対して非常に過敏であるために，「誠実な心で子どもとかかわりあう」という教師の姿勢が，「言葉」による指導の前提として求められている。したがって，青年期の子どもとの関係性においても，他の発達期と同様に，大人の側の道徳性や人格性は問われるのである。

　以上述べたように，シュタイナーにあっては，「感謝」と「愛」と「義務」という三つの基本的徳性が定められた各発達期に重点的に指導されることになっているが，その際に，子どもとの関係性において，つねに教える側の道徳性や人格性，換言すれば教える側のよりよいあり方や存在が問われることになっている。つまり，シュタイナーにあっては，道徳教育を含めた実際的な人間形成を考える際には，「気質」への働きかけにおいて見られたように，精緻なプログラムの内容や技法よりも，関係としての教える側のあり方や存在がとりわけ重要なのである。さらに言えば，学校における道徳教育の際には，単なる方法よりも，ふさわしい働きかけを演じられる教師の資質・能力とともに，それを生かす広い意味での人間関係的な環境づくりが，大きな鍵になるであろう。

第3節　学校における道徳教育の実践的基盤

　以上見てきたようなシュタイナーの提唱する道徳教育の方法を実践に移すためには，それに適切な学校の環境が必要不可欠であろう。以下では，その環境づくりに貢献していると考えられる自由ヴァルドルフ学校の特徴について検討することにしよう。

1. 点数評価の廃止

　シュタイナーの教育論に基づく自由ヴァルドルフ学校の実践では，1919年の創設から現在に至るまで，テストは基本的に行われていない[50]。ただし，ここで言うテストとは，一組の試験問題を子どもに答えさせて，その子どものある特質について数量的な測定を求めるようなものを指している。

　もちろん，自由ヴァルドルフ学校では，子どもは，まったく答案のような形式のものを書かないわけではない。この学校でも，ある時点からは，しばしばレポートや答案を書かせることが行われる。つまり，そこでは，子どもの学力に対して数量的な測定は求められない，すなわち，心理学で言う測定が行われないのである。

　では，なぜ，自由ヴァルドルフ学校においては，テストによる測定が行われないのであろうか。シュタイナーは，教師のための講習会において，テストや成績表の問題について自分の考え方を示している。

　テストの問題については，シュタイナーは次のように語っている。

「理想は，テストがまったくないようになることです。卒業試験は，役所との一つの妥協なのです。私たちは，テストをしなくても，子どもたちがどういう状態であるのかを知らなければならないのです。性的成熟期以前には，テストによる不安は，人間の生理的な機構全体を非常な危険にさらします。つまり，それ（不安—引用者）は，人間の生理的・心理的な素質を

悪い方向にかりたてることになるのです。最もよいのは、すべての試験制度を廃止することです。」[51]

　理想論としては、シュタイナーは、すべてのテストや試験制度の廃止を主張している。なぜなら、「人間の本質」から教育論を構築するシュタイナーにとっては、そのようなものは、子どもに対して生理的・心理的に悪影響を及ぼすものとして、排除すべきものであったからである。もちろん、その彼の考え方の根底には、人間的なものまでも過度に数字に還元して理解しようとする近代の自然科学的な思考方法に対する批判が存在している、ということは想像に難くないところである。特に、彼の人間観に従えば、「感情」の育成が最優先されるべき児童期の子どもにとっては、テストによるそうした時期尚早な認識能力の働きかけは、避けられなければならないのである。したがって、子ども理解のためにテストの必要性が説かれても、シュタイナーは、測定のための道具を使用しなくても、教師は子どもの状態を常に把握できていなければならない、と考えていたのである。

　また、テストと付随的につながっている成績表の問題についても、シュタイナーは、同じ講習会で次のような大胆な発言を行っている。

　　「子どもたちがこの学校にいる限りにおいては、何のために成績表が与えられなければならないのでしょうか。子どもたちが卒業する時にでも、それを与えればよいではありませんか。」[52]

　このように、シュタイナーは、一般に学期末や学年末に作成されるような成績表に対しても、ほとんど存在意味を認めていない。なぜなら、彼は、「生徒が何らかの計算ができないということにはそれほど大きな価値を置かないで、生徒があとになってからそれができるようになるということにむしろ大きな価値を置く」[53]という確固とした信念から、現実には、数量的に測定されるその

現時点の知識の習得状況が主に記されるような成績表を廃止すべきもの，と考えているからである。つまり，彼にあっては，子どもは，ある事柄をあとになってからでも，できればよいのであり，ある時点においてできないことにあまりこだわる必要はないのである。特に，その時々の点数化は，さまざまな心的，社会的弊害をその子どもの将来においても生じさせるだけで，人間形成にとってまったく無意味な作業なのである。

ただし，子どもの親に報告するための通知表については，シュタイナーも「通知表のように，親に報告するようなものは事情によっては必要です」[54]と述べるように，その存在を認めている。もちろん，そこでの記述においても，数値化した評定は認められていない。つまり，彼の言う通知表は，子どもの学習や行動などを指導した過程や結果について，あくまでも文章で質的に記録したものである。

しかし，彼は成績表に関して次のように注意を喚起している。

「……学校のなかでは，それ（成績表—引用者註）が私たちにとって，—私たちが特にそれ（成績表—引用者註）を説明する必要もないのですが—何よりもそんなに意味を持っていない，というような空気にしなければなりません。このような空気を私たちは，一つの道徳的雰囲気（moralische Atmosphäre）のように広げなければならないのです。」[55]

つまり，シュタイナーは，一つの「道徳的雰囲気」のようなテストの成績に執着しない雰囲気を学校のなかに生み出そうとしている。そのような雰囲気が生み出されるところまで至らなければ，テストや成績表の排除あるいは通知表の工夫などという点数評価の廃止は，大きな意味を持ち得ないと見做されたのである。

このような点数評価の廃止によって，学校において教師は，テストの出題方法や採点などについてまったく縛られることなく指導を比較的独自に展開でき

る。それは同時に，子どもの場合にも影響を及ぼすことになる。つまり，子どもは，テストの出題内容や成績などについてまったく気にせずに学習の内容や教育活動自体に心から打ち込むことができる。それを通して，子どもは，過剰な競争意識を煽られることもなく，「道徳的雰囲気」の学校・学級において生き生きと学び，生活できるのである。

　しかし，他方では，点数評価の廃止の結果，テストや成績による学習への外的動機づけという手段は，学校においてまったく使えなくなる。それによって，教師は，子どもが学習や教育活動それ自体に興味・関心をもつように指導をつねに工夫し続けなければならない。また，評定者としての権限も，教師として使えなくなっている。そのために，児童期の子どもに求められる「権威者」は，権力者とはまったく無縁な，尊敬と信頼に裏打ちされた教師でなければならないのである。したがって，点数評価の廃止は，人間性を含めた教師の指導力を強く要求するものである。

　このような点数評価の廃止によって，自ずと知育への偏重の雰囲気は，学校や学級，さらには子どもたちやその親たちから消え去ることになる。その結果，人間形成の目標としている「全人」や「自由人」に向けての学校教育が，さらにはその基軸となる道徳教育も実現可能となる。その意味で，点数評価の廃止は，シュタイナーの主張する道徳教育や「道徳的雰囲気」を実践に移行するうえでの前提条件の一つとなっている。そこには，学校や学級を道徳的な共同体につくりあげようとするシュタイナーの考え方が，さらに言えば，その考え方の基底にはロマン主義的なゲーテの「教育州」との親和性も垣間見られるのである。

　ただし，ここで注意しなければならないのは，シュタイナー自身も，またリンデンベルクやシェパードなども言及していないが，ブラヴァツキーも彼女の著書のなかで，道徳教育を重視し，テストの無意味さを強調していたということである。たとえば，ブラヴァツキーは，「学校教育は，人格の形成，とりわけ道徳を身につけるために最も重要である[56)]」と見做し，当時の学校状況を「利

己主義」の「温床」(hotbed) の場であると批判するとともに，その大きな要因として「若い人々のなかに健全な競争意識ではなく，他人に対する妬みや嫉妬やほとんど憎悪といったものを産出し養育している」ようなテストのシステムを，彼女の主著の一つである『神智学の鍵』(*The Key to Theosophy*) のなかで指弾していた。おそらくシュタイナーは，この彼女の主著を読み，このような彼女の指弾を十分に知っていたと考えられる。その意味で言うならば，シュタイナーは，教育ないしは学校教育に関して，神智学協会の提唱する神智学から少なからず影響を受けていたと推察されよう。したがって，学校における真の道徳教育を展開するための点数評価の廃止という考え方には，シュタイナーの神格化を図りたい人智学の賛同者は沈黙したいのであろうが，ゲーテの「教育州」とともに，神智学との親和性も確実に認められなければならないのである。

2．持ち上がりの学級担任制の実施

　自由ヴァルドルフ学校では，前述した点数評価の廃止と同様に，創設時から一人の学級担任教師が，その学級を第1学年から第8学年まで，責任をもって担当することになっている。そこでは，学級担任教師は，基本的に毎日2時間の「エポック授業」とともに，いくつかの「専門教科授業」も担当することになっている。もちろん，このシステムも，シュタイナーの考えに基づくものである。このような長期の学級担任制の発想には，前述した点数評価の廃止とは異なり，彼が学んできたブラヴァツキーやゲーテなどといった特定の人物からの影響は，管見した限りでは認められない。しかし，第1章第3節で言及した住み込みの家庭教師の体験は，直接的な影響ではないにしても，子どもへの長期にわたる働きかけの重要性を彼に自覚させることにつながっていたのではないかと考えられる。

　その長期の学級担任制に関して言えば，ハンブルクのユネスコ教育協会から出版された自由ヴァルドルフ学校に関する著作を見ると，そこには，そのシステムを導入する根拠として，子どもの「気質」，両親との関係，「エポック授業」

が主にあげられている。しかし、本書では、筆者は、それらのうえに、「権威者」としての教師を加えたいと考えている。なぜなら、児童期の子どもには特に学級担任教師の「権威」が求められているからである。したがって、以下では、次のような四点をその根拠として見做し、順を追って論述する。すなわち、子どもの「気質」の尊重、親との協力関係の確立、「権威者」としての教師、「エポック授業」における総合的な学習の実現である。

まず最初に、子どもの「気質」の尊重についてであるが、既述したように、シュタイナーの人間形成論では、その方法の一つとして、「気質」に即した働きかけが強調されている。ごく大まかに説明すると、まず学級担任教師が、一人ひとりの子どもの生活や学習の状況を継続的に観察して、子どもの「気質」を正確に看取しようとする。そのうえで、教師は、子ども同士が相互によい影響を及ぼし合えるように適切な位置の席に着かせたり、一人ひとりの子どもの「気質」に即した働きかけをねばり強く続けなければならないことになっている。

こうした教師の活動は、1年ないしは2年ごとに学級担任教師が交替する制度、あるいは教科ごとにすべて教師が替わる方式においては、とても達成できるものではない。したがって、子どもの「気質」に即した教育を実践の場で実現することが、長期の学級担任制の一つの有力な根拠となっているのである。

次に、親との協力関係の確立についてであるが、シュタイナーは、親との協力関係の確立に関連して、次のように子どもの親に向かって述べている。

「私たちは、次のような時に私たちの目標を達成できます。すなわち、学校のなかで行われることが、家庭のなかで理解されるとき、および私たちと家庭とが心置きなく協力することが可能になったときです。」

このように、シュタイナーは、学校と家庭、すなわち教師と親との協力関係を大切に考えている。その協力関係をより深める具体的な機会として、彼は、教師による家庭訪問とともに、「親の夕べ」(Elternabend) という会合を奨励し

ている。そこでは，教師と子どもの親とが，さまざまな教育にかかわる問題について話し合うことになっている。彼によれば，そのような話し合いを通して，教師と親との間の「絆」が強くなるという[61]。

そのような教師と両親との協力関係は，自由ヴァルドルフ学校だけでなく，他の学校においても重要視されるべきものであろう。特に，自由ヴァルドルフ学校は，校長をはじめとする管理職のいない私立学校であるために，教師集団と親たちとの協力関係の確立は必須の条件である。その関係の基礎・基本となるのは，何と言っても，信頼に裏づけられた学級担任教師と親との緊密な協力関係である[62]。

こうした協力関係を確立するためには，何よりも教師と親とが，持続的なつき合いを前提とせざるを得ないであろう。したがって，自由ヴァルドルフ学校では，持続的なつき合いをしにくい，1年または2年で替わるような学級担任制ではなく，8年間も交替しないような長期の学級担任制がその実践にふさわしいものなのである。

さらに，「権威者」としての教師についてであるが，児童期における教師と子どもとの関係は，すでに詳しく述べたように，「権威者」と「恭順者」という関係でなければならないとされている。すなわち，教師は，子どもの心からの尊敬と信頼に基づいた，真の「権威者」にならなければならないのである。そのような「権威者」から発せられる言葉をはじめ，その「権威者」としての教師のあり方や存在が，子どもの「心性」に知的・道徳的に大きな影響を及ぼすのである。

そのような真の「権威者」に学級担任教師がなるためには，一時的なかかわりではなく，授業や学校生活における長年の親密な人間同士のかかわりが大切であろう。そのような状況を生み出す前提として，児童期全体を包含するかたちの8年間という長期の学級担任制が，必要不可欠である。このようなシュタイナーの考え方の基底にも，明らかに畏敬の念を大切にしていたゲーテの「教育州」の主張が見て取れるのではないだろうか。

最後に、「エポック授業」における総合的な学習の実現を取りあげる。ここでは、「エポック授業」については次に後述するので、あくまでも総合的な学習の実現に関することだけを簡単に述べることにする。

　２時間の「エポック授業」は、教科の枠に縛られることなく、必要な場合には積極的に、一つの教科領域のテーマを他の教科領域との関連のもとに指導されることになっている。したがって、必然的に「エポック授業」は、総合的な学習になる。特に、児童期の子どもの「エポック授業」では、シュタイナーの「授業全体を芸術的要素で貫かなければならない」という主張に従い、「芸術的要素」が包含されなければならない。その現象的な結果として、自ずからエポック授業は、「イメージ」や「ファンタジー」を大切にする「芸術」の領域を特に尊重したような総合的な学習になる。また別の見方をすれば、それと同時に、「エポック授業」は、道徳的な内容を柔軟に取り入れた総合的な学習にもなり得るであろう。こうした総合的な学習の「エポック授業」を実現するためには、主要な教科領域を一人で担当するような学級担任制が、実践面において必要不可欠なのである。

　以上見たように、持ち上がりの学級担任制は、シュタイナーの人間形成論を実践に移行するうえで大きな意味をもっている。特に、学校における道徳教育の実践にとっては、持ち上がりの学級担任制の根拠となっている「権威者」としての教師および「エポック授業」における総合的な学習の実現という二点は、重要な前提条件となっている。

3.「エポック方式」の導入

　「エポック方式」も、シュタイナーの指示によって、1919年の創立から自由ヴァルドルフ学校で採用されているシステムである。1921年の自由ヴァルドルフ学校連盟から発行された「自由ヴァルドルフ学校」というパンフレットには、次のような説明文が記されていた、と合科教授のドイツの代表的な指導者であったアルベルトが彼の著書で紹介している。

「時間割の設計にあたっては，大部分の教材に対して，『エポック方式』の勉強が普通の時間割の勉強に優先されるように考慮されています。このことによって，子どもたちの注意が，数週間後に他のものと交替するまで，長い期間中つねにただ一つの対象に集中できます。このような基礎授業（エポック授業―引用者註）は，全く自由なやり方で，午前8時から午前10時までの間に，学級担任教師によって行われます。」[63]

このパンフレットの記述からも明らかなように，午前8時から2時間にわたって，「エポック方式」による「基礎授業」(Grundunterricht)[64]，いわゆる「エポック授業」(Epochenunterricht)が，毎日継続的に（一般的には4〜6週間）行われることになっていた。[65]そこで扱われる教科（科目）の領域は，国語，歴史，地理，算数（数学），物理，化学，博物学などという，我が国で言うところの主に用具教科と内容教科で扱う領域である。

また，午前10時以降の時間割について述べておくと，休み時間の後，規則的な繰り返しの練習を必要とする教科の授業が，普通の細切れな時間割の形式で正午まで行われる。そこでは，オイリュトミーや音楽などの「芸術」的な教科をはじめ，外国語や宗教が取りあげられる。そして午後からは，第5学年以上の段階において，主に手作業的な教科が「エポック方式」で行われることになっていた。

では，どのような理由から，シュタイナーは，「エポック方式」の導入を意図したのであろうか。

その大きな理由は，自由ヴァルドルフ学校の教師であるクラーニッヒ(Kranich, E.M.)が指摘するように，「集中性」(Konzentration)と「経済性」(Ökonomie)と「実りの多い休憩」(fruchtbare Pause)という三点を考慮するためであると考えられる。[66]

まず，「集中性」について取りあげてみよう。シュタイナーは，講習会において，次のように述べている。

「たとえば、バーゼルでは、人々は40分授業を口にしています。人々は、40分授業を行うとすぐにまた別の40分授業を続けようとします。このことは、40分間に学んだことをすべてもみ消してしまい、そして心性のなかに恐ろしい混乱を引き起こしてしまうこと以外の何物でもないのです。」[67]

つまり、シュタイナーは、従来の細切れな時間割によっては、子どもの「心性」が恐ろしい混乱に陥ってしまうと考えている。この恐ろしい混乱とは、子どもに対して40分毎にまったく関連のない内容が次々と提示されるために、結果として子どもの注意力が散漫になってしまうということである。この混乱を防ぐために、シュタイナーは、内容に対する子どもの「集中性」を重視しようとするのである。この点については、「重要なのは、心性を何らかの教材でいっぱいにさせるのではなく、心性をある一定の期間にわたって一つのことに集中できるように、全体的な発達を調整させることです」[68]というシュタイナーの発言がそれを裏づけている。その意味で、彼にあっては、教材は、伝達すべき重要な知識財という側面よりも、子どもの「心性」を集中させるための学習材という側面を強くもつことになる。つまり、そこには、子どもに多くの事柄について覚えさせるよりも、子どもに一つの事柄に集中させる体験それ自体に、大きな教育的価値が置かれることになる。そのことは、点数評価の廃止という実践を行う以上、必然的な考え方であろう。また、それと同時に、そのことは、授業のなかに児童期における「芸術的要素」の浸透のように、「道徳的なもの」(das Moralische) のそれをつねに可能にしているとも言えるのである。

次に、「経済性」について述べてみよう。シュタイナーは、細切れな時間割の方式を、「最初の時間に一つの教科を取り扱っても、次の時間には前の時間に学んだことは拭いさられてしまう」[69]という点で、非効率的なやり方であると見做し、「そのようなこと（エポック方式—引用者註）によって、私たちは、時間割にともなった恐ろしい労力と時間の浪費をしてしまうときよりも、はるかに経済的に授業を行うことができる」[70]と主張し、「エポック方式」を、細切れ

な時間割の方式よりも経済的であると考えた。

　シュタイナーにあっては，ここで言うところの「経済性」は，およそ次の二つの意味において捉えることができる。一つは，内容への「集中性」が結果的に学習の「経済性」を高めることになるという意味である。なぜなら，集中的に深く学習した内容は，表面的な記憶が失われても，「心性」の奥底（潜在意識の領域）に強く印象として長く残存する，と考えられるからである。いま一つは，教科（科目）の枠，つまり学校知に縛られないために，学習の内容を総合的な視点から扱うことができ，「子どもに対して，何か全体的なものを与えることができる[71]」という点で，「経済性」を有するという意味である。

　最後に，「実りの多い休憩」について見てみよう。シュタイナーは，「人々は忘却（Vergessen）について大いに考慮しなければならない[72]」と述べ，そして「正しい授業は，授業することについてだけではなく，忘却についても正しく考慮されなければならない[73]」とまで主張する。この発言は奇妙な言い方であるけれども，彼は，覚えることだけでなく，忘れることにも重大な意義を見出しているのである。

　では，シュタイナーは，どのような根拠から「忘却」の重要性を説くのであろうか。彼は，「忘却」に対立する概念として「想起」（Erinnern）を想定し，その両者が健全で適切な関係を形成しなければならないと考えたのである。そのような関係は，「適切に忘れて，そして忘れたことを思い出す[74]」ことができるという関係である。そこで大切にされている作用は，「潜在意識の領域に下って行ったものが，ふさわしいかたちで再び返され得る[75]」ということである。つまり，シュタイナーが重きを置いている作用は，子どもの頭のなかに記憶された知識がいったん忘れ去られて潜在意識の領域に移り，そこで内面的に消化され，そして必要な場合に適切なかたちで思い出されるということである。なぜなら，彼にあっては，学習内容は，「忘却」と「想起」との適切（リズム的）な繰り返しの作用によって，子どもの内面でよりいっそう成熟し，子どもの健全な発達を内面から促進すると考えられているからである。

したがって、シュタイナーが考えるような繰り返しを行うには、どうしても人間の潜在意識のなかで学習内容を内面的に統合する「忘却」という期間が必要になってくる。その期間が、「実りの多い休憩」なのである。それを保障するというのが、「エポック方式」の導入の大きな根拠である。

このような「集中性」と「経済性」と「実りの多い休憩」という三つの点から、シュタイナーの教育方法論では、「エポック方式」が導入されているわけであるが、特に道徳教育の視点から見れば、前者の二点によって、道徳の内容が教科の枠を超えた大きなテーマとのかかわりのなかで取りあげられ得ることになる。それによって、その内容は、それだけに狭く特化されるのではなく、学的・生活的な内容との関連性のなかで取り扱われる点で、より現実的で生き生きしたものとして子どもに受け取られることになる。その意味で、「エポック方式」によって作り出される長時間の授業は、内容的に狭く特化しない、すべての指導のなかに浸透させる道徳教育にとっては、好都合であると同時に、不可欠な前提条件となっている。

また、後者の「実りの多い休憩」について言うと、それによって、いったん忘れ去られた潜在意識の領域から必要な場合に適切なかたちで思い出されるという能力の育成が図られることになる。そのような「想起」の能力は、子どもの「ファンタジー」を重視する創造的で「生産的」な道徳教育にとって、寄与できるものである。その意味でも、このような授業の特徴は、シュタイナーの構想する道徳教育に対して、一つの大きな前提条件となっていると考えられるのである。

第4節　学校における道徳教育の具体的実践とその特質

1. 学校における道徳教育の方法

　シュタイナーは，「教育と道徳」(Pädagogik und Moral) という小論の最初の部分で，「民衆学校に入学してくる子どもは，生活上の道徳的な基本的傾向をすでに形成してしまっている」と指摘したあとで，「もし人間がそうした第2生活期に教育者という自明の権威者に身をゆだねて成長できなかったならば，その後の人生において倫理的な自由 (sittliche Freiheit) を正しく使いこなすように目覚めることができない」，そして最後の部分では，「もし道徳的な感情判断が性的成熟とともに正しく成長しているならば，その次の時期に自由な意志のなかへ受け入れられることでしょう」[76]と述べている。このようなシュタイナーの発言が示すように，彼は，まだ「思考」に本格的に働きかけて知育に重点を置かない第2生活期（第2・7年期または児童期とも呼ばれる）までの，つまり幼児期から児童期までの道徳教育を注目している。換言すれば，彼は，道徳教育に関しては，知育に重点を置くような発達期，すなわち青年期になってからでは遅すぎる，と主張したいのである。その点については，他の講演における彼の「……もし私たちが14歳で生まれて，直ちに性的成熟に至ってしまったならば，決して道徳的人間 (moralische Menschen) にはならないでしょう」[77]という発言もそれを裏づけている。したがって，彼にあっては，幼児期と児童期における道徳教育が人間形成にとって重視される。特に，児童期における道徳教育には，幼児期において「生活上の道徳的な基本的傾向をすでに形成してしまっている」うえに，「私たちが授業において作用させようとしているのは，植物についての認識および動物についての認識をただ単に人間に対して教えることだけではなく，むしろ授業を通しての性格形成，つまり，全人の陶冶にあるのです」，さらには「子どもに道徳 (Moral) を教えようとしていることを気づかせないように，あなたたちが博物学的 (naturgeschichtlich) な授業を作り上げようと努めるときには，子どもの心性のなかに，最も重要な道徳的要

素（moralische Element）を植えつけることができるのです」とシュタイナーが述べるように，熟考された彼の意図や工夫が多様な教科領域の「エポック授業」のなかに散りばめられている。[78]

そこで，以下では，自由ヴァルドルフ学校で言えば児童期に当たる下級学年（第１学年〜第８学年）まで，そのなかでも特に因果関係の知的な内容がかなり加えられる，つまり青年期のいわば準備段階に当たる児童期の第３期を除く児童期の第１期および第２期の「エポック授業」を中心にとりあげ，そこでの道徳教育の方法について論じることにする。ただし，ここでは，国語教材，算数教材，地理教材，動物教材，植物教材を取り扱った「エポック授業」の特徴的な実例を提示する[79]。

まず，国語教材を取り扱う「エポック授業」では，他の授業の場合も同様であるが，発達に即して働きかけるという人間形成の方法の基本原則に従い，つねに広い意味での「芸術」が尊重され，子どもに「イメージ」をふくらませて感じ取らせることが求められる。たとえば，書き方の初歩的な指導において，「さかな」（Fisch）の絵から「F」の字を，「口」（Mund）の絵から「M」の字を時間をかけて生み出すような指導は，その象徴的なものである。このような書き方の初歩的な指導と並んで，国語教材を取り扱う「エポック授業」では，「イメージ」を大切にする特徴的な指導が盛んに行われる。すなわち，「読み聞かせ」（Erzählen）である。

「読み聞かせ」の指導は，実際には「語り聞かせ」となるぐらいまで教師自身が物語に感情移入をすることによって，一つの「芸術」性を帯びることにもなる。それを前提としたうえで，その教師の「心性」から子どもの「心性」への伝達が可能になるとされている。さらに言えば，教師の「ファンタジー」が，「芸術」を媒介にして子どもに刺激を与え，「ファンタジー」を育成するのである。そこには，「ファンタジー（Phantasie）は活気づけ，活発にさせるのに対し，悟性（Verstand）は子どもの生を荒廃させ，萎縮させる」というシュタイナーの考え方が横たわっている。そのために，内容に対しての「思考」や「悟性」に[80]

よる理解は、児童期の子どもには絶対に避けられ、教師の側から言えば、意味内容の「悟性」的な説明による指導は、「読み聞かせ」を行ったあとでも一切なされないことになっている。もし子どもが作品の「イメージ」を感じ取るために必要ならば、そのときに限って、「読み聞かせ」のまえに、一つの作品としての価値を壊さないように注意しながら、それについての説明は行われてもよいことになっている。

そのような「読み聞かせ」の特徴を道徳教育の視点からみれば、国語教材を取り扱う「エポック授業」では、「道徳的ファンタジー」を生み出す素地の醸成につながる「ファンタジー」が子どもの「心性」のなかに育まれることになる。

また、教育の内容として、ある意味で人間の生の営みを象徴的に表現した伝説（Legenden）や童話（Märchen）や神話（Mythen）などの物語を中心に、内実のある教材が利用されるために、自ずと「読み聞かせ」の内容には、人間が生きていくうえで重要な高次の真理である、「真」や「善」や「美」などを大切にするというような道徳的価値が包含されている。その意味で、「読み聞かせ」の「エポック授業」では、道徳的価値の概念的理解や説明はもちろん行われないが、間接的に道徳的価値の内容が登場人物の行為に投影されことになる。その内容は、教師の「読み聞かせ」を通して、子どもには特に「感情」のレベルで「ファンタジー」によって、「イメージ」のかたちで受け取られるのである。したがって、シュタイナーの提唱する12個の感覚に当てはめて言うならば、他者の自我を意識する感覚、すなわち「認識感覚」のなかの「自我感覚」の育成が、国語教材を扱う「エポック授業」において行われていることになると言える。

次に、算数教材を取り扱う「エポック授業」でも、「芸術的要素」や「イメージ」などを積極的に授業に取り入れることによって、「意志」や「感情」への育成が重視されている。それらの重視は決して「思考」の育成を軽視しているわけではなく、発達への考慮からの過程的な結果に過ぎないと考えられる。事実、既述したように、青年期においては、「思考」への直接的な働きかけが重

第4章　人間形成の基軸としての学校の道徳教育　269

視される。しかし，他の教科領域に比べて「思考」的な色彩の強い算数教材は，児童期においては，極端な「意志」や「感情」への偏りに陥らないように，「思考」とのバランスをとる意味で，第1学年から十分な時間をかけて取りあげられている。特に，第1学年からの九九の掛け算を指導したり，あるいは第1学年や第2学年においてノートを計算だけの目的であまり使用しないで暗算を積極的に取り入れたりしているところは，その顕著な現れであろう。しかし，その際に，「思考」だけに偏らないように，ノートに記す際には時間をかけて絵を描いたり色を塗ってみる，あるいは問題文にちょっとした物語的な要素を入れてみるというようなかたちで，「芸術」はつねに取り入れられることになっている。

確かに，算数教材において「思考」を育成するという目的は，普通一般の学校でも承認されている事柄であるが，シュタイナーにあっては，好き勝手な「思考」の育成でも，また画一的，固定的な「思考」の育成でもなく，秩序立った自由な「思考」の育成が目指される。たとえば，算数教材において，3＋5＝8というような一つの固定的な答えではなく，「全体」(Ganze)，すなわち総和から出発して，8＝5＋3，8＝4＋4など，答えに一定の自由度を秩序のなかで与えるような指導方法は，その実例の一つである。

そこでは，シュタイナーが「全体 (Ganze) を部分 (Teile) に分けることを確かめる欲求は，人間の本性に著しくふさわしいものなのです」[81]と述べるように，「全体」を意識したうえでの秩序立った自由な「思考」が求められる。しかも，それによって，「半ば超物質的なもの (das Halbüberphysisches)」[82]として存在する，数の美的・調和的でかつ秩序的な法則の真理やそのバランスのとれた不思議さの世界が子どもに意識されるとともに，12個の感覚で言うと，「節度」(Mäßigkeit) やバランスという諸感覚につながる，「意志感覚」としての「平衡感覚」が子どもに育成される。[83]

したがって，シュタイナーにあっては，算数教材を取り扱う授業には，教材それ自体やその指導法のなかに道徳的なものの習得や道徳的な感覚の触発が潜在的に溶かし込まれている。それゆえに，彼は，算数と道徳教育に関連して，

嘲笑されることを十分に想定しながらも，次のように講演において主張できたのである。

「数の取り扱いと道徳的な理念や衝動とのあいだには，さしあたって論理的な連関がまったくありませんので，知性的にのみ考えようとする人は，このようなことを発言すると，嘲笑するかもしれません。そのような人には，これはばからしく見えるでしょう。また，加法の際には，合計から出発すべきであって部分からではないということについて，誰かが笑ったとしても，それは十分に理解できるところです。しかし，人生における本当のさまざまな連関を注視できる人は，論理的には最もかけ離れている事柄が，現実の存在において相互にしばしば近くに位置しているということを，理解するようになるのです。」[84]

また，地理教材を取り扱う「エポック授業」においても，道徳性の育成にかかわる働きかけが潜在的なかたちで存在している。たとえば，さまざまな地域における自然の恵みや人間の営み（労働）などが指導される際に，子どもはそれらへの感謝の気持ちを感じさせるように生き生きとした「イメージ」を膨らませながらノートに記すことになる。それによって，子どもは，他の人々のくらしに支えられて共に自分が生きているということを実感する。そのうえで，地理教材の場合には特に，「隣人愛」(Nächstenliebe) が考慮されることになっている。その点に関して，シュタイナーは次のように述べている。

「地理を思慮深く促してもらえた人間は，空間のなかでそばにいることを学びとらない人よりも，隣人に対して愛情の満ちた態度をとります。彼は，他者のそばにいることを学び，他者を思いやります。このような事柄は，道徳的陶冶 (Moralische Bildung) に強く働きかけます。そして地理を追いやることは，私たちの時代にますます追いやられてしまった，隣人愛への

反感以外の何ものをも意味しないのです。」[85)]

　この発言からも明らかなように，シュタイナーは，地理の授業の意義として，人間として生きるうえでの空間とそこでの他者の存在を感覚として呼び覚ますことを通して，隣人に対しての愛情に満ちた態度および他者への思いやりの育成を強調している。つまり，道徳教育の視点から見れば，彼は，地理の授業に，児童期に中心的に育成しなければならない基本的徳性の一つである「愛」のなかの「隣人愛」を育むという役割を与えているのである。さらに，子どもは，地理教材を通じてさまざまな点で価値観の異なる他者を知ることになるが，感謝の念や「隣人愛」が育まれているならば，批判的ないしは反感的ではなく，自然なかたちで共感的に理解できるようになると考えられる。つまり，そこには，共感的な他者理解に導く働きかけが潜在的に存在していることに気づかされるのである。

　したがって，シュタイナーにあっては，感謝の念や「隣人愛」や共感的な他者理解という，根底的には児童期に中心的に育成しなければならない基本的徳性の一つである「愛」を育むという道徳的な働きかけが，地理教材を扱う「エポック授業」のなかに潜在的に組み込まれていると言えよう。その意味では，このような道徳的な働きかけについて，彼の提唱する12個の感覚に当てはめるならば，他人の自我を意識する感覚，すなわち「認識感覚」のなかの「自我感覚」の育成が，地理教材を扱う「エポック授業」によって行われていることになるのである。

　さらに，動物教材を取り扱う「エポック授業」においても，先に引用した「子どもに道徳（Moral）を教えようとしていることを気づかせないように，あなたたちが博物学的（naturgeschichtlich）な授業を作り上げようと努めるときには，子どもの心性のなかに，最も重要な道徳的要素（Moralische Element）を植えつけることができるのです」というシュタイナーの発言に示されているように，道徳性の育成にかかわる働きかけが潜在的なかたちで存在すると見做され

ている。特に動物教材を取り扱う授業では，その方法として，人間の部位と動物との関連，および人間の四肢の有り様が着目され，子どもがそれらの内容を生き生きとした「イメージ」を膨らませながらノートに記すかたちで行われる。

　まず前者について言うと，シュタイナーは，動物教材の指導によって，「人間は自然の他の界すべてを包括している存在である[86]」という人間の偉大さ・重要性と同時に，大きな「自然秩序のなかに自らが組み込まれていることを感じることで，子どもは将来の人間としての自分自身を正しく知ることに通じる感情を受け取る[87]」と考えている。つまり，子どもは，有機的な秩序やつながり，さらにはそこに意味をもったコスモロジーのなかで自分たち人間が存在することを実感するようになるであろう。動物教材によるこのような関係性の実感は，将来的に別な場面で，たとえば社会における人間のつながりを感じ取らせる際に，大いに寄与できる基礎的な感覚になる。さらに言えば，このような関係性の感覚が幼少時代から十分に培われることによって，自他尊重の意識が自然な感覚として子どもに身につくのである。つまり，彼の提唱する12個の感覚に当てはめるならば，他者の自我を意識する感覚，すなわち「認識感覚」のなかの「自我感覚」の育成が，動物教材を扱う「エポック授業」によって行われていることになる。

　また後者について言うと，シュタイナーは，外見的には自らが動くのではなく，他の器官を動かせて自分の思いを達成しようとする，いわば高慢で怠惰・無精な頭部よりも，「人間は手によって環境に働きかけることができますし，それによって栄養を取り，食べ，そして自由意志で自分のために手を使って働くことができます[88]」と述べるように，自分の意志を自由に表現できる四肢，特に前足としての手の卓越性に注目する。それによって，知性的なものよりも「意志に関係する道徳的なもの」(das Willensmäßig - Moralische)[89]，換言すれば意志的な道徳性が重要視される。それゆえ，彼は，「もしあなたたちが，怠け者という頭部によって人間が完全になると教えるのではなく，活発な四肢によって完全になると教えるならば，人間を最も内的により道徳的 (moralischer) にす

第4章　人間形成の基軸としての学校の道徳教育　273

るのです」,と主張したのである。その意味では,動物教材で育成されるべき道徳性は,理屈ではわかるが実際には行動しないようなものではなく,知って感じた以上は行動せざるを得なくなるような,12個の感覚に当てはめて言うならば,「意志感覚」にかかわるものである。

　最後に,植物教材を取り扱う授業について言うと,そこでも,算数教材や動物教材の際と同様に,大地というかたちで「全体」が大切にされる。特に,その際に,植物と環境とのつながりが,つまり植物は太陽や大地の援助や犠牲のうえに生きているという特徴が,ノートにおける絵の描写を通して強調される。

　しかし,そこでは,動物教材の際とは,異なった指導も見られる。一つは,植物の生きる有り様から「賢明さ」(Klugheit)を子どもに感じ取らせることである。もう一つは,外面的な「類推」(Analogisieren),すなわち動物のときのような,外的な比較はあまり行われず,植物と人間の「心性」とのある種の類似性の探求が,子どもの「ファンタジー」に働きかけながら積極的に行われる。その際に,動物教材のときよりもはるかに利用し易い「直観教授」(Anschauungsunterricht)という方法は,「現代における最もひどい愚行」として,避けられなければならないことになっている。その点に関連して,シュタイナーは,次のように講習会で述べている。

　「直観教授(Anschauungsunterricht)についてあまりにも熱心に語る人たちは,外からはまったく見えない物事も人間に指導することになっているということをわかっていません。道徳的,感情的な働きかけ(moralische, gefühlsmäßige Wirkung)によって私たちが本来的には人間に指導すべき物事を直観教授を通して指導しようとすると,私たちはよりにもよって直観教授を通して人間を害することになります。単なる直観(Anschauung)や提示は,まったくもって,私たちの唯物論的な時代意識の副産物である,ということを　私たちは何と言っても忘れてはなりません。もちろん私たちは適切な場で観察を大切にしなければなりません。教師から生徒に道徳

的，感情的な働きかけが流れ出ていくのに適した機会に，それを観察に変換してしまってはなりません。」[92]

　このように，シュタイナーにあっては，大地や太陽などの大きな存在から影響力を受けながらたくましく賢く生きる植物の有り様を，「ファンタジー」によって教師が子どもに働きかけることは，無意識的な「道徳的，感情的な働きかけ」につながるものに他ならなかった。それゆえ，目に見えるものの観察に重きを置くという唯物論的な時代意識の副産物としての「直観教授」は，そのような子どもの「ファンタジー」を活性化しないだけでなく，しかも教師から流れ出る「道徳的，感情的な働きかけ」の機会を奪う点で，批判すべき指導方法でしかなかったのである。あくまでも，植物教材を取り扱う「エポック授業」では，植物の生き様について子どもの「ファンタジー」を活性化させるような指導が重視されるのである。

　そのような授業をシュタイナーの道徳教育の観点から言えば，植物教材を取り扱う授業によって子どもの「ファンタジー」を豊かにすることは，他の教材を取り扱う授業においても言えることであるが，「道徳」を身につけるための三つの能力の一つである「道徳的ファンタジー」を生み出すことにつながる点で，貢献することになる。また，彼の提唱する12個の感覚に当てはめて言うならば，「全体」との調和を意識する感覚，すなわち「意志感覚」のなかの「平衡感覚」の育成が，動物教材を扱う「エポック授業」によって行われることになると言えよう。

2. 学校における道徳教育の特質

　以上，国語，算数，地理，動物，植物の教材を取り扱うエポック授業の道徳教育の方法について考察した。そこでは，共通点として，児童期の子どもを指導するということもあって，「道徳的要素」の浸透とともに，つねに「芸術的要素」の浸透，すなわち広い意味での「芸術」の考慮が行われていた。その際に，特

に白紙のノートに絵を描きながら学習する活動は、既成の教科書がないだけに、どのような教材を取り扱う際にも、授業において時間をかけて行われることになっていた。このような作業活動を通して、子どもは、取り扱った事柄に対して、自ずと「共感」の「感情」を発現しながら愛着を覚えるようになるであろう。また、子どもは、それを描いた自分だけのノートにも、同じような「共感」や愛着を感じるであろう。その意味で言えば、そのような作業活動は、子どもに「共感」や愛着を感じさせる、すなわち広い意味での「愛」という徳性につながる気持ちを子どもに発現させている、と解釈できるであろう。

そのような「エポック授業」としての共通点を下敷きにしながら、それぞれの教材に応じた道徳教育が授業のなかで展開されることになっている。

前述したように、国語教材を取り扱う「エポック授業」では、実際には「語り聞かせ」のような「読み聞かせ」の指導によって、自由で創造的な「ファンタジー」が育まれる。道徳教育の視点から見れば、その能力は「道徳的ファンタジー」を生み出す素地の醸成につながっていると言える。また、「語り聞かせ」においては、道徳的価値の概念的理解や説明は行われないが、間接的に道徳的価値の内容が登場人物の行為に投影されことになるために、他者の自我を意識する感覚、すなわち「認識感覚」のなかの「自我感覚」の育成が行われていると言える。

また、算数教材を取り扱う「エポック授業」では、その教材の特徴から言っても、秩序立った自由な「思考」の育成が重視される。特にその際に、好き勝手な「思考」の育成でも、また画一的、固定的な「思考」の育成でもなく、「全体」を意識したうえでの「思考」の育成に重きが置かれる。道徳教育の視点から見れば、算数教材による秩序立った「思考」の育成はもちろん道徳教育に貢献しているが、とりわけシュタイナーにあっては、「全体」や自由な「思考」がつねに尊重されながら、子どもに数の美的・調和的でかつ秩序的な法則の真理やそのバランスのとれた不思議さの世界を感じさせるとともに、さらには感覚のなかでも「平衡感覚」を育むような働きかけが重視されている。

次に，地理教材を取り扱う「エポック授業」では，感謝の念や共感的な他者理解をはじめ，「愛」という徳性につながる「隣人愛」を育むというような道徳的な働きかけが大切にされている。その働きかけについてシュタイナーの提唱する12個の感覚に当てはめて言うならば，他人の自我を意識する感覚，すなわち「認識感覚」のなかの「自我感覚」の育成が図られていると言えよう。
　さらに，動物教材を取り扱う「エポック授業」では，人間の部位と動物とを関連させる指導，および人間の四肢の有り様に着目した指導が，道徳性を育むための方法となっている。前者について言うと，動物は「人間との関連において」指導され，つねに有機的な秩序やつながりが大切にされる。動物教材によるこのような関係性の実感は，将来的に別な場面で，たとえば社会における人間のつながりを感じ取らせる際に寄与できる基礎的な感覚になるだけでなく，自他尊重の意識にもつながる感覚となり得るものである。つまり，彼の提唱する12個の感覚に当てはめて言うならば，他者の自我を意識する感覚，すなわち「認識感覚」のなかの「自我感覚」の育成が行われることになると考えられる。また後者について言えば，シュタイナーは，いわば高慢で怠惰・無精な頭部よりも，自分の意志を自由に表現できる四肢，特に前足としての手の卓越性に注目している。つまり，動かない頭部よりも動く四肢を強調することによって，知性的なものよりも「意志に関係する道徳的なもの」，換言すれば意志的な道徳性が重視されるのである。それによって，理屈ではわかるが実際には行動しないのではなく，知って感じた以上は行動せざるを得なくなるような「意志感覚」が育まれることになる。
　最後に植物教材を取り扱う「エポック授業」では，大地や太陽などの大きな存在から影響力を受けながらたくましく賢く生きる植物の有り様が子どもの「ファンタジー」を活性化するように働きかけられる。道徳教育の視点から見れば，その働きかけは，もちろん「道徳的ファンタジー」を生み出す素地の醸成につながっているが，それだけでなく，彼の提唱する12個の感覚に当てはめて言うならば，「全体」との調和を意識する感覚，すなわち「意志感覚」の

なかの「平衡感覚」の育成が行われていると言える。

　以上，それぞれの教材を取り扱うエポック授業のなかの道徳教育の方法について考察したように，「道徳的要素」は，子どもの「ファンタジー」，大枠において捉えるならば，一般的に言うところの子どもの想像力，および子どもの感覚，特にそのなかでも「平衡感覚」と「自我感覚」を活性化するようにしながら，隠れたカリキュラムの内容として授業の教材や指導過程のなかに「知識」や「芸術」とともに溶かし込むかたちで作用させている。それゆえ，すべての下級学年の「エポック授業」では，ノートに「芸術」としての絵が頻繁に描かれることになっている。その作業によって，子どもは，取り扱った事柄に対しても，またそれを描いたノートにも愛着を覚えることになる。

　したがって，下級学年の「エポック授業」における道徳教育の特質は，ノートの作業のときに広い意味での「愛」という徳性につながる気持ちを子どもに発現させながら，基本的に，想像力および感覚を重視した道徳教育を，子どもの発達や個性に即した授業の教材，および「権威者」としての学級担任教師の指導過程に，隠れたカリキュラムとして「芸術」的な教育とともに作用させているところにある。それによって，多種多様な状況下において，それにふさわしい「意志」的な道徳的行為を生み出せるような実践力の育成が図られるのである。

註

1) Steiner, R., *Der Goetheanumgedanke inmitten der Kulturkrisis der Gegenwart*, S.282.
2) 最近の我が国において，シュタイナーと神智学との関連性について言及した著作が出版されるようになった。たとえば，神尾学編著『未来を開く教育者たち』コスモス・ライブラリー，2005年，である。
3) Steiner, R., *Erziehungskunst. Methodisch-Didaktisches*, S.187.
4) Steiner, R., *Das Mysterium des Bösen*, 1999 (2.Aufl.), S.37.
5) ebd.
6) Steiner, R., *Der Goetheanumgedanke inmitten der Kulturkrisis der Gegenwart*, S.292.

7) ebd.
8) ebd.
9) ebd.
10) Steiner, R., *Die Kunst des Erziehens aus dem Erfassen der Menschenwesenheit*, Dornach, 1979, S.26f.
11) ebd., S.27.
12) ebd.
13) Steiner, R., *Der Goetheanumgedanke inmitten der Kulturkrisis der Gegenwart*, S.292.
14) ebd.
15) この点については，拙稿「シュタイナー教育における道徳教育の方法の基本原理―シュタイナーの教育観を手がかりとして―」『道徳教育論集』第2号，日本道徳基礎教育学会，1999年，3-19頁，を参照。
16) Steiner, R., *Die pädagogische Praxis vom Gesichtspunkte geisteswissenschaftlicher Menschenerkenntnis*, S.118.
17) ebd., S.115.
18) Steiner, R., *Der pädagogische Wert der Menschenerkenntnis und der Kulturwert der Pädagogik*, S.149.
19) Steiner, R., *Die pädagogische Praxis vom Gesichtspunkte geisteswissenschaftlicher Menschenerkenntnis*, S.120.
20) ebd., S.117f.
21) ebd., S.57.
22) Steiner, R., *Die geistig-seelischen Grundkräfte der Erziehungskunst*, *S.168*.
23) Steiner, R., *Die Erziehung des Kindes vom Gesichtspunkte der Geisteswissenschaft*, S.26f.
24) ebd., S.27f.
25) ebd., S.26.
26) Steiner, R., *Der Goetheanumgedanke inmitten der Kulturkrisis der Gegenwart*, S.294.
27) Steiner, R., *Der pädagogische Wert der Menschenerkenntnis und der Kulturwert der Pädagogik*, S.150.
28) Steiner, R., *Die pädagogische Praxis vom Gesichtspunkte geisteswissenschaftlicher Menschenerkenntnis*, S.119.
29) ebd., S.126.
30) シュタイナーが「模倣衝動は，……およそ9歳まで残存する」と述べるように，およそ9歳あたりが大きな節目となる (Steiner, R., *Die pädagogische Grundlage und Zielsetzung der Waldorfschule*, Dornach, 1978, S.29.)。その節

目については，しばしばシュタイナーは，「9歳の危機」(Krise ums neunte Jahr)と呼び，子どもの発達のうえで特に注目している．

31) Steiner, R., *Der pädagogische Wert der Menschenerkenntnis und der Kulturwert der Pädagogik*, S.61.
32) ebd.
33) Steiner, R., *Die Erziehung des Kindes vom Gesichtspunkte der Geisteswissenschaft*, S.44.
34) Steiner, R., *Die geistig-seelischen Grundkräfte der Eeziehungskunst*, S.66.
35) Steiner, R., *Allgemeine Menschenkunde als Grundlage der Pädagogik*, S.76ff.
36) しかし，第3章第3節で述べたように，シュタイナーは，子どもが「本能」の影響の下に，動物的に発達していかないように，「本能」のなかへ適度に「反感」を注ぎ込むことも重視している．
37) Steiner, R., *Der pädagogische Wert der Menschenerkenntnis und der Kulturwert der Pädagogik*, S.61.
38) Steiner, R., *Der Goetheanumgedanke inmitten der Kulturkrisis der Gegenwart*, S.295.
39) ebd., S.288.
40) Steiner, R., *Gegenwärtiges Geistesleben und Erziehung*, S.189.
41) Steiner, R., *Die gesunde Entwickelung des Leiblich-Physischen als Grundlage der freien Entfaltung des Seelisch-Geistigen*, S.305.
42) ebd.
43) ebd., S.304.
44) ebd.
45) Steiner, R., *Der pädagogische Wert der Menschenerkenntnis und der Kulturwert der Pädagogik*, S.150.
46) ebd.
47) Steiner, R., *Menschenerkenntnis und Unterrichtsgestaltung*, Dornach, 1986, S.135.
48) ebd., S.137.
49) ebd.
50) 現在に至るまで，その姿勢は変更されていない．たとえば，自由ヴァルドルフ学校の教師であるリンデンベルクは，次のような発言をしている．
「学校の奇妙な産物はテストであるが，そのテストの際に行われていることと言えば，この目的のためだけに覚え込まされた知識を，生徒たちに再び試問することのほかに何もないのである．根本的に言って，まったくばかげた出来事がただ起こっているだけである．なぜなら，試問しやすくて基準に適合しているだけの細切れの知識が，数量的な結果として現れるように試され

ているだけである。」(Lindenberg, Ch., *Waldorfschulen : Angstfrei lernen, selbstbewußt handeln*, S.44.)
51) Steiner, R., *Erziehungskunst. Seminarbesprechungen und Lehrplanvorträge*, S.183.
52) ebd., S.183.
53) ebd.
54) ebd.
55) ebd.
56) Blavatsky, H.P., *The Key to Theosophy*, p.216.
57) ibid., p.215.
58) 自由ヴァルドルフ学校の学級担任制については，拙稿「自由ヴァルドルフ学校における学級担任制の特質―シュタイナーの教育観を手がかりにして―」『日本教育経営学会紀要』第36号，日本教育経営学会，1994年，98-110頁，が詳しい。
59) Rist, G. and Peter, S., *Integration vocational and general education : A Rudolf Steiner School*, Hamburg, 1979, pp.34-46.
60) Steiner, R., *Rudolf Steiner in der Waldorfschule*, S.124.
61) ebd.,S.188.
62) この協力関係によって，教師は，子どもの学校外の様子を把握できるとともに，多種多様な職業の親とのかかわりにおいて，自己の視野を広げ，自分を成長させる機会を得ることもできるとされている。その意味で，この協力関係は，教師の力量形成にとっても貢献するものと位置づけられている。
63) Albert, W., a.a.O., 1928, S.12f.
なお，この引用文は，佐伯正一によって早くから紹介されているものである（佐伯正一『教育方法』国土社，1965年，77頁）。
64) パンフレットには，「Grundunterricht」という用語が使用されていたが，一般的には，「Epochenunterricht」や「Hauptunterricht」という用語の使用が多いようである。その訳語としては，「Epochenunterricht」はそのまま「エポック授業」と，「Hauptunterricht」は「主要授業」ないしは「基幹授業」と訳されることが多い。また，授業時間も，一般的にはパンフレットに記されているように2時間であるが，地域によっては1時間30分という学校も存在している。
65) 教育方法史的に言うならば，「エポック方式」のような方法については，近代教育の父と呼ばれるコメニウス（Comenius,J.A.）によっても，一定の期間に一つの教科だけを指導し，多くの教科を並行して指導しない方法が提唱されている。また，シュタイナーの同時代のオームス（Ohms, H.）も，「非教科指導授業」（Ungefächerter Leitunterricht）という名称で，ある教科の集団を一定

の期間にわたって指導し，その終了をもって，また他の教科の集団を同様に指導するという，方式を主張している（佐伯正一，上掲書，18-31頁，および76-78頁，を参照）。したがって，この種の方法それ自体は，シュタイナーの独創的な考え方ではないと言えよう。

66) Kranich, E.M., *Die freien Waldorfschulen, in, Handbuch Freie Schulen,* Hamburg, 1984, S.201f.
67) Steiner, R., *Erziehungskunst. Seminarbesprechungen und Lehrplanvorträge,* S.16.
68) Steiner, R., *Die Vorträge über Volkspädagogik,* Stuttgart, o.J., S.37.
69) Steiner, R., *Erziehungskunst.Methodisch-Didaktisches,* S.159.
70) ebd.
71) Steiner, R., *Die gesunde Entwickelung des Leiblich-Physischen als Grundlage der freien Entfaltung des Seelisch-Geistigen,* S.141.
72) Steiner, R., *Gegenwärtiges Geistesleben und Erziehung,* S.170.
73) ebd.
74) ebd.
75) ebd.
76) Steiner, R., *Der Goetheanumgedanke inmitten der Kulturkrisis der Gegenwart,* S.296.
77) Steiner, R., *Geistige Zusammenhänge in der Gestaltung des menschlichen Organismus,* Dornach, 1992, S.325.
78) Steiner, R., *Erziehungskunst. Methodisch-Didaktisches,* S.107.
79) より詳細な点については補論に記した。
80) Steiner, R., *Die Kunst des Erziehens aus dem Erfassen der Menschenwesenheit,* S.40.
81) ebd., S.84.
82) Steiner, R., *Erziehungskunst. Methodisch-Didaktisches,* S.9.
83) シュタイナーは，第3章第1節において論述したように，人間の感覚について独特な見解をもっている。彼によると，人間の感覚は，「視覚」，「聴覚」，「嗅覚」，「触覚」，「味覚」の五つではなく，さらに次の七つの感覚，すなわち，「運動感覚」，「平衡感覚」，「生命感覚」，「熱感覚」，「言語感覚」，「思考感覚」，「自我感覚」を加えた12感覚であるという。それらのなかで，シュタイナーは，道徳性に深くかかわる感覚として，「平衡感覚」や「嗅覚」，そして「自我感覚」を重視している。道徳性とこれらの感覚との関係については，また稿を改めて詳しく論述することにしたい。
84) Steiner, R., *Die geistig-seelischen Grundkräfte der Erziehungskunst,* S.110.
85) Steiner, R., *Menschenerkenntnis und Unterrichtsgestaltung,* S.52.

86) Steiner, R., *Erziehungskunst. Methodisch-Didaktisches*, S.97.
87) ebd., S.107.
88) ebd., S.104.
89) ebd.
90) ebd., S.105.
91) Steiner, R., *Die Kunst des Erziehens aus dem Erfassen der Menschenwesenheit*, S.48.
92) Steiner, R., *Erziehungskunst. Methodisch-Didaktisches*, S.192.

終　章
シュタイナーの人間形成論の特質
―まとめにかえて―

　本章では，これまで論述してきた第1章から第4章までの内容を概括したうえで，若干の補足説明を加えながらシュタイナーの人間形成論の特質を解明する。すなわち，最初に研究の成果を示し，次に研究の総括を行うものとする。

第1節　研究の成果

　本節では，本研究の成果として，これまで述べてきた内容を概括する。
　本書の第1章では，シュタイナーの幼少年時代から晩年までの体験や活動を取りあげながら，時代状況のなかで彼の人間形成論がどのような過程を経て形成されたかについて明らかにした。
　その第1節では，シュタイナーが精神的世界に興味・関心を持つようになった経緯について論述した。そこでは，まず，彼の誕生から幼少年時代の暮らしが概観され，内向的な彼にとって好奇心をかき立てることにつながった出来事が指摘された。その出来事は，内向的なシュタイナーにあっては，のちの人生において豊かな想像力を生み出す原動力になった。次に，「感覚的世界」とは別の世界に関心をもち始める発端となったシュタイナーの体験が詳細に論述された。すなわち，家庭への訪問者との出会い，異様な体験，幾何学への関心であった。このような体験によって，彼は，「感覚的世界」の現実性を超えた別の世界としての「精神的世界」の存在に興味・関心を示すようになったのである。
　第2節では，そのようなものに興味・関心を示すようになったシュタイナーが，精神科学に興味・関心を持つようになった経緯について論述した。まず，実科学校時代におけるシュタイナーの体験として，三人の教師からの学問的な

影響とカント哲学における認識論への関心が論じられた。次に，大学時代におけるシュタイナーの体験が取りあげられた。そこでは，精神科学に興味・関心を持っていたシュタイナーは，工科大学に進学したにもかかわらず，実証主義的自然科学に満足できずに，哲学をはじめ，ゲーテの自然科学論に熱中したということと，彼は卒業後もそのゲーテ研究を継続し，ゲーテに関する著作を公にしているのであるが，その時点ですでに彼の「道徳」の捉え方の原点が「義務」や「規則」や「自由」などとのかかわりのなかで見出される，ということを指摘した。さらに，彼は大学卒業後にゲーテの研究からドイツ哲学の研究に没頭し，学術的な哲学の著作を公にしているが，そこにはすでに「人間的個体」を「地上の生の中心点」とする「倫理的個体主義」という彼の道徳上の立場が示されていたのである。この立場に依拠することによって，シュタイナーは，「人間的個体」を「倫理」の源泉と見做すとともに，個々人のなかの「行為への愛」や「自由」を尊重する道徳観を提示し得るようになったのである。

　第3節では，キリスト教徒を自認するシュタイナーが東洋的な神智学協会に接近していった経緯について，大学時代にさかのぼって跡づけながら，シュタイナーの体験や活動について詳細に検討した。そこでは，まず，大学時代にすでにシュタイナーは神秘主義者と何らかの交流をしていたことが明らかになった。次に，彼はウィーンやワイマールやベルリンにおいて，多種多様な人々と交流や貴重な体験を重ねているうちに，神智学協会とも深くかかわるようになったことが確認された。その結果として，シュタイナーのうちに，従来の西洋思想界から見れば異端と見做される思想が形成されるようになった，ということが明確になった。しかし，視点を変えて見れば，ゲーテは晩年において宇宙的生命との神秘的合一を唱えたイタリアの哲学者ブルーノ（Bruno,J）に傾斜していったことが知られているが，このゲーテを探究したシュタイナーが，ゲーテに欠けていた認識論の研究を経たのち神秘主義に傾斜していく遍歴は，ある意味では必然的な成り行きであったとも言えるのである。

　第4節では，シュタイナーにおける神智学から人智学への思想的変移につい

終章　シュタイナーの人間形成論の特質―まとめにかえて―　285

て論述した。具体的には，まず神智学協会の会員時代の活動について言及した。その時代に，彼は，人間形成論の基礎となる人間観や世界観について神智学から多くを学び，あくまでもそれを下敷きにしながら自分なりの神智学，すなわち訓練や心構えの形成などを重視する観点から人間のあり方を問い直すような神智学を構築した，ということを指摘した。次に，シュタイナーの神智学協会との訣別の経緯について検討し，この訣別の契機は彼とベザントとの対立であったが，その大きな要因は彼独自の解釈に基づいたキリスト教に依拠する立場にあった，ということを明らかにした。そのような経緯で生まれた人智学や人智学協会は，理念的な抽象的世界にとどまる活動ではなく，「社会有機体三分節化運動」という社会運動に顕著に表れているように，「芸術」や政治や「道徳」などの実際的な現実の社会や生活により強く向けられるようになった。その社会運動は，わずかの期間で終息することになったものの，その運動のいわば副産物が自由ヴァルドルフ学校であったことを確認した。その意味で，神智学から人智学への変移によって，シュタイナーは，現世の実際的な生き方あり方に重きを置いた思想や運動を展開し，やがて道徳教育を主眼にした人間形成論を構築するようになった，ということを論述した。ただし，その論述の過程において，彼の人間形成論は，基本的な部分では神智学を継承したものであることを指摘した。

　次に第2章においては，シュタイナーの人間形成論の理論的基盤と考えられる彼の人間観と社会観と道徳観を明らかにした。

　第1節では，シュタイナーの人智学に基づく人間観を取りあげた。具体的には，まず彼における独自な人間の意味と本質について明確にした。そこで展開された理論の内容は，神智学の影響を受けた神話的な進化論や人間観を下敷きにして，人間の意味と本質を説明したものであった。さらに，そのような説明とのかかわりにおいて，すべての人間に共通するものとしての発達と，それぞれの人間の相違としての「気質」とが着目され，それらの観点が理論的基盤としての人間観を形成していた。そのために，科学的な実証性という視点から見

れば，その理論の内容は，とても正当な批判に耐えられるものではなかった。しかし，そこには，科学がめざましく発展する時代において，その風潮に流されることなく，人間の究極的な目的が世界観とのかかわりのなかで神話的に説かれていた。特に，そこでは，「後アトランティス期の第5文化期」と命名された15世紀以降の人間形成の課題として，人間の「道徳的・精神的」なものの育成が強調されていた。それによって，とりわけ人間のエゴイズムの克服が掲げられ，さらにはニヒリズムも拒否されているところは，神話的な語りのなかに当時の彼の文化批判的立場を如実に示していたが，エゴイズムを問題視しているところは，神智学協会のブラヴァツキーとも共通するものであった。

　第2節では，シュタイナーの社会観を取りあげた。具体的には，「三分節化された社会」を目指す「社会有機体三分節化運動」の思想と展開について論じた。この思想は，「倫理的個体主義」に基づき，「倫理」を源泉とした「人間的個体」の育成を実現するために，政治や経済の領域からの人間形成の営みの独立性やそれに伴う学校の自立性を求めるという点で，先駆的な側面と同時に，併せてユートピア的な側面も有していた。したがって，この社会運動それ自体は，現実社会にうまく定着することもなく挫折することになったが，その思想からいわば副産物として生まれた自由ヴァルドルフ学校の実践と，それを支えるシュタイナーの人間形成論は，教育上すぐれた知見と成果を現実に生み出した。たとえば，当時としては先駆的な試みとなる12年間の統一学校や男女共学のシステムなどがあげられる。さらに，政治や経済の世界からの独立性を保つために，既成の教科書を使用しないこともあげられる。

　第3節では，シュタイナーの道徳観を取りあげた。具体的には，最初に，「認識」と「芸術」と「宗教」との関連において「道徳」の意義を明らかにし，それに続いて，彼の独特な道徳観について考察した。

　まず，「道徳」の意義について言うと，シュタイナーは，人間性の治癒のためには，「認識」と「芸術」と「宗教」のあいだに調和を見出すべきであると考え，個々人の具体的な創造物としての「道徳」を他との関連において重視した。

終章　シュタイナーの人間形成論の特質―まとめにかえて―　287

特に，彼は，神智学から人智学への名称変更を大きなきっかけとして，現実世界における人間や社会のあり方をより強く意識するようになり，「芸術」とともに，「倫理」ないしは個々人の「道徳」の活動のなかに，人間性の治癒という人間形成への寄与，さらには社会問題の解決にとって重要な意義を見出したのである。そこには，真の「倫理」を社会に実現すること，すなわち個々人の創造物としての真の「道徳」を「芸術」活動のように現実に生み出す行為こそが，この現世に神を顕現させることにつながる，というシュタイナーの信念のようなものが横たわっていたと考えられる。そこで，キリスト教徒を自認していたシュタイナーは，「精神的世界」のなかで「神のもっている智恵」の会得に重きを置くあまり，認識の方法の不十分さや不徹底さを合わせ持っていた東洋的な神智学と完全に袂を分かち，この地上に神的な理想世界を実際に顕現させるために，個々人の治癒のみならず，社会をも進化発展させる真の「道徳」を育むような人間形成論を構想したのである。その理論的支柱となっていたのは，「倫理的個体主義」の立場であった。

　次に，シュタイナーの独特な道徳観について言うと，彼の主張する真の「道徳」は，その「倫理的個体主義」のもとに，「愛」と結びついた「真の自由」に基礎づけられた「生産的」なものであった。そのためには，「イントゥイツィオーン」という認識能力の「道徳的理念能力」，「インスピラツィオーン」という認識能力の「道徳的ファンタジー」，「イマジナツィオーン」という認識能力の「道徳的技法」が求められた。したがって，シュタイナーにあっては，そのようなところから創造的に生み出された真の「道徳」こそが，「自由」を制約するなかに共同を築こうとすることなく，個々人の人間形成と社会の調和的発展という両方の面に寄与し，そして現世の地上世界に調和した理想世界を実現させようとするものであったと言える。

　第3章では，学校教育の実践の指針となるシュタイナーの人間形成論の基本的特徴を明らかにした。

　第1節においては，シュタイナーの構想する教育の目的について論じた。そ

こでは,「全人」の育成と「自由人」の育成を取りあげた。まず,「全人」の育成について言うと, 彼の主張するそれは,「意志」と「感情」と「思考」というすべての心的諸力を含めた人間性の全体性の育成, および統一体としての一人の人間のなかで12個のすべての感覚に働きかけて多くの感覚の結合を図るというような感覚の育成, という二つの意味を持っていた。次に,「自由人」の育成について言うと, 彼の主張するそれは,「社会有機体三分節化運動」の思想という社会観からの要請と, 真の「道徳」を生み出すうえでの不可欠な前提的条件という人間観からの要請とに基づくものであった。

　第2節では, 教育の方法の基本として, 発達に即した働きかけを取りあげ, その特徴と意義について検討した。そこでは, 幼児期と児童期と青年期という発達期に即した働きかけについて,「内容の次元」と「教授法の次元」と「関係の次元」という三つの次元を指標としながら考察した。その結果, シュタイナーの独自な発達観の観点は, 幼児期から青年期に至る人間の発達の過程を, それぞれ固有の特性や課題を有する発達期に分節化し, 人間の心身両面の発達に即した働きかけを生み出す根本的な拠り所となっている, ということが明らかになった。

　第3節では,「気質」に即した働きかけを取りあげた。そこでは, 各「気質」の子どもに対する働きかけの基本原則と実際について検討し,「気質」の観点を生かす意義について考察した。そこでの基本原則は,「同類は同類によって認められるだけでなく, 同類によって正しく取り扱われ, 癒される」というホメオパシーの考え方から得たものであった。すなわち, シュタイナーは, 子どもの突出し過ぎる「気質」を癒すには, ある気質に対して, その子どもと同じ「気質」の人間とかかわらせる, という方法を奨励したのである。実際には二つの方法が考えられた。一つは, 同じ「気質」の子ども同士が教室のある特定の場所に集められるというかたちで実行に移されるものであり, いま一つは, 教師が接する子どもと同じ「気質」を演じるというかたちで実行に移されるものであった。このような「気質」に即した働きかけは, 一方では, 子どもの有り様

を尊重するという意味で、当時の新教育運動のスローガンであった「子どもから」の発想と類似するものであるが、他方では、子どもの能力や適性を客観的に測定することと一線を画し、「自己教育」という名のもとに、日常的なかかわりにおける教師自身の責任感と人間的成長を強く求める点で、一般的な新教育運動とはまったく異にした特徴を有していた。

　第4章では、人間形成の基軸としての学校の道徳教育について論じた。

　第1節においては、学校における道徳教育の意義について、具体的にはその重要性と障害について論述した。シュタイナーにあっては、学校における道徳教育は、「知識」ないしは「認識」の偏重の弊害によって生じる子どものエゴイズムを克服するために、重要な位置を占めていた。しかし、彼は、その際に二つの実践上の困難性を指摘していた。すなわち、教師が道徳授業をすべての指導に浸透させることと、就学してくる子どもはすでに道徳的基本傾向を備えていることである。

　第2節においては、道徳教育の方法の基本について論述した。シュタイナーにあっては、発達に即した教育という考え方は道徳教育の場合にも適応された。つまり、発達期は同じように幼児期と児童期と青年期に区分され、それぞれの発達期に育まなければならない三つの徳性が「基本的徳性」として示された。すなわち、幼児期は「感謝」であり、児童期は「愛」であり、青年期は「義務」であった。そのうえで、幼児期には「感謝」の徳性が教師の「模範」を「模倣」するかたちで指導される。児童期には「愛」という徳性が「自明の権威者」による「言葉」を通じて指導される。青年期には「義務」という徳性が同等で誠実な教育関係のもとで指導される。このような指導の際には、子どもとの関係において、つねに教える側の道徳性や人格性、換言すれば特定のよりよいあり方や存在が問われていた。つまり、道徳教育を含めた実際的な人間形成を考える際には、精緻なプログラムの内容や技法よりも、関係としての教える側の存在やあり方がとりわけ重要であった。

　第3節では、学校における道徳教育の実践的基盤について論述した。そこで

は，点数評価の廃止，持ち上がりの学級担任制の実施，「エポック方式」の導入を取りあげ，次の点を明らかにした。すなわち，点数評価の廃止によって，知育への偏重の雰囲気は消え去り，それに代わって人間形成の目標としている「全人」や「自由人」に向けての学校教育が，さらにはその基軸となる道徳教育や，ゲーテの「教育州」をほうふつさせるような「道徳的雰囲気」の共同体も促進される。ただし，点数評価の廃止という発想は，シュタイナーに限らず，神智学のブラヴァツキーにも見られるものであることを指摘した。また，持ち上がりの学級担任制の実施によって，その共同体が維持されるだけでなく，子どもの「気質」の尊重，親との協力関係の確立，「権威者」としての教師，「エポック授業」における総合的な学習が促進される。特に，道徳教育の実践にとっては，最後の二点が，重要な前提条件となっている。さらに，「エポック方式」の導入によって，内容的に狭く特化しない，すべての指導のなかに浸透した道徳教育が「エポック授業」のなかで実現できるとともに，そこで求められる「想起」の能力は，子どもの「ファンタジー」を重視する道徳教育にとって寄与できる。

　最後の第4節では，学校における道徳教育について取りあげた。特に，その際には，国語教材，算数教材，地理教材，動物教材，植物教材を取り扱った「エポック授業」の特徴的な実例を提示し，その道徳教育の特質について考察した。このような考察を通して，シュタイナーの構想する道徳教育の特質は，道徳教育を主とする道徳の授業を設定するのではなく，すべての授業において，それぞれの教材の特徴に即して子どもの「ファンタジー」を活発化させながら，隠されたカリキュラムとして道徳的価値を教師の「心性」から子どものそれに伝える，特に子どもが持っているとされる「平衡感覚」や「自我感覚」の感覚に働きかけるところにある，ということが明らかになった。まさに，その特質は，シュタイナーの主張した真の「道徳」を，授業を含めた学校における教師の日常的な指導のなかに溶かし込んでいるところにあったと言える。

第2節　研究の総括

　以上検討したシュタイナーの人間形成論の構築は，教育思想史上で言えば，いわゆる新教育が国際的な広がりを見せていた時期にあたり，特にロマン主義的精神が風潮として当時根強かったドイツでは，新教育運動の進展の時期に当たっている。その時期の教育界においては，実験的・実証的な研究が積極的に導入される一方で，作業学校や合科教授などの特色のある教育実践も活発に行われていた。芸術教育運動や田園教育舎運動なども，もちろんその実例である。そのような新しい試みは，時期的にも内容的にも多様であったが，「子どもから」の発想を基底にしながら，ヘルバルト派の教育理論の克服を課題にしていたという点では，共通の特徴を有していたと言えるであろう。

　そこでは，大人とは違った存在としての子どもが教育のあり方を構想するうえでの出発点とされ，子どもの未熟さに発達の可能性が見出されることによって，それを引き出すことが教育の中心的な目的とされた。その目的を達成するために，発達心理学的な知見を基礎として，新たな教育理論が探究されていた。まさに，このような画期的な時期に，シュタイナーの人間形成論が形成されたのである。

　ところが，第1章で明らかになったように，シュタイナーの人間形成論は，彼自身の幼少年時代からの多様な個人的体験をはじめ，ゲーテ研究を足場にしながら形成された広範な宗教的世界観に基づくものであった。事実，彼自身も，当時の教育学者や教育家との交流を積極的にしているようではなかった。その点については，リンデンベルクの「ルドルフ・シュタイナーは，同時代の新教育についてはほとんど意見を述べていない」[1]という発言がそれを裏づけている。むしろ，彼は，それ以外の人々と，たとえば哲学者や文学者や芸術家などのさまざまな人々と積極的に交流していたのである。そこには，ブロイアー，ヘッケル，ニーチェ，シュヴァイツァー，ヘッセなどの著名人をはじめ，多数の神秘主義者や無政府主義者なども含まれていた。したがって，彼の人間形成論

は，本来的に教育や学校の事象だけに焦点化され構想されたものでないために，当時の新教育運動の教育論との直接的な影響関係を持たない，つまりシュタイナー個人の体験と勉学のなかで構想された世界観的人間観のうえに築かれたものであった。その意味で，彼の人間形成論は単なる教育論ではなく，人間や世界の在り方から導く出された独自性の強いものにならざるを得なかったのである。それゆえ，リンデンベルクは，「教育の人智学的革新（anthroposophische Erneuerung）は，当時しばしば言葉で表された『子どもから』というような何かの諸原則からではなく，子どもの本性の認識と自ら発達する人間の本性の認識から導き出されている」と述べ，シュタイナーの人間形成論と新教育運動の理論と明確に区別し，彼の論の卓越性を強調したかったのであろう。

　しかし，序章で述べたように，シュタイナーの人間形成論は，彼の弟子たちや人智学の賛同者たちの著作物を除いた一般的な教育学の研究においても，詳細な考察ではないものの，取りあげられるときにはドイツの新教育運動の一つとして扱われてきた[3]。また，第１章で見たように，シュタイナーは，ゲーテ研究への没頭やニーチェへの称賛や前衛的なサークルの人々との交流，さらには唯物主義への批判などの姿勢と人間の「生」の全体性を尊重した人智学の立場から言えば，多くの新教育の底流に存在するロマン主義的な文化批判の思想と共通するものを確実に有している。しかも，シュタイナーが社会改革派の労働者たちの学校である「労働者教養学校」で教鞭をとっていたという事実は，新教育とのつながりを示すものであろう。その意味からも，彼の人間形成論は，形成の過程においては新教育からの直接的な影響をほとんど受けておらず，その意味ではリンデンベルクが差異を強調するように一連の新教育運動とは一線を画しているが，我が国のいくつかの先行研究でも指摘されるように[4]，ゲーテを中心とするロマン主義思想や文化批判とのかかわりのなかで，新教育とは思想的にも十分に時代的な親和性を有していると言えるであろう。それと同時に，彼の人間形成論は，リンデンベルクやシェパードなどによる伝記や先行研究においてもほとんど積極的に指摘されていないが，ブラヴァツキーやベサントな

終章　シュタイナーの人間形成論の特質―まとめにかえて―　293

どの神智学において提唱されていた考え方とも確実に親和性を有しているのである。事実，ブラヴァツキーにしても，またベサントにしても，両者ともが，神智学に関する主要著作のなかで，不十分ながらも教育に関して言及しているのである[5]。その意味では，彼の人間形成論は，新教育運動と神智学との渾然一体とした親和性を有するものであると言える。

それらの親和性のうち，まず新教育運動について，第２章以下で取りあげられた彼の理論から見ていくとすれば，その点をさらに裏づける内容が多く含まれている。彼の人間形成論は，発達と「気質」に即した働きかけを中心にしながら，「全人」や「自由人」の育成を目指すものであった。つまり，そこでは，ヘルバルト派に代表される主知主義や書物中心の教育は，教科書の不使用や点数評価の廃止に顕著に現れているように，独自な人間観と社会観と道徳観を基盤に否定されている。そのうえで，あくまでも「全人」や「自由人」に向けての調和的な人間形成に責任を有する持ち上がりの学級担任制が採用され，「エポック授業」のなかで，教科や教科書の枠に縛られた主知主義の教育ではなく，それぞれの教材の特徴および発達と「気質」に即し，そして「芸術」やその作業を重視しながら，子どもの「ファンタジー」，換言すれば想像力を活発化させるような道徳教育が，学級担任教師の創造的な働きかけによって行われることになっていたのである。

したがって，大枠において，このようなシュタイナーの人間形成論の実践的な特徴は，明らかにドイツの新教育運動の中心的なスローガンとされる「子どもから」という発想と共通するものであるだけでなく，芸術教育や作業教育の重視，さらには子どもの自己活動や学級としての生活共同体の尊重というような，その運動の個々のなかに見られる特色の多くを合わせもっていたと言えよう。それゆえ，カルゼンも自由ヴァルドルフ学校を視察に来たのであろう。また，当時の代表的な教育雑誌においても，自由ヴァルドルフ学校は，先駆的な統一学校として紹介されていたのであろう。

しかも，シュタイナーの人間形成論は，国際的な新教育運動の象徴的な団

体である，1921年に結成された国際新教育協会 (Society for International New Education) の七ヵ条の指針，すなわち要約的に言えば，①「すべての教育の根本目的は，精神の優越性を自分自身の人生において探究し，実現するように子どもを準備させることである」，②「教育は子どもの個性を尊重すべきである」，③「課業，そして実に人生への全訓練は，子どもの内的興味に対して，自由な活動を与えるものでなくてはならない」，④「各年齢は，それぞれ特別の性格をもっている」，⑤「利己的な競争は，教育から消えうせねばならないし，共同にとってかわられるべきである」，⑥「共学は，両性の同一の取扱いのことではなく，双方がおたがいに，有益な影響を与え合う共同作業を意味するものである」，⑦「新教育は子どもをただ単に，彼の同胞，民族への義務を果たす市民とするのみではなく，人格的尊厳の自覚を備えた人間たらしめることを目的とするものである」に，文言だけを見ても，ほとんど通底する特徴をもっている。個別的に言えば，①についてはシュタイナーの人間形成論における人間形成の課題に，②については「気質」に即した働きかけに，③については12年間一貫の統一学校のカリキュラムに，④については発達に即したはたらきかけに，⑤については「後アトランティス期の第5文化期」におけるエゴイズムの克服と人間の「道徳的・精神的」なものの育成に，⑥については男女共学の統一学校というシステムに，⑦については「全人」や「自由人」のような人間形成の課題，および学校の教育活動全体のなかで行われる道徳教育の内容・方法に，通底する共通な特徴が特に垣間見られるのである。そのような点から言っても，彼の人間形成論は，新教育との親和性を確実に有しており，しかもこの七ヵ条の指針の作成に中心的にかかわったエンソア (Ensor, B) はイギリスの神智学関係者であることを勘案すれば，人智学の賛同者は積極的に認めようとしていないが，もう一つの親和性，すなわち神智学との親和性を必然的に有することになる。事実，彼の人間形成論の基盤となる人間観をはじめ，エゴイズムの克服や道徳教育の重視，さらには点数評価の廃止などの具体的な方法においても，神智学との親和性は否定され得ないであろう。

このように見てくると，シュタイナーの人間形成論それ自体は，単なる新教育に属し得る一つの理論であると言うだけでなく，内容的にはその運動のなかに位置づけられるべき特徴を十二分に備えた理論であると言えよう。特に，児童期という発達期の子どもに対して，「芸術」を溶かし込むかたちの授業において，想像力を重視した道徳教育を，学級担任教師による知的な授業の教材や指導過程のなかに隠れたカリキュラムとして作用させている点は，ある意味で，新教育において目指されていた習慣形成や道徳性の習得を独自な学校の教育活動のなかに実現していた，と見做すことも可能である。それと同時に，彼の人間形成論は，特に人間観や世界観において，神智学との関連性を確実に有していたのである。

　したがって，シュタイナーの人間形成論は，一方でロマン主義や文化批判などの当時の一つの潮流になっていた思想を背景にして，新教育と神智学との渾然一体とした親和性を有しつつも，他方ではそれらに包括できない次のような特徴を含み持つものであった。すなわち，「倫理的個体主義」に基づき，社会の発展や社会問題の解決，さらには人間性の治癒に向けて，「愛」と結びついた個々人の自由な「道徳」に意義を見出し，人間を「全人」と「自由人」に育成するための理論とそれに基づいた精緻な方法である。より具体的に言えば，長期的な人間の発達という視野のもとに，児童期の道徳教育が重視かつ工夫され，特に学校教育については，「芸術」を溶かしこむかたちの授業において，想像力を重視した道徳教育が，隠れたカリキュラムとして授業の内容，および共同体的な信頼関係の確立した学級担任教師の指導過程のなかに組み込まれているのである。

　以上の論述を踏まえ，シュタイナーの人間形成論の特質を先行研究との比較において総括するならば，彼のそれは，ウルリヒやプランゲなどの批判者のように，神話的な世界観や人間観を所与の先験的な前提としたうえで構築されているということを根拠に，特異な宗教性を有するもの，あるいは前近代的で科学的に実証性のないものとして新教育運動のなかから排除されるべきものでは

ないであろう。また，ノールのように，シュタイナーの人間形成論は新教育運動とのかかわりにおいて無視ないしは緘黙されるべきものでもないであろう。それと同時に，彼の人間形成論は，シャイベのような教育学者の概説書に見られるように，「エポック方式」の導入や点数評価の廃止，さらには発達や「気質」や「芸術」の重視などといったようないわば表面的な形態の特徴を根拠に，「子どもから」の発想を実現しているユニークな一つの学校の理論として新教育運動に位置づけられるだけのものでもないであろう。

　これまでの先行研究では指摘されていないが，あえて新教育運動とのかかわりにおいてすぐれた共通的な特徴を積極的に見出すとすれば，本研究で明らかになったように，彼の人間形成論は，新教育運動の特徴の一つとしてあげられる学習や活動それ自体のなかに習慣形成や道徳性の習得を目指し，それを実践として実現しているところである。しかし，そこには，単なる習慣形成や道徳性の習得だけでなく，多種多様な状況下において子ども一人ひとりが臨機応変に「道徳的行為」を生み出せるようになるために，「感謝」と「愛」と「義務」という三つの「基本的徳性」を重視している点，そのうちでも「倫理的個体主義」の理念に依拠しながら，特に「愛」を基礎に据えた「自由」な想像力による創造的な「道徳」を，子どもの発達や個性に即した授業の知的な教材，および共同体的な信頼関係の確立した学級担任教師の指導過程や振る舞い方のなかに，「芸術」とともに溶かし込むかたちで隠れたカリキュラムとして実践的に作用させる構造になっているところは，新教育のなかにもまったく見られない，むしろ先駆的な独自性を有していたと考えられる。さらに言えば，その独自性のゆえに，自由ヴァルドルフ学校の実践は奇妙で何かまわりくどいように一般に見られがちであるが，そこには，新教育運動においていわば理想として目指されていた道徳教育が，指導過程のなかに隠されたカリキュラムとして実現されていた，と読み解くことも可能であろう。

　また，神智学との関連で言えば，ヘムレーベンやリンデンベルクやシェパードなどによる先行研究では，シュタイナーの卓越性を強調したいがために，そ

れとの関連性はあまり言及されず,しかも神智学と人智学との相違点がことさら生い立ちにおいても,また理論においても強調されている。しかし,本研究で確認されたように,人間形成論の基盤となる人間観や世界観の基本的な部分をはじめ,エゴイズムの克服や点数評価への批判などの教育目的や方法において,彼の人間形成論には,共通的な考え方が見られ,神智学との親和性は確実に包含されている。その点に関しては,人智学の賛同者の見解よりも,ウルリヒのような批判者のものが妥当性を有していると言えよう。ただし,批判者の見解のように,彼の人間形成論は,神智学をはじめとした,いわゆる前科学的な思想をただ継承したようなものでは決してないのである。その点については本研究で指摘したように,彼の人間形成論は,観念や理念の世界の主張に終始してしまうのではなく,子どもの人間形成にかかわって,現実の知的な授業のなかで想像力による創造的な道徳教育を「芸術」的でかつ感覚的な教育と融合させて行うことができるように,学校のシステムや指導法,さらにはそこでの教師の在り方までも具体的で精緻な実践として提示している点は,神智学協会の教育思想のなかには見られないものである。このような点は,奇しくもシュタイナーと同様に,神智学を思想的基底に堅持しながらも,のちに神智学協会から離脱し,子どもの自己変容を目指す学校を設立したクリシュナムルティとも,明確に異なっている。

　そのような文脈でシュタイナーの人間形成論を捉えるならば,そこから,神話的な宇宙論を展開するだけの神秘主義者や幻想家などの否定的な人物像からも,またそれとは正反対の人智学の賛同者に見られるカリスマ的な人物像からも,さらにはこれまで多くの教育学の先行研究で指摘されてきたような,ドイツ新教育運動の時代に子どもの心身あるいは知情意の調和的な発達を図ろうとした教育家という人物像からも解き放された,個々人の道徳性の習得によって,つまり子どもの道徳性の育成を中心とした人間形成によって,個々人の人間性の治癒や成長,および社会の発展をもたらし,現世における理想の社会生活の実現を目指す一人の人間としてのシュタイナー像が描けるであろう。

また限定的に学校における道徳教育の研究の視点から見ても，徳目を重視する注入的な人格教育，倫理相対主義的な価値教育，さらにはその折衷案的な統合的道徳教育にも共通して見られるような個人の心への内面化に偏るのではなく，「道徳的雰囲気」の醸成された日常的社会的な学級共同体の授業において，個々人の真の道徳性を個々人のなかから「自由」に「愛」に支えられた行為として創造的に生み出させるような道徳教育論の地平が，シュタイナーの人間形成論の特質から新たに拓けるはずである。さらに学校に限定することなく広く社会的な視野から見れば，国家や社会を維持するために求められる規範的な道徳教育ではなく，臨機応変に道徳的行為を個々人のなかから想像力によって創造的に生み出し，一人ひとりの人間の治癒やよりよい育成と同時に，それによって社会の健全な発展を促すような新しい未来に拓く道徳教育の発想も，そこから示唆されるはずである。このような点は，人智学の賛同者やその批判者による研究をはじめ，これまでの管見した限りでの先行研究においてまったく指摘されていないものであり，筆者は，その点に関して，シュタイナーの人間形成論を道徳教育に着目して考察することによって，立証できたと考える。

註

1) Lindenberg, R., *Rudolf Steiner : Eine Biographie Bd. II 1915–1925*, S.691.
   実際にシュタイナーの講演集を概観してみても，確かに，「ほとんど意見を述べていない」とリンデンベルクが述べているとおりであるが，筆者の管見した限りでは，最初の自由ヴァルドルフ学校が開校する前に行われた教員養成のための講習会の5日目の講演において，シュタイナーは田園教育舎運動について簡単に言及している (Steiner, R., *Allgemeine Menschenkunde als Grundlage der Pädagogik*, S.76f.)。
2) Lindenberg, R., *Rudolf Steiner : Eine Biographie Bd. I 1861–1914*, S.394.
3) たとえば，シャイベは，「『自由ヴァルドルフ学校運動』は，……新教育運動の一つの特別な流れである」と評している (Scheibe, W., a.a.O., S.300.)。
4) たとえば，衛藤吉則は，「シュタイナー教育学の形態的な特質に注目する場合，『社会運動と連携した文化批判』，『子どもからの教育』，『生の哲学』，『全体観的な人間把握』，『統一学校的性格』といった改革教育的諸要素と基本的に親

和性を有するものといえる」と指摘している（衛藤吉則「シュタイナーとドイツ改革教育運動」小笠原道雄監修『近代教育思想の展開』，296-297頁）。

5) たとえば，ある著作のなかで，ベサントは，「子どもに肉体的・道徳的・精神的安定を調和的に保ちながら最大限の自由を与える」ような教育を強調している（Besant, A., op. cit., p.78.）。

6) ボイド，W.・ローソン，W. 著，国際新教育協会訳『世界新教育史』玉川大学出版部，1961年，141-142頁。

この指針は，エンソアが重要な点と考えられるものを書きとどめ，さらにフェリエール（Ferriére, A.）が整理し直し，5人からなる委員会で承認されたものである。それは，1932年のニースの会議で新しいものが採択されるまで，協会の雑誌の各号に印刷され続けられたものである。ここで最初に名前があげられているエンソアという人物は，1915年にイングランドにおいて設立された神智学的教育組合（Theosophical Educational Trust）の事務局長である。その組合の会長は，神智学協会会長ベサントとともにインドにおいて働いていたアランデール（Arundale, G.S.）である。そのような人的関係から言っても，シュタイナーの人間形成論が，この指針の内容に通底していても不思議ではないのである。その意味では，彼の教育論は，神智学的教育組合の理念と何らかの関係性を有しているのではないかと推察される。この歴史的な関係性の詳細については，今後の研究課題にしておきたい。

補　論
「エポック授業」における道徳教育の特質

　本補論は，本論文の第4章第4節の「1. 学校における道徳教育の方法」において論述した内容を補充するために，下級学年の「エポック授業」において道徳教育はどのように行われるかについてより詳細に説明するものである。

　第4章第4節で概観した，国語教材，算数教材，地理教材，動物教材，植物教材を取り扱った「エポック授業」の特徴的な実例をさらに詳細に提示し，その理論的基底とともに，そこでの道徳教育の特質について再度論述する。このような論述を通して，シュタイナーの構想する道徳教育の特質が，道徳教育を主とする道徳の授業を構想するのではなく，すべての授業において，それぞれの教材の特徴に即して子どもの「ファンタジー」を活発化させながら，隠されたカリキュラムとして，道徳的価値を「道徳的雰囲気」のなかで学級担任教師の存在やあり方から子どもに創造的に働きかけていくところにあった点をより明確化する。

I．国語教材で育む道徳教育

1.　国語教材で育む道徳教育の理論的基底

　既述したように，シュタイナーは,特に児童期の子どもに対しては「イメージ」を大切にした「感情」に働きかける指導を重視した。それゆえ，国語教材を取り扱うエポック授業においても，その方法の基本はまったく変わらない。たとえば，書き方の初歩的な指導において，「さかな」(Fisch)の絵から「F」の字を，「口」(Mund)の絵から「M」の字を時間をかけて生み出すような指導例は，その象徴的なものである。そこでは，教師は，子どもが生まれながらに持ってい

る本性に対して，自由で創造的な「ファンタジー」によって働きかけることになっている。そして，そのように働きかけられた子どもは，「エポックノート」に時間をかけて愛着を感じながら自分の絵を描くことになる。

　また，国語教材を取り扱う「エポック授業」では，このような書き方の初歩的な指導と並んでもう一つ，「読み聞かせ」(Erzählen) という「イメージ」を大切にする指導がシュタイナーによって強調されている。しかし，シュタイナーにあっては，その際に求められるのは，単に教師が子どもに読み聞かせる内容を「イメージ」させるだけのものではない。シュタイナーは，教師による単なる指導ではなく，教師自身の内面的な「心性」のあり方までを問うのである。この点に関して，シュタイナーは講習会で次のように述べている。

　　「私たちは，次のような気持ちを持たなければなりません。すなわち，子ども全体を把握し，そして私たちが呼び起こした感情ないしは情動（Affekt）を通して，読み聞かせたものに対する理解が生じるということです。」[1]

　このように，シュタイナーは，教師の「心性」のなかで呼び起こされた「感情」や「情動」を通して，内容の理解が子どもの「心性」のなかで可能になる，と主張する。つまり，子どもよりも，まず教師自身に感動をともなった「イメージ」が求められる。そこには，シュタイナーの次のような信念が横たわっている。

　　「子どもは，心性から心性へと教授され，教育されるのです。そこでは，心性から心性へと通じている地下の電線が，とても大きな役割を演じているのです。」[2]

　シュタイナーによれば，「心性」のいわば「地下の電線」を通じて，「子どもは，心性から心性へと教授され，教育される」という。つまり，教師の「心性」

から子どもの「心性」への感動的な伝達が求められている。その意味では,「読み聞かせ」は,単なる「言葉」による内容の伝達ではなく,教師によって豊かに「イメージ」されたものを自分の「言葉」によって子どもの「感情」に働きかけ,「感情」による理解を目指す指導であると言える。そこでは,内容に対しての「思考」や「悟性」による理解は,児童期の子どもには絶対に避けられる。教師の側から言えば,意味内容の「悟性」的な説明による指導は,「読み聞かせ」を行ったあとでも一切なされないことになっている。なぜなら,「ファンタジーは活気づけ,活発にさせるのに対し,悟性は子どもの生を荒廃させ,萎縮させる」からである。したがって,シュタイナーにあっては,このような「ファンタジー」によって生み出される「イメージ」を大切にした指導こそが,子どもの「感情」に働きかけることになり,「感情」の育成という児童期の課題にふさわしい理解を促進する唯一の方法なのである。

　このような教師の「心性」のあり方を問うかたちで,「読み聞かせ」の指導は行われる。その際の内容は,主に伝説 (Legenden) や童話 (Märchen) や神話 (Mythen) などの物語である。なぜなら,シュタイナーは,「それら(伝説や童話や神話—引用者註)は,より高次な真理のイマジナツィオーンにおいて表現されている」[3]と考え,単に豊かな「心像」を作り出すためだけでなく,その物語に登場する動物や植物や人間のいとなみのなかにより高次な真理が包含されているものとして,物語を「読み聞かせ」の指導に使用することになる。つまり,そのような物語には,人間が生きていくうえで重要な高次の真理,たとえば「真」や「善」や「美」をはじめ,児童期に重視される徳性の「愛」のような価値などが潜在的に溶け込んでいる,とシュタイナーは見做すのである。したがって,物語の「読み聞かせ」の指導は,物語のなかに潜在化している,道徳的なものも含まれた重要な英知を,子どもに知性的に意識化させないようにしながら,「ファンタジー」による豊かな「イメージ」を創造する教育となっている,と言えるのである。

2. 国語教材で育む道徳教育の実際的方法

　「読み聞かせ」の指導は，教師の「心性」のなかで呼び起こされた「感情」や「情動」を通して子どもに働きかけるために，教師はまず自分で「イメージ」を生み出し自分のなかで感動しながら感情移入することになる。したがって，実際の場面では，教師が子どもに「読み聞かせ」を行うときには，単に物語の文字を正確に読むのではなく，自然なかたちで自分の語り方で話すことになる。つまり，シュタイナーの奨励する「読み聞かせ」は，教師の「心性」から子どもの「心性」への，一般的な表現をすれば，教師の心から子どもの心への「語り聞かせ」というべきものになる。その意味で，もちろん学級担任教師の主観が強く入ることになるが，シュタイナーは，そのことに対してはほとんど危惧していない。あくまでも，書き方の初歩的な指導と同様に，力量のある個々の教師の自由で創造的な「ファンタジー」が尊重されている。そこには，「指図は存在しないのであって，ただヴァルドルフ学校の精神が存在するだけである」[4]，という彼の信念，つまり方法は多種多様であってよいという彼の考え方が，横たわっているのである。

　このような教師の自由で創造的な「ファンタジー」が尊重されている，換言すれば教師の主観性が強く出ている指導方法に対して，その際の内容については，人間形成の方法の基本原則に従い，発達に即した大きな枠組みだけが次のように決められている。

　すなわち，第1学年では一般的な童話が，第2学年では擬人化された動物の登場する動物寓話が，主に取り扱われる。特にそうした低学年では，動物をはじめ，植物や鉱物の擬人化は重要視される。なぜなら，そこでの話し合いや行為，さらには憎しみ合いや愛し合う場面には，人間が生きていくうえでの重要な道徳性が密接にかかわっているからである。また，第3学年では，これまで自明の権威者として受け入れてきた教師に対して，「いったいこの権威者とは何だろうか」[5]という問いが子どもの内面に生じてくるために，「権威者」に関する最善の物語として，全般的な歴史の一部となっている聖書物語が取り入れられ

るようになる。さらに，第4学年では古代史に，第5学年では中世史に，第6学年では近世史に，第7学年では種族に，第8学年では諸民族に，内容として主眼が置かれることになるが，その際に，多種多様な神話がしばしば取りあげられることになっている。[6]

　このような教材としては，子どもの「感情」への働きかけを大切にするために，文学性，広い意味の「芸術」性をもった物語が利用されることになっている。そこには，人類のすぐれた英知や道徳的価値のようなものが，一つの作品として包含されていると考えられている。たとえば，特に語り継がれてきたような寓話や童話には，そのようなものが必ず話の展開過程で含まれている。したがって，作品の内容のなかから，たとえば道徳的なものを一部分切り取って知的に分析するようなことは決して行われない。作品に包含された英知や道徳的価値のようなものを，作品のなかで子どもに生き生きとした「イメージ」として感じ取らせることが求められるのである。もし子どもがそれを感じ取るために必要ならば，そのときに限って，「読み聞かせ」のまえに，一つの作品としての価値を壊さないように，それについての説明は行われてもよいことになっている。

3. 国語教材で育む道徳教育の特質

　国語教材を取り扱う「エポック授業」では，発達に即して働きかけるという人間形成の方法の基本原則に従い，つねに広い意味での「芸術」が尊重され，子どもに「イメージ」をふくらませて感じ取らせることが求められている。そのために，特に「読み聞かせ」の指導は，実際には「語り聞かせ」となるぐらいまで教師自身が物語に感情移入をすることによって，一つの「芸術」性を帯びることにもなる。それを前提としたうえで，その教師の「心性」から子どもの「心性」への伝達が可能になるとされている。つまり，教師の自由で創造的な「ファンタジー」が，「芸術」を媒介にして子どもの「ファンタジー」に刺激を与え，それを育成するのである。そのような点を道徳教育の視点から見れ

ば，国語教材を取り扱う「エポック授業」では，「道徳的ファンタジー」を培うための働きかけが，「読み聞かせ」を通じて行われていることになる。

また，教育の内容として，人間の生のいとなみを象徴的に表現したような伝説や寓話などを中心とした内実のある教材が利用されるために，「読み聞かせ」の内容それ自体には，「善」や「愛」などの道徳的価値を大切にし，「悪」や「偽」などの道徳的価値を憎むというような道徳的メッセージが必ずと言ってよいぐらい包含されている。その意味で，「読み聞かせ」の「エポック授業」では，道徳的価値の概念的理解や説明はもちろん行われないが，間接的に道徳的価値の内容が登場人物の行為に投影されることになる。その内容は，教師の「読み聞かせ」を通して，子どもには特に「感情」のレベルで，「イメージ」のかたちで受け取られるのである。したがって，シュタイナーの提唱する12個の感覚に当てはめて言うならば，他者の自我を意識する感覚，すなわち「認識感覚」のなかの「自我感覚」の育成が，国語教材を扱う「エポック授業」によって行われていることになると言えるであろう。

II. 算数教材で育む道徳教育

1. 算数教材で育む道徳教育の理論的基底

シュタイナーは，算数と道徳教育に関連して次にように講演で述べている。

「数の取り扱いと道徳的な理念や衝動とのあいだには，さしあたって論理的な連関がまったくありませんので，知性的にのみ考えようとする人は，このようなことを発言すると，嘲笑するかもしれません。そのような人には，これはばからしく見えるでしょう。また，加法の際には，合計から出発すべきであって部分からではないということについて，誰かが笑ったとしても，それは十分に理解できるところです。しかし，人生における本当のさまざまな連関を注視できる人は，論理的には最もかけ離れている事柄

が，現実の存在において相互にしばしば近くに位置しているということを，理解するようになるのです。」[7]

　もちろん，このような主張は，誰もがにわかに信じがたいものでもあるが，シュタイナー自身は，嘲笑されることを十分に想定しながらも，数の計算と何らかの道徳性との密接なかかわりを主張し，算数の授業における道徳教育の重要性を説くのである。
　上記の引用において，シュタイナーが「加法の際には，合計から出発すべきであって部分からではない」と述べているように，彼は計算と道徳性とのかかわりにおいて「合計」からの出発に着目している。つまり，計算の際には，シュタイナーはまず子どもに全体性という「心像」を持たせるというところを大切にしている。それに関して，彼は次のように述べている。

　　「すぐに起こることですが，子どもに一つの時計を与えると，子どもはそれをまず分割する，つまり全体（Ganze）を部分（Teile）に分解しようとする欲求をもつことになります。全体を部分に分けることを確かめる欲求は，人間の本性に著しくふさわしいものなのです。このことは，算数の授業の際にも考慮されなければならないのです。」[8]

　すなわち，シュタイナーによれば，子どもは「全体を部分に分解しようとする欲求」，つまり，「全体を部分に分けることを確かめる欲求」を抱いているという。この人間の本性に合致させることが，算数の授業において求められている。その意味で言えば，算数の授業は，子どもの本性からの内的欲求を健全にさせるという人間形成の一端を担っているのである。
　そのために，算数の授業では，全体，つまり総数がつねに大切にされ，ただ部分を追加して増やしていくような加法の計算は意識的に避けられる。もちろん，授業の過程においては，部分から全体を求めるような計算がまったく行わ

れないわけではないが，その際にはあわせて調和を図る意味で，必ず全体から部分を求めるような計算が意識的に行われることになる。彼によれば，部分から全体を求めるようなことが避けられるのは，子どもの本性にそぐわないというだけでなく，その結果として「どん欲的なものに従って行動することを特に発展させるような道徳的性向が生じさせてしまう[9]」という「道徳」への悪影響を及ぼしかねないからであるという。それとは反対に，数を扱う際に，全体をまず把握させるような数の取り扱いがなされるならば，人間の本性に合致しながら，「言葉」の最も高貴な意味における「節度」の感覚，シュタイナーの提唱する12個の感覚の分類に対応させて言えば，「平衡感覚」が育成されるということになる。

このように，シュタイナーは，算数教材の扱い方として，「道徳」への配慮から，まず全体を子どもに把握させながら，全体から部分へという思考過程を重視するのである。

また，それと同時に，シュタイナーは，算数における数それ自体の特性にかかわって，算数の授業における道徳教育の意義も見出している。シュタイナーは，算数の授業について，他の授業とのかかわりにおいて次のように述べている。

　「しかし，あなたたちが子どもに算数を教えるときには，事情はまったく違ってきます。この場合，最も重要なのは数字のかたちではなく，数字のかたちのなかに生きている現実なのだということに，あなたたちは気づかれるでしょう。このような生は，精神的世界にとっては，読み書きのなかで生きているものよりも，もっと大きな意味をもっています。…… 私たちは，子どもに読み書きを教える場合には，もっぱら物質的な領域において教えます。そして算数を教えるときには，もうわずかに物質的に教えるだけなのです。さらに私たちは，音楽的なものや線描的なもの，またそれと同じようなものを子どもに教える場合には，本質的に心性や精神を教えるということになるのです。

さて，合理的に行われる授業では，私たちは芸術的なものにおける超物質的なもの（das Überphysisches）の衝動，算数における半ば超物質的なもの（das Halbüberphysisches）の衝動，そして読み書きにおけるまったく物質的なもの（das Ganzüberphysisches）の衝動という三つの衝動を相互に結びつけることができます。そして，そうすることによって，私たちは，人間の調和を呼び起こすことになるでしょう。」[10]

このように，シュタイナーは，読み書きを「まったく物質的なもの」，また「芸術」を「超物質的なもの」，というように，それらを両極に位置づけたうえで，算数をそのあいだに位置づく「半ば超物質的なもの」と捉えている。その意味では，算数の営みないしは法則は，物質的な世界，さらに言えば現実の人間によって作り出されたものではなく，完全ではないけれども半ば超えたものなのである。

したがって，算数の授業における計算や数列の法則は，人間存在を半ば超えたものとして存在する，数の美的・調和的な法則の真理やその不思議さの世界を子どもに体験させることになる。このような体験は，子どもにとって，人間の現実世界を超えた世界の存在への気づきとともに，秩序立った自由な思考の錬磨にもつながるのである。さらに言えば，計算や数列の法則への取り組みは，イコールの数学記号に顕著に表れているように，調和・秩序ないしはバランスの感覚，シュタイナーの言葉で言うならば12個の感覚のうちの「平衡感覚」（Gleichgewichtsinn）の育成にもつながっているのである。

以上見てきたように，算数の授業における道徳教育は，強引に「道徳」と結びつけるような，いわゆる授業の道徳化とはまったく異なっている。あくまでも彼の意図は，子どもに全体性の「心像」を大切にした算数教材に取り組ませることによって，人間の本性に合致したかたちで，「道徳」と密接に関係する，秩序立った自由な思考力，さらには「節度」や「平衡」に関する諸感覚，すなわちシュタイナーの提唱する12個の感覚で言うと，「意志感覚」のなかで最も

「道徳」と関連しているとされる「平衡感覚」を育成するところに存しているのである。

2. 算数教材で育む道徳教育の実際的方法

　算数教材を取り扱う授業においては，大枠について言うと，普通一般の学校と同じように，第1学年から学年進行のかたちで，次第に指導内容が難しくなるように構想されている。シュタイナーによれば，第1学年では，主に数の小さな加法や減法の計算が行われることになっており，できれば100までの数が教えられる。第2学年では，さらに大きな数が扱われ，第3学年になると，いっそう難しい計算が指導されることになっている。そして，第4学年では，分数や小数の計算が入り，第5学年では，整数も含めたそれらの計算を自由に使いこなせることが求められる。さらに，第6学年には，歩合計算や割引計算や為替計算をはじめ，簡単な射影幾何学も加わり，第7学年では，射影幾何学の内容がさらに難しいものになる。下級学年の最後の第8学年では，算数や幾何のすべての内容が芸術的に高められたかたちで扱われる。[11]

　このような授業においては，第1学年に掛け算の概念が指導されたり，あるいは第2学年までは事物を使った暗算が重視され，計算はあまりノートに書かれないなど，普通一般の学校とは若干異なる指導がみられるが，実際的方法としての何よりも大きな差異は，理論的基底としてのシュタイナーの考え方に則った次の二点である。すなわち，「全体から部分へ」という取り扱いを大切にすること，および数の世界の不思議さを体験させることである。したがって，そこでは，計算の速さや正確さだけが求められない。数やその計算原理，さらにはそれにかかわる問題が，即物的に扱われるのではなく，一つひとつ愛情を込めて体験的に大切に取り扱われるのである。

　まず，前者について言うと，一般的な取り扱いとしては，たとえば，四則計算が指導される際には，1＋2，3＋5，というようにまず加法が取りあげられ，それから4－3，9－5，というように減法に，続いて乗法や除法が扱われる。

そこでは，一つの正解を見つける解答の速さや正確さだけが最大価値のように子どもに求められる。ところが，自由ヴァルドルフ学校では，このような教材の取り扱いは，まったく馴染まないと言うだけでなく，根本的に間違っていることになる。この学校では，数についても，つねに「全体」が大切にされ，一つの全体から部分へという原理を重視しながら，子どもにゆっくり問題を味わせるような取り扱いが行われるのである。

　四則計算の具体例で説明すると，まず，数については，一つの全体としての1が子どもに指導され，それの分割として2が生じることになる。3は，その全体を三つに分割したものとして生じたものとなる。したがって，2は1と1とを加えたもの，3は1と1と1とを加えたもの，というような把握の仕方は奨励されないのである。すなわち，図表3のような数の把握が求められる[12]。

図表3　四則計算の具体例

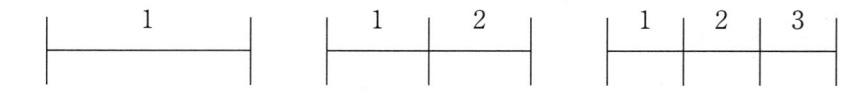

| 1 | | 1 | 2 | | 1 | 2 | 3 |

　そのうえで，たとえば，1山18個のリンゴがあって，それを3人の子どもに仲良く分けるという主旨の話が，その学級担任教師のバリエーションを加えて語られる。そこから，ようやく実際に加法や減法が意識され始めることになる。このような具体的実際的な話に基づく問題が指導されたあとで，さまざまな計算が指導されることになる。文章題の問題で言えば，具体的な話に基づく問題が子どもに示される。そこでは決して，A子が5個，B子が4個，C子が9個を持っているとすると，合計は何個になるか，というような計算のためだけの問題は行われないのである。

　もちろん，その際にも，全体性（総計）から部分へという理念が貫かれる。たとえば，加法の場合，$5 = 3 + ?$，$5 = 2 + ?$，$5 = 1 + ?$，のような計算

が提示される。

　このような加法の問題によって，子どもは，3＋2＝？というように，一つの答えを脅迫的に見つけさせられるのではなく，5＝3＋？，5＝2＋？，というように，秩序立ちながらも，適度に自由さを発揮しながら均衡のとれる答えをいくつも探すことができる。

　また，減法の場合，被減数と減数から出発して残りの数が求められるのではなく，被減数と残りの数から出発して，減数が求められることになっている。たとえば，「A子がリンゴ8個を八百屋で買いましたが，家で数えてみると5個しかありませんでした。家に帰る途中に落としたリンゴをあとから追いかけて来たB子が，すべて親切に拾って来てくれました。B子はいくつ拾って来てくれたでしょうか」というように，楽しい話の問題文のなかから，5＝8－？という計算が生み出されてくるのである。また，それと同時に，問題文のなかに，子どもの「愛」や「善」の行為や親切な行動が隠れたかたちで溶かし込まれているのである。

　次に，後者について言うと，計算や数列に潜んでいる数の不思議な法則性を子どもに体験させることが重視されている。特に，前述したような全体から部分を見つける問題では，秩序立った自由な思考によって，いくつもの解答が想定され，それを列のように並べるならば，そこに潜んでいる数の法則性が出現することになる。また，九九のような表にも，さまざまな法則性が隠されている。さらに，学年が進行して，幾何学の内容が入ってくると，いっそう不思議な法則が多数登場することになる。たとえば，直角三角形の斜辺の長さを二乗すれば，他の二辺の長さを二乗して足したものと同じ数字になる，というような三平方の定理は，その代表的なものであろう。

　そのような数の不思議さについて，十分な時間をかけて子どもに体験し味合わせることが自由ヴァルドルフ学校において求められているのである。そこでは，決して早急に解答を求めるようなことは第一義的な事柄ではないのである。

3. 算数教材で育む道徳教育の特質

　自由ヴァルドルフ学校の下級学年では，「芸術的要素」や「イメージ」などを積極的に授業に取り入れることによって，「意志」や「感情」への育成が特に児童期において重視されている。[13] それらの重視は決して「思考」の育成を軽視しているわけではなく，発達への考慮からの過程的な結果に過ぎないと考えられる。事実，既述したように，青年期においては，「思考」への直接的な働きかけが重視されるようになっている。しかし，児童期において，極端な「意志」や「感情」への偏りに陥らないように，「思考」とのバランスをとる意味で，他の教科領域に比べて「思考」的な色彩の強い算数教材は，第1学年から十分な時間をかけて取りあげられている。特に，第1学年からの九九の掛け算を指導したり，あるいは第1学年や第2学年においてノートをあまり使用しないで暗算を積極的に取り入れたりしているところは，その顕著な現れであろう。しかし，その際に，「思考」だけに偏らないように，絵を描いたり，あるいは問題文にちょっとした物語的な要素を入れてみるというようなかたちで，「芸術」はつねに取り入れられることになっている。

　確かに，算数教材において「思考」を育成するという目的は，自由ヴァルドルフ学校だけの特徴ではなく，普通一般の学校でも認知されている事柄であろう。しかし，創始者シュタイナーにあっては，好き勝手な「思考」の育成でも，また画一的，固定的な「思考」の育成でもなく，あくまでも，秩序立った自由な「思考」の育成が目指されている。たとえば，算数教材において，$3+5=8$ というような一つの固定的な答えではなく，「全体」すなわち総和から出発して，$8=5+3$，$8=4+4$ など，答えに一定の自由度を秩序のなかで与えるような指導方法は，その実例の一つである。しかも，シュタイナーは，「全体」を意識したうえでの秩序立った自由な「思考」を働かせることによって，人間存在を半ば超えたものとして存在する，数の美的・調和的な法則の真理やその不思議さの世界，すなわち人間を超えた真理の存在を子どもに気づかせるとともに，そのような自由な「思考」の育成の過程において，「節度」や「平衡」

という諸感覚につながる,「意志感覚」としての「平衡感覚」を子どもに育成しようと意図している。

したがって, シュタイナーにあっては, 算数教材を取り扱う授業には, 教材それ自体やその指導法のなかに潜在的なかたちで「道徳的なもの」の習得や「道徳的感覚」の触発が溶かし込まれている, と言えるであろう。

Ⅲ. 地理教材で育む道徳教育

1. 地理教材で育む道徳教育の理論的基底

シュタイナーは, 教師養成のための講習会において,「地理の授業は民衆学校年齢 (Volksschulalter) の第2段階になってから登場することができます[14]」, あるいは「9歳を過ぎたら, 私たちはうまく地理の授業を始めることができます[15]」と述べうえで, 地理の授業のあり方について次のように主張している。

> 「現在において地理は過度なほど退いています。地理は実際にあまりにも軽んじられています。本来的には地理的なものによって, その他の授業の成果がさまざまな関係において一つの流れのように合流すべきなのです。[16]」

さらに, シュタイナーは同じ講習会で次のようにも説明している。

> 「現実として大切なのは, あなた方が地理の授業を他の授業と一体化するようにし向けることです。おそらく地理にとって最悪なのは, 私たちがとにかく望んでいない, 厳格で杓子定規な時間割のなかにそれを組み入れることです。[17]」

つまり, シュタイナーは, 地理の軽視の風潮と教科授業の一つとしての地理教材の扱い方に対して批判する。そのうえで, 彼は, 地理教材を他の授業との

関連において指導すべきであると考えている。つまり，地理教材は，自ずと総合的な学習になる「エポック授業」において，しかもカリキュラムのなかでも重要な位置を占めながら指導されなければならないものなのである。

「エポック授業」では，持ち上がりの学級担任教師によって，さまざまな内容が関連し合うことになる。そのなかでも，特に重要なのは，地理教材に限らず他の教材を取り扱う際にも，「人間そのものに関連づけること」とされている[18]。地理の授業では，「芸術」のみならず，植物学や動物学や鉱物学をはじめ，生活や経済を通じて人間との関連が特に図られなければならないのである。その過程において，感情の育成を主眼とする児童期の子どもに対して，自然や働く人間への感謝の気持ちが大切にされるべきなのである。ところが，一般的な現状として，そのような地理教材特有の教育機能が十分に働いていないために，シュタイナーは，カリキュラムにおける地理教材の扱い方として，「その他の授業の成果がさまざまな関係において一つの流れのように合流」し，人間と関連した総合的な学習を主張したのである。

このように，シュタイナーは，カリキュラム上の位置づけから地理の授業の意義を見出すとともに，地理の授業それ自体にも，人間形成上の意義を彼独自の人間観，つまり彼の人智学の用語を使えば「人間本性」(Menschenwesenheit) から導き出している。

シュタイナーは，「人間本性」にかかわって次のように説明している。

> 「私たちが，結論を出す人間，つまり活動する人間，それは全世界のなかに立っている人間，世界から切り離されている頭だけの人間ではない人間なのですが，そのような人間を思い浮かべると，その人間は，実際には空間なしにはまったく考えられないのです。その人間は空間に属しているのです。人間が脚ないしは足の人間である限りは，人間は空間世界の一部分なのです。」[19]

このような奇妙な言い回しを使って，シュタイナーは，人間として生きるうえでの空間の必要性を説いている。人間は，そうした空間を自覚することによって，一定の自己確立を得ることになる。その空間な感覚を呼び覚ますものが，彼によると地理の授業なのである。このような考え方に基づいて，シュタイナーは，「私たちが本当に生き生きと（anschaulich）そのことを推進するならば，私たちは人間を空間のなかに立たせ，とりわけ世界に対する興味を持たせるようなものを人間の内面で発展させるのですが，その効果は，さまざまなかたちで現れるのです」[20]，と地理の授業の意義を主張するのである。

　では，シュタイナーの言う効果とは，いかなるものであろうか。彼は，その主張に続けて，次のように説明している。

　　「地理を思慮深く促してもらえた人間は，空間のなかでそばにいることを学びとらない人よりも，隣人に対して愛情の満ちた態度をとります。彼は，他者のそばにいることを学び，他者を思いやります。このような事柄は，道徳的陶冶（Moralische Bildung）に強く働きかけます。そして地理を追いやることは，私たちの時代にますます追いやられてしまった，隣人愛（Nächstenliebe）への反感以外の何ものをも意味しないのです。」[21]

　この発言からも明らかなように，シュタイナーは，地理の授業の意義として，人間として生きるうえでの空間と，そこでの他者の存在を感覚として呼び覚ますことを通して，隣人に対しての愛情に満ちた態度および他者への思いやりという「道徳的陶冶」の育成を強調している。つまり，道徳教育の視点から見れば，彼は，地理の授業に，児童期に中心的に育成しなければならない「基本的徳性」の一つである「愛」のなかの「隣人愛」を育むという役割を与えているのである。

2. 地理教材で育む道徳教育の実際的方法

　シュタイナーは,「私たちがこの地理を正しく取り扱うならば,子どもは9歳から12歳のあいだに非常に多くのことを受け取ることができます」と述べ,特にこの時期の子どもに対しての地理の授業を重視している。そこで,その時期の授業における教材の取り扱い方の基本的な概略を見ることにしよう。[23]

　まず,地理の授業は,地球の表面について,身近なことから始められる。たとえば,子どもの知っている山や河川が取りあげられ,クレヨンで丁寧に絵として描かれる。特に,その際に,空気遠近法(Luftperspektive)[24]がしばしば利用される。

　次に,子どもの知っている環境が地図として描かれる。その際に,地図の中に,人間生活に関係するものが記入される。たとえば,その地域の自然条件を活かして,何らかの果樹園が耕作されておれば,その簡単な絵(図表4)が描かれる。また,針葉樹林があれば,その簡単な絵(図表5)も描かれる。さらには,穀物畑(図表6),牧草地(図表7),牧場(図表8)なども必要に応じて描かれる。そこでは,子どもは,十分に時間を費やして絵地図を描くことになる。このような指導は一見無意味なようにも思われが,十分に時間をかけて,ゆっくりしたスピードで授業が展開されることになる。その過程のなかで,子どもは「ファンタジー」を働かせて,風景やそこでの働く人々など,さまざまな事柄に対してイメージを豊かにしながら描くことになる。

　そのような地図の作成を通して,子どもに経済的な基盤が指導される。たとえば,山岳で鉱石が採れること,河川が輸送に利用されていること,なぜそこに町が発展したのか,なぜ鉄道が敷設されたか,などに着目しながら,自然の地形と人間生活との経済的関係が取りあげられる。その過程で,教師は,鉱物や植物(作物)などの自然への恵みや人々の労働に対する感謝の気持ちを子どもに感じ取らせるように指導する。

　そのような指導によって,「自然と人間本性との関連」(Zusammenhanges von Natur und Menschenwesen)を把握する基盤が子どもにできあがれば,別の問

補論 「エポック授業」における道徳教育の特質　317

図表 4

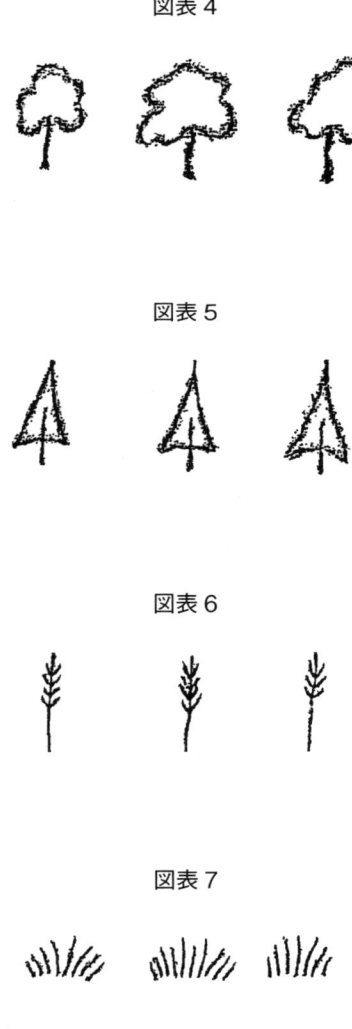

図表 5

図表 6

図表 7

図表 8

題，つまり身近な事柄から空間的に遠くにあるもの（たとえば，アルプス山脈，ライン川，アドリア海など）への移行が可能になる。そこでは，「人間と自然環境との経済関連」(wirtschftliche Zusammenhänge zwischen dem Menschen und den Naturverhältnissen) が集中的に説明され，子どもは，さまざまな地方の人々の生き方（他者の生き方）を想像しながら理解することになる。もちろん，その際の理解は，自ずと反感的なものではなく共感的なものである。そのような理解を通して，子どもは，他の人々のくらしに支えられて共に自分が生きているということを実感する。

　このような指導が前提条件として行われてから，次第に地球の全体像が指導されていくことになる。一般には，12歳のころから，より体系的な指導が推進される。なぜなら，シュタイナーによると，「子どもは12歳ころになって初めて，物事を因果関係の意味において把握できる」[25]からである。したがって，第7学年や第8学年には，5大陸の経済生活が取りあげられ，その内容が地球全体の規模において概観されることになる。

　その後，歴史が「エポック授業」で取りあげられたあとに，さまざまな民族の文化的特質やその相違などが扱われることになっている（ただし，法の問題は少し抽象的過ぎるために，第9学年以降に扱われる）[26]。それによって，地理の授業では，植物や鉱物のみならず，歴史の内容も盛り込まれることになる[27]。

　シュタイナーの言う正しい取り扱い方の地理の授業とは，概ねこのようなものである。それ以上に，シュタイナーは，事細かな内容や方法については指示していない[28]。あくまでも，自由ヴァルドルフ学校では，一人ひとりの教師が，その地域や学級の状況を踏まえて創意工夫していかなければならないことになっている。それは，他の授業についても言えることであって，彼の「はじめから教師にとって教授計画やそのすべてを指定されているような授業は，実際本当に教師の術 (Kunst) を閉め出すことになります」[29]という授業観に裏づけられたものである。

3. 地理教材で育む道徳教育の特質

　以上見てきたように，シュタイナーの提唱する，地理教材で指導される「エポック授業」においても，道徳性の育成にかかわる働きかけが理論的実践的にも潜在的なかたちで存在していた。特に，その特徴として，次の三点があげられる。

　第一に，自然や人間の営み（労働）などに対する感謝の気持ちの尊重があげられる。もちろん，教師が理念や概念を子どもに注入しようとするものではない。あくまでも，時間をかけて子どもが自然や人間に対する生き生きとした「イメージ」を膨らませながら絵地図を作成する過程において，子どもの内面でそのような「感情」が生じるように教師は心がけるのである。「エポック授業」においては，結果的に地理教材が地理学としての教材だけでなく，自然や人間に対する感謝の念を育てる道徳教育のための教材にもなるように，さまざまな地域の土壌や天候などの自然の恵み，さらには人間との関連を重視する観点から，自然と人間との関連としての経済活動や生活（農業，鉱工業，交通など）が取りあげられるのである。

　第二に，「隣人愛」の育成があげられる。地理の授業を通して，子どもは，地域や世界などという一つの空間のなかで人間と共に存在している，あるいは支え連携しながら生きているということを「イメージ」や想像力を膨らませながら感じ取ることになる。そのような感覚によって，隣人や友人に対しての愛情に満ちた態度が，つまり「隣人愛」が，子どもの内面に生じるように，教師は心がけるのである。したがって，地理教材を取り扱う授業は，「隣人愛」を育むための基礎としての空間意識と共存意識を持たせる点で，さらに言えば，児童期に最も重要な徳性としての「愛」につながる点で，児童期の道徳教育にとって一つの大きな意味をもっているのである。

　第三に，共感的な他者理解があげられる。子どもは，地理の授業を通して，自分の体験から知っている身近な地域から知らない遠くのさまざまな地域へと，意識を「イメージ」や想像力によって拡張していくことになる。そして子ども

は，特有の自然条件において，その条件を活かしながらあるいは対決しながら，その地域の人々が生産活動や経済活動を営み，独特な生活様式や文化様式を生み出し，異質な考え方や価値観を持っているということを知る。それによって，子どもは，自分とはさまざまな点で価値観の異なる他者を知ることになる。しかも，上述したような感謝の念や「隣人愛」が育まれていれば，子どもは，そのような他者を，批判的ないしは反感的ではなく，自然なかたちで共感的に理解できるようになる。その意味で，地理教材を取り扱う「エポック授業」は，共感的な他者理解に導くという道徳教育を潜在的に包含されているのである。

　以上指摘したように，シュタイナーにあっては，感謝の念や「隣人愛」や共感的な他者理解を育むという道徳的な働きかけが，地理教材を扱うエポック授業のなかに潜在的に組み込まれているのである。したがって，このような道徳的な働きかけについて，彼の提唱する12個の感覚に当てはめて言うならば，他人の自我を意識する感覚，すなわち「認識感覚」のなかの「自我感覚」の育成が，地理教材を扱う「エポック授業」によって行われていることになると言えよう。

Ⅳ．動物教材で育む道徳教育

1．動物教材で育む道徳教育の理論的基底

　第1章第1節において，「私たちが授業において作用させようとしているのは，植物についての認識および動物についての認識をただ単に人間に対して教えることだけではなく，むしろ授業を通しての人格形成，つまり，全人の陶冶にあるのです」というシュタイナーの発言を引用したが，この彼の発言は，特に動物や植物などの博物学の教材を扱う「エポック授業」にかかわってのものである。彼は，博物学にかかわる授業において，単に動植物を教えようとするのではなく，その授業によって人間性や道徳性を育てようと考えているのである。特に，「道徳」にかかわっては，シュタイナーは，教師養成の講習会で次

のように主張している。

> 「子どもに道徳 (Moral) を教えようとしていることを気づかせないように，あなたたちが博物学的 (naturgeschichtlich) な授業を作りあげようと努めるときには，子どもの心性のなかに，最も重要な道徳的要素 (moralische Element) を植えつけることができるのです。」[30]

つまり，博物学とかかわる動物教材を扱う授業においては，「子どもに道徳 (Moral) を教えようとしていることを気づかせないように」，人間性や道徳性の育成が意図されている。

では，それはどのような方法で行われるのであろうか。動物教材を扱う「エポック授業」では，動物の特徴は，「人間との関連において」行われる。そのうえで，指導過程において，「人間の部位と動物との関連」，および「人間の四肢の有り様」がとりわけ考慮される。その際には，シュタイナーの「私たちは，授業のなかで定義づける (difinieren) べきではなく，特徴づける (charakterisieren) ように試みるべきなのです」[31]という考えに基づき，「特徴づける」ことが重要視されている。なぜなら，彼は，「人間は生きていかなければならない以上，概念も共に生きることができなくてはならないのです」[32]という信念から，子どもの成長とともに変化するもの，すなわち可塑的な「生き生きした概念」(lebendige Begriffe) を授業に持ち込もうとしたからである。実際的に言えば，「特徴づける」ことは，事物を固定的に「定義づける」ことではなく，できる限り多くの視点にさらしながら特徴を語ることである。そのような視点のうち，特に動物教材を扱う授業では，「人間の部位と動物との関連」，および「人間の四肢の有り様」が大切にされるというのである。

まず，前者の「人間の部位と動物との関連」についてであるが，シュタイナーによれば，イカは頭部を，ネズミなどの高等動物は胴部を発達させているように，動物は特定の部分を極端に発達させているという。それに対して，人間の

場合，動物のような一面的な発達は見られないのである。この点に関して，シュタイナーは，講演で次のように発言している。

　「……　私たちは，人間を頭部組織と胸部と四肢・新陳代謝組織という三つの統合として，さらには動物界をどれかの一面的な組織の発達として把握するのです。」[33]

シュタイナーは，このように発言したうえで，さらに，その後でこの点に関連して，次のように述べている。

　「つまり，人間は，魚の組織や高等動物の組織のなかにあるものを，自らのなかにも携えていますが，それを調和的に全体のなかに組み入れているのです。人間は，精神（Geist）によって，動物として世界中に分散している個々の断片部分から統合された全体的存在であることが明らかになるのです。そのようなことによって，動物界は人間になじむようになるのですが，それと同時に人間は精神の担い手（Geistträger）として動物界を超えた高い位置にあるのです。」[34]

このように，シュタイナーは，人間における特定の部分を動物と対照することによって，さらには人間だけに備わっている「精神」の存在を確信することによって，人間を動物界とのかかわりにおいて統合された全体的存在であると同時に，それゆえに動物界を超えたところに位置にする高い存在であることを強調する。また，シュタイナーは，動物界だけでなく，鉱物界や植物界を含めた三つの自然界に関して，「人間は自然の他の界すべてを包括している存在である」[35]と主張していることを勘案するならば，人間を大きな世界，つまり一つのコスモロジーの中で関係的に捉えようとしていると考えられる。その意味からすれば，彼は，動物教材の指導によって，人間の偉大さ・重要性と同時に，大きな「自然秩序のなかに自らが組み込まれていることを感じることで，子ど

もは将来の人間としての自分自身を正しく知ることに通じる感情を受け取る」[36]ということを意図しているのである。

次に，後者の「人間の四肢の有り様」についてであるが，シュタイナーは，「人間はその頭部ゆえではなく，その四肢ゆえに完成している」[37]と述べているように，普通一般の常識的な言い方としては頭部をあげてもよいところを，あえて四肢をあげる。この一見奇妙に思われる点こそが，シュタイナーにあっては，動物教材で育む道徳性とまた深くかかわるのである。

シュタイナーは，動物との関連において，動こうとしない人間の頭部について，次のように述べている。

「人間は頭部によって世界の中で最も完全な存在である，と私たちが絶えまなく教え続けることは，高慢さを植えつけるだけになってしまいます。そのようなことを通して，人間は，怠惰や無精であっても完全な存在だというイメージを無意識的に受け入れてしまうのです。なぜなら，頭は怠け者で，肩の上に安閑としており，自分で世界中を移動しようとも思わず，四肢によって支えられているということを，人間は本能的に知っているからです。頭部によって，つまり頭部という怠け者によって人間が本来的に完全な存在であるというのは，まったく真実ではありません。」[38]

シュタイナーは，人間の頭部に着目して，動物に対する人間の卓越性を主張しようとはしていない。彼によれば，もしそのようなことが子どもに指導されるならば，子どもの人間性に，高慢さや怠惰や無精などのかたちで，大きな歪みが生じてしまうという。

では，シュタイナーはどのようにすればよいと考えているのであろうか。彼は，「人間はその頭部ゆえではなく，その四肢ゆえに完成している」と主張していることからも明らかなように，人間の四肢が着目されている。そのことについて，彼は次のように説明する。

「人間は外的な形態においてどこが最も完全になっているかについて，私たちは子どものなかで一つの感情を呼び起こさなければなりません。人間の場合には，それは四肢なのです。あなたたちがサルに至るまでの高等動物を追求していくと，前足は後ろ足とはあまり違いがないということ，そして概ね四本の足が基本的に胴部を運んだり，移動したりするなどのために仕えているということに気づかれるでしょう。この足と手，脚と腕がすばらしい相違を示すのは人間の場合が初めてです。このことは，直立できるように作られた歩行や姿勢という性質の中に読み取れます。どんな種類の動物も，四肢の組織全体に関して人間ほど完全にはなっていないのです。[39]」

このように，シュタイナーは，人間の四肢に卓越性を見出している。しかも，人間の前足と後ろ足の相違こそがすばらしいものとされている。特に，人間の場合，直立歩行や直立姿勢が可能であるために，移動に際して必要のない前足としての手が注目されている。この手について，シュタイナーは，次のように説明している。

「人間の手や腕は，その身体で起きることに対して役立たなくなっています。外見的には，それは人間の自由の最もすばらしい象徴（Sinnbild）です！人間の手や腕以上に人間の自由をすばらしく象徴するものはありません。人間は手によって環境に働きかけることができますし，それによって栄養を取り，食べ，そして自由意志で自分のために手を使って働くことができます。[40]」

シュタイナーによれば，手という部分は，人間の自由をすばらしく象徴したものなのである。したがって，自由になった手は，物をつかんだり，仕事をし

たり，さらには環境を変化させたりできるわけである。このような自分の意志を自由に表現できる手への感情を抱かせるために，シュタイナーは，たとえば子どもに対して次のような語りかけを奨励することになる。

　　「君はたとえばチョークを書くために手に持っているね。チョークを手に持てるのは，君の手がもはや体を担うのではなく，仕事を行えるように作り変えているからこそできることなのですよ。」[41]

　このような手への感情が抱かされることによって，子どもは，悟性的ではなく，意志的ないしは行動的な色彩の強い道徳，シュタイナーの言葉で言うなら「意志に関係する道徳的なもの」(Willensmäßig-Moralische) を学ぶことになる。[42]つまり，シュタイナーは，動物教材を取りあげながら人間性や道徳性，特に意志的な道徳性を子どもの内面に育むために，人間の四肢の有り様を重要視したのである。それゆえに，彼は教師養成のゼミナールにおいて次のように主張したのである。

　　「むしろ人間は，世界やその仕事に組み込まれる四肢によって，それ（完全な存在―引用者註）になるのです。もしあなたたちが，怠け者という頭部によって人間が完全になると教えるのではなく，活発な四肢によって完全になると教えるならば，人間を最も内的により道徳的 (moralischer) にするのです。」[43]

2. 動物教材で育む道徳教育の実際的方法

　シュタイナーによれば，動物教材は，地理教材と同じように，自己意識を強め，「自己を世界から区別し始める」とされる9歳ぐらいの第3学年あたりから取り入れられることになっている。その時期は，シュタイナーの言う「ルビコン川」(Rubikon) を子どもが渡るときに当たっており，身の回りの外的な世

界の事柄を積極的に指導してもよい，さらに言えば指導すべき時期なのである。その意味で，第3学年になってはじめて，地理と同様に，動物についても，「人間との関連において」[44]，その内容が本格的に扱われることになる[45]。

　第4学年でも，同じように人間と関係づけられながら動物が取りあげられ，自然科学的に考察される。第5学年では，あまり知られていないような動物が補足的に取りあげられ，それと同時に，植物学も扱われるようになる。その後，動物は直接的には取りあげられなくなり，第6学年では植物学と鉱物が，第7学年では栄養や衛生が，第8学年では解剖的な内容が扱われる。

　このように，動物教材は，博物学の内容のなかでも9歳から，植物や鉱物に先立って意識的に最初に取りあげられることになっている。その理由は，動物界が植物界や鉱物界よりも人間界に近いからに他ならない。つまり，どのような事柄が扱われるにしても，つねに人間というコンセプトが意識される。それと同時に，子どもはつねに「エポックノート」に動物の絵を描きながら学ぶことになる。

　以下では，動物教材を取り扱う授業において，どのように人間と関連させながら指導を行っていくかについて，シュタイナーが動物の典型的事例として提示しているイカとネズミの事例を見ていくことにしよう。

　まず，前述したように，シュタイナーは，「人間との関連において」，動物教材を扱うように主張する。それゆえに，動物教材を扱う前に，授業において十分に人間が「イメージ」を大切にしたかたちで取りあげられていなければならないのである。その点に関して，シュタイナーは次のように詳しく説明している。

　　「9歳になった子どもに人間の自然誌を教えることはほんのわずかしかできない，と言われるのはもっともなことです。しかし，子どもに対して人間について教えられることはわずかであっても，他の博物学の授業全体に対しての準備として，子どもにそれを教えるのです。そうすると，人間のなかにいわば一つの統合 (Synthesis)，つまりすべての三つの自然界（鉱物

補論 「エポック授業」における道徳教育の特質　*327*

界，植物界，動物界—引用者註）があること，人間の中で他の三つの自然界より高い段階で包括（Zusammenfassung）されていること，そのことを皆さんは知ることになるに違いありません。あなたたちはそれを子どもに言う必要はありませんが，人間は自然の他の界すべてを包括している存在である，という感情を子どもに導かなければならないのです。そのようなことをあなたたちが達成するには，人間の描写を重要視し，人間を取り扱う際に，全世界秩序の内部での人間の重要性に対する印象を子どもに呼び覚ますのです」[46]

このように，シュタイナーにあっては，動物や植物などを扱う前に，すぐれた人間の特徴や存在が子どもに指導されることになっている。そこでは，最初に人間の形態の特徴が外的に捉えられる。具体的には，人間の主要部分である頭部（Kopf）と胴部（Rumpf）と四肢（Gliedmaßen）について，説明が行われる。全体像としては，球形の頭部が，球形の三日月部分，つまりいわば頭の断片である胴部の上に置かれており，手足である四肢はその胴部に組み込まれる，という「イメージ」が与えられる（図表9を参照）[47]。それに続いて，それぞれの部分については，およそ次のような説明がなされる。

まず，頭部については，次のような発言が望ましいとされている。

図表9

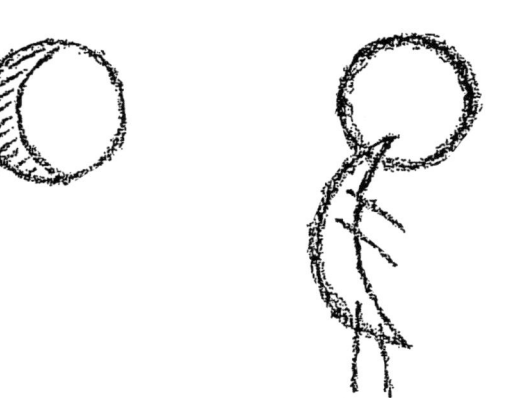

「君は，目も鼻も口も，君の頭部にあるね。君は，目で見て，耳で聞き，鼻で臭いを嗅ぎ，口で味わうね。君が外の世界について知る時

には，君の頭部を通して知るんだよ。」[48]

　この発言は，頭部が外界から体内への入口になっていることを子どもに感じ取らせるためのものである。そこでは，「いちじるしく単純で，まったく素朴な方法で」[49]あっても，「人間本性」が子どもに示されている。
　次に，胴部については，脊柱に連結している背骨や，それに連結している肋骨が取りあげられ，胴部の外的な形態が芸術的に考察される。そのうえで，呼吸器官や消化器官の機能を例として取りあげながら，胴部の役目を外界から取り入れたものの消化である，という特徴が子どもに指導されることになる。さらに，四肢については，胴体に組み込まれていること，および新陳代謝を維持していることが子どもに指導されるが，それ以上の内容は詳しく説明されないことになっている。
　このような素朴で単純な方法で，人間が問題にされたあとで，動物が教材として扱われることになる。その際には，十分に時間を費やしながら，芸術的に，つまり絵やスケッチを十分に描かせながら，さまざまな種類の動物が取りあげられる。その順序は，およそ下等動物から高等動物へと進められる。
　まず，下等動物として，イカの特徴が取りあげられる。イカについて，シュタイナーは次のような説明を奨励する。

　「イカは，自分の近くに何か危険なものがいることを見つけると，すぐに真っ黒な液を吹き出すんだよ。つまりね，自分を煙幕の中にくるんでしまうために。このようにやると，イカの近くに来ていた敵がイカから逃げていくんだよ。」[50]

　このように，イカの定義づけではなく，あくまでもイカの特徴が説明される。その次に，ネズミが取りあげられる[51]。ネズミについては，細くてピンと張ったひげをもっていること，上下ともに大きな前歯をもっていることなどの特徴が，

子どもに指導される。

　そのあとで，イカとネズミとの特徴の比較が行われる。そこで，教師は，子どもに対して，イカの場合には体が何によっても覆われていないが，ネズミの場合には体が毛によって覆われていることを気づかせる。そこから，教師は，イカの場合には，体そのものが感じやすくなっており，それゆえにネズミのような大きな耳が必要とされないということを導く。そして，教師は，子どもに「人間のなかで，最もイカに似ているところを探そうとすると，それは意外にも人間の頭部に帰着する」[52]ということを教えるのである。このような一連の指導過程から，次のような特異な結論が導かれる。すなわち，「私たちの頭部は，最も高度に整えられた下等動物である」[53]と。

　また，高等動物である哺乳類のネズミの特徴としては，教師は，「高等動物は主として胴部である」という考え方に基づき，「ネズミの四肢が胴部の活動に仕えるようにつくられている」[54]ということを気づかせる。そのうえで，教師は，子どもに人間の手足と動物の四肢を比較させる。そこでは，ネズミにしろ，あるいはより高等な猿であっても，その前足と後ろ足はそれほど異なっておらず，その両方は胴部を支えたり移動したりするために働いているのに対し，人間の場合には，手と足，腕と脚がすばらしい相違を示しており，手や腕は胴部を担う働きから解き放たれている，という点が子どもに強調されることになっている。

　最後に，特にイカとネズミの特徴について，人間と関係づけられながら，次のような内容のまとめがなされることになる。

　　「下等動物（イカ―引用者註）のように，頭部だけのものは，頭部そのものを動かして移動しなければならないのです。また，高等動物（ネズミ―引用者註）のように，四肢が胴部に仕えるだけのものは，人間と比較して動物の四肢がほとんど自由に使用できないために，まったく完全なものではないのです。つまり，動物の四肢は，ただ得定の目的に付随しているだけ

です。動物の四肢は，いつも胴部に仕えています。しかし，人間の場合には，四肢，とりわけ両手が完全に人間的な自由の領域に移行しているのです。」[55]

このように，動物教材が扱われる際には，動物の定義ではなく動物の特徴が，それも「人間との関連において」指導される。その指導過程においては，たとえば人間の頭部とイカとの関連，さらには人間の胴部とネズミとの関連など，人間の部位と動物との関連が特に意識される。そして結論的には，動物の特徴を明らかにしながら，「人間のなかにいわば一つの統合，つまりすべての三つの自然界（鉱物界，植物界，動物界—引用者註）があること，人間のなかで他の三つの自然界より高い段階で包括されていること」をはじめ，「人間は自然の他の界すべてを総合している存在である」こと，さらには，「人間はその頭部ゆえではなく，その四肢ゆえに完成している」[56]という考えが導かれるのである。

3. 動物教材で育む道徳教育の特質

これまで見てきたように，シュタイナーは，「自己を世界から区別し始める」とされる9歳ごろから，外的な世界の内面化を試みようとしていた。その際の内面化は，悟性的なものではなく，感情的・意志的なものであった。その点は，動物教材を扱う授業において，「定義づけ」（Definition）ではなく，「特徴づけ」（Charakteristik）が，重視されていたところに顕著に表れていた。

特に，シュタイナーにあっては，人間の部位と動物との関連，および人間の四肢の有り様に着目した方法が，道徳性を育むための特質となっている。

まず前者について言うと，授業におけるそのような方法によって，子どもは単に動物の名前や特徴を知るだけでなく，大きな自然秩序のなかに「すべてを包括している存在である」自分たち人間が組み込まれているということを感じ取るわけである。つまり，子どもは，有機的な秩序やつながり，さらにはそこに意味をもったコスモロジーのなかで自分たち人間が存在しているということを実感するのである。動物教材によるこのような関係性の実感は，将来的に別

な場面で，たとえば社会における人間のつながりを感じ取らせる際に，大いに寄与できる基礎的な感覚になる。さらに言えば，このような関係性の感覚が幼少時代から十分に培われることによって，自他尊重の意識が自然な感覚として身につくのである。つまり，彼の提唱する12個の感覚に当てはめて言うならば，他者の自我を意識する感覚，すなわち「認識感覚」のなかの「自我感覚」の育成が，動物教材を扱う「エポック授業」によって行われていることになると言えよう。

また後者について言うと，シュタイナーは，外見的には自らが動くのではなく，他の器官を動かせて自分の思いを達成しようとする，いわば高慢で怠惰・無精な頭部よりも，自分の意志を自由に表現できる四肢，特に前足としての手の卓越性に注目している。それによって，知性的なものよりも「意志に関係する道徳的なもの」，換言すれば意志的な「道徳」が重要視されている。その意味では，そこで育成される「道徳」は，理屈ではわかるが実際には行動しないようなものではなく，知って感じた以上は行動せざる得なくなるような「意志感覚」にかかわるものである。

V．植物教材で育む道徳教育

1．植物教材で育む道徳教育の理論的基底

前述した動物教材のところでも引用したように，シュタイナーは，「子どもに道徳を教えようとしていることを気づかせないように，あなたたちが博物学的な授業を作りあげようと努めるときには，子どもの心性のなかに，最も重要な道徳的要素を植えつけることができるのです」と考えている。つまり，動物教材と同様に，植物教材を扱う授業においては，「子どもに道徳を教えようとしていることを気づかせないように」，「道徳」の育成が意図されている。

では，それはどのような方法で行われるのであろうか。

算数教材と同様に，植物教材においても，「個別的なもの」（Einzelnes）では

なく，「総体」(Totalität) が大切にされ，そこから授業が展開されることなっている。つまり，植物教材を取り扱う際には，その「総体」というのは，宇宙からの影響も含めた大地 (Erde) となる。また，植物教材においては，類似的な位置にある動物教材と同様に，「定義づけ」ではなく，「特徴づけ」が行われる。つまり，「生き生きとした概念」が子どもに指導されるのである。

　ところが，植物教材を取り扱う授業においては，動物教材のときとはまったく異なった扱い方もみられる。その点について，シュタイナーは次のように講習会で説明している。

　　「私たちは，植物界と関連して外面的な類推 (Analogisieren) を避けなければなりません。なぜなら，それ（類推—引用者註）は，本来的に自然な感情 (Gefühl) と逆らうからです。自然な感情は，もうすぐに植物のなかに心性の特徴を探そうとするのです。」[57)]

　つまり，植物教材を取り扱う授業においては，シュタイナーは，動物教材のときと異なり，植物の部分を人間のそれと比較するような指導を避けようとしている。むしろ，彼は，植物と「心性」との関係に着目している。それゆえに，彼は次のように主張するのである。

　　「私たちが言うところの植物の説明の際には，あまりたくさんのことをしないようにしてください。本当に植物授業 (Pflanzenunterricht) には，生徒のファンタジーのために余裕を残してください。そうすれば，人間的な心性と植物界とのあいだで，心性的な関係として司っているものについて，子どもが感覚から離れてファンタジーに満ちたかたちで学ぶことができるのです。」[58)]

　このように，シュタイナーは，植物教材を取り扱う授業において，「生き生

きとした」世界に対して十分に「ファンタジー」を子どもに働かせるように主張している。そこでは，植物に関する知識の注入は，あまり求められていないのである。むしろ，彼にあっては，子どもは「ファンタジー」を働かせて，大地のような「総体」と調和しながら生きる植物の有り様から「賢明さ」(Klugheit) を感じ取ることになる。そのような指導に対して，彼の提唱する 12 個の感覚に当てはめて言うならば，「総体」との調和を意識する感覚，すなわち「意志感覚」のなかの「平衡感覚」の育成が，植物教材を取り扱う授業において，彼の言う「子どもに道徳を教えようとしていることを気づかせない」ような道徳教育になっていると言えよう。

2. 植物教材で育む道徳教育の実際的方法

　植物教材を取り扱う授業においては，前述したように，「全体」を大切にするという発想に基づき，大地がつねに考慮されることになる。そこには，シュタイナーの「大地は本来的にまったく一つの生きた存在であり，植物はその大地の一部である」[59] という世界観的な信念が確固として横たわっている。このような観点から，シュタイナーは，「直観教授」を「現代における最もひどい愚行」[60] として批判し，「直観教授」と関係の深い教科書についても，他の教材のときと同様に拒否する。

　では，シュタイナーは，植物教材を取り扱う授業において，「直観教授」ではなく，どのような方法を想定しているのであろうか。

　シュタイナーは，「あれこれと植物を与え，さらにある者に（子どもに—引用者註）その植物の名前やおしべの数や花弁の色が教えられるようなことは，現実の人間の生にとってまったく何の意味もないことであり，せいぜいのところ慣例的な意味があるぐらいのことです」[61] と述べるように，植物を採集し，それを他の要素から切り離して調べるような方法を拒否する。その理由の一つとして，彼は講演で髪の毛を例に次のように説明している。

「毛はそれ自身では何物でもありません。毛がそれ自身で生じることはありません。毛はそれ自身では何の意味ももっていません。それ（毛―引用者註）は，人間の頭部や動物の皮膚の上で生き生きと発育することによってのみ，意味を持つのです。それ（毛―引用者註）は，ただ関連においてのみ生き生きとした意味を持つのです。」[62]

　シュタイナーによれば，これと同様なことが植物にも当てはまるという。つまり，植物は，大地に根づいているときに意味を持っているのである。したがって，彼は，「私たちは，あどけない年齢の子どもには大地や太陽熱との関連以外において植物を決して考察させるべきではありません」，と主張する。[63]

　このように，まず，シュタイナーは，「総体」を大切にする考えから，基本的な扱いとして大地に根づいた植物を重視する。次に，そのうえで，実際の授業においては，大地に根づいた植物の絵が，「エポックノート」にクレヨンや色鉛筆などによって時間をかけて描かれる。その作業によって，子どもは植物に対して愛着を強く持つことになる。

　そこでは，植物の根が土とつながりながら栄養分を得ている，あるいは太陽の光や熱よって花が植物から引き出される，というような植物の「特徴づけ」による「生き生きとした」ような「イメージ」が子どもの「感情」に喚起される。つまり，植物と環境とのつながりに対して，さらに言えば，植物は太陽や大地からの援助や犠牲のうえにしか成長しないというようなことに対して，十分に「イメージ」を子どもに働かせるような方法が求められているわけである。そのために，植物教材を取り扱う授業において，シュタイナーは，方法としての即物的な「直観教授」を批判し，また花弁の数やおしべの色を調べるような子どもの観察力よりも，太陽や大地の援助や犠牲のうえに生きている植物を「感情」のなかで想起できるような指導を奨励するのである。

　また，植物と人間との関係性を視野に入れるときには，それらの直接的な比較は動物と違って不可能であるが，シュタイナーは，「根が人間の思考と，花

びらが人間の感情をはじめ，激情や情動と，かなり類似しています」[64]と述べるように，植物と人間の「心性」とのある種の類似性の探求を奨励している。そこには，シュタイナーの「ちょうど人間の体が心性に働きかけるように，大地が植物に働きかけます」[65]という信念が横たわっている。したがって，植物教材を取り扱う授業においては，彼は，「心性的なものから発して，植物的な特徴を探求するという考え方を，多種多様な植物に広げるように，あなたたちは努めてください」[66]と，講習会で述べるのである。

　もちろん，このような「イメージ」を働かせる授業に対して，知的，合理的な理解の不十分さが指摘されるであろうが，シュタイナーは，まず植物を教材として扱うときには「ファンタジー」の活性化を最優先される。特に，植物を扱い始める学年に至っては，植物が話す存在であるかのような，「ファンタジー」をかき立てる扱い方が求められる。そのような段階が十分に時間をかけて行われたのち，植物教材は，子どもの発達に応じて次第に知的，合理的な理解を必要するような扱い方になる。知的，合理的な理解の色彩がかなり強くなるのは，大枠において，シュタイナーの言う「物事を因果関係において把握できる」12歳ごろになってからである。その意味で言えば，知的，合理的な理解の育成は，基本的に動物や植物の教材を扱ったあとで導入される鉱物教材の際に促進されるのである。

3. 植物教材で育む道徳教育の特質

　これまで見てきたように，植物教材を取り扱う授業において，動物教材の際と同様に，大地という「総体」が大切にされるとともに，「定義づけ」ではなく，「特徴づけ」が重視されていた。特に，その際に，植物と環境とのつながりにかかわる「特徴づけ」が，つまり植物は太陽や大地の援助や犠牲のうえに生きているという特徴が，絵の描写を通して強調される。

　しかし，そこでは，動物教材の際とは，異なった指導も見られた。一つは，植物の生きる有り様から「賢明さ」(Klugheit) を子どもに感じ取らせることで

ある。もう一つは,「外面的な類推」,すなわち外的な比較はあまり行われず,植物と人間の「心性」とのある種の類似性の探求は,子どもの「ファンタジー」に働きかけながら積極的に行われことである。その際に,動物教材のときよりもはるかに利用し易い「直観教授」という方法は避けられなければならないことになっている。その点に関連して,シュタイナーは,次のように講習会で説明している。

「直観教授(Anschauungsunterricht)についてあまりにも熱心に語る人たちは,外からはまったく見えない物事も人間に指導することになっている,ということをわかっていません。道徳的,感情的な働きかけ(moralische, gefühlsmäßige Wirkung)によって私たちが本来的には人間に指導すべき物事を直観教授を通して指導しようとすると,私たちは,よりにもよって直観教授を通して人間を害することになります。単なる直観(Anschauung)や提示は,まったくもって,私たちの唯物論的な時代意識の副産物である,ということを私たちは何と言っても忘れてはなりません。もちろん,私たちは,適切な場で観察を大切にしなければなりません。教師から生徒に道徳的,感情的な働きかけが流れ出ていくのに適した機会に,それを観察に変換してしまってはなりません。[67]」

このように,シュタイナーにあっては,大地や太陽などの大きな存在から影響力を受けながらたくましく賢く生きる植物の有り様を,「ファンタジー」によって教師が子どもに働きかけることは,無意識的な「道徳的,感情的な働きかけ」につながるものに他ならなかった。それゆえ,目に見えるものの観察に重きを置くという唯物論的な時代意識の副産物としての「直観教授」は,そのような子どもの「ファンタジー」を活性化しないだけでなく,しかも教師から流れ出る「道徳的,感情的な働きかけ」の機会を奪う点で,批判すべき指導方法でしかなかったのである。あくまでも,植物教材を取り扱う「エポック授業」

では，植物の生き様について子どもの「ファンタジー」を活性化させるような指導が重視されるのである。

そのような授業をシュタイナーの道徳教育の観点から言えば，植物教材を取り扱う授業によって子どもの「ファンタジー」を豊かにすることは，他の教材を取り扱う授業においても言えることであるが，「道徳」を身につけるための三つの能力の一つである「道徳的ファンタジー」を生み出すことにつながる点で，大いに貢献することになる。また，彼の提唱する12個の感覚に当てはめて言うならば，「全体」との調和を意識する感覚，すなわち「意志感覚」のなかの「平衡感覚」の育成が，動物教材を扱う「エポック授業」によって行われていることになると言えよう。

註

1) Steiner, R., *Erziehungskunst. Methodisch-Didaktisches*, S.21.
2) Steiner, R., *Erziehungskunst. Seminarbesprechungen und Lehrplanvorträge*, S.15.
3) Steiner, R., *Die Kunst des Erziehens aus dem Erfassen der Menschenwesenheit*, S.40.
4) ebd., S.36.
5) Steiner, R., *Die geistig-seelischen Grundkräfte der Erziehungskunst*, S.94.
6) 「読み聞かせ」の教材を扱う際には，発達の観点だけでなく，「気質」の観点も生かされることになっている。簡単に説明すれば，「憂鬱質」の子どもに対してふさわしい方法は，印象深い話として内面で受け取れるように，話の細部にかなり突っ込んで教師が話してあげるということである。「多血質」の子どもへの方法は，散漫になっている注意力を繰り返し呼び覚ますために，教師が話の冒頭部分をより間をおいて話してあげるということである。「粘液質」の子どもへの方法は，外的な刺激にもあまり関心を示さないうえに，内面的にも不活発であるという特性をもっているために，「ファンタジー」の活発化に向けて，話の先の想像をさせたり，内容のイメージをふくらませたりするように教師が話してあげるということである。「胆汁質」の子どもには，想像力を活発化させるなかで，教師は期待できることなら何でも期待するという態度で話してあげるのである。
7) Steiner, R., *Die geistig-seelischen Grundkräfte der Erziehungskunst*, S.107f.

8) Steiner, R., *Die Kunst des Erziehens aus dem Erfassen der Menschenwesenheit*, S.84.
9) Steiner, R., *Die geistig-seelischen Grundkräfte der Erziehungskunst*, S.109.
10) Steiner, R., *Erziehungskunst. Methodisch-Didaktisches*, S.8f.
11) Steiner, R., *Erziehungskunst. Seminarbesprechungen und Lehrplanvorträge*, S.167.
12) Steiner, R., *Die geistig-seelischen Grundkräfte der Erziehungskunst*, S.106.
13) この点については，拙稿「シュタイナーの教育方法論における情意への働きかけの理念と実際的方法」『教育学研究集録』筑波大学大学院教育学研究科，1983年，107-118頁を参照。
14) Steiner, R., *Erziehungskunst. Methodisch-Didaktisches*, S.150.
15) ebd.
16) ebd.
17) ebd., S.158.
18) Steiner,R., *Menschenerkenntnis und Unterrichtsgestaltung*, S.19.
19) ebd., S.52.
20) ebd.
21) ebd.
22) Steiner, R., *Erziehungskunst. Methodisch-Didaktisches*, S.150.
23) ebd., S.150ff.
24) 空気遠近法とは，大気中の影の部分が遠方になるほど明るさを増すところに着目して明暗によって遠近感を表現する方法である。
25) Steiner, R., *Die pädagogische Praxis vom Gesichtspunkte geisteswissennschaftlicher Menschenerkenntnis*, S.107
26) シュタイナーは，戦争のない健全な社会体制を構築するには，現実社会を「三分節化」しなければならないと考えている。彼の主張する「三分節化」された社会とは，国家生活の基本である立法行為と経済生活としての生産消費活動と精神生活（教育，文化，宗教，芸術など）の活動とが，それぞれ独自の法則に従って営まれるというである。つまり，政治と経済と精神との分割独立が求められている。
このようなシュタイナーの思想に基づいて，三つの活動のなかでも，地理の授業では，最も具体的でわかりやすい経済生活がまず取りあげられ，学年が進行するにつれて，より抽象的な精神（文化）生活が導入される。最も抽象的な理念の結晶である法生活は，第8学年まではわずかに触れられるだけで，それ以降の学年にゆだねられることになっている。
27) 歴史教材は，児童期第3期に入る12歳頃以降に，子どもに指導され始めることになっている。それ以前においては，歴史の物語が取りあげられること

になっている。また，12歳以降においても，政治的な出来事よりも，人間の文化史が主に取りあげられ，特に，人類の「歴史的衝動」(geschichtliche Impulse) が強調されることになっている。その歴史教材の本格的な取り扱いについては，上級学年（第9学年～第12学年）段階の授業が中心となる。

28) 世界のシュタイナー学校において，いわば我が国の学習指導要領のような基準性を示すものとしてものとして，次のものがあげられる。
Heydebrand,C. von , *Vom Lehrplan der Freien Waldorfschulen.*
そこにも，第4学年では観察できるような身近な地域（郷土）の歴史や産業が，第5学年では郷土よりは広範囲で身近な地域の様子（たとえば，経済や歴史や地形など）が，第6学年では身近な地域とは異なる地域の様子が，第7学年では精神的文化的な関係や経済的な関係させながら世界の地理が，第8学年では経済的関係と関連した地球全体の精神的文化的な関係が考察される，というような骨子が示されているだけである (ebd.,S.24ff)。

29) Steiner, R., *Erziehungskunst. Methodisch-Didaktisches,* S.159.
30) ebd. S.107.
31) Steiner, R., *Allgemeine Menschenkunde als Grundlage der Pädagogik,* Dornach, 1979, S.146.
32) ebd.
33) Steiner, R., *Gegenwärtiges Geistesleben und Erziehung,* S.155.
34) ebd., S.156.
35) Steiner, R., *Erziehungskunst. Methodisch- Didaktisches,* S.97.
36) ebd., S.107.
37) ebd., S.105.
38) ebd., S.104f.
39) ebd., S.103.
40) ebd., S.104.
41) ebd.
42) ebd.
43) ebd., S.105.
44) Steiner, R., *Erziehungskunst. Seminarbesprechungen und Lehrplanvorträge,* S.165.
45) 開始時期については，シュタイナーの著作と他の教師の著作との間に，若干の相違がみられる。たとえば，シュタイナー自身は，最初のシュタイナー学校の創立に先だって行われた教師養成ゼミナールにおいて，9歳になる第3学年から行う，と明言しているが，その時にシュタイナーに指導されたハイデブラントは，のちにまとめた『自由ヴァルドルフ学校の教授計画』において，第4学年から行うものとしている。ただし，扱う内容や順序性については，

ほとんど大きな相違は見られないのである。詳しくは，以下の文献を参照。
- Steiner, R., *Erziehungskunst. Methodisch-Didaktisches*, S.149
- Steiner, R., *Erziehungskunst. Seminarbesprechungen und Lehrplanvorträge*, S.165
- Heydebrand, C. von, *Vom Lehrplan der Freien Waldorfschulen*, S.25.

46) Steiner, R., *Erziehungskunst. Methodisch-Didaktisches*, S.97.
47) ebd., S.98.
48) ebd, S.99.
49) Steiner, R., *Gegenwärtiges Geistesleben und Erziehung*, S.152.
50) ebd., S.100.
51) イカとネズミの間に，一般的な魚類が取りあげられてもよいことになっている。その場合には，魚類は，脊柱が特に発達した動物として特徴づけられることになっている (Steiner, R., *Gegenwärtiges Geistesleben und Erziehung*, S.153)。
52) Steiner, R., *Erziehungskunst. Methodisch-Didaktisches*, S.102f.
53) Steiner, R., *Gegenwärtiges Geistesleben und Erziehung*, S.153.
54) Steiner, R., *Erziehungskunst. Methodisch-Didaktisches*, S.102.
55) ebd., S.105.
56) ebd.
57) ebd., S.190.
58) ebd., S.191f.
59) Steiner, R., *Gegenwärtiges Geistesleben und Erziehung*, S.149.
60) Steiner, R., *Die Kunst des Erziehens aus dem Erfassen der Menschenwesenheit*, S.48.
61) Steiner, R., *Gegenwärtiges Geistesleben und Erziehung*, S.146.
62) ebd.
63) ebd.
64) Steiner, R., *Erziehungskunst. Seminarbesprechungen und Lehrplanvorträge*, S.109.
65) ebd., S.111.
66) ebd., S.110.
67) Steiner, R., *Erziehungskunst. Methodisch-Didaktisches*, S.192.

シュタイナー略年譜

- 1861年 当時のオーストリア領（現在のクロアチア）のクラリイェベックで鉄道の通信技師の子どもとして生まれる。
- 1863年 父親の転勤により，ポットシャッハ駅で幼小年時代を過ごす。
- 1872年 ウィーン・ノイシュタットの実科学校に通学する。
- 1879年 ウィーン工科大学に入学する。
  シュレーアーやブレンターノの講義を受ける。
- 1882年 『ドイツ国民文学全集』におけるゲーテの自然科学論文の編集者および註釈者に任命される。
- 1884年 家庭教師を体験する（1890年まで）。
- 1886年 『ゲーテ的世界観の認識論要綱』を著す。
- 1888年 『ドイツ週報』の編集者となる。
- 1890年 ワイマールに移住する。
- 1891年 ロストック大学から博士号を取得する。
- 1892年 『真理と学問─《自由の哲学》の序曲─』を著す。
- 1894年 『自由の哲学』を著す。
- 1895年 『フリードリッヒ・ニーチェ─同時代との闘争─』を著す。
- 1897年 『ゲーテの世界観』を著す。
  『文芸雑誌』を編集する。
  ヤコブスキーが設立した文芸クラブ「来るべき人々」の一員となる。
- 1899年 労働者教養学校の教師となる（1904年まで）
- 1902年 神智学協会に入会する。
  『神秘的事実としてのキリスト教と古代密儀』を著す。
- 1904年 『神智学─超感覚的な世界の認識と人間の使命への導き─』を著す。
  雑誌『ルツィファー・グノーシス』に，「いかにしてより高次な世界の認識を獲得するか」と「アカーシャ年代記より」という表題の論文を掲載し始める（1905年まで）。
- 1906年 1月に，シュヴァイツァーと出会い，当時の文化状況などについて議論する。この頃から，ベルリン以外（たとえば，シュトゥットガルト，パリなど）においても大規模な講演活動を展開し始める。そのなかで，のちに，小冊子『精神科学の観点から見た子どもの教育』となる表題の講演を，まず最初にブレーメンにおいて行う。
- 1907年 「薔薇十字会の神智学」という講演をミュンヘンにおいて行う。
- 1908年 後に，『ヨハネ福音書講義』となる12回の連続講演をハンブルグにおいて行う。
- 1909年 『ルカによる福音書』に関して，バーゼルおいて連続講演を行う。

1910 年	ミュンヘンにおいて神秘劇第1部を上演する。
	『マタイによる福音書』に関して，ベルンにおいて連続講演を行う。
	『神秘学概論』を著す。
1911 年	ミュンヘンにおいて神秘劇第2部を上演する。
1912 年	ミュンヘンにおいて神秘劇第3部を上演する。
	オイリュトミーを公表する。
1913 年	ミュンヘンにおいて神秘劇第4部を上演する。
	人智学協会の設立を表明する。
1914 年	ジーフェルスと結婚する。
	『哲学の謎』を著す。
1915 年	ゲーテアヌムを完成する。
1916 年	『人間の謎』を著す。
1918 年	「社会有機体三分節化運動」を本格的に開始する。
1919 年	3月，「ドイツ国民と文化界によせて」というアピールを行う。
	『社会問題の核心』を著す。
	10月1日にシュトゥットガルトにおいて開校された自由ヴァルドルフ学校の教員を指導する（その後も，できる限り定期的に開かれる教員会議に出席し，指導を続ける）。
1920 年	ゲーテアヌムに医学の講座を開設する。
1921 年	ゲーテアヌムに治療オイリュトミーの講座を開設する。
1922 年	イギリスのオックスフォードにおいて教育講演を行う。
	「キリスト共同体」を創設する。
	12月31日，ゲーテアヌムが喪失し，手痛い損失を被る。
1923 年	自叙伝の執筆を始める（1925年まで）。
	12月24日から翌年の1月1日まで，一般人智学協会の設立に向けての会議をドルナッハにおいて開催する。
1924 年	第二ゲーテアヌムの建設を開始する。
	ドルナッハにおいて言語オイリュトミーと治療教育の講座を開設する。
	農業講習会を開催する。
1925 年	3月28日，共著で出版する医学書の校正を終える。
	3月30日，ドルナッハにおいて死去する（享年64歳）。

参考文献一覧

I. シュタイナーの著書・講演集

1. 原著

Steiner, R., *Allgemeine Menschenkunde als Grundlage der Pädagogik*, Dornach, 1979 (Tb.).

Steiner, R., *Anthroposophische Menschenkunde und Pädagogik*, Dornach, 1979 (1.Aufl.).

Steiner, R., *Anthroposophische Pädagogik und ihre Voraussetzungen*, Dornach, 1972 (4.Aufl.).

Steiner, R., *Aus der Akasha-Chronik*, Dornach, 1979 (Tb.).

Steiner, R., *Biographien und biographische Skizzen 1894-1905*, Dornach, 1967 (1.Aufl.).

Steiner, R., *Briefe I*, Dornach, 1955.

Steiner, R., *Briefe I 1881-1890*, Dornach, 1985 (3.Aufl.).

Steiner, R., *Das Christentum als mystische Tatsache und die Mysterien des Altertums*, Dornach, 1982 (8.Aufl.) (Tb.).

Steiner, R., *Das menschliche Leben vom Gesichtspunkte der Geisteswissenschaft (Anthroposophie) und weitere Schriften*, Dornach, 1982 (Tb.).

Steiner, R., *Das Mysterium des Bösen*, 1999 (2.Aufl.).

Steiner, R., *Der Baugedanke des Goetheanum*, Stuttgart, 1958 (2.Aufl.).

Steiner, R., *Der Goetheanumgedanke inmitten der Kulturkrisis der Gegenwart*, Dornach, 1961.

Steiner, R., *Der Mensch in der sozialen Ordnung : Individualität und Gemeinschaft*, Dornach, 1988 (2.Aufl.).

Steiner, R., *Der pädagogische Wert der Menschenerkenntnis und der Kulturwert der Pädagogik*, Dornach, 1929.

Steiner, R., *Die Erkenntnis des Übersinnlichen in unserer Zeit und deren Bedeutung für das heutige Leben*, Dornach, 1959.

Steiner, R., *Die Erneuerung der pädagogisch-didaktischen Kunst durch Geisteswissenschaft*, Dornach, 1958.

Steiner, R., *Die Erziehung des Kindes vom Gesichtspunkte der Geisteswissenschaft*, Berlin, 1921 (Aufl.19).

Steiner, R., Die *Erzihungsfrage als soziale Frage*, Dornach, 1960.
Steiner, R., *Die Erziehung-und Unterrichtsmethoden auf anthroposophischer Grundlage*, Dornach, 1979 (1. Aufl.).
Steiner, R., *Die geistige Führung des Menschen und der Menschheit*, Dornach, 1979 (Tb.).
Steiner, R., *Die geistig-seelischen Grundkräfte der Erziehungkunst*, Dornach, 1978 (Tb.).
Steiner, R., *Die gesunde Entwickelung des Leiblich- Physischen als Grundlage der freien Entfaltung des Seelisch-Geistigen*, Dornach, 1978 (3. Aufl.).
Steiner, R., *Die Kunst des Erziehens aus dem Erfassen der Menschenwesenheit*, Dornach, 1979 (4. Aufl.).
Steiner, R., *Die Methodik des Lehrens und die Lebensbedingungen des Erziehens*, Nürnberg, 1950.
Steiner, R., *Die Offenbarungen des Karma*, Dornach, 1980 (Tb.).
Steiner, R., *Die okkulte Bewegung im neunzehnten Jahrhundert und ihre Beziehung zur Weltkultur : Bedeutsames aus dem äußeren Geistesleben um die Mitte des neunzehnten Jahrhunderts*, Dornach, 1969 (3. Aufl.).
Steiner, R., *Die pädagogische Grundlage und Zielsetzung der Waldorfschule*, Dornach, 1978.
Steiner, R., *Die pädagogische Praxis vom Gesichtspunkte geisteswissenschaftlicher Menschenerkenntnis*, Dornach, 1975 (3. Aufl.).
Steiner, R., *Die Philosophie der Freiheit*, Dornach, 1977 (Tb.).
Steiner, R., *Die Rätsel der Philosophie*, Dornach, 1968.
Steiner, R., *Die Theosophie des Rosenkreuzers*, Dornach, 1985 (Tb.).
Steiner, R., *Die Vorträge über Volkspädagogik*, Stuttgart, o.J..
Steiner, R., *Die Wirklichkeit der höheren Welten*, Dornach, 1962 (Tb.).
Steiner, R., Die zwölf Sinne des Menschen, *Weltwesen und Ichheit*, Dornach, 1963. (2. Auflage) (CD-ROM 版, 「R. シュタイナー 1」, エヌオンライン社, 2004年, 所収。)
Steiner, R., *Einleitungen zu Goethes Naturwissennschaftlichen Schriften : Zugleich eine Grundlegung der Geisteswissennschaft (Anthroposophie)*, Dornach, 1987 (Tb.).
Steiner, R., *Ein Weg zur Selbsterkenntnis des Menschen. Die Schwelle der geistigen Welt*, Dornach, 1981 (Tb.).
Steiner, R., *Ergebnisse der Geistesforschung*, Dornach, 1960.
Steiner, R., *Erziehungskunst. Methodisch- Didaktisches*, Dornach, 1975 (Tb.).
Steiner, R., *Erziehungskunst. Seminarbesprechungen und Lehrplanvorträge*, Dornach,

1977 (3. Aufl.).
Steiner, R., *Erziehung und Unterricht aus Menschenerkenntnis*, Dornach, 1977 (2. Aufl.).
Steiner, R., *Eurythmie als sichtbare Sprache*, Dornach, 1968 (3. Aufl.).
Steiner, R., *Friedrich Nietzsche : ein Kämpfer gegen seine Zeit*, Dornach, 1977 (Tb.).
Steiner, R., *Gegenwärtiges Geistesleben und Erziehung*, Stuttgart, 1957 (3. Aufl.).
Steiner, R., *Geheimwissenschaft im Umriß*, Dornach, 1981 (28. Aufl.) (Tb.).
Steiner, R., *Geisteswissenschaftliche Sprachbetrachtungen : Eine Anregung für Erzieher*, Dornach, 1981 (4. Aufl.).
Steiner, R., *Geistige Zusammenhänge in der Gestaltung des menschlichen Organismus*, Dornach, 1992 (3.Aufl.).
Steiner, R., *Gesammelte Aufsätze zur Literatur 1884-1902*, Dornach, 1971.
Steiner, R., *Goethe-Studien, Dornach*, 1982 (Tb.).
Steiner, R., *Goethes Weltanschauung*, Dornach, 1963 (5. Aufl.).
Steiner, R., *Grundlinien einer Erkenntnistheorie der Goetheschen Weltanschauung: Mit Besonderer Rücksicht auf Schiller. Zugleich eine Zugabe zu Goethes Naturwissenschaftlichen Schriften in Kürschners Deutscher National-Literatur*, Dornach, 1960 (6. Aufl.).
Steiner, R., *Individuelle Geistwesen und ihr Wirken in der Seele des Menschen*, Dornach, 1992 (4. Aufl.).
Steiner, R., *Konferenzen mit den Lehrern der Freien Waldorfschule in Stuttgart 1919 bis 1924, Erster Band*, Dornach, 1975.
Steiner, R., *Konferenzen mit den Lehrern der Freien Waldorfschule in Stuttgart 1919 bis 1924, Zweiter Band*, Dornach, 1975.
Steiner, R., *Konferenzen mit den Lehrern der Freien Waldorfschule in Stuttgart 1919 bis 1924, Dritter Band*, Dornach, 1975.
Steiner, R., *Luzifer-Gnosis 1903-1908*, Dornach, 1960.
Steiner, R., *Mein Lebensgang*, Dornach, 1983 (Tb.).
Steiner, R., *Menschenerkenntnis und Unterrichtsgestaltung*, Dornach, 1986 (5. Aufl.).
Steiner, R., *Metamorphosen des Seelenlebens*, Dornach, 1983 (Tb.).
Steiner. R., *Methodische Grundlagen der Anthroposophie 1884-1901*, Dornach, 1961.
Steiner, R., *Mysteriendoramen*, Dornach, 1982 (Tb.).
Steiner, R., *Neugestaltung des sozialen Organismus*, Dornach, 1983 (2. Aufl.).
Steiner, R., *Pfade der Seelenerlebnisse*, Dornach, 1976 (Tb.).
Steiner, R., *Rudolf Steiner in der Waldorfschule*, Stuttgart, 1958.
Steiner, R., *Soziale Frage und Anthroposophie*, Stuttgart, 1985 (Tb.).
Steiner, R., *Soziale Zukunft*, Dornach, 1981 (Tb.).

Steiner, R., *Theosophie : Einführung in übersinnliche Welterkenntnis und Menschenbestimmung*, Dornach, 1978 (Tb.).
Steiner, R., *Von Seelenrätseln*, Dornach, 1983 (Tb.).
Steiner, R., *Vor dem Tore der Theosophie*, Dornach, 1991 (Tb.).
Steiner, R., *Wahrheit und Wissenschaft : Vorspiel einer《Philosophie der Freiheit》*, Dornach, 1980 (5.Aufl.) (Tb.).
Stener, R., *Wie erlangt man Erkenntnisse der höheren Welten?*, Dornach, 1978 (Tb.).
Steiner, R., *Wo und wie findet man den Geist?*, Dornach, 1961 (1.Aufl.).
Steiner, R., *Zur Dreigliederung des sozialen Organismus*, Dornach, 1962.
Steiner. R. u. Steiner. M. S. von, *Briefwechsel und Dokummente 1901-1925*, Dornach, 1967.
Steiner, R. (Hrsg.), *Goethes Werke*, Tl.33 (Kürschner, J., *Deutsche National-Litteraur*, Bd.114), Berlin und Stuttgart, o.J..
Steiner, R. (Hrsg.), *Goethes Werke*, Tl.34 (Kürschner, J., *Deutsche National- Litteraur*, Bd.115), Berlin und Stuttgart, o.J..
Steiner, R. (Hrsg.), *Goethes Werke*, Tl.35 (Kürschner, J., *Deutsche National-Litteraur*, Bd.116), Berlin und Stuttgart, o.J..
Steiner, R. (Hrsg.), *Goethes Werke*, Tl.36, 1 (Kürschner, J., *Deutsche National-Litteraur*, Bd.117, 1), Berlin und Stuttgart, o.J..
Steiner, R. (Hrsg.), *Goethes Werke*, Tl.36, 2 (Kürschner, J., *Deutsche National-Litteraur*, Bd.117, 2), Berlin und Stuttgart, o.J..

2. 訳書

シュタイナー, R. 著, 浅田豊訳『ゲーテ的世界観の認識論要綱』筑摩書房, 1991年。
シュタイナー, R. 著, 浅田豊訳『個人と人類を導く霊の働き―人類発展史についての霊学による研究成果―』村松書館, 1984年。
シュタイナー, R. 著, 上松佑二訳『新しい建築様式への道』相模書房, 1977年。
シュタイナー, R. 著, 石井良訳『神秘的事実としてのキリスト教と古代密儀』人智学出版社, 1981年。
シュタイナー, R. 著, 石井良・樋口純明訳『神秘学概論』人智学出版社, 1982年。
シュタイナー, R. 著, 伊東勉・中村康二訳『シュタイナー自伝Ⅰ』ぱる出版, 2001年。
シュタイナー, R. 著, 伊東勉・中村康二訳『シュタイナー自伝Ⅱ』ぱる出版, 2001年。
シュタイナー, R. 著, 大西そよ子訳『精神科学の立場から見た子供の教育』人智学出版社, 1980年。
シュタイナー, R. 著, 坂野雄二・落合幸子訳『教育術』みすず書房, 1986年。
シュタイナー, R. 著, 佐々木正昭訳『現代の教育はどうあるべきか―現代の精神生活と教育』人智学出版社, 1985年。

シュタイナー, R. 著, 佐藤俊夫訳『自己認識への道』人智学出版社, 1981 年。
シュタイナー, R. 著, 高橋巌訳『アカシャ年代記より』国書刊行会, 1981 年。
シュタイナー, R. 著, 高橋巌訳『いかにして超感覚的世界の認識を獲得するか』筑摩書房, 2001 年。
シュタイナー, R. 著, 高橋巌訳『オカルト生理学』イザラ書房, 1987 年。
シュタイナー, R. 著, 高橋巌訳『教育芸術1 方法論と教授法』筑摩書房, 1989 年。
シュタイナー, R. 著, 高橋巌訳『教育芸術2 演習とカリキュラム』筑摩書房, 1989 年。
シュタイナー, R. 著, 高橋巌訳『教育の基礎としての一般人間学』筑摩書房, 1989 年。
シュタイナー, R. 著, 高橋巌訳『死後の生活』イザラ書房, 1989 年。
シュタイナー, R. 著, 高橋巌訳『社会の未来』イザラ書房, 1989 年。
シュタイナー, R. 著, 高橋巌訳『自由の哲学』イザラ書房, 1987 年。
シュタイナー, R. 著, 高橋巌訳『十四歳からのシュタイナー教育』筑摩書房, 1997 年。
シュタイナー, R. 著, 高橋巌訳『シュタイナーコレクション1 子どもの教育』筑摩書房, 2003 年。
シュタイナー, R. 著, 高橋巌訳『シュタイナーコレクション2 内面への旅』筑摩書房, 2003 年。
シュタイナー, R. 著, 高橋巌訳『シュタイナーコレクション3 照応する宇宙』筑摩書房, 2003 年。
シュタイナー, R. 著, 高橋巌訳『シュタイナーコレクション4 神々との出会い』筑摩書房, 2003 年。
シュタイナー, R. 著, 高橋巌訳『シュタイナーコレクション5 イエスを語る』筑摩書房, 2004 年。
シュタイナー, R. 著, 高橋巌訳『シュタイナーコレクション6 歴史を生きる』筑摩書房, 2004 年。
シュタイナー, R. 著, 高橋巌訳『シュタイナーコレクション7 芸術の贈りもの』筑摩書房, 2004 年。
シュタイナー, R. 著, 高橋巌訳『シュタイナー霊的宇宙論』春秋社, 2005 年。
シュタイナー, R. 著, 高橋巌訳『神智学―超感覚的世界の認識と人間の本質への導き』イザラ書房, 1977 年。
シュタイナー, R. 著, 高橋巌・笠井久子・竹腰郁子訳『神殿伝説と黄金伝説』国書刊行会, 1989 年。
シュタイナー, R. 著, 高橋巌訳『秘儀参入の道』平河出版社, 1986 年。
シュタイナー, R. 著, 高橋巌訳『ヨハネ福音書講義』春秋社, 1997 年。
シュタイナー, R. 著, 高橋弘子訳『メルヘン論』水声社, 1990 年。
シュタイナー, R. 著, 西川隆範訳『あたまを育てる からだを育てる』風濤社, 2002 年。
シュタイナー, R. 著, 西川隆範訳『「泉の不思議」―四つのメルヘン』イザラ書房, 2004 年。

シュタイナー, R. 著, 西川隆範訳『音楽の本質と人間の音体験』イザラ書房, 1993 年。
シュタイナー, R. 著, 西川隆範訳『カルマの開示』イザラ書房, 1993 年。
シュタイナー, R. 著, 西川隆範訳『カルマの形成』イザラ書房, 1994 年。
シュタイナー, R. 著, 西川隆範訳『教育の方法』アルテ, 2004 年。
シュタイナー, R. 著, 西川隆範訳『健康と食事』イザラ書房, 1992 年。
シュタイナー, R. 著, 西川隆範訳『こころの育て方』河出書房新社, 1997 年。
シュタイナー, R. 著, 西川隆範訳『こころの不思議』風濤社, 2004 年。
シュタイナー, R. 著, 西川隆範訳『子どもの健全な成長』アルテ, 2004 年。
シュタイナー, R. 著, 西川隆範訳『自然と人間の生活』風濤社, 2004 年。
シュタイナー, R. 著, 西川隆範編訳『シュタイナー教育小事典―子ども編―』イザラ書房, 1992 年。
シュタイナー, R. 著, 西川隆範訳『シュタイナー教育の基本要素』イザラ書房, 1994 年。
シュタイナー, R. 著, 西川隆範訳『シュタイナー教育の実践』イザラ書房, 1994 年。
シュタイナー, R. 著, 西川隆範訳『シュタイナー経済学講座』筑摩書房, 1998 年。
シュタイナー, R. 著, 西川隆範訳『シュタイナー ―芸術と美学―』平河出版社, 1988 年。
シュタイナー, R. 著, 西川隆範訳『シュタイナー心理学講義』平河出版社, 1995 年。
シュタイナー, R. 著, 西川隆範訳『シュタイナー仏教論集』アルテ, 2002 年。
シュタイナー, R. 著, 西川隆範訳『シュタイナー ヨハネ福音書講義』イザラ書房, 2005 年。
シュタイナー, R. 著, 西川隆範訳『身体と心が求める栄養学』風濤社, 2005 年。
シュタイナー, R. 著, 西川隆範訳『人智学から見た家庭の医学』風濤社, 2005 年。
シュタイナー, R. 著, 西川隆範訳『人智学指導原則』水声社, 1992 年。
シュタイナー, R. 著, 西川隆範訳『神智学の門前にて』イザラ書房, 1991 年。
シュタイナー, R. 著, 西川隆範訳『神秘主義と現代の世界観』白馬書房, 1989 年。
シュタイナー, R. 著, 西川隆範訳『神秘的事実としてのキリスト教と古代の密議』アルテ, 2003 年。
シュタイナー, R. 著, 西川隆範訳『精神科学による教育の改新』アルテ, 2005 年。
シュタイナー, R. 著, 西川隆範訳『聖杯の探求―キリストと神霊世界』イザラ書房, 2006 年。
シュタイナー, R. 著, 西川隆範訳『第五福音書』イザラ書房, 1986 年。
シュタイナー, R. 著, 西川隆範訳『人間の四つの気質』風濤社, 2000 年。
シュタイナー, R. 著, 西川隆範訳『人間理解からの教育』筑摩書房, 1996 年。
シュタイナー, R. 著, 西川隆範訳『薔薇十字会の神智学』平河出版社, 1985 年。
シュタイナー, R. 著, 西川隆範訳『秘儀の歴史』国書刊行会, 1996 年。
シュタイナー, R. 著, 西川隆範訳『病気と治療』イザラ書房, 1993 年。
シュタイナー, R. 著, 西川隆範訳『民族魂の使命』イザラ書房, 1992 年。

シュタイナー, R. 著, 西川隆範訳『ルカ福音書講義―仏陀とキリスト教―』イザラ書房, 1991年。
シュタイナー, R. 著, 新田義之訳『オックスフォード教育講座』イザラ書房, 2001年。
シュタイナー, R. 著, 新田義之訳『教育の基礎としての一般人間学』人智学出版社, 1980年。
シュタイナー, R. 著, 新田義之訳『神秘劇Ⅰ』人智学出版社, 1982年。
シュタイナー, R. 著, 新田義之・市村温司・佐々木和子訳『農業講座』イザラ書房, 2000年。
シュタイナー, R. 著, 樋口純明訳『ニーチェ ― 同時代との闘争者 ― 』人智学出版社, 1981年。
シュタイナー, R. 著, 廣嶋準訓訳『社会問題の核心』人智学出版社, 1981年。
シュタイナー, R. 著, 深沢英隆訳『アーカーシャ年代記より』人智学研究会, 1976年。
シュタイナー, R. 著, 松浦賢訳『悪の秘儀―アーリマンとルシファー―』イザラ書房, 1995年。
シュタイナー, R. 著, 松浦賢訳『シュタイナー先生, こどもに語る』イザラ書房, 1996年。
シュタイナー, R. 著, 松浦賢訳『天使と人間』イザラ書房, 1995年。
シュタイナー, R. 著, 松浦賢訳『霊学の観点からの子どもの教育』イザラ書房, 1999年。
シュタイナー, R. 著, 溝井高志訳『ゲーテの世界観』晃洋書房, 1995年。
シュタイナー, R. 著, 本間英世訳『自由の哲学』人智学出版社, 1981年。
シュタイナー, R.・オーバーフーバー, K.・クーグラー, W.・ペント, W. 著『ルドルフ・シュタイナー遺された黒板絵』筑摩書房, 1996年。
Steiner, R., Collis, J. (transl.), *Practical Advice to Teachers*, London, 1976.
Steiner, R., Creeger, C. (transl.), *An Outline of Esoteric Science*, Hudson, 1997.
Steiner, R., Harwood, D. and Fox, H. (transl.), *Study of Man*, London, 1966.
Steiner, R., Lipson, M. (transl.), *Intuitive Thinking as a Spiritual Path : A Philosophy of Freedom*, Hudson, 1986.

Ⅱ. シュタイナーに関連する研究資料

＜外国語研究書＞

1. 単行本

Albert, W., *Grundlegung des Gesamtunterrichts*, Leipzig, 1928.
Barz, H., *Der Waldorfkindergarten*, Weinheim und Basel, 1984.
Besant, A., *Theosophy*, London, n.d..
Blavatsky, H.P., *Key to Theosophy*, Adyar, 1961.
Blavatsky, H.P., *The Secret Doctrine*, Vol. 1, London, 1983.

Bock, E., *Rudolf Steiner : Studien zu seinem Lebensgang und Lebenswerk*, Stuttgart, 1967.

Brügge, P., *Die Anthroposophen : Waldorfschulen·Biodynamischer·Landbau· Ganzheitsmedizin, Kosmische Heilslehre*, Hamburug, 1984.

Bußmann, H. u. Bußmann, J. (Hrsg.), *Unser Kind geht auf die Waldorfschule : Erfahrungen und Ansichten*, Hamburg, 1990.

Carlgren, F., *Rudolf Steiner und die Anthroposophie*, Dornach, 1975.

Carlgren, F., *Erziehung zur Freiheit*, Stuttgart, 1977.

Childs, G., *Steiner Education in theory and practice*, Edinburgh, 1991.

Diepgen, P., *Geschichte der Medizin*, Berlin, 1965.

Edmunds, F., *Rudolf Steiner Education*, London, 1979.

Emmichoven, F.M.Z.van, *Rudolf Steiner*, Stuttgart, 1961.

Fintelmann, K.J., *Hibernia : Modell einer anderen Schule*, Stuttgart, 1990.

Flensburger Hefte-Verlagsgesellschaft Wolfganng Weirauch & Partner GbR (Hrsg.), *Waldorf-schule und Anthroposophie*, Flensburg, 1989 (3.Aufl.).

Frensch, M., *Christliche Erziehung und Waldorfpädagogik*, Schaffhausen, 1993.

Fichtes Werke, Bd. IX , Berlin, 1971.

Flitner, W., u. Kudritzki, G., *Die Deutsche Reformpädagogik*, Düsseldorf · München, 1962.

Freunde der Erziehungskunst Rudolf Steiners e.V. (Hrsg.), *Waldorf-Pädagogik*, Stuttgart, 1994.

Freunde der Erziehungskunst Rudolf Steiners e.V. (Hrsg.), Rundbrief, Frühling 2007.

Goebel, W. u. Glöckler, M., *Kinder SprechStunde : Ein medizinisch-pädagogischer Ratgeber*, Stuttgart, 2006 (16.Aufl.).

Goethe, J.W.von, *Berliner Asugabe 11 : Poetische Werkr*, Berlin, 1963.

Hahn, H., *Rudolf Steiner : wie ich ihn sah und erlebte*, Stuttgart, 1990 (2.Aufl.).

Hahn, H., *Der Weg, der mich führte*, Stuttgart, 1969.

Hansmann, O. (Hrsg.), *Pro und Contra Waldorf pädagogik*, Würzburg, 1987.

Hecker, J., *Rudolf Steiner in Weimar*, Dornach, 1988.

Hemleben, J., *Rudolf Steiner*, Hamburg, 1963.

Herrman,U. (Hrsg.), 》*Neue Erziehung*《, 》*Neue Menschen* 《 *: Ansätze zur Erziehungs- und Bildungsreform in Deutschland zwischen Kaiserreich und Diktatur*, Weinheim · Basel, 1987.

Heydebrand, C.von., *Vom Lehrplan der Freien Waldorfschulen*, Stuttgart, 1978.

Hiebel, F., *Rudolf Steiner im Geistesgang des Abendlandes*, München, 1965.

Hofrichter, H., *Waldorf : Die Geschichte eines Namens*, Stuttgart, 2004 (4.Aufl.).

Jaffke, Ch., *Fremdsprachenunterricht auf der Primarstufe : Seine Begründung und*

Praxis in der Waldorfpädagogik, Weinheim, 1994.
Jung, C.G., *Seelenprobleme der Gegenwart*, Zürich, 1931.
Karsen, F., *Deutsche Versuchschulen der Gengenwart und ihre Probleme*, Leipzig, 1923.
Klinkhardt, J., *Erziehung zur Anthroposophie : Darstellung und Kritik der Waldorfpädagogik*, Regensburg, 1987.
Klaßen, Th.T. u. Skiera, E. (Hrsg.), *Handbuch der reformpädagogischen und alternativen Schulen in Europa*, Hohengehren, 1993.
Kleinau-Metzler, D. (Hrsg.), *Die Zukunft der Waldorfschule : Perspektiven zwischen Tradition und neuen Wegen*, Hamburg, 2000.
Kranich, E.M. (Hrsg.), *Moralische Erziehung*, Stuttgart, 1994.
Kugler, W., *Rudolf Steiner und die Anthroposophie*, Köln, 1978 (3.Aufl.).
Leber, S. (Hrsg.), *Die Pädagogik der Waldorfschulen und ihre Grundlagen*, Darmstadt, 1983.
Leber, S., *Die Sozialgestalt der Waldorfschulen : Ein Beitrage zu des sozialwissenschaftlichen Anschauungen Rudolf Steiners*, Stuttgart, 1978.
Leber, S., *Weltanschauung, Ideologie und Schulwesen : Ist die Waldorfschule eine Weltanschauungsschule?*, Stuttgart, 1989.
Lehrerkollegium der Freien Waldorfschule Stuttgart-Uhlandshöhe durch Gisbert Husemann und Johannes Tautz, *Der Lehrerkreis um Rudolf Steiner in der ersten Waldorfschule 1919-1925*, Stuttgart, 1979.
Lindenberg, Ch., *Waldorfschulen : Angstfrei lernen, selbstbewußt handeln*, Hamburg, 1975.
Lindenberg, Ch., *Die Lebensbedingungen des Erziehens :Von Waldorfschulen lernen*, Hamburg,1981.
Lindenberg, R., *Rudolf Steiner : Eine Biographie Bd. I 1861-1914*, Stuttgart, 1997.
Lindenberg, R., *Rudolf Steiner : Eine Biographie Bd. II 1915-1925*, Stuttgart, 1997.
Lindenberg, R., *Rudolf Steiner*, Hamburg, 2000 (7.Aufl.).
Meyer, R., *Rudolf Steiner. Anthroposophie : Herausforderung im 20. Jahrhundert*, Stuttgart, 1978 (4.Aufl.).
Miller, J.P., *The Holistic Curriculum*, Toronto, 1988.
Molt, E., *Entwurf meiner Lebensbeschreibung*, Stuttgart, 1972.
Nohl, H., *Die pädagogische Bewegung in Deutschland und ihre Theorie*, Frankfurt, 1961, (5.Aufl.).
Oelkers, J., *Reformpädagogik : Eine kritische Dogmengeschichte*, Weinheim・München, 1992 (2.Aufl.).
Oestreich, P., *Die elastische Einheitsschule : Lebens-und Productionsschule*, Berlin,

1923.

Poturzyn, M.J.K.von (Hrsg.), *Wir erlebten RUDOLF STEINER : Erinnerungen seiner Schüler*, Stuttgart, 1980 (6.Aufl.).

Prange K., *Erzihung zur Anthroposophie : Darstellung und Kritik der Waldorfpädagogik*, Bad Heilbrunn/Obb, 1987.

Rist, G. and Schneider, P., *Die Hiberniaschule*, Hamburg, 1977

Rist, G. and Schneider, P., *Integrating Vocational and General Education : A Rudolf Steiner School*, Hamburg, 1979.

Rittelmeyer, F., *Meine Lebensbegegnung mit Rudolf Steiner*, Dornach, 1983.

Rittersbacher, K.., *Zur Beurteilung der Pädagogik Rudolf Steiners*, Basel, 1969.

Scheibe, W., *Die Reformpädagogische Bewegung*, Weinheim · Berlin · Basel, 1969.

Schmelzer, A., *Die Dreigliederungsbewegung 1919 : Rudolf Steiners Einsatz für den Selbstverwaltungsimpuls*, Stuttgart, 1991.

Schneider, W., *Das Menschenbild der Waldorfpädagogik*, Freiburg, 1991.

Schweitzer, A., *Indian thought and its development*, London, 1951 (1936).

Schweitzer, A., Russell, C.E.B.trans., *Indian Thought and Its Development*, London, 1951.

Shepherd, A.P., *A Scientist of the Invisible : An Introduction to the Life and Work of Rudolf Steiner*, London, 1954.

Spranger, E., *Gesammelte Schriften VII : Briefe 1901–1963*, Tübingen, 1978.

Steffen, A., *Begegnungen mit Rudolf Steiner*, Dornach, 1875.

Stockmeyer, E.A.K., *Rudolf Steiners Lehrplan für die Waldorfschulen*, Stuttgart, 1976.

Sturm, K.F., *Die pädagogische Reformbewegung der jüngsten Deutschen Vergangenheit ihr Ursprung und Verlauf Sinn und Ertrag*, Osterwieck-Harz, 1930.

Staatsinstitut für Schulpädagogik und Bildungsforschung München (Hrsg), *UNESCO-Projekt-Schulen in Bayern Kontinuität und Innovation : Handreichung und Dokumentation*, Wolnzach, 1999.

Treichler, M., *SprechStunde Psychotherapie : Krisen – Krankheiten an Leib und Seele Wege zur Bewältigung*, Stuttgart, 2003 (5.Aufl.).

Ullrich, H., *Waldorfpädagogik und okkulte Weltanschauung : Eine bildungsphilosophische und geistesgeschichtliche Auseinandersetzung mit der Anthropologie Rudolf Steiners*, München, 1986.

Wehr, G., *Rudolf Steiner*, München, 1987.

Wehr, G., *Der pädagogische Impuls Rudolf Steiners*, München, 1977.

Wehr, G., *Die Aktualität der Kulturimpulse Rudolf Steiners*, Freiburg, 1977.

Wilhehelm, Th., *Pädagogik der Gegenwart*, Stuttgart, 1977.

Wilson, C., *Afterlife : An Investigation of the Evidence for Life after Death*, London, 1987.

2. 論文

Ginsburg, I.H., Jean Piaget and Rudolf Steiner : Stages of Child Development and Implications for Pedagogy, *Teachers College Record*, Vol.84. No.2, 1982.

Herz, G., Das Unwahrscheinliche wahrscheinlich machen. Zur neuen Anziehungskraft der Waldorf-pädagogik, in, *Pädagogische Rundschau*, Jg.38, H.4, 1984.

Kranich, E.M., Die freien Waldorfschulen, in, *Handbuch Freie Schulen*, Hamburg, 1984.

Lindenberg, Ch., Rudolf Steiner (1861-1925), in, Scheuerl, H. (Hrsg.), *Klassiker der Pädagogik II*, München, 1979.

Müth, J., Der gegenwärtige Stand der Didaktikdiskussion, in, Tellmann, W. (Hrsg.), *Handbuch Schule und Unterricht*, Düsseldorf, 1981.

Ofenbach, B., Reformpädagogik im Spiegel der Geschichtsschreibung, *Pädagogische Rundschau*, Jg.38, H.3, 1992.

Rauthe, W., Erfahrungen mit dem Epochen Unterricht der Waldorfschule, in, *Zeitschrift für Pädagogik*, Jg.7, H.4, 1961.

Scheuerl, H., Waldorfpädagogik in der Diskussion. Ein Überblick über neuere Veröffetlichungen, in, *Zeitschrift für Pädagogik*, Jg.39, H.2, 1993.

Schneider, P., Bildungsforschung der Waldorfpädagogik, in, *Bildung und Erziehung*, Jg.33, H.1, 1980.

Schneider, P., Philosophisch-anthropologische Grundlagen der Waldorfpädagogik, in, *Pädagogische Rundschau*, Jg.38, H.4, 1984.

Staedke. I., Schiller und die Waldorfpädagogik, in, *Die Deutsche Schule*, Leipzig, 1929.

Stewart, W.A.C., Rudolf Steiner and Anthroposophy, in, *The educational inovavators Vol. II*, London, 1968.

Ullrich, H., Anthroposophie-zwischen Mythos und Wissenschaft. Eine Untersuchung zur Temeramentenlehre Rudolf Steiners, in, *Pädagogische Rundschau*, Jg.38, H.4, 1984.

Wigger, L., Einleitung-Erziehungswissenschaft und Waldorfpädagogik : ein notwendiger Dialog, in, *Pädagogische Rundschau*, Jg.38, H.4, 1984.

Zeuch. W., Die achtjährige Grundschule, die unerläßliche Bedingung der wahren Einheitschule, in, *Die Deutsche Schule*, Leipzig und Berlin, 1920.

3. 事典・辞典

Eisler, R., *Handwörterbuch der Philosophie*, Berlin, 1913.

Nicklis, W.S. (Hrsg.), *Handwörterbuch der schulpädagogik*, Bad Heilbrunn, 1973.
Spieler, J. (Hrsg.), *Lexikon der Pädagogik der Gegenwart*, Freiburg, 1932.
Meyers Enzyklopädisches Lexikon, Mannheim・Wein・Zürich, 1978.

4. その他
Armon, J., The Waldorf Curriculum as a Framework for Moral Education : One Dimension of a Fourfold System, Paper presented to the annual American Educational Reseach Association conference in Chicago, 1997.

＜邦語研究書＞
1. 単行本
上松祐二『世界観としての建築―ルドルフ・シュタイナー論―』相模書房，1974年。
上松祐二『ルドルフ・シュタイナー』PARCO出版，1980年。
上松祐二・子安美知子『シュタイナー 芸術としての教育』小学館，1988年。
天野正治『現代ドイツの教育』学事出版，1978年。
天野正治『西ドイツ教育の語るもの―私の教育の旅―』学文社，1981年。
生松敬三『現代思想の源流―1920年代への照射―』河出書房新社，1977年。
伊藤啓一『統合的道徳教育の創造』明治図書，1991年。
今井康雄『ヴァルター・ベンヤミンの教育思想―メディアのなかの教育』世織書房，1998年
入澤宗壽『最近教育の思潮と実際』明治図書，1931年。
入澤宗壽『現代教育思潮大観』同文書院，1931年。
入澤宗壽・大志萬準治『哲学的人間学による教育の理論と実践』東京モナス社，1934年。
ヴァイス，T.著，高橋弘子訳『魂の保護を求める子供たち』創林社，1984年。
ウィルソン，C.著，荒俣宏監修・解説，梶元靖子訳『コリン・ウィルソンの「来世体験」』三笠書房，1991年。
ウィルソン，C.著，中村保男・中村正明訳『ルドルフ・シュタイナー―その人物とヴィジョン―』河出書房新社，1986年。
ヴェーア，G.著，石井良・深澤英隆訳『ユングとシュタイナー―対置と共観―』人智学出版社，1982年。
ヴェーア，G.著，新田義之・新田貴代訳『シュタイナー教育入門―ヴァルドルフ教育の理論と実践―』人智学出版社，1983年。
上田閑照『ドイツ神秘主義研究』創文社，1982年。
上谷良憲『「九年制小学校」論』ゆまに書房，1990年。
上山安敏『世紀末ドイツの若者』講談社，1994年。
上山安敏『神話と科学』岩波書店，1984年。
上山安敏『フロイトとユング―精神分析運動とヨーロッパ知識社会―』岩波書店，

1989 年。
ウォルシュ, N.D. 著，吉田利子訳『神との対話②』サンマーク出版，1998 年。
ウスペンスキー, P.D. 著，高橋克巳訳『超宇宙論―魂の科学を求めて―』工作舎，1980 年。
梅根悟監修『世界教育史体系 12』講談社，1977 年。
梅根悟監修『世界教育史体系 25』講談社，1976 年。
ウリーン, B. 著，丹羽敏雄・森章吾訳『シュタイナー学校の数学読本』三省堂，1995 年。
衛藤吉則『松本清張氏は，「哲学館事件」(『小説東京帝国大学』)に何をみたのか？』(第1回松本清張研究奨励事業研究報告)，北九州市立松本清張記念館，2000 年。
エドマンズ, F. 著，中村正明訳『考えることから生きることへ―ルドルフ・シュタイナーの思想を現代に生かす』麗澤大学出版会，2005 年。
エプリ, W. 著，鈴木一博訳『感覚を育てる 判断力を育てる』晩成書房，1991 年。
エミヒョーベン, F.W.Z.van 著，伊藤勉・中村康二訳『ルドルフ・シュタイナー』人智学出版社，1980 年。
エンデ, M.・エプラー, E.・テヘル, H. 著，丘沢静也訳『オリーブの森で語りあう』岩波書店，1984 年。
大村祐子編著『シュタイナー教育の模擬授業』ほんの木，2001 年
大村祐子編著『わたしの話を聞いてくれますか』ほんの木，1999 年。
小澤周三・影山昇・小澤滋子・今井重孝『教育思想史』有斐閣，1993 年。
押谷由夫『新しい道徳教育の理念と方法』東洋館出版社，1999 年。
オッペンハイム, J. 著，和田芳久訳『英国心霊主義の抬頭』工作舎，1992 年。
小貫大輔『耳をすまして聞いてごらん』ほんの木，1990 年。
小原國芳『世界教育行脚』玉川大学出版部，1956 年。
笠井恵二『シュヴァイツァー―その生涯と思想―』新教出版社，1989 年。
河西善治『『坊ちゃん』とシュタイナー―隈本有尚とその時代―』ぱる出版，2000 年。
河西善治『京都学派の誕生とシュタイナー―「純粋経験」から大東亜戦争へ―』論創社，2004 年。
金子昭『シュヴァイツァー その倫理的神秘主義の構造と展開』白馬社，1995 年。
神尾学編著，岩間浩・今井重孝・金田卓也著『未来を開く教育者たち』コスモス・ライブラリー，2005 年。
カルルグレン, F. 著，高橋弘子訳『ルドルフ・シュタイナーと人智学』創林社，1985 年。
川喜田愛郎『近代医学の基盤 (下)』岩波書店，1977 年。
河津雄介『シュタイナー学校の教師教育』創林社，1987 年。
河津雄介『教師性の創造―シュタイナー教育と合流教育にもとづくいきいき授業学―』創林社，1988 年。
クーティク, Ch. 著，森章吾訳『遊びとファンタジー―親子で考えるシュタイナー幼児教育―』水声社，1996 年。

クグラー, W. 著, 久松重光訳『シュタイナー　危機の時代を生きる―学問・芸術と社会問題―』晩成書房, 1987年。
隈元忠敬訳『フィヒテ全集・第20巻』哲書房, 2001年。
グラーゼナップ, H.von 著, 大河内了義訳『東洋の意味―ドイツ思想界のインド観―』法蔵館, 1983年。
クラーニッヒ, E.M. 他著, 森章吾訳『フォルメン線描―シュタイナー学校での実践と背景―』筑摩書房, 1994年。
クラウル, W. 著, 高橋弘子訳『大地と遊ぶ火と遊ぶ』地湧社, 2000年。
クラウル, W. 著, 高橋弘子訳『水と遊ぶ空気と遊ぶ』地湧社, 2000年。
グリーン, M. 著, 進藤英樹訳『真理の山―アスコーナ対抗文化年代記―』平凡社, 1998年。
クリステラー, E.M. 著, 石井秀治・吉澤明子訳『人智学にもとづく芸術治療の実際』耕文社, 1996年。
クリシュナムルティ, J. 著, 大野純一訳『英知の教育』春秋社, 1988年。
栗山次郎『ドイツ自由学校事情―子どもと教師で作る学校―』新評論, 1995年。
クリューガー, M. 著, 鳥山雅代訳『瞑想―芸術としての認識―』東京賢治の学校, 2002年。
グルネリウス, E.M. 著, 高橋巌・高橋弘子訳『七歳までの人間教育』創林社, 1981年。
グレックラー, M.・ゲベール, W. 著, 入間カイ訳,〈小児科診断室〉研究会監修『小児科診察室』水声社, 2006年。
ゲーテ, J.W.von 著, 木村直司・高橋義人他訳『ゲーテ全集　14』潮出版社, 1980年。
ゲーテ, J.W.von 著, 堀内明・浜田正秀訳『教育州・詩と真実』玉川大学出版部, 1959年。
ゲーテ, J.W.von 著, 山下肇訳『ゲーテ全集　6』人文書院, 1975年。
ケーニッヒ, K. 著, 高橋弘子訳『子どもが3つになるまでに』パロル舎, 1998年。
ケーニッヒ, S. 著, 高橋弘子訳『幼児のためのメルヘン』創林社, 1984年。
ケプケ, H. 著, 合原弘子訳『反抗期のシュタイナー教育』学陽書房, 2003年。
ケリードー, R. 著, 佐々木正人訳『シュタイナー教育の創造性』小学館, 1990年。
心の手当を必要とする人びとのための治癒教育研究実践施設協会著, 新田義之・新田貴代訳『人智学を基盤とする治癒教育の実践―心の手当を必要とする人びとと共に生き, 学び, 働く―』国土社, 1975年。
小杉英了『シュタイナー入門』筑摩書房, 2000年。
子安美知子『エンデと語る―作品・半生・世界観』朝日新聞社, 1986年。
子安美知子『幸福の法則―それは, もう一人の「私」にめざめること―』海竜社, 1994年。
子安美知子『シュタイナー教育を考える』学陽書房, 1983年。
子安美知子『シュタイナー再発見の旅―娘とのドイツ―』小学館, 1997年。
子安美知子『魂の発見―シュタイナー学校の芸術教育』音楽之友社, 1981年。

子安美知子『ミュンヘンの小学生 ― 娘が学んだシュタイナー学校 ―』中公新書，1975年。
子安美知子『ミュンヘンの中学生―シュタイナー学校の教室から―』朝日新聞社，1980年。
子安美知子『「モモ」を読む―シュタイナーの世界観を地下水として―』学陽書房，1987年。
佐伯正一『教育方法』国土社，1965年。
佐伯胖・岩崎勲・佐藤学・田中孝彦・浜田寿美男・藤田英典編『世界の教育改革』岩波書店，1998年。
坂口弘『ホメオパシー』医歯薬出版，1961年。
佐藤兼編『現代教育教授思想大観』日本教育学会，1932年。
志賀くにみつ『はじめてのシュタイナー』小学館，2002年。
シェパード, A.P. 著，中村正明訳『シュタイナーの思想と生涯』青土社，1998年。
實川幹朗『思想史のなかの臨床心理学―心を囲い込む近代―』講談社，2004年。
篠原助市『欧州教育思想史 下』玉川大学出版部，1972年。
渋沢賛・松浦賢『ルドルフ・シュタイナーの「大予言」』イザラ書房，1995年。
島内景二『エンデのくれた宝物―『モモ』の世界構造を読む―』福武書店，1990年。
志村隆編『子どものいのちを育む シュタイナー教育入門』学習研究社，2000年。
シュヴァイツァー, A. 著，国松孝二・浅井真男・野村実訳『シュヴァイツァー著作集 第5巻』白水社，1957年。
シューベルト, E. 著，森章吾訳『シュタイナー学校の算数の時間』水声社，1995年。
シュナイダー, J.W. 著，高橋明男訳『メルヘンの世界観』水声社，1998年。
シュワイテェル, A.. 著，波木居斉二訳『私の幼少年時代』新教出版社，1950年。
新共同訳『聖書』日本聖書協会，1991年。
ズスマン, A. 著，石井秀治訳『魂の扉・十二感覚』耕文社，1998年。
高橋巌『生きる意志と幼児教育』イザラ書房，1979年。
高橋巌『自己教育の処方箋―おとなと子どものシュタイナー教育―』角川書店，1998年。
高橋巌『シュタイナー教育入門―現代日本の教育への提言―』角川書店，1984年。
高橋巌『シュタイナー教育の方法』角川書店，1987年。
高橋巌『シュタイナー教育を語る』角川書店，1990年。
高橋巌『シュタイナー哲学入門』角川書店，1991年。
高橋巌『シュタイナーの治療教育』角川書店，1989年。
高橋巌『神秘学講義』角川書店，1980年。
高橋巌『神秘学序説』イザラ書房，1982年。
高橋巌『若きシュタイナーとその時代』平河出版社，1986年。
高橋弘子『日本のシュタイナー幼稚園』水声社，1995年。
高橋勝『学校のパラダイム転換』川島書店，1997年。

武井敦史『クリシュナムルティ・スクールの民族誌的研究』多賀出版，2003 年。
竹内均『ムー大陸から来た日本人』徳間書店，1980 年。
谷本富『宗教々育の理論と實際』明治図書，1929 年。
チャイルズ, G. 著，渡辺穣司訳『シュタイナー教育―その理論と実践―』イザラ書房，1997 年。
津城寛文『＜霊＞の探究』春秋社，2005 年。
戸田徹『マルクス葬送』五月社，1983 年。
中井久夫『治療文化論―精神医学的再構築の試み―』岩波書店，1990 年。
長尾十三二・原野広太郎編著『教育学の世界 名著100選』学陽書房，1980 年。
長尾十三二編『新教育運動の理論』明治図書，1988 年。
長尾十三二編『新教育運動の歴史的考察』明治図書，1988 年。
長尾十三二編『新教育運動の生起と展開』明治図書，1988 年。
長尾十三二『西洋教育史』東京大学出版会，1979 年。
永野英身『R．シュタイナーと現代 ― Ｉ．イリッチの脱学校論を越えて ―』近代文芸社，1994 年。
中村雄二郎『パトスの知―共通感覚的人間像の展開―』筑摩書房，1982 年。
西川隆範『あなたは７年ごとに生まれ変わる』河出書房新社，1995 年。
西川隆範『ゴルゴダの秘儀―シュタイナーのキリスト論―』アルテ，2004 年。
西川隆範『シュタイナー思想入門』白馬書房，1987 年。
新田貴代『私のヴァルドルフ教育体験』明治図書，1979 年。
西平直『教育人間学のために』東京大学出版会，2005 年。
西平直『シュタイナー入門』講談社，1999 年。
西平直『魂のライフサイクル―ユング・ウィルバー・シュタイナー―』東京大学出版会，1997 年。
日本ホリスティック教育協会・中川吉晴・金田卓也編『ホリスティック教育ガイドブック』せせらぎ出版，2003 年。
日本ホリスティック教育協会・永田佳之・吉田敦彦編『持続可能な教育と文化―深化する環太平洋のＥＳＤ―』せせらぎ出版，2008 年。
日本ホリスティック教育協会・吉田敦彦・今井重孝編『日本のシュタイナー教育』せせらぎ出版，2001 年。
日本ホリスティック教育協会・吉田敦彦・永田佳之・菊地栄治編『持続可能な教育社会をつくる―環境・開発・スピリチュアリティ―』せせらぎ出版，2006 年。
バーデヴィーン, J. 他著，笠利和彦訳『シュタイナー教育―その実態と背景―』グロリヤ出版，1990 年。
ハイデブラント, C.von 著，西川隆範訳『子どもの体と心の成長』イザラ書房，1992 年。
パウエル, A.E. 編著，仲里誠佶訳『神智学大要 １エーテル体』たま出版，1981 年。
パウエル, A.E. 編著，仲里誠佶訳『神智学大要 ２アストラル体』たま出版，1981 年。

パウエル, A.E. 編著, 仲里誠佶訳『神智学大要　3 メンタル体』たま出版, 1982年。
パウエル, A.E. 編著, 仲里誠佶訳『神智学大要　4 コーザル体』たま出版, 1983年。
パウエル, A.E. 編著, 仲里誠佶訳『神智学大要　5 太陽系』たま出版, 1983年。
バンクロフト, A. 著, 吉福伸逸訳『20世紀の神秘思想家たち―アイデンティティの探求―』平河出版社, 1984年。
秀村欣二編『西洋史概説』東京大学出版会, 1980年。
ビューラー, W. 著, 中村英司訳『人智学の死生観』水声社, 1994年。
広重徹・伊藤俊太郎・村上陽一郎『思想史のなかの科学』木鐸社, 1975年。
広瀬俊雄『生きる力を育てる―父親と教師のためのシュタイナー教育講座―』共同通信社, 1999年。
広瀬俊雄『ウィーンの自由な学校―シュタイナー学校と幼稚園』勁草書房, 1994年。
広瀬俊雄『教育力としての言語』勁草書房, 2002年。
広瀬俊雄『シュタイナーの人間観と教育方法―幼児期から青年期まで―』ミネルヴァ書房, 1988年。
広瀬牧子『ウィーン・シュタイナー学校』ミネルヴァ書房, 1993年。
広瀬牧子『続・我が家のシュタイナー教育』共同通信社, 1999年。
廣松渉・坂部恵・加藤尚武編『ドイツ観念論―自我概念の新展開―』弘文堂, 1990年。
フェルガー, P.・シュート, M.・エルファーブ, J. 著, 中村静夫訳『シュタイナーと建築』集文社, 1985年。
ブリュッゲ, P. 著, 子安美知子・ヨープスト, Ch. 訳『シュタイナーの学校・銀行・病院・農場』学陽書房, 1986年。
ベール, H.W. 編, 野村実監修, 會津伸・松村國隆訳『生命への畏敬―アルベルト・シュワイツァー書簡集1905-1965』新教出版社, 1993年。
ベサント, A.・リードビーター, C.W. 著, 田中恵美子訳『思いは生きている』竜王文庫, 1983年。
ベッカー, K.E. von・シュライナー, H. 著, 新田義之・新田貴代訳『人智学の現況―シュタイナー教育から《緑の党》まで』人智学出版社, 1982年。
ヘムレーベン, J.・ベールィ著, 川合増太郎・定方昭夫・鈴木晶訳『シュタイナー入門―ルドルフ・シュタイナーの生涯と人間像―』人智学出版社, 1982年。
ベルン自由教育連盟編, 子安美知子監訳『"授業"からの脱皮』晩成書房, 1980年。
ボイド, W.・ローソン, W. 著, 国際新教育協会訳『世界新教育史』玉川大学出版部, 1961年。
堀伸夫『科学と宗教―神秘主義の科学的背景―』槇書店, 1984年。
堀内節子監修／著『0歳から7歳までのシュタイナー教育』学習研究社, 2000年。
ホルツアッペル, W. 著, 石井秀治・三浦佳津子・吉澤明子訳『体と意識をつなぐ四つの臓器』耕文社, 1998年。
マーフェット, H. 著, 田中恵美子訳『H・P・ブラヴァツキー夫人』竜王文庫, 1983年。

松井るり子『七歳までは夢の中―親だからできる幼児期のシュタイナー教育―』学陽書房，1994年．
松井るり子『私のまわりは美しい―14歳までのシュタイナー教育―』学陽書房，1997年．
ミラー，J.P.著，中川吉晴・吉田敦彦・桜井みどり訳『ホリスティックな教師たち―いかにして真の人間を育てるか？―』学習研究社，1997年．
ミラー，J.P.著，吉田敦彦・中川吉晴・手塚郁恵訳『ホリスティック教育―いのちのつながりを求めて―』春秋社，1994年．
メース，L.F.C.著，佐藤公俊訳『シュタイナー医学原論』平凡社，2000年．
森昭『人間形成原論』黎明書房，1985年．
山内芳文『「生きること」の教育思想史』協同出版，2002年．
山崎英則『シュプランガー教育学の研究―継承・発展過程と本質理論をたずねて―』渓水社，2005年．
山下直樹『気になる子どもとシュタイナーの治療教育―個性と発達障がいを考える―』ほんの木，2007年．
湯田豊『宗教・哲学・および精神分析〔増補版〕』晃洋書房，2000年．
ユング，C.G.著，河合隼雄他訳『ユング自伝―思い出・夢・思想―』みすず書房，1972年．
ヨーハンゾン，I.編，子安美知子・多和田葉子訳『わたしのなかからわたしがうまれる』晩成書房，1982年．
横川和夫『大切な忘れもの―自立への助走―』共同通信社，1997年．
横川和夫『もうひとつの道』共同通信社，1999年．
吉田敦彦『ホリスティック教育論―日本の動向と思想の地平―』日本評論社，1999年．
吉田敦彦・今井重孝編『いのちに根ざす日本のシュタイナー教育』せせらぎ出版，2001年．
ラカー，W.Z.著，西村稔訳『ドイツ青年運動―ワンダーフォーゲルからナチズムへ―』人文書院，1985年．
リンデンベルク，Ch.著，新田義之・新田貴代訳『自由ヴァルドルフ学校』明治図書，1977年．
ルドルフ・シュタイナー教育芸術友の会編，『世界に広がるシュタイナー教育』実行委員会訳『世界に広がるシュタイナー教育』1996年．
ローザック，Th.著，志村正雄訳『意識の進化と神秘主義―科学文明を超えて―』紀伊國屋書店，1978年．

2. 論文

天野正治「自由な学校―西ドイツ私学の理念と実践―」松島鈞・市村尚久他編『現代教育問題史―西洋の試みとの対話を求めて―』明玄書房，1979年．
池内耕作「シュタイナーの人智学的人間観と教育実践」『キリスト教教育論集』第8号，

日本キリスト教教育学会，2000年。
石川治久「R・シュタイナーの芸術論に関する考察―その原理と実践方法としてのオイリュトミー」『学術研究―教育・社会教育・体育学編―』第49号，早稲田大学教育学部，2000年。
今井重孝「ルドルフ・シュタイナーと倉橋惣三―両者の幼児教育思想の類似性と類似性を生み出した原因について―」『東京工芸大学工学部紀要』Vol.18，No.2，1995年。
今井重孝「シュタイナーの認識論の現代的射程」『ホリスティック教育研究』第1号，日本ホリスティック教育協会，1998年。
今井重孝「ホリスティックな学問論の試み―ルーマンからシュタイナーへ―」『青山学院大学文学部紀要』第43号，2002年。
入澤宗壽「欧米に於ける新教育運動」『丁酉倫理會倫理講演集』第338輯，1930年。
衛藤吉則「新たなる知の枠組みとしての『神話の知』」『教育学研究紀要』第38巻，第1部，中国四国教育学会，1992年。
衛藤吉則「ルドルフ・シュタイナーの人智学的認識論に関する一考察」『教育哲学研究』第77号，教育哲学会，1998年。
衛藤吉則「シュタイナー教育学をめぐる『科学性』問題の克服に向けて―人智学的認識論の克服に向けて―」『人間教育の探究』第10号，日本ペスタロッチー・フレーベル学会，1998年。
衛藤吉則「シュタイナーとドイツ改革教育運動」小笠原道雄監修『近代教育思想の展開』福村出版，2000年。
衛藤吉則「1920・30年代におけるわが国のシュタイナー教育思想理解とナショナリズムとの関係(1)―入澤宗壽の文化教育学理解を中心に―」『下関市立大学論集』第45巻，第2号，2001年。
衛藤吉則「1920・30年代におけるわが国のシュタイナー教育思想理解とナショナリズムとの関係(2)―入澤宗壽の文化教育学理解を中心に―」『下関市立大学論集』第45巻，第3号，2002年。
衛藤吉則「1920・30年代におけるわが国のシュタイナー教育思想理解とナショナリズムとの関係(3)―入澤宗壽の文化教育学理解を中心に―」『下関市立大学論集』第46巻，第1号，2002年。
衛藤吉則「人間形成における『垂直軸』の構造―新たな発達論とカオスの開かれた弁証法として―」『近代教育フォーラム』No.12，2003年。
遠藤孝夫「シュタイナーの社会三層化運動と自由ヴァルドルフ学校の創設―人間認識に基づく教育と学校の自律性―」『弘前大学教育学部紀要』第85号，2001年。
小野精一「気質における教育」『桐朋学報』第33号，1983年。
小野精一「ルドルフ・シュタイナーの教育―気質とフォルメン―」『児童心理』第39巻，第11号，金子書房，1985年。

岡崎貴弘「R．シュタイナーの教育芸術論―児童期の教育を中心として―」『教育学研究紀要』第39巻，第1部，中国四国教育学会，1993年。

沖廣晴美「ルドルフ・シュタイナーの『認識論』成立についての一考察」『教育学研究紀要』第39巻，第1部，中国四国教育学会，1993年。

片岡德雄「授業の改革／その2―方法の改革」河野重男・新堀通也編著『教育革新の世界的動向』学習研究社，1978年。

隈本有尚「宗教的，道德的情操の教養上見神派の心理學の応用」『丁酉倫理會倫理講演集』第124輯，1912年。

隈本有尚「運命對自由意志」『丁酉倫理會倫理講演集』第155輯，1915年。

隈本有尚「スタイネルの人格観」『丁酉倫理會倫理講演集』第286輯，1926年。

隈本有尚「學者の秘蔵庫」『丁酉倫理會倫理講演集』第327輯，1930年。

小峰総一郎「ワイマール期生活共同体学校（Lebensgemeinschaftsschule）の成立―ドイツ新教育学校史研究（1）―」『東京大学教育学部紀要』第18巻，東京大学教育学部，1978年。

酒井玲子「ルドルフ・シュタイナーの精神（霊性）の教育観」『北星論集』第29号，北星大学文学部，1992年。

實松宣夫「道德教育の基礎理論　Ⅳ―R・シュタイナーの人間理解と人間形成―」『教育学研究紀要』第36巻，第1部，中国四国教育学会，1990年。

實松宣夫「『自由の哲学』」『研究論叢』第41巻，第3部，山口大学教育学部，1991年。

實松宣夫「超感覚世界の認識とそれを可能にする道德性について―ルドルフ・シュタイナー『いかにして超感覚的世界の認識を獲得するか』より―」『研究論叢』第42巻，第3部，山口大学教育学部，1992年。

實松宣夫「道德教育の基礎理論　Ⅶ―ルドルフ　シュタイナーの『本来の自我』について―」『教育学研究』第39巻，第1部，中国四国教育学会，1993年。

實松宣夫「シュタイナー教育を支える『氣質』の理解について」『研究論叢』第44巻，第3部，山口大学教育学部，1994年。

實松宣夫「道德教育の基礎理論　Ⅷ―ルドルフ　シュタイナーにおける『自由な人間』―」『教育学研究紀要』第40巻，第1部，中国四国教育学会，1994年。

實松宣夫「シュタイナー学校（第5学年）における植物学（Pflanzenkunde）の授業について」『研究論叢』第45巻，第3部，山口大学教育学部，1995年。

實松宣夫「道德教育の基礎理論　（Ⅸ）―シュタイナー教育における意志（Wille）の理解，並びに意志教育について―」『教育学研究紀要』第41巻，第1部，中国四国教育学会，1995年。

實松宣夫「ルドルフ・シュタイナーの認識論における思考の特性―W・シュナイダー批判を中心に―」『研究論叢』第46巻，第3部，山口大学教育学部，1996年。

實松宣夫「道德教育の基礎理論　Ⅹ―シュタイナー人智学における『悪』について―」『教育学研究紀要』第42巻，第1部，中国四国教育学会，1996年。

柴山英樹「シュタイナー学校における音楽教育に関する一考察」『教育学雑誌』第35号，日本大学教育学会，2000年。

鈴木そよ子「草創期自由ヴァルドルフ学校の理念と実践―1919年〜25年を中心に―」昭和55年度東京大学大学院教育学研究科修士論文，1981年（『神奈川大学心理・教育研究論集』1992年，所収）。

関亦頼子「R.シュタイナーの人智学思想とは何か―世紀転換期に生まれた教育思想―」『教育学研究紀要』第45巻，第1部，中国四国教育学会，1996年。

瀬戸武彦「世紀転換期の詩人ルートヴィッヒ・ヤコブスキー―その生涯と活動―」（『高知大学学術研究報告』第39巻・人文科学，高知大学，1990年。

瀬戸武彦「L.ヤコブスキーとR.シュタイナー―文芸クラブ『来たるべき人々』との関連で―」『人文科学研究』第2号，高知大学人文学部人文学科，1994年。

田野尚美「R・シュタイナーの発達論における基底」『人文論集』第34巻，第4号，関西学院大学人文学会，1985年。

土屋文明「ヴァルドルフ幼稚園の指導原理―『模倣』の意義」『研究紀要』第33号，1984年。

土屋文明「自由ヴァルドルフ学校の学校建築（1）―シュタイナーのゲーテ自然科学研究理解―」『人文研究』第87輯，小樽商科大学，1994年。

土屋文明「R.シュタイナーの『教育芸術』論―ヴァルドルフ教育学の基礎的考察―」『人文研究』第89輯，小樽商科大学，1995年。

土屋文明「自由ヴァルドルフ学校の学校建築（2）―『有機的建築』としてのゲーテアヌム―」『人文研究』第91輯，小樽商科大学，1996年。

土屋文明「自由ヴァルドルフ学校の学校様式―色彩の作用―」『人文研究』第94輯，小樽商科大学，1997年。

新田貴代「ルドルフ・シュタイナー略伝」新田義之編『ルドルフ・シュタイナー研究』創刊号，人智学研究発行所，1978年。

長尾十三二「ペスタロッチとシュタイナー―素描的試論―」『人智学研究』第3号，人智学出版社，1982年。

新田義之「R・シュタイナー―ヴァルドルフ教育の創始者―」天野正治編『現代に生きる教育思想5』ぎょうせい，1982年。

新田義之「第15回大会記念講演　直観，予感，創造的ファンタジー」『人間教育の探究』第10号，日本ペスタロッチー・フレーベル学会，1998年。

広瀬綾子「自由ヴァルドルフ学校の演劇教育―ドイツの公立・私立学校の演劇教育の現状を踏まえて―」『教育学研究』第72巻，第3号，日本教育学会，2005年。

広瀬俊雄「自由ヴァルドルフ学校の教育方法の理論―文字学習の理論を中心に―」『教育学研究』第49巻，第2号，日本教育学会，1982年。

広瀬俊雄「学びにおける教育者との適切な関係―シュタイナー幼児教育を中心に―」高橋勝・広瀬俊雄編著『教育関係論の現在―「関係」から解読する人間形成―』

川島書店，2004年。

三吉谷哲「シュタイナーにおける道徳的人間像」『教育科学研究年報』第26号，関西学院大学文学部教育学科，2000年。

三吉谷哲「ヴァルドルフ教育における人間観のキリスト教的性格―幼児期の宗教性にを中心に―」『キリスト教教育論集』第8号，日本キリスト教教育学会，2000年。

三吉谷哲「シュタイナーにおける児童期の道徳教育論」『教育科学研究年報』第28号，関西学院大学文学部教育学科，2002年。

森隆夫「西ドイツの教育―私立学校への人気・教育への意気込み―」『総合教育技術』小学館，1979年11月号。

森田直樹「シュタイナー教育に学ぶ」『教育と道徳』第43巻，1-2号，日本道徳教育学会，1997年。

山口理沙「シュタイナー教育論における教育関係考察―教師と子どもの関係性―」『関東教育学会紀要』第34号，関東教育学会，2007年。

吉田熊次「精神に関する哲学的見解の新傾向」『哲学雑誌』哲學會，第38巻，第437号，1923年。

渡邊一夫「R．シュタイナー学校（自由ヴァルドルフ学校）～ヴァルドルフ学校運動～」『弘前大学教育学部紀要』第82号，弘前大学教育学部，1999年。

渡邊照宏「ルドルフ・シュタイナー（上）」『成長』1953年9月号。

渡邊照宏「秘教の現代的復興」『大法輪』1970年8月号。

渡辺英之「シュタイナー教育学における現象学の可能性」『京都精華大学紀要』第14号，京都精華大学，1998年。

渡辺裕子「ルドルフ・シュタイナーにおける性教育の理論」『教育科学研究年報』第28号，関西学院大学文学部教育学科，2002年。

3．事典・辞典

荒川幾男・生松敬三・市川浩他編『哲学事典』平凡社，1982年。

入澤宗壽『入澤教育事典』教育研究社，1932年。

教育思想史学会編『教育思想事典』勁草書房，2000年。

ゲティングス，F.著，松田幸雄訳『オカルトの事典』青土社，1993年。

小林澄兄『教育百科辞典』慶応出版社，1950年。

篠田英雄編『西洋人名辞典』岩波書店，1982年。

篠原助市『改訂　教育辞典』實文館，1935年。

寺崎昌男編著『教育名言辞典』東京書籍，1999年。

ナタフ，A.著，高橋誠・桑子利男・鈴木啓司・林好雄訳『オカルティズム事典』三交社，1998年。

山折哲雄監修『世界宗教大辞典』平凡社，1991年。

1. その他

入澤宗壽「欧米學校視察談」『教育思潮研究』第5巻，第1・2輯，1931年。

衛藤吉則「谷本富とシュタイナー教育学」（日本教育学会第57回大会発表資料，於：香川大学），1998年8月28日。

衛藤吉則「隈本有尚とシュタイナー思想との関係について」（日本仏教育学会第8回大会発表用レジュメ，於：鶴見大学），1999年12月4日。

大村祐子編著『シュタイナー教育に学ぶ通信講座』（第1期，第2期，第3期），ほんの木，1999-2002年。

近藤陽子「自由ヴァルドルフ学校の地理教育Ｉ—第4～8学年のカリキュラムから—」（日本カリキュラム学会第5回大会自由研究発表資料，於：東京大学），1994年7月3日。

近藤陽子「自由ヴァルドルフ学校の地理教育Ⅱ—カリキュラムと授業方法の観点から—」（日本教育学会第53回大会自由研究発表資料，於：東北大学），1994年8月24日。

今野裕一「ルドルフ・シュタイナーの思想」読売新聞，1981年10月24日朝刊。

佐柳理奈「根付く異色教育」（教育の森）毎日新聞，2002年10月7日朝刊。

永田佳之「広まるシュタイナー学校群」『内外教育』第5561号，2005年4月26日。

広瀬俊雄「R.シュタイナーの教育方法論—人間学に基づくカリキュラム編成の原理を中心に—」（日本教育学会第41回大会研究発表資料，於：東北大学），1982年8月28日。

味形修「教師の自己教育における『学び』の姿勢—R・シュタイナー／林竹二を通して」（日本教師教育学会第10回大会自由研究発表資料，於：愛知県立大学），2000年10月7日。

山岸駿介「米で見たシュタイナー教育」朝日新聞，1993年4月19日朝刊。

若林伸吉「ヴァルドルフ幼稚園・学校における道徳教育の研究」『広島大学大学院学校教育研究科修士論文抄』第16巻，1997年。

『現代神秘学』第3号，現代神秘学刊行，1977年。

『人智学研究』第1号，人智学出版社，1980年。

『人智学研究』第2号，人智学出版社，1981年。

『人智学研究』第3号，人智学出版社，1982年。

『第三の道』第3号，人智学出版社，1985年。

『第三の道』第7号，人智学出版社，1989年。

『ルドルフ・シュタイナー研究』創刊号，人智学出版社，1978年。

『ルドルフ・シュタイナー研究』第2号，人智学出版社，1978年。

『ルドルフ・シュタイナー研究』第3号，人智学出版社，1979年。

『ルドルフ・シュタイナー研究』第4号，人智学出版社，1979年。

『ユリイカ』青土社，2000年5月号。

CD-ROM 版「R. シュタイナー 1」エヌオンライン社, 2004 年。
CD-ROM 版「Waldorfpaedagogik und Steiner」エヌオンライン社, 2004 年。

Ⅲ. 本研究に関連する筆者の著書・論文
 1. 著書
吉田武男『シュタイナー教育を学びたい人のために―シュタイナー教育研究入門―』
　　　協同出版, 1997 年, 全 157 頁（単著）。
吉田武男『シュタイナーの教育名言 100 選』学事出版, 2001 年, 全 214 頁（単著）。

 2. 論文
吉田武男「自由ヴァルドルフ学校に関する一考察―教師の資質に焦点をあてて―」
　　　『関西教育学会紀要』第 5 巻, 関西教育学会, 1981 年, 39-43 頁（単著）。
吉田武男「自由ヴァルドルフ学校における教育方法に関する研究―下級学年のエポッ
　　　ク授業を中心として―」『関西教育学会紀要』第 6 巻, 関西教育学会, 1982 年,
　　　37-40 頁（単著）。
吉田武男「シュタイナーの教育方法論における情意への働きかけの理念と実際的方
　　　法」『教育学研究集録』第 7 集, 筑波大学大学院博士課程教育学研究科, 1983 年,
　　　107-118 頁（単著）。
吉田武男「シュタイナーにおける幼児期の教育方法論の特質」『教育方法学研究』第
　　　10 巻, 日本教育方法学会, 1985 年, 21-27 頁（単著）。
吉田武男「R. シュタイナーにおける児童期の教育方法論の特質―発達観との関係を
　　　中心として―」『教育学系論集』第 10 巻, 1 号, 筑波大学教育学系, 1985 年,
　　　92-106 頁（単著）。
吉田武男「自由ヴァルドルフ学校の『自由キリスト教的宗教教授』の特質」『教育方
　　　法学研究』第 7 集, 教育方法研究会, 1986 年, 175-191 頁（単著）。
吉田武男「シュタイナーの教育方法論の特質―発達との関係を中心として―」『教
　　　育学研究』第 54 巻, 第 2 号, 日本教育学会, 1987 年, 12-21 頁（単著）。
吉田武男「シュタイナーにおける児童期の道徳教育の特質」『道徳教育研究』第 149 号,
　　　日本道徳基礎教育学会, 1987 年, 1987 年, 16-24 頁（単著）。
吉田武男「シュタイナー学校の若い教師」小島弘道編著『教育改革と若い教師への
　　　期待』エイデル研究所, 1987 年, 240-259 頁（単著）。
吉田武男「授業における『芸術的要素』の浸透」山口満・宮崎州弘編著『教育課程・
　　　方法』日本教育図書センター, 1987 年, 131-157 頁（単著）。
吉田武男「シュタイナーの教育思想の形成 (1)」『教育方法学研究』第 8 集, 教育方
　　　法研究会, 1988 年, 65-88 頁（単著）。
吉田武男「自由ヴァルドルフ学校における『エポック方式』の特質」『研究論集』

No.52, 関西外国語大学, 1990年, 45-57頁（単著）．
吉田武男「シュタイナーの教育方法論における『気質』の意義」『研究論集』No.54, 関西外国語大学, 1991年, 259-269頁（単著）．
吉田武男「教育の根底を支える精神的心意的な諸力」金子茂・三笠乙彦編著『教育名著の愉しみ』時事通信社, 1991年, 119-126頁（単著）．
吉田武男「シュタイナーの教育思想の形成(2)」『教育方法学研究』第11集, 教育方法研究会, 1993年, 75-92頁（単著）．
吉田武男「自由ヴァルドルフ学校における学級担任制の特質―シュタイナーの教育観を手がかりにして―」『日本教育経営学会紀要』第36号, 日本教育経営学会, 1994年, 98-110頁（単著）．
吉田武男「シュタイナーの幼児教育の特質―子どもに対する大人の接し方に着目して―」『高知大学教育学部研究報告』第50号, 第1部, 高知大学教育学部, 1995年, 255-263頁（単著）．
吉田武男「シュタイナーの教育理論―『読み聞かせ』を中心として―」『高知大学教育学部研究報告』第51号, 第1部, 高知大学教育学部, 1996年, 83-91頁（共著）．
吉田武男「自由ヴァルドルフ学校の教育評価とその学力観」長谷川栄編著『現代学力形成論』協同出版, 1996年, 137-156頁（単著）．
吉田武男「シュタイナーの教育理論―『文法指導』を中心として―」『高知大学教育学部研究報告』第52号, 第1部, 高知大学教育学部, 1996年, 261-272頁（共著）．
吉田武男「シュタイナーの教育思想の形成(3)」『高知大学教育学部研究報告』第53号, 第1部, 高知大学教育学部, 1997年, 197-205頁（単著）．
吉田武男「シュタイナー学校」天野正治・結城忠・別府昭郎編著『ドイツの教育』東信堂, 1998年, 143-149頁（単著）．
吉田武男「シュタイナー教育における道徳教育の方法の基本原理―シュタイナーの教育観を手がかりとして―」『道徳教育論集』第2号, 日本道徳基礎教育学会, 1999年, 3-19頁（単著）．
吉田武男「シュタイナー教育から『心の教育』を考える」『道徳教育研究』第193号, 日本道徳基礎教育学会, 1999年, 27-42頁（単著）．
吉田武男「シュタイナー教育とホリスティック教育」『ホリスティック教育研究』第3号, 日本ホリスティック教育協会, 2000年, 13-19頁（単著）．
吉田武男「シュタイナー教育の視点から見た説話法―我が国の小学校における道徳学習の指導法の再検討―」『筑波大学道徳教育研究』第2号, 筑波大学道徳教育研究会, 2001年, 1-11頁（単著）．
吉田武男「シュタイナー学校におけるカリキュラムと教師の力量」山口満編著『現代カリキュラム研究』学文社, 2001年, 316-327頁（単著）．
吉田武男「総合的学習とエポック授業」日本ホリスティック教育協会, 吉田敦彦・今井重孝編著『いのちに根ざす日本のホリスティック教育』せせらぎ出版,

2001年，166-177頁（単著）。

吉田武男「シュタイナー学校における道徳教育―算数教材で育む道徳性―」『筑波大学道徳教育研究』第3号，筑波大学道徳教育研究会，2002年，15-27頁（単著）。

吉田武男「シュタイナーの教育論における『臨床の知』―教師と子どもとの関係性に着目して―」『教育学研究』第69巻，第3号，日本教育学会，2002年，333-343頁（単著）。

吉田武男「シュタイナー学校における道徳教育―地理教材で育む道徳性―」『筑波大学道徳教育研究』第4号，筑波大学道徳教育研究会，2003年，13-22頁（単著）。

吉田武男「シュタイナー学校における道徳教育―動物学教材で育む人間性と道徳性―」『筑波大学道徳教育研究』第5号，筑波大学道徳教育研究会，2004年，17-28頁（単著）。

吉田武男「シュタイナー学校における道徳教育―植物学教材で育む道徳性―」『筑波大学道徳教育研究』第6号，筑波大学道徳教育研究会，2005年，1-8頁（単著）。

吉田武男「わが国におけるシュタイナー教育の現状」『道徳教育研究』第213号，日本道徳基礎教育学会，2005年，27-35頁（単著）。

吉田武男「シュタイナーの道徳力」『筑波大学道徳教育研究』第7号，筑波大学道徳教育研究会，2006年，1-9頁（単著）。

吉田武男「シュタイナーの道徳教育論の形成過程―神智学から人智学への思想的変移に着目して―」『筑波大学道徳教育研究』第8号，筑波大学道徳教育研究会，2007年，23-39頁（単著）。

吉田武男「Moralerziehung ohne Moralunterricht an den Freien Waldorfschulen」『学校教育学研究紀要』（筑波大学大学院人間総合科学研究科），創刊号，2008年，87-96頁（単著）。

3．その他

吉田武男『ドイツ新教育運動における教育方法論の基礎的研究―自由ヴァルドルフ学校とメルツ学校の比較検討を通して―』（平成7～8年度文部省科学研究費補助金基盤研究（C）(2)研究成果報告書，研究代表者・吉田武男），1997年，全58頁（単著）。

吉田武男「＜研究ノート＞シュタイナー教育から学べるもの」『教育と教育思想』第19集，筑波大学教育思想研究会，1999年，57-70頁（単著）。

吉田武男「シュタイナー」吉田武男編著『道徳教育とその指導法』NSK出版，2001年，43-45頁（単著）。

吉田武男「シュタイナー」吉田武男編著『改訂 道徳教育とその指導法』NSK出版，2005年，44-49頁（単著）。

吉田武男「シュタイナー学校の実践」吉田武男編著『道徳教育の指導法の課題と改善―心理主義からの脱却―』NSK出版，2008年，90-91頁（単著）。

あ と が き

　内容にはまだまだ不備であることを著者自身が十二分に自覚しているが，一昨年よりドイツのニュルンベルクの自由ヴァルドルフ学校において新たなる視点からの研究を始めたこともあって，このたび，これまでの研究に一区切りをつけ，これからの研究の基点にしたいという思いと，シュタイナーの人間形成論ないしは自由ヴァルドルフ学校について今後多くの研究者によってなされるに違いない探索の一つの踏み台になりたいという願いから，本書を公にすることにした。そのような本書ではあるが，できるまでには，多くの方々のご指導やご支援をいただいた。この機会に，少し長くなるが，感謝の気持ちを，これまでの半生を振り返りながら厚かましく記させていただきたいと思う。

　1979年4月に筑波大学大学院修士課程教育研究科に入学して，その秋ごろから修士論文の研究テーマを本格的に探し始め，ドイツ教育に関する著作を読んでいた。あるとき，天野正治先生の『現代ドイツの教育』を読んでいると，「教科書がない」「テストがない」という奇妙な特徴の学校が私の目にとまった。その特徴は，学業成績が決してよくない，いや明白に悪かった私にとって，共感・共鳴を覚えるものであった。それが，私とシュタイナーとの出会いであった。それ以来，シュタイナーに関する研究は，マイペースで現在までおよそ30年近く続いている。

　その間，シュタイナーへの関心は，私の人生において多くの人たちとの出会いを用意してくれることになった。当初は，新田義之先生の読書会や高橋巖先生の研究会に，のちには上松佑二先生や子安美知子先生が中心となって設立したシュタイナー・ハウスのさまざまな読書会・研究会・講演会に，そのうえ上松恵津子先生のオイリュトミー教室にも参加し，シュタイナーに関する貴重な情報を得るとともに，そこで多種多様な体験をさせてもらった。さらには，教育学者の方から学びたいと考え，まず最初にシュタイナーの思想や自由ヴァル

ドルフ学校について著作のなかで論及されていた長尾十三二先生に頼み込んで立教大学大学院のゼミに，およびその後に設立された世界教育史研究会にも，また少しあとで天野正治先生が主宰されていたドイツ教育研究会にも，厚かましくも参加させていただいた。それに加えて，松島鈞先生が主催されていた西洋教育史研究会において発表させていただいたことも大いに刺激になった。

　シュタイナーに関して手探り状態であった当時，これらの諸先生方との出会いがなければ，シュタイナー研究をその後も続けていくことはとても不可能であったと思われる。特に，そうした研究会で出会った方々のなかには，今でもなお研究上の交流が続いているという人も少なくない。その意味でも，何よりもまず，これらの諸先生方から過分な知遇をいただいたことに対して心より感謝申し上げたい。

　また，当時を振り返ってみるとき，そのようなかたちで学生時代にシュタイナー研究を自由に行うことを認め，教育学研究の基礎的な事柄からあたたかくご指導していただいた恩師の長谷川榮先生の存在が大きかったように思う。正確には言えないが，わが国の教育学研究分野において，シュタイナーを修士論文の主題として取りあげたのは，私のもの（1981年1月，筑波大学大学院教育研究科に提出）がかなり早かったのではないだろうか（ただし，教育学研究分野以外では，修士論文としては上松祐二先生や浅田豊氏のものがそれぞれ早稲田大学大学院や東京大学大学院に数年前に提出されていたが，教育学研究分野では，同時期に鈴木そよ子氏が東京大学大学院教育学研究科に提出している）。もし仮に私の知らないところでいくつかの教育学研究分野のものが存在していたとしても，その数はおそらくほんのわずかであろう。何しろ，当時は，シュタイナーを教育学研究の対象にすることは，オカルト的な宗教を基盤にもつ教育思想であるという理由から，憚られた時代であった。しかし，長谷川先生はシュタイナーを修士論文のテーマにすることに対して，困惑されながらも認めてくださった。その意味で，先生との出会いがなければ，本書の刊行どころか，間違いなくそれに至るまでのシュタイナー研究の進展はなかったかもしれない。

あとがき　*371*

　今でも思い出されるのは，研究室のゼミや個別指導のたびに，内容の浅い稚拙な私の論文を読まれて，眉間にしわを寄せながら「うーん，吉田君ねー」と指導に苦慮される先生の姿だ。今回，大学院生からの継続研究の一区切りとして，たとえ粗末なものであるとしても，とりあえず本書をまとめられたことは，そんな不肖の弟子であるだけに，また眉間にしわを寄せられるかもしれないが，きっと少しばかりは喜んでいただけると思う。この場を借りて先生に感謝を申し上げるとともに，先生のいっそうのご健康とご長寿を祈念したい。

　その長谷川榮先生がおられた筑波大学を離れたのは，1988年3月のことであった。その4月からは学生時代に終わりを告げ，故郷の奈良に居を構えて関西外国語大学に勤務し，1994年4月からは高知大学教育学部に転勤した。筑波を離れると，アカデミックな研究からもついつい脇道にそれがちであったが，それを踏みとどめる役を果たしてくれた幸運の出会いが二つあった。

　一つは，宮本健市郎さんの呼びかけで発足した比較教育史研究会であった。今では，勤務先の変更もあって，メンバーもかなり入れ替わってしまったが，発足当時，メンバーとして尾上雅信さん，名須川知子さん，菅野史彦さんがおられた。全員が関東で大学院時代を過ごしたメンバーであったが，関西でもアカデミックな研究をお互いに続けていけるような機会を作り出すということが，会設立の一つの大きな動機であった。シュタイナー思想に関する私の発表の際には，メンバーからいつも忌憚のない意見をいただき，アカデミックな刺激を与えてもらった。メンバーのすべての方々は，すでに学位を取得され，論文を著書として出版されている。したがって，本書の刊行によって，ようやく皆様方の末席に，最も年長であった私も遅ればせながらたどり着くことができた。いつの日か，当初のメンバーが集まって，昔話とともに，アカデミックな研究談義をまた繰り広げてみたいものだ。

　もう一つは，関西外国語大学への就職の道をつけてくださった佐伯正一先生（故人）との出会いである。出勤日が同じ曜日には，1キロほど離れた先生の自宅に迎えに行ってから，大学まで一緒に車で通勤していた。片道1時間のなか

で，しばしば先生から学問内容やそれへの探究の姿勢をはじめ，日常の態度や姿勢まで，きびしく叱られながら，さまざまなことを教えてもらった。ときには，先生を怒らせてしまい，そのたびに今は亡き奥さんに仲裁に入っていただいた。奥さんからは，いつもやさしい励ましのお言葉をかけてもらったが，先生からは研究のみならず生活に関しては叱られっぱなしで，まったくと言ってよいほど褒めてもらえなかった。先生が褒めてくれたのは，唯一，「君はタクシーの運転手よりうまいな」だけであった。それだけに，学位請求論文をまとめて，一生に一度だけでも学問のことで褒めてもらいたかったが，私がぐずぐずしている間に，先生ご夫妻は数年前に逝かれてしまった。生前に，先生のご自宅の応接間で，そして奥様が横に同席されているときに，先生に「できました」と言って，本書を贈呈したかった。それが自分の非力と怠慢で叶わなかったことが，本当に情けなく無念でならない。また叱られてしまうかもしれないが，あの世の先生と奥さんに喜んでもらえることを願って，本書を捧げたいと思う。先生と奥様のご冥福を心よりお祈りしたい。

　1994年4月に，高知大学に転勤することになったが，上記の研究会への参加と，佐伯先生宅への訪問は続くことになった。そのような関係が，四国の片田舎で生活する私に，これまで以上に貴重な研究上の刺激を与え続けてくれた。

　その四国での生活は，今から振り返ってみると，私の人生にとって本当によい機会を提供してくれたと，運命に感謝したいと思う。なぜなら，豊かな自然のもと，雑務にせき立てられることなく，のんびりとマイペースで研究を進めることができたからだ。しかも，そこでは，その後の教育研究活動の基盤となる元気をもらった。特に，野地照樹先生（高知大学サッカー部監督，国語教育研究の大家である野地潤家先生のご子息でもある）のご好意で大学のサッカー部に部長やコーチとしてかかわらせていただいたことは，研究に行き詰まったときにはよい意味での気分転換や息抜きにもなった。野地照樹先生がイギリスへの在外研究でおられない秋の大学選手権のときに，全国大会で部長の私が監督代行としてベンチで「がんばれ」と言って座っているだけで，先生のもとで指

あとがき 373

導された地方の国立大学の選手たちが走り回り，本州の強豪チームを次々と撃破して全国3位になったときには言いようのない驚きと感動を年甲斐もなく覚えたものだ。現在，研究室の棚の上に，そのときに記念にいただいた銅メダルが置かれている。今でも，研究に行き詰まったときには，それを見ながらあのときの国立西が丘サッカー場のことを懐かしく思い出しながら，今の自分を奮い立たせている。高知時代に野地照樹先生と協力して，地方国立大学による夢の全国制覇を達成するということは叶わなかったが，学究生活のなかにあって，南国土佐の地で夢に向かって邁進するという青春を学生たちの横で体験させてもらい，そこから目標に向かって生きる鋭気と活力を養わせていただいたことに対して，先生とサッカー部の選手たちに心より感謝したい。

　高知大学で4年あまり勤務したあと，1999年9月に母校の筑波大学に戻ることになった。そこでは，道徳教育学の領域に所属することになった。できるだけ早く研究論文をまとめなければいけないと思いつつ，日常の業務に追われ，なかなか作業を進めることができなかったが，2006年6月に，ようやく筑波大学に博士（教育学）学位請求論文を提出した。その審査過程においては，不思議なご縁としか言いようがないが，長尾十三二先生のお弟子に当たる福田弘先生に論文審査の主査を務めていただき，温かい励ましとともに，研究上の貴重なご指導とご助言をいただいた。人のご縁というものに対して畏怖の念をいだくとともに，福田弘先生に深く感謝を申し上げたい。また，渡邊光雄先生，山内芳文先生，大髙泉先生，塚田泰彦先生からもご指導とご助言をいただいた。同じく感謝の意を表したい。そのなかでも特に，遅々として進まない私の研究状況を見かねて，多忙な仕事の合間をぬってはしばしば夜中に研究室まで来られ，時には厳しく，時には温かく励ましていただいた山内芳文先生には，重ねてお礼を申し上げたい。

　資料収集に関しては，筑波大学をはじめ，東京大学，京都大学，関西学院大学，国会図書館，国立教育政策研究所，東京ドイツ文化センターなどの国内の図書館所蔵の貴重な資料を利用させていただいた。また，天野正治先生，福田

弘先生，今井康雄先生，森章吾さんからは，お持ちのシュタイナー関係の資料をお見せいただいた。厚くお礼を申し上げたい。

　さらに，この機会に，このような研究の途につく基盤やきっかけをつくっていただいた故郷奈良での出会いについて，振り返ってぜひここに記し，感謝の気持ちを伝えておきたい。

　奈良教育大学卒業後，すぐに小学校教員になったが，卒業直前から何かわだかまりを感じはじめていたところに，勤務校でいろいろなこともあって教員を1年間で辞することに決めた。その学校は，たまたま文部省（現在の文部科学省）や奈良県の指定した同和教育の推進校であった。もちろんそこでの勤務は骨の折れるものだったが，差別の結果としての低学力の問題を克服しようとするこの学校の教師のソーシャルワーク的な実践は，私にとって教育のあり方を考える際の大きな拠り所の一つになった。特にその実践の体験は，現実の病理的教育現象において，原因としてではなく結果として生じている社会的・日常的な情況性の根本的な解決に向けて全身全霊を込めて継続的に取り組むことなく，その情況性を切り離したかたちで個人の心理的な原因（要因）の分析やその対症療法に終始する職業的な専門家のかかわり方に対しては，納得しきれない自分の研究姿勢を培ったように思われる。その意味で，小学校教員の1年間は，同僚の先生方と受け持った子どもたちに迷惑をかける結果となってしまったが，私にとっては貴重な現場経験になった。

　その後の進路については，多数の知り合いの方々に相談させてもらった。数年前に他界されてしまったが，私自身の小学校の担任教師であった辻貞三先生（故人）に，ときには八代龍王神感寺というお寺の岩佐亮教和尚（故人）に，さらには何人もの小中学校時代の同級生や勤務校の先生方などにお世話になった。そのなかでも，秋田大学から奈良教育大学に着任されたばかりの山口満先生には，日常的に長きにわたってお世話になりっぱなしであった。最終的に，専攻科で1年間にわたって教育学の勉強をしたのち，大学院に進学することに決めたが，そこで，まさに教育学のイロハからご指導いただいたのが，山口満先生

だった。先生には，筑波大学大学院の入学試験に合格したときに，両親の説得まで苦心していただいた。そして，それからおよそ20年後に奇しくも筑波大学に教員として着任してからも，当時筑波大学教育学系長の任にあった山口満先生に再びお世話になった。結局，先生には，二つの大学において直接的にお世話になった。本当にありがたく思っている。聞くところによると，先生も喜寿を迎えられたと伺っている。先生のご健康とご長寿を祈念してやまない。

　実際のところ，ここにお名前をあげさせていただいた以外にも，多く方々のお世話になり，言葉にできないほどの「御蔭」を受けて今日に至っている。この場を借りて，すべての方々に改めて心より感謝したい。本当にありがとうございました。

　最後になったが，本書の出版をお引き受けていただいた学文社の田中千津子代表，編集の際に適切なご支援ご配慮をいただいた編集部の二村和樹課長と落合絵理さんに対して厚くお礼申し上げたい。

2008年秋

吉　田　武　男

事項索引

あ行

アスコナ　102, 107, 136, 178
アストラル体　152, 159-162, 164, 206, 217, 220
アトランティス期　103, 143
アトランティス大陸　97
アロパシー　231
生き生きした概念　321, 332
意志感覚　201, 202, 269, 273, 274, 276, 308, 313, 331, 333, 337
意識心性　151, 152
イマジナツィオーン　120, 159, 179, 187, 196, 208, 287, 302
インカルケーション　iii, 1, 9
インスピラツィオーン　120, 179, 181, 186, 196, 287
イントゥイツィオーン　74, 120, 180, 181, 183, 184, 186, 188, 196, 287
インドクトリネーション　9, 10
運動感覚　201, 281
運動組織　159
永劫回帰　94
エーテル体　147, 151, 152, 159-162, 164, 205, 206, 220
エジプト・カルデア期　143, 189
エポック授業　24, 25, 35, 210, 213, 229, 233, 258, 259, 261, 262, 267, 268, 270-272, 274-277, 280, 290, 293, 300, 301, 304, 305, 318-321, 331, 336
エポックノート　168, 301, 334
エポック方式　24, 232, 261-263, 265, 280, 290, 296
演劇協会　90
オイリュトミー　121-123, 140, 210, 229, 262

か行

価値の明確化　iii, 1, 9, 10
カバラ　132
神への愛　241, 244
感覚から自由な思考　71, 112, 150, 151, 201
感覚心性　151, 152
感覚体　160, 206
感覚的心性　152, 205
関係の次元　24, 198, 206, 214, 217, 220, 288
感情感覚　201, 228
基幹授業　280
気質　18, 24, 142, 161, 162, 164-166, 198, 199, 205, 221-227, 230, 231, 253, 258, 259, 285, 288, 290, 293, 294, 337
気質教育　221, 222
基礎授業　229, 262
来たるべき人々　91, 96, 134, 135
基本的徳性　240, 242, 244, 246, 251, 289, 296, 315
嗅覚　201, 228, 281
教育芸術　167
教育的タクト　236
共産主義的無政府主義　92
教授法の次元　24, 198, 206, 208, 213, 217, 220, 288
恭順者　216, 217, 220, 253, 260
ギリシャ・ラテン期　143, 172, 189

事項索引 377

空気遠近法　316, 338
グノシス主義　111, 117, 137
経済性　262-265
芸術的要素　213, 220, 261, 263, 312
血液組織　159
ゲーテ・シラー文書館　65, 67, 68, 82, 85
ゲーテアヌム　123, 124
権威者　16, 214-218, 220, 246, 247, 249, 250, 252, 253, 257, 259-261, 277, 290, 303
言語感覚　201, 281
後アトランティス期　143
　──の第5文化期　143, 144, 148, 160, 172, 286, 294
行為への愛　74, 75, 156, 284
呼吸組織　159
国際新教育協会　294
個人主義的無政府主義　92-94
悟性心性　151, 152, 205
古代インド期　143, 189
古代ペルシャ期　143, 189
ゴルゴダの秘蹟　100, 106, 110, 111

さ　行

サーンキヤ説　111
自我　152, 159-162, 164, 206
自我感覚　201, 202, 228, 233, 268, 271, 272, 275-277, 281, 290, 305, 320, 331
視覚　201, 281
自我体　206
思考感覚　201, 281
自己教育　225, 226, 289
射影幾何学　309
社会有機体三分節化運動　39, 126, 168-172, 198, 285, 286, 288
ジャスト・コミュニティ　9
自由ヴァルドルフ学校　i, ii, 1-8, 11-15, 18-20, 22, 24, 25, 29, 30, 35, 36, 39, 126, 13 9, 140, 149, 158, 168, 172, 174, 190, 191, 1 94, 203, 210, 214, 232, 235, 253, 254, 258, 2 60, 261, 267, 279, 280, 285, 286, 293, 296, 2 98, 310-312, 318
自由ヴァルドルフ学校連盟　25, 140, 194, 261
自由人　67, 198, 199, 203, 204, 227, 257, 288, 290, 293-295
集中性　262, 263, 265
自由文学協会　89, 90
主要授業　229, 280
純粋思考　71
唱導　10
触覚　201, 228, 281
ジョルダーノ・ブルーノ同盟　136
人格教育　iii, 1, 9, 298
新カント主義　52, 57
神経組織　159, 166
心性体　151, 152
神智学　19, 22, 38, 80, 94-104, 106, 109-112, 114, 117, 119, 121, 134-136, 139, 144, 149, 150, 152, 165, 166, 173-178, 234, 240, 258, 277, 284, 285, 287, 290, 293-297
人智学　i, 3, 7, 22, 25, 38, 55, 93, 102, 106, 114, 117-119, 124, 126, 127, 135, 136, 139, 142, 144, 149, 150, 177, 178, 192, 258, 284, 285, 287, 292, 294, 297, 298, 314
神智学協会　22, 38, 39, 95, 96, 98, 100-102, 104-106, 110-118, 120, 121, 124, 134, 138, 149, 154, 173, 177, 188, 193, 258, 284-286, 297, 299
人智学協会　39, 114, 115, 117, 118, 124, 136, 285
新陳代謝組織　159, 166
神秘劇　77, 121
神秘主義　8, 78-80, 94, 98, 99, 109, 112, 117, 118, 132, 284

水彩画　　210
精神我　　151, 152
精神科学　　22, 38, 64, 72, 182, 195, 196, 205, 283, 284
精神人　　151, 152, 205
精神に充ちた意識心性　　152, 205
生命感覚　　201, 281
生命精神　　151, 152, 205
生命体　　152, 159, 160, 205, 206
節度　　269, 307, 308, 312
全人　　198-200, 202, 227, 242, 243, 257, 288, 290, 293-295
専門教科授業　　210, 258
想起　　264, 290
素描　　210

た　行

体液病理説　　163
多血質　　164, 223, 224, 231, 337
胆汁質　　164, 165, 223, 224, 231, 337
聴覚　　201, 281
超人　　94
超物質的なもの　　308
直観教授　　273, 274, 333, 334, 336
定義づけ　　330, 332
定言命令　　67, 72, 155
徹底的学校改革者同盟　　11, 35, 212
田園教育舎運動　　14, 291, 298
道徳的感覚　　242, 243, 313
道徳的技法　　183, 186-188, 287
道徳的衝動　　5, 20, 183, 235, 238
道徳的ファンタジー　　183-188, 268, 274-276, 287, 305, 337
道徳的雰囲気　　256, 257, 290, 298, 300
道徳的理念能力　　183, 184, 186-188, 287
東方の星教団　　113
特徴づけ　　330, 332, 334, 335

徳目主義　　9
ドルナッハ　　124, 170

な　行

内容の次元　　24, 198, 206, 210, 213, 216, 220, 288
半ば超物質的なもの　　269, 308
人間的個体　　75, 76, 169, 177, 284, 286
認識感覚　　202, 268, 271, 272, 275, 276, 305, 320, 331
熱感覚　　201, 281
粘液質　　164, 223, 224, 231, 337

は　行

バウハウス　　120
薔薇十字団　　111, 117, 138
反ユダヤ主義防衛連盟　　91
ファンタジー　　120, 159, 176, 207, 209, 213, 233, 261, 265, 267, 268, 273-277, 290, 293, 300-304, 316, 333, 335-337
物質体　　152, 159-162, 164, 206, 207
物質的肉体　　151, 152, 205
フリーメーソン　　57, 79, 129, 132
プレモントレ会　　39, 127
平衡感覚　　201, 202, 233, 269, 274, 275, 277, 281, 290, 307-309, 313, 333, 337
ヘルバルト派　　291, 293
忘却　　264, 265
ホメオパシー　　199, 222, 230, 231, 288
ホリスティック教育　　i, 3

ま　行

まったく物質的なもの　　308
味覚　　201, 281
実りの多い休憩　　262, 264, 265
模範　　208, 209, 243, 247, 252, 289
模範者　　209, 220, 253

模倣　　207-209, 212, 220, 241-244, 247, 252, 289
模倣者　　209, 220, 253
モラル・ディスカッション　　9, 10

や行

憂鬱質　　164, 165, 221-224, 231, 337
ユネスコ　　i, 3, 4, 258
読み聞かせ　　267, 268, 275, 301-305, 337

ら行

リズム組織　　159, 166
隣人愛　　270, 271, 276, 315, 319, 320

倫理相対主義　　9, 298
倫理的愛　　74
倫理的行為　　73
倫理的個体主義　　18, 72, 76, 92, 99, 119, 143, 169, 177, 178, 182, 186, 188, 189, 199, 204, 284, 286, 287, 295, 296
倫理的善　　154, 155
レムリア期　　103, 143
レムリア大陸　　97
労働者教養学校　　93, 292
ロマン主義　　19, 52, 57, 94, 225, 227, 257, 291, 292, 295

人名索引

あ 行

アーレント, W. 134
アイスナー, E. 3
天野正治 13
アランデール, G. S. 299
アルベルト, W. 11, 213, 261
アルント, R. G. 231
伊藤啓一 10
入澤宗壽 12, 13, 31
ヴィネケン, G. 14
ウィルソン, C. 133
上田敏 134
ウルリヒ, H. 12, 174, 295, 297
ヴント, W. M. 159
エストライヒ, P. 11, 27, 212
エックシュタイン, F. 134
エックハルト, M. 95, 132
衛藤吉則 30, 31, 298
エミヒョーフェン, F. M. Z. van. 23
エンゲルス, F. 167
エンソア, B. 294, 299
エンデ, M. 3, 196
オイニケ, A. 134
大志萬準治 13
オームス, H. 280
押谷由夫 10
小原國芳 190
オルコット, H. S. 96, 112

か 行

カルゼン, F. 14, 27, 293
カルルグレン, F. 23, 91, 102, 123, 124, 149, 170
ガレノス, K. 163
カンデンスキー, W. 120, 139
カント, I. 49, 52, 53, 57, 58, 62, 67-76, 84, 155, 163, 173, 240, 284
キュルシュナー, J. 59, 64, 65
隈本有尚 12, 190
クラーニッヒ, E. M. 17, 18, 262
グラチェ, M. E. delle 132
クリシュナムルティ, J. 113, 116, 138, 297
クレッチマー, E. 163
ゲーテ, J. W. von. 57-69, 76, 84, 88, 95, 98, 124, 129, 132, 133, 161, 173, 174, 188, 210, 216, 220, 225, 229, 249, 252, 257, 258, 260, 284, 291, 292
コール, H. 3
コールバーグ, L. 9, 10
コグツキィ, F. 77-79, 132
小杉英了 116
コメニウス, J. A. 280
子安美知子 5, 13, 31, 191

さ 行

サイモン, S. B. 9
佐伯正一 280
ジーフェルス, M. von 102, 121, 124, 125, 139
シェパード, A. P. 23, 49, 51, 87, 91, 114-119, 174-176, 183, 234, 257, 292, 296
シェリング, F. W. J. von. 53, 88, 133
シャイベ, W. 13, 296, 298
シュヴァイカート, R. 3

人名索引

シュヴァイツァー, A.　107, 108, 111, 118, 137, 291
シューレ, E.　78
シュッフハルツ, M.　18
シュティルナー, M.　92
シュテルン, W.　31
シュナイダー, W.　12
シュプランガー, E.　5, 11
シュルツ, H.　231
シュレーアー, K. J.　57-60, 77, 80-82, 129, 130
シュレーダー, G. F. K.　3
ショーペンハウエル, A.　68, 84, 88, 94, 131, 133
シラー, H.　17
シラー, Ch. F. von.　59, 63, 64, 68
シリー, O.　3
スピノザ, B. de.　66

た 行

ダーウィン, Ch. R.　76, 96, 97, 107
高橋巌　26, 132, 192
高橋勝　4
谷本富　4, 12, 13, 31, 122
ツィンメルマン, H.　17
ツィンメルマン, R. von.　54, 55
ディルタイ, W.　178
デュルケム, É.　9
ドーナンニー, K. von.　3
トロクスラー, I. P. V.　163

な 行

長尾十三二　i, 4, 13, 14, 27
ナトルプ, P.　171
ニーチェ, F. W.　84, 85, 87, 88, 94, 99, 107, 135, 291, 292
西川隆範　118, 136

新田義之　26
ニュートン, I.　58, 59
ノール, H.　11, 296

は 行

ハーネマン, S.　222, 230
パウル, J.　68, 84, 131
バルデ, F.　77, 131
ハルトマン, K. R. E. von　84, 87, 88, 94, 133
ヒポクラテス　163, 231
ヒューベーシュライデン, W.　113
平野正久　14
広瀬俊雄　15, 99, 227
フィッシャー, F. T.　63, 65
フィヒテ, J. G.　53, 57, 68, 70, 84, 150
フッサール, E.　54
ブッセ, C.　134
ブーバー, M.　136
ブラヴァツキー, H. P.　96, 97, 101, 102, 112, 135, 146, 166, 175, 190, 193, 234, 257, 258, 286, 290, 292, 293
プラトン　103
プランゲ, K.　12, 295
フリードユング, H.　80
フリットナー, W.　13
ブリュッゲ, P.　2, 6
ブルーノ, J.　284
フレネ, C.　14
ブレンターノ, F.　54, 55, 57, 71, 128
ブロイアー, J.　81, 82, 291
フロイト, S.　81, 82
ヘーゲル, G. F. W.　53, 133
ペーターゼン, P.　27
ベーメ, J.　95, 132
ベサント, A.　112-116, 175, 176, 193, 285, 292, 293, 299

ヘッケル, E. H.　　84, 85, 97, 133,
　　161, 188, 291
ヘッセ, H.　　107, 136, 171, 291
ヘムレーベン, J.　　23, 44, 49, 51, 87, 88,
　　122, 132, 296
ヘルバルト, J. F.　　51, 53

ま 行

マイレーダー, R.　　134
マッケイ, J. H.　　90, 92-94, 134, 171
マヨール, F.　　4
マルクス, K. H.　　167
實松宣夫　　30
三吉谷哲　　16
ミラー, J. P.　　3
メッサー, A.　　31
メルツ, A. L.　　140
モルト, E.　　170-172
モルトケ, H. von　　126
モンテッソーリ, M.　　14, 36

や 行

ヤコブスキー, L.　　90, 91, 93, 95, 133-135,
　　171

ユング, C. G.　　45, 136, 196
吉田熊次　　12, 13, 31, 122, 139

ら 行

ラス, E. R.　　9
ラマルク, Ch.　　133
ラング, M.　　134
ラングベーン, J.　　85, 99
リーツ, H.　　14, 107
リードビーター, Ch. W.　　113
リープクネヒト, W.　　93, 104
リコーナ, T.　　9, 10
リヒトヴァルク, A.　　13, 107
リンデンベルク, Ch.　　23, 49, 51, 90,
　　112-116, 183, 219, 234, 257, 279, 291, 292,
　　296, 298
ルター, M.　　132
レーバー, S.　　17
レームベルック　　171
ローザック, Th.　　8, 12, 97
ローゼンクロイツ, Ch.　　138

わ 行

ワルター, B.　　137

［著者紹介］

吉田　武男（よしだ　たけお）

1954年奈良県生まれ。筑波大学大学院博士課程教育学研究科単位取得退学。
関西外国語大学助教授，高知大学教育学部助教授，筑波大学教育学系助教授，筑波大学大学院人間総合科学研究科准教授を経て，現在，筑波大学大学院人間総合科学研究科教授。博士（教育学）。

主著
『シュタイナー教育を学びたい人のために―シュタイナー教育研究入門―』（協同出版，1997年）
『シュタイナーの教育名言100選』（学事出版，2001年）

シュタイナーの人間形成論
―道徳教育の転換を求めて―

2008年9月30日　第1版第1刷発行

著者　吉　田　武　男

発行者　田　中　千津子

発行所　株式会社　学文社

〒153-0064　東京都目黒区下目黒3-6-1
電話　03(3715)1501(代)　振替　00130-9-98842
http://www.gakubunsha.com

乱丁・落丁の場合は本社でお取り替えします。　◎検印省略
定価は売上カード，カバーに表示。

印刷／新灯印刷㈱

©2008　YOSHIDA Takeo　Printed in Japan

ISBN978-4-7620-1874-9